LES POLITIQUES DE PRÉVENTION DE LA DÉLINQUANCE A L'AUNE DE LA RECHERCHE

Un bilan international

Sous la direction de Philippe Robert

Préface de Gilbert Bonnemaison

LES POLITIQUES DE PRÉVENTION DE LA DÉLINQUANCE A L'AUNE DE LA RECHERCHE

Un bilan international

sous la direction de Philippe ROBERT

Préface de Gilbert Bonnemaison

Editions L'Harmattan
5-7, rue de l'Ecole-Polytechnique
75005 Paris

Ce bilan a été dressé par le **Comité scientifique** de la *Deuxième Conférence internationale sur la sécurité, les drogues et la prévention de la délinquance en milieu urbain* (Paris, novembre 1991).

La mise au point éditoriale a été assurée par **Bessie Leconte** et **Maryvonne Souliman** (GERN, CNRS, Paris).

ISBN : 2-7384-1219-X

PRÉFACE

Préfacer l'édition de ces travaux scientifiques, voici une excellente occasion pour préciser ce que j'attends de la recherche en matière de prévention.

Souvent, les hommes politiques, les administrateurs y voient un gadget à la mode dont on connaît mal l'utilisation, une sorte d'accessoire de prestige.

Ce n'est pas ma conception ! Depuis dix ans, je réfléchis et j'agis pour développer une réponse à la délinquance où l'on ne néglige pas la prévention, le procédé le plus économique et le plus efficace : d'abord en France, avec la *Commission des maires et le Conseil national de prévention de la délinquance, aujourd'hui au Conseil national des villes*, ensuite en Europe dans le cadre du *Forum des collectivités territoriales européennes*, enfin à l'échelle mondiale, avec les conférences de Montréal et de Paris. Depuis longtemps déjà, je suis persuadé que l'action la plus chaleureuse, la plus enthousiaste, finira par retomber ou par s'enliser, si elle ne s'appuie pas sur des connaissances précises.

Cibler précisément les programmes, détecter d'éventuels effets pervers, évaluer les résultats concrets. Au-delà de ces concours thématiques, la recherche permet de replacer cette politique particulière – la prévention de la délinquance – dans l'évolution de nos sociétés.

Mal traitée, la délinquance suscite inquiétudes et controverses, elle est tout à fait capable d'empoisonner la vie publique. Je plaide pour un dialogue réel, permanent, exigeant entre scientifiques et responsables nationaux et locaux de la prévention. Je plaide pour une prévention bien ciblée et bien évaluée, associée à une répression intelligente et organisée pour que la récidive n'en soit plus l'issue coutumière.

Seuls leurs efforts, leurs réflexions, leurs actions, en synergie feront l'évolution culturelle indispensable pour que les peuples comme les gouvernants refusent fantasmes, subjectivité et fiction en matière de sécurité et exigent l'esprit de méthode indispensable à son traitement.

C'est pourquoi il me paraissait indispensable que ce deuxième congrès mondial sur la prévention soit doté d'un comité scientifique international. Sur ma proposition, le comité d'organisation a chargé **Philippe Robert** de le mettre en œuvre. Mais comme il devait fournir aux congressistes un bilan mondial de l'état des connaissances, il a fallu qu'il prenne de l'avance : qu'il réunisse des bilans partiels, qu'il tienne séminaire avant le congrès, que le fruit de ses travaux soit mis durablement à la disposition de tous les responsables, de tous les praticiens, d'où cette édition française, bientôt suivie, je l'espère, d'une version anglaise.

Mais le congrès n'est qu'un point d'orgue. Dans la durée, je voudrais que le dialogue entre chercheurs et praticiens devienne une réalité de tous les instants. Je le suggère avec insistance pour mon propre pays, je le souhaite pour les autres.

Gilbert BONNEMAISON
Président du Forum des collectivités
territoriales européennes pour
la sécurité urbaine,
Président du Comité d'organisation
de la 2e Conférence internationale
sur la sécurité, les drogues et
la prévention en milieu urbain

INTRODUCTION

Philippe ROBERT [1]

En octobre 1989, à Montréal, la première *Conférence européenne et nord-américaine sur la sécurité urbaine et la prévention de la délinquance* parvenait à la conclusion que la répression pénale ne suffisait pas, à elle seule, à assurer la sécurité dans les villes ; elle proclamait la nécessité d'une politique de prévention. A soi seule, cette idée n'aurait pas été très novatrice. Mais la grande nouveauté était constituée par l'entrée en scène des responsables municipaux : l'initiative de la conférence revenait, non à des Etats, des professionnels de la politique criminelle ou des scientifiques, mais à des fédérations de collectivités locales : le *Forum des collectivités locales européennes pour la sécurité urbaine, la Fédération canadienne des municipalités et la Conférence des maires des Etats-Unis*. A travers cette innovation, s'imposait l'idée que la prévention relevait, non pas exclusivement, mais en premier lieu, des responsables locaux.

Si la première conférence a « mis l'idée sur le marché », la deuxième qui se tiendra à Paris en novembre 1991, va avoir la tâche, plus austère quoique maintenant tout à fait nécessaire, de préciser son contenu : faire le point sur les dispositifs, préciser les objectifs, évaluer les résultats.

C'est probablement la raison qui a poussé son comité organisateur, sous l'impulsion de Gilbert Bonnemaison, à souhaiter s'assurer cette fois le concours d'un comité scientifique.

Composé d'une quinzaine de spécialistes, il réunit une très large gamme de continents, de pays et de spécialités [2]. Chargé de dresser

1. Directeur de recherches au Centre National de la Recherche Scientifique (CNRS) (Paris), *président du comité scientifique*.

2. On trouvera sa liste en annexe. Un petit nombre de personnalités pressenties n'ont pu, au dernier moment, participer activement, ce qui a privé notamment le comité de représentation japonaise ou soviétique et restreint celle de l'Afrique. Par ailleurs, il n'a pas été possible de trouver des spécialistes disponibles dans chaque région du globe. Au total, cependant, l'éventail est, on le verra, fort large.

l'état des connaissances sur les thèmes de la conférence, le comité a adopté une démarche méthodique en quatre phases : d'abord un bilan dressé par chaque membre pour son pays ou sa région, ensuite un séminaire[3] tenu à Paris les 30 et 31 mai 1991, ensuite un rapport scientifique général établi par son président pour les besoins de la conférence. Au cours des débats de novembre, les membres du comité suivront les travaux des groupes pour indiquer sur chaque thème l'état des connaissances scientifiques.

Le présent ouvrage réunit le rapport général du président pour la conférence de novembre, les quinze rapports particuliers des membres, enfin, la synthèse des débats du séminaire de Paris (mai 1991). Une très large documentation est ainsi rendue disponible. Que cette publication favorise le dialogue entre chercheurs, responsables et professionnels dans le respect de la spécificité de chaque rôle, voilà le souhait tant du comité organisateur de la conférence que du comité scientifique.

3. Accueilli par la Caisse des dépôts et consignations, ouvert par M. Bonnemaison, président du Forum des collectivités territoriales européennes pour la sécurité urbaine et du comité d'organisation de la conférence de Paris, ce séminaire a reçu la visite des ministres français de la Recherche, M. Curien, et de la Ville, M. Delebarre. Des représentants des Nations Unies, de la Commission de la CEE et du Conseil de l'Europe ont assisté à ses débats, ainsi que le conseiller international de la conférence de Paris, M. Waller. Son organisation logistique avait été assurée par le comité de préparation de la conférence de Paris (notamment G. Dijoux) et les secrétariats généraux du Forum (E. Dufour) et du GERN (M. Souliman).

COMPOSITION DU COMITÉ SCIENTIFIQUE

Sergio ADORNO, professeur à l'université de Sao Paulo (Brésil), directeur du groupe d'études sur la violence.

Hans-Jörg ALBRECHT, chercheur à l'Institut Max-Planck de Freiburg im Brisgau (RFA), sous-directeur de la section de criminologie.

Lola ANIYAR DE CASTRO, professeur à l'université de Zulia à Maracaïbo (Vénézuéla), sénateur de la République vénézuélienne.

Jean-Paul BRODEUR, professeur à l'université de Montréal (Canada), directeur du Centre international de criminologie comparée.

Duncan CHAPPELL, directeur du Centre australien de criminologie à Canberra (Australie).

Esther GIMENEZ-SALINAS i COLOMER, professeur à l'université de Barcelona (Espagne), directeur du Centre d'études juridiques au département de justice de la Généralité de Catalogne.

Patrick HEBBERECHT, professeur à l'université de Gent (Belgique).

Guiseppe MOSCONI, professeur à l'université de Padova (Italie).

Christopher NUTTALL, directeur de l'unité de recherche et de planification, ministère de l'Intérieur (Angleterre, Royaume-Uni).

Femi ODEKUNLE, directeur de l'Institut des Nations Unies à Kampala (Ouganda).

Philippe ROBERT, directeur de recherche au Centre national de la recherche scientifique (Paris, France), directeur du Groupe européen de recherches sur les normativités, *président du comité scientifique*.

Irena RZEPLINSKA, professeur au département de criminologie de l'Institut d'études juridiques à l'Académie des sciences de Warszawa (Pologne).

Jerzy SARNECKI, directeur de recherche au Conseil nordique de la délinquance à Stockholm (Suède).

Joanna SHAPLAND, professeur à l'université de Sheffield (Royaume-Uni).

Wesley SKOGAN, professeur à la Northwestern University à Evanston (Etats-Unis).

Jan van DIJK, professeur à l'université de Leiden (Pays-Bas), directeur de la prévention au ministère de la Justice des Pays-Bas.

1

LES CHERCHEURS FACE AUX POLITIQUES DE PRÉVENTION[1]

(Rapport scientifique général)

Philippe ROBERT[2]

Un comité scientifique n'a souvent guère d'autre rôle que de fournir à un congrès la caution morale de ses membres. De celui-ci, au contraire, on attendait une tâche précise : dresser un bilan de l'état des recherches et des connaissances sur les thèmes retenus pour la conférence de Paris.

Dans la plupart des pays, la politique criminelle semble avoir globalement durci sa sévérité répressive lors de la dernière décennie. En témoigne, lorsque des statistiques fiables sont disponibles, le général accroissement des taux de détention carcérale. Dans le même temps, toutefois, l'idée semble cheminer que le seul recours aux sanctions pénales ne suffit pas à apporter la sécurité, notamment dans les grandes agglomérations urbaines. Ecartelées par l'enflure de leurs prises en charge, les institutions pénales paraissent souvent produire un effet dissuasif faible, outre que leurs priorités de fait correspondent parfois assez mal aux demandes sociales. Recourir aussi à la *prévention* paraît dès lors de plus en plus nécessaire. C'est le message délivré, il y a deux ans, par la première Conférence européenne et nord-américaine sur la sécurité urbaine et la prévention de la délinquance (Montréal, octobre 1989).

Passé, toutefois, l'enthousiasme des commencements et leurs tâtonnements, le moment semble désormais venu de préciser ce que recouvre l'expression et d'en évaluer les résultats, faute de quoi scepticisme et désenchantement pourraient vite recouvrir l'allant initial. D'où ce bilan des connaissances et des recherches, synthèse des travaux d'un comité international de scientifiques.

1. Rapport scientifique général présenté, au nom du comité scientifique, à la deuxième conférence internationale sur la sécurité, les drogues et la prévention de la délinquance en milieu urbain (Paris, novembre 1991).

2. Directeur de recherches au CNRS, directeur du GERN (Paris, France), *président du comité scientifique*.

I. LA PRÉVENTION : DÉLIMITATION ET SORTES

Mais qu'entendre par prévention ? Les politiques, les programmes, les expériences sont si divers, leurs objectifs si variables, parfois si incertains, leurs résultats tellement difficiles à mesurer... Voilà une redoutable aporie qui entrave souvent le développement de la recherche, ou sa qualité. La littérature scientifique a souvent produit des tentatives de définition, d'ailleurs pas toujours concluantes, encore moins convergentes : elles achoppent fréquemment sur les controverses qui traversent la conception de la délinquance, et se bornent parfois à les reproduire. Ce n'est certes pas ici le lieu de les reprendre ou de soupeser leurs mérites. Bornons-nous à dire que la prévention *vise à réduire la fréquence de certains comportements, par ailleurs incriminés par la loi pénale – mais aussi « d'incivilités » qui, elles, ne sont pas toujours des délits – en recourant à d'autres solutions que la sanction pénale*. Pour y parvenir, une politique de prévention tente d'agir sur les *situations* et/ou sur les *normes*, sur celles-là pour diminuer les opportunités favorables à ces comportements ou pour accroître celles qui leur sont hostiles, sur celles-ci pour encourager le développement de normes sociales officieuses en harmonie avec le respect de la loi.

Quand on dit : la prévention recourt à d'autres solutions que la sanction pénale, on signifie généralement la mobilisation d'autres acteurs ou d'autres institutions que celles du système pénal. Il peut arriver toutefois que des acteurs sociaux concourant par ailleurs à l'application de la loi pénale – la police, les procureurs, les juges par exemple – participent à un programme de prévention, mais ils agissent alors par une autre voie que la sanction pénale. Certes, le système pénal affiche un objectif analogue : réduire la fréquence de comportements incriminés ; toutefois, il agit par dissuasion[3] et non par prévention. Réservons par souci de clarté ce dernier terme aux interventions extérieures à l'application de la loi. Du coup, on réalise sa confluence avec certaines expériences de déjudiciarisation, comme la médiation ou la compensation, qui visent aussi à agir sur des comportements incriminés sans recourir aux institutions pénales. Toutefois, ces solutions ont un spectre beaucoup plus restreint que celui de la prévention ; leur action demeure analogue à celle des institutions pénales ; elles sanctionnent l'infraction à la norme pénale, quoique leur sanction soit réparatrice et non punitive. Par ailleurs, elles ne peuvent s'appliquer que dans certaines situations : ainsi l'anonymat fréquent de l'auteur de vol et de cambriolage limite sévère-

3. Certains praticiens du système pénal ont aussi revendiqué, à côté de la fonction de dissuasion, une visée de rééducation, réinsertion, resocialisation... Sans entrer dans un débat, ici superflu, il suffit de rappeler cette prétention, mais aussi d'ajouter qu'elle n'a guère bénéficié d'évaluations positives permettant d'y ajouter foi de manière générale.

ment le recours à la médiation pour ce contentieux ; en revanche, il s'applique plus aisément aux rixes ou aux incivilités : l'auteur y est plus facilement identifié. Prévention et répression se côtoient encore dans l'application des peines « alternatives » : ni pécuniaires, ni carcérales – témoin le travail d'intérêt général –, elles constituent souvent un champ de coopération entre institutions de système pénal et programmes locaux de prévention. Les évaluations disponibles ne confirment guère leur vocation d'alternative à la prison ; elles le sont plutôt aux autres peines. Dans une politique de prévention, leur place ne peut donc être que très secondaire sauf à considérer qu'en réalité la prévention a surtout une fonction de suppléance d'institutions pénales à bout de souffle.

On vient de préciser les frontières entre prévention et répression pénales. Passons maintenant de l'aval à l'amont : une politique de prévention nécessite un suffisant espace de liberté faute de quoi elle n'est qu'emplâtre sur jambe de bois. Dans la conjoncture actuelle, trois macro-contraintes[4] peuvent la broyer. La première concerne le marché du travail. Si l'on se résigne à considérer le chômage comme la vocation durable d'une partie de la population, la prévention apparaîtra vite comme une tromperie. Desserrer quelque peu cette première macro-contrainte implique d'agir adéquatement sur la politique de formation ou sur celle de l'emploi[5]. La deuxième macro-contrainte concerne la relégation urbaine : si la pression foncière est suffisamment forte pour la rendre perpétuelle, s'il n'y a aucune échappatoire ici aux banlieues, là aux ghettos urbains, la prévention s'asphyxie vite. La dernière macro-contrainte concerne les minorités ethniques ou immigrées. On rencontre ici traditionnellement deux grands modèles, l'un, plutôt américain, fondé sur la coexistence de plusieurs communautés, l'autre, plutôt européen, reposant sur un projet d'intégration individuel. L'un et l'autre, cependant, paraissent, sinon en panne, du moins assaillis par le doute. Dans un contexte gyrovaque de vastes mouvements de populations, l'existence d'une politique claire constitue pourtant un préalable nécessaire à toute prévention. Mais, si les chances d'une politique de prévention supposent au préalable le relâchement de ces macro-contraintes, de telles actions générales sont en deçà de la prévention à proprement parler, sauf à ôter à celle-ci toute spécificité.

A défaut de définir aisément la prévention ou de la circonscrire clairement, les spécialistes ont souvent multiplié les classifications pour tenter au moins de distinguer plusieurs sortes, au risque de tout faire ren-

4. Le rapport sur l'Afrique a particulièrement mis l'accent sur les pré-requis qu'il faudrait solutionner avant même d'envisager le développement d'une politique cohérente de prévention.

5. Ainsi, dans mon propre pays, le sentiment grandit d'erreurs fondamentales d'orientation dans ces deux domaines de sorte que le chômage y acquiert une viscosité supérieure à celle constatée dans les pays européens comparables.

trer dans la prévention, selon une perspective plus volontariste qu'analytique. Ainsi a-t-on souvent distingué trois niveaux de prévention : primaire quand elle agit sur les contextes pour éviter qu'elles favorisent la délinquance, secondaire quand elle essaie d'éviter la commission de comportements incriminés, tertiaire quand elle s'attache à empêcher la récidive... Plusieurs membres du comité ont fait allusion, dans leurs rapports particuliers, à ces typologies. Inutile de les reprendre ici. On se bornera à deux distinctions :

– certains programmes de prévention s'adressent plutôt aux *délinquants* potentiels pour les engager à éviter les comportements incriminés ou les incivilités ; d'autres concernent surtout les *victimes* éventuelles pour les inciter à rendre moins vulnérables leurs personnes et leurs biens ;

– sont *spécifiques* les opérations de prévention qui visent directement à réduire la fréquence de certains comportements incriminés ou de certaines incivilités ; on appelle, au contraire, *générales* celles qui se préoccupent d'agir sur le contexte social, culturel ou économique dans l'espoir que les délinquants potentiels adopteront alors des normes de comportements plus conformes à la loi.

En combinant ces deux classifications, on distingue plusieurs sortes de prévention. En pratique, deux grands modèles ont cours actuellement. L'un est nommé *situationnel* ; on le rencontre surtout dans les pays anglo-saxons des deux bords de l'Atlantique, également aux Pays-Bas et en Scandinavie. Spécifique, s'adressant plutôt aux victimes potentielles, il vise d'abord à modifier les situations pour les rendre moins favorables aux comportements incriminés ou aux incivilités. Le *neighbourhood watch* en représente un exemple typique. Ce modèle situationnel va fréquemment de pair avec une hégémonie policière dans le pilotage des programmes de prévention ; il s'agit surtout de compléter l'action de la police ou de sous-traiter des actions qu'elle n'assure pas ou plus.

Pour désigner l'autre grand modèle, on parle plutôt de prévention *sociale* : il s'agit de programmes généraux, dont les destinataires sont souvent moins précisément ciblés. Une action d'animation sociale, culturelle ou économique vise à améliorer globalement les conditions de vie dans un quartier dans l'espoir d'agir indirectement sur la délinquance. La politique française de prévention de la décennie 80 est généralement choisie pour illustrer ce modèle ; il fait cependant école bien au delà de son aire d'origine, par exemple en Australie du sud ou dans l'Ouest canadien. Ici, la police devient un partenaire parmi d'autres des politiques de prévention et ce sont les autorités politiques locales et les associations qui se trouvent en première ligne.

Il faut cependant entendre ces modèles comme idéaltypiques. Les pratiques sont souvent beaucoup moins tranchées. Avec cette réserve, la distinction conserve au moins un intérêt analytique : elle permet de bien souligner la limite ou le risque propre à chaque forme de prévention.

Seulement situationnelle, elle risque de mobiliser surtout les communautés et les quartiers qui sont les moins exposés, finalement de durcir le clivage entre zones sécuritaires et zones à problèmes. C'est pourquoi un certain nombre d'évaluations relèvent plus d'effets sur le sentiment d'insécurité que sur la délinquance. Quant à la prévention sociale, elle est toujours menacée de devenir un « guichet » banalisé où l'on va chercher le financement d'activités d'animation socio-culturelle éventuellement dénuées de tout impact discernable sur la délinquance et les incivilités. Après tout, les grands programmes de prévention urbaine sursaturante d'antan ont pris fin de cette façon, dans les années 1960 ; on a réalisé que, trop généraux, trop déspécialisés, ils ne produisaient plus qu'un écrémage des élites locales sans influence notable sur la délinquance. C'est alors qu'a commencé le grand cycle du tout répressif, du couple police-prisons.

Est-ce pour tenter d'éviter ces risques ou ces déviations antithétiques qu'on sent se développer dans plusieurs pays le souci de combiner prévention situationnelle et prévention sociale ? Plus largement, on pourrait dire que toute politique de prévention navigue entre un excès de spécialisation et une trop grande généralité. En France, par exemple, on disposait dans les années 1960 et 1970 d'une bonne formule de prévention spécialisée, mais l'on a ressenti, dès le milieu de la décennie 1970, l'absence d'un accompagnement plus général ; du coup, on s'est surtout préoccupé de prévention générale dans la décennie 1980 ; maintenant, toutefois, on se demande si l'on ne risque pas de sombrer dans un excès de généralité.

En tout cas, la typologie esquissée plus haut permet de découvrir une évolution frappante : traditionnellement, on entendait d'abord et avant tout par prévention des actions en direction des délinquants virtuels dans l'espoir d'influer sur leurs normes officieuses de comportement. Or, cette prévention spécifique tournée vers les auteurs semble actuellement en perte de vitesse, non qu'elle ait nécessairement disparu, mais elle paraît soulever moins d'intérêt. Evidemment, il faudrait nuancer selon les pays, mais tout semble se passer comme si l'on s'attachait surtout à agir sur les situations ou à encourager les victimes à « durcir les cibles ». La grande faiblesse des politiques actuelles de prévention pourrait bien être cette priorité donnée aux stratégies « défensives », ce relatif désintérêt pour des démarches plus « offensives ». Plus faciles à mettre en œuvre, plus dans le goût du jour, celles-là pourraient bien n'avoir sur la délinquance qu'un impact réduit. Quant à leurs répercussions sur le sentiment d'insécurité, on en débat encore de manière contradictoire. Le risque est alors grand, tant pour la prévention dite situationnelle que pour celle dite sociale, de se disperser dans une série désordonnée d'actions mal évaluées, éventuellement non dépourvues d'effets secondaires non souhaités.

II. LES ACTEURS DE LA PRÉVENTION

Une fois situé le champ de la prévention et ses grandes tendances, la recherche tend à passer à un niveau plus concret, à se demander quels en sont les acteurs. La situation, bien évidemment, varie considérablement de pays à pays, de sorte qu'il est malaisé de parler globalement.

Les observateurs s'accordent pourtant sur l'importance du « local ». Mais il faut s'entendre sur la signification de ce constat. La prévention, quelle que soit sa sorte, ne prend vraiment tournure qu'à un niveau de base, très décentralisé. Elle prend rang parmi ces politiques publiques qui ne supportent pas une perspective centralisatrice. Il serait, cependant, plus exact de parler, à son sujet, de couple central-local. Plusieurs exemples montrent que les initiatives locales, pour dynamiques qu'elles soient au départ, ont peine à tenir la durée s'il n'existe pas aussi un pôle central, un interlocuteur pour coordonner, inciter, financer et surtout fournir les outils de l'action et de son évaluation. Disons donc que la prévention *se fait* localement, mais nécessite un *dialogue* central-local.

Ceci posé, ce qu'est le centre varie beaucoup selon l'organisation des pouvoirs publics : plutôt l'Etat central dans les pays unitaires, mais plus souvent les Etats fédérés dans une structure fédérale. L'observateur relève aussi de grandes différences selon que la tradition de gestion étatique est plus ou moins déconcentrée. Le local varie plus encore, avec une priorité pour la ville ; mais on en trouve aussi d'un palier plus élevé, agglomération, arrondissement..., ou plus parcellaire, quartier, zone... Surtout le pôle local ne se limite pas aux pouvoirs publics locaux : à côté d'eux, en face d'eux, on discerne souvent des structures associatives, elles-mêmes très variées. Les relations entre ces deux sortes d'acteurs locaux peuvent être plus ou moins complexes, selon le degré d'autonomie des deux partenaires.

Est-ce à dire que la prévention se caractérise par une forte mobilisation des intéressés qui la prendraient réellement en charge ? Quoique variable selon les pays, la réponse doit être très prudente. Bien des membres du comité scientifique le soulignent : la prévention se fait plutôt *pour* les gens qu'*avec* eux. Que l'on parle, à tort et à travers, de prévention communautaire ne doit pas faire illusion. On invoque d'autant plus fort la *communauté* qu'elle n'est pas toujours très partie prenante. Plus précisément, on pourrait esquisser une distinction : elle se mobilise plus facilement dans des quartiers ou des zones en proie à la peur plus qu'au crime lui-même. Dans les quartiers, les banlieues où la situation est vraiment grave, l'état des relations entre habitants et pouvoirs publics rend souvent illusoire l'idée de partenariat, pour la prévention comme pour toute autre politique. Certains programmes de prévention ne peuvent-ils d'ailleurs pas, par une sorte d'effet pervers, contribuer à déstructurer la vie sociale dans les quartiers ou les zones où ils s'appliquent ? Le comité scientifique a parfois exprimé cette crainte, au moins pour certains cas.

L'observateur détecte encore d'autres acteurs. D'abord les *institutions pénales*, elles-mêmes, surtout la police, parfois les tribunaux, plus rarement les organes d'exécution des peines. Pour certains types de prévention, la police peut même apparaître comme un acteur dominant du type : « la prévention, c'est l'affaire de la police » ; autrement dit, on appelle ainsi des actions qui visent à compléter l'activité policière ou à la suppléer. Dans d'autres modèles, sa place est beaucoup moins éminente. Sans entrer ici dans la gamme infinie des possibilités pratiques, relevons le paradoxe : la prévention ne peut guère survivre si les institutions pénales sont hostiles ou indifférentes ; en sens inverse, leur fonction principale, en tant que pièce du système pénal, est différente de la prévention, parfois contradictoire, on en rencontrera plus bas des exemples. Les institutions pénales sont donc tentées d'inclure la prévention, comme un complément ou une annexe, dans leur logique principale où elle aura du mal à s'épanouir. L'un des membres du comité le signale : il est problématique de confier la responsabilité principale de la prévention à des organismes dont la perspective centrale diffère largement. Autrement dit, la place des institutions pénales dans une politique de prévention est aussi nécessaire que délicate, voire instable.

Enfin, la recherche pointe deux acteurs aussi importants que souvent méconnus : d'abord les *assurances* dont les exigences de sécurité pilotent littéralement le développement du marché de la sécurité ; ensuite les *services privés de sécurité*. Ces derniers jouent un rôle essentiel dans les programmes de prévention des organisations, singulièrement des entreprises ; on les rencontre aussi pour une autre raison : leurs heurts, de plus en plus fréquents, avec les auteurs de délits ou d'incivilités dont sont victimes leurs clients, organisations ou entreprises, notamment de distribution commerciale. A vrai dire, on manque de travaux suffisants sur le rôle de ces deux types d'acteurs dans les programmes de prévention ; le vide est encore plus complet pour les assurances que pour les services privés de sécurité. On est quand même frappé des faibles efforts déployés par les responsables de programmes de prévention pour développer une concertation avec ces acteurs privés.

Si la prévention se fait localement, encore faut-il ne pas laisser seuls les responsables locaux : on en comprend mieux la nécessité en voyant la multiplicité d'intervenants, les uns bien repérés, d'autres plus méconnus.

III. L'AIDE À LA DÉCISION

S'il fallait ne retenir qu'une seule conclusion des débats du comité scientifique[6], ce serait probablement celle-ci : les programmes de prévention ont besoin d'être davantage étayés et plus systématiquement évalués. Trop souvent, on les assied sur une observation trop sommaire ; en outre, on évalue rarement leurs effets. Compréhensible dans l'enthousiasme des commencements, cette situation ne doit pas se prolonger : à la longue, elle menacerait la survie de la prévention elle-même : pourquoi dépenser un argent public rare à des opérations peu étudiées, dont les résultats sont mal connus ? On prendrait alors le risque de revenir au tout répressif.

Voilà qui devrait être l'apport essentiel du palier central aux responsables locaux. Son concours financier devrait être incitatif, destiné surtout à faire accepter l'usage des outils d'aide à la décision.

1. L'OBSERVATION

Généralement, l'information disponible est pauvre et difficilement utilisable. D'abord, elle est dispersée entre plusieurs agences, chacune jalouse de conserver son monopole sur un morceau d'information. Ensuite, elle est souvent indisponible au niveau très local où se mènent les actions de prévention. Parfois, elle se limite à des données administratives, par exemple les statistiques de police, qui obéissent naturellement à la logique du système pénal ; elles sont donc largement insuffisantes pour éclairer à elles seules les décisions de prévention. Plus généralement, une donnée isolée ne parle pas ou peu[7] ; c'est leur confrontation qui procure l'information utile. Le taux d'élucidation policière devient intéressant si on le confronte aux taux de plaintes des victimes et à leurs attentes... et réciproquement.

D'où l'idée de disposer d'*observatoires* qui rassemblent toutes les données éparses, les confrontent, éventuellement les complètent. De tels dispositifs sont nécessaires, non seulement au palier central de l'Etat, unitaire ou fédéré selon les cas, mais aussi et surtout au niveau local. Leur utilité serait maigre cependant s'ils devaient se borner à compiler des données administratives, telles les statistiques criminelles, limitées à ce que traitent les différentes agences. De tels dispositifs d'observation devraient aussi et surtout renseigner sur l'état de la demande sociale notamment locale. Une précision cependant : parler de demande sociale au singulier serait exagérément optimiste. A vrai dire, elle est plurielle, le plus souvent contradictoire jusqu'à un certain point : la demande de

6. Lors de son séminaire des 30-31 mai 1991 à Paris.

7. Leçon majeure d'un séminaire organisé à Barcelone en 1991 sous les auspices du Forum des collectivités territoriales européennes pour la sécurité urbaine.

sécurité des commerçants est difficilement compatible avec le besoin d'expression des jeunes chômeurs de quartiers en difficulté... Ajoutons encore que ces différentes demandes ont plus ou moins de capacité à se faire entendre. Une politique de prévention seulement sensible aux plus habiles à s'exprimer s'exposerait rapidement à d'importants effets pervers.

On le comprend, ces données ne peuvent se limiter à la *délinquance*, de quel point de vue qu'on l'appréhende. Les recherches sur l'insécurité soulignent aussi l'importance des *incivilités*[8], ces menues atteintes, parfois non incriminées, qui contribuent si lourdement à détériorer la vie locale.

On doit aussi rappeler que la peur du crime et la préoccupation envers la délinquance, ces deux facettes du sentiment d'insécurité, ne recouvraient que partiellement le risque ou l'expérience de victimation. D'où l'utilité de mobiliser encore des données sur les phénomènes d'*opinion*. Certains experts, cependant, ont mis en garde contre le risque d'auto-intoxication ou de majoration sécuritaire que peuvent présenter des investigations naïves ou mal maîtrisées sur le sentiment d'insécurité.

Bien entendu, on ne peut réduire les représentations et attitudes dans la population au seul phénomène médiatique. A ce propos, le comité estime que le message médiatique est maintenant bien connu, avec ses ressorts, ses déformations et ses simplifications. On connaît aussi bien sa réception au moins dans les fractions de population qui s'exposent à un bombardement médiatique exclusif et répétitif. En revanche, on reste beaucoup plus réservé sur l'influence qu'il est susceptible d'exercer sur les représentations sociales et les attitudes. En substance, le message médiatique ne semble véritablement influent qu'en cas de congruence avec l'expérience vécue.

Si certains experts persistent à considérer les enquêtes de victimation comme un moyen de mesurer la « criminalité réelle », un mouvement s'affirme pour y chercher surtout des données sur les réactions à une situation de victimation, sur les démarches et les attentes des victimes... autrement dit sur une forme de demande sociale. Ce sont alors les enquêtes locales qui retiennent le plus l'attention.

2. L'ÉVALUATION

Si un expert du comité scientifique affirme que son pays réserve 10 % de tout crédit de prévention à l'évaluation des résultats, cette situation paraît plutôt exceptionnelle. Dans l'ensemble, on déplore la rareté des évaluations ou leur médiocrité. Là encore, le comité scientifi-

8. Par exemple, les dégradations de boîtes aux lettres, de cages d'escalier, de caves ou d'espaces verts dans les immeubles collectifs.

que adresse à la conférence une recommandation pressante. Il propose quatre règles.

L'évaluation doit d'abord être *compétente* : en avoir le souci est déjà beau, encore faut-il également savoir y procéder. C'est une forme de recherche qui a ses canons et sa littérature spécialisée, même si la prévention spécifique se prête naturellement plus aisément à une telle appréciation.

L'évaluation doit ensuite être *externe* au dispositif de prévention ; il faut éviter de la réduire à un contrôle de gestion, ou audit, tout utile que ce dernier puisse être.

L'évaluation doit encore être *systématique* : aucun programme de prévention ne devrait y échapper. *A fortiori*, il paraît bizarre qu'un renouvellement ou un complément de financement puissent être accordés sans évaluation préalable des résultats déjà obtenus.

L'évaluation doit enfin être *complète* : non seulement elle doit se mesurer aux objectifs et aux cibles affichés préalablement par les responsables, mais encore et surtout il lui faut prendre en compte les populations effectivement atteintes. Enfin, le séminaire du comité scientifique l'a rappelé plusieurs fois, une évaluation n'est pas complète si elle ne recherche pas les effets non désirés ou contre-intuitifs. Et c'est probablement là que se mesure toute la différence entre un audit administratif et une recherche évaluative.

IV. QUELQUES CONTRASTES

Sur les thèmes particuliers retenus pour la conférence de novembre 1991 à Paris, faire le bilan des connaissances conduit à débusquer quelques importants contrastes, pour ne pas parler de contradictions. On en retiendra trois exemples : les toxicomanies, la prévention concernant particulièrement les jeunes, enfin ce que l'on appelle : « réponses locales à la récidive ».

1. TOXICOMANIE

L'état des connaissances disponibles révèle un tissu de contrastes.

Contraste entre des passions, des croyances, des pressions portées à l'incandescence et une recherche scientifique souvent fort morcelée, parfois très dépendante d'une multiplicité d'expériences cliniques de prise en charge.

Mais aussi contraste, relevé notamment par les rapporteurs européens et canadien, entre l'énorme pression diplomatique internationale qui pèse sur la définition des politiques nationales et l'incertitude des connaissances solides sur l'importance du phénomène et ses caractéristiques.

Contraste, enfin, entre une politique « de tolérance 0 » et les nécessités d'une prévention de risques majeurs, celui du SIDA notamment : les controverses sur les programmes d'échange de seringues en donnent toute la mesure.

Pareille situation est peu favorable au développement rapide de connaissances solides.

Si l'on tente cependant un bilan à tête froide, on est d'abord frappé par les *incertitudes*. Trois d'entre elles sont particulièrement flagrantes :

a) incertitude d'abord sur l'*incidence* du phénomène : le plus souvent, on ne dispose tout simplement pas d'évaluations auxquelles il soit possible d'accorder le moindrement foi[9]. Dans les rares cas où des tentatives un peu sérieuses sont disponibles, par exemple dans certains pays ouest-européens[10], on parvient à des ordres de grandeur de toxicodépendants très limités par rapport aux classes d'âge à risque. Impossible d'en déduire que ces scores sont transposables ailleurs. Mais on notera par ailleurs que différents échos, venant tant d'Amérique du Nord que d'Europe de l'Ouest[11], annoncent une stabilisation ou une décrue de l'incidence des toxicodépendances, serait-ce parfois au prix d'une dépendance accrue des gros consommateurs.

b) incertitude ensuite sur la liaison *toxicomanie-délinquance* et sur son sens : le sens commun affirme que les toxicomaniaques commettent des infractions pour se procurer les ressources nécessaires à leur approvisionnement. Il existe peu d'études empiriques capables de préciser cette liaison et de la spécifier. Dans différents pays, des recherches empiriques font émerger, au moins à titre d'hypothèse, une relation inverse où la délinquance (et emprisonnement) précède la toxicodépendance plutôt que de la suivre.

c) incertitude enfin sur l'importance, généralement supposée, du lien entre *migrations de population et trafic de stupéfiants*.

Autrement dit, il règne un urgent besoin de connaissances sur l'importance des toxicomanies et sur leurs associations. On croit savoir, on s'aperçoit qu'on sait fort peu, en tout cas beaucoup trop peu pour avoir aucune chance de développer des politiques solides.

Si on laisse de côté la lutte contre le trafic et le blanchiement de ses produits qui est hors de notre propos, les politiques concernant les drogues et les toxicomanies s'articulent en trois volets principaux : information, traitement, répression. Dans la plupart des pays, l'*évaluation* des résultats est lourdement déficitaire pour chacun de ces programmes.

9. Tout simplement parce que les postulats de calcul sont inconnus.

10. En RFA ou en France, par exemple.

11. Voy. p. ex. les rapports concernant les Etats-Unis, le Canada ou les Pays-Bas.

Quand il existe des évaluations suffisamment systématiques [12], les résultats sont très réservés [13] :

– les programmes d'information sont surtout reçus dans les portions de population qui sont les plus éloignées des drogues, peu en revanche parmi les toxicodépendants ;

– l'efficacité des programmes de traitement est suspendue à leur accomplissement jusqu'au bout, mais ils sont affligés de taux très élevés d'abandon prématuré ;

– enfin les programmes de répression ne laissent apercevoir que des effets dissuasifs très limités et ils s'accompagnent d'effets pervers souvent non négligeables, notamment une détérioration accrue des rapports entre les autorités publiques et les jeunes des zones-cibles. On relève aussi un accroissement démesuré des prérogatives policières.

Ici, cependant, apparaît une énigme : aucun programme particulier n'affiche des résultats très concluants. D'où vient alors la stabilisation relevée, semble-t-il, ces dernières années ? Est-ce à dire que rien ne marche en particulier mais que l'ensemble produit quand même un certain effet ? Ou faut-il chercher, comme c'est souvent le cas, la raison de cette inflexion en dehors des efforts déployés par les politiques publiques ? Difficile de conclure...

Mais il ne suffirait pas, aussi urgent qu'en soit le besoin, de développer les recherches épidémiologiques et évaluatives. Le comité scientifique a relevé aussi l'insuffisance de travaux sur la question fondamentale : pourquoi ces toxicomanies, quelle est la signification de ces toxicodépendances ? Ici aussi, on a besoin d'un développement significatif des connaissances. Si on ne l'obtient pas ou pas suffisamment, c'est parce que le champ de recherche sur les toxicomanies est trop rivé aux formes d'intervention et à leur morcellement, d'où la difficulté à jeter sur le phénomène social un regard novateur et producteur. En particulier, il apparaît nécessaire d'inclure dans l'investigation toutes les formes d'abus de substances, y compris l'alcoolisme et le tabagisme.

2. LA PRÉVENTION CONCERNANT LES JEUNES

Les membres du comité scientifique ont eu quelque mal à repérer la particularité de cette question : pratiquement toute la prévention de la délinquance concerne massivement les jeunes, du moins tant qu'on ne se préoccupe ni du crime organisé, ni de la criminalité d'affaires. Disons qu'il s'agit pratiquement des programmes tournés vers les délinquants potentiels et non de ceux concernant les victimes putatives [14].

12. Voy. p. ex. la synthèse figurant dans le rapport sur les Etats-Unis.

13. Seule exception : le rapport pour les Pays-Bas qui parle de *success story*.

14. Les rapports africain et latino-américain ont souligné l'immensité du problème posé par les masses d'enfants dans les grandes concentrations urbaines dans leurs régions respectives.

Dans ce secteur règne un contraste qui tourne à la contradiction. D'un côté, on met, depuis un certain temps déjà, l'accent sur le respect et même la promotion des *droits des jeunes*, du droit notamment à bénéficier d'autant de garanties que les adultes. D'un autre côté, on voit revenir en force un courant *divertiste* qui prétend gérer la délinquance juvénile à l'écart des voies judiciaires et de leurs garanties. Les recherches disponibles soulignent le risque d'un effet pervers : la « ghettoïsation » de la jeunesse au chômage.

La controverse entre prévention spécifique et prévention générale atteint souvent ici des sommets. Elle est rendue encore plus aiguë par la parcellisation extrême des programmes de prévention. Du coup, l'évaluation des résultats est, là encore, très insuffisante. Parfois, les responsables sont incapables de justifier réellement l'adoption d'un programme et aussi son abandon. On pourrait presque soupçonner des effets de mode.

En tout cas, de la masse des jeunes délinquants émerge une petite minorité qualifiée un peu rapidement de « persistante ». Faut-il s'empresser d'y voir l'amorce de carrières délinquantes, comme l'ont fait un certain nombre de criminologues retrouvant avec empressement de vieux réflexes ? La question est sévèrement controversée : bon nombre de chercheurs estiment que les données permettent de parler de période compulsive, pas nécessairement de carrière durable.

La littérature spécialisée met encore l'accent sur la part des minorités ethniques dans la délinquance des jeunes ; certains travaux l'expliquent surtout par la structure socio-démographique particulière de ces minorités surchargées en catégories à risque, d'autres pointent plutôt l'incertitude normative où peuvent se trouver de tels groupes surtout quand la situation socio-économique fragilise les processus d'intégration. Rien de très nouveau dans toute cette littérature qui brasse sans jamais se lasser des considérations très classiques.

S'attacher au noyau dur des programmes vraiment spécifiques de prévention de la délinquance juvénile, en évaluer soigneusement l'impact et les retombées, voilà qui permettrait peut-être de développer des connaissances plus nouvelles.

3. RÉPONSES LOCALES À LA RÉCIDIVE

Face à l'élévation très générale des taux de détention et aux résultats peu encourageants des recherches disponibles sur la récidive, on voit s'esquisser un mouvement à contre-courant qui souhaite revenir à des liens plus forts entre communauté locale – en substance la ville – et prison, dans l'espoir de limiter les scores de retour en prison. Ne s'agit-il pas surtout d'une nostalgie bien incapable d'endiguer les effets du tout carcéral ?

Aussi bien, les espoirs les plus sérieux sont-ils placés dans les solutions dites « alternatives », tel le travail d'intérêt général. Tout se passe comme si l'on espérait recommencer l'opération réussie à la fin du XIXe siècle quand on a dégonflé les effectifs de détenus grâce au sursis. Rompant avec une évolution favorable à la compétence étatique et à la professionnalisation, on tente ici et là de mobiliser les énergies locales pour leur faire prendre en charge tout ou partie de ces solutions alternatives. Devant ses faibles performances, le système pénal appelle à l'aide et tente d'embrigader les « communautés » locales.

Mais le doute règne parmi les spécialistes : des mesures comme le travail d'intérêt général sont-elles en fait des alternatives à l'emprisonnement ? Quoi qu'il en soit de la difficulté de la démonstration, peu d'évidence empirique milite en faveur de cette position.

Resterait alors à jouer une substitution plus vaste : au lieu de sous-traiter la seule sanction, pourquoi ne pas recourir à une déjudiciarisation complète, comme celle que permet par exemple la médiation ? Outre que pareille solution demeure actuellement expérimentale, il faudrait préciser son champ réaliste d'application et mesurer l'impact des tentatives actuelles.

En tout cas, si l'on parvient à mesurer tant bien que mal le taux de « retour en prison », comparer les scores de récidive des différentes sanctions [15] ou des différentes voies [16] se heurte à une difficulté redoutable : les populations et les contentieux concernés par ces différentes solutions ne sont pas comparables, en sorte que le « toutes choses égales par ailleurs » paraît difficile à assurer.

CONCLUSION

Voilà un rapport austère, toujours attaché à réclamer des bilans et des évaluations, à suspecter des effets pervers.

De cette austérité, la prévention a pourtant le plus grand besoin si elle veut éviter les déceptions qui suivent facilement les enthousiasmes initiaux.

Elle n'est plus à l'heure des expériences et des commencements brouillons, mais à celle des bilans et des clarifications.

Pour durer, la prévention doit maintenant impérativement *clarifier ses objectifs, ses cibles et ses démarches*.

Elle doit aussi *éviter de se laisser submerger par les passions, les pressions, les croyances* particulièrement à l'œuvre dans certains secteurs particuliers comme les toxicodépendances ou les migrations.

15. P. ex. travail d'intérêt général, probation et emprisonnement.
16. P. ex. système pénal et médiation.

Il lui faut recourir de façon massive aux outils d'aide à la décision que sont *l'observation des phénomènes et l'évaluation des politiques*.

Aussi indispensables que soient ces recherches d'accompagnement, on sent en plus le besoin d'une *recherche* plus éloignée des contingences de l'action, plus *susceptible d'éclairer l'enjeu social qui se joue autour de la prévention*. Point d'opposition ou d'alternative entre ces deux types de recherche, mais au contraire, intrication et complémentarité : pour être solide, la prévention doit pouvoir s'appuyer sur une recherche opérationnelle, mais la solidité de celle-ci appelle, à son tour, la possibilité de s'adosser à une mise au contexte sociologique. L'existence de cette dernière est particulièrement importante, pour détecter d'éventuels effets latéraux ; pour la prévention, le risque essentiel serait d'accroître les contrôles au lieu de réduire les comportements incriminés.

2

BILAN DES CONNAISSANCES DANS DIFFÉRENTS PAYS

BILAN DES CONNAISSANCES AU BRÉSIL

Sergio ADORNO*

Au Brésil, pendant les quinze dernières années, l'approche scientifique de la criminalité a dépassé le milieu restreint de sa formulation juridique – où elle s'était alimentée pendant longtemps – en déplaçant son centre d'intérêt. Au lieu de situer, décrire et expliquer la criminalité exclusivement en fonction du savoir juridique et de la législation pénale, l'approche sociologique *lato sensu* cherche à réfléchir sur les connexions possibles entre la recrudescence de la violence criminelle, le modèle de développement économique et social en vigueur dans cette société agro-industrielle, le mode d'exercice du pouvoir politique d'Etat et le maintien des politiques de sécurité et de justice pénale héritées du régime autoritaire. A ce sujet, des études sociologiques, politiques, anthropologiques et historiques ont proliféré en un court laps de temps. Chacune recoupe à sa façon les dimensions de la violence criminelle.

Bien que cette littérature spécialisée puisse être examinée sous divers aspects, j'ai choisi de privilégier celui qui exploite les rapports entre contrôle social du crime, violence et pouvoir. Cet aspect met en lumière l'organisation sociale du crime, considérée en tant que produit d'un réseau complexe de rapports sociaux qui lient délinquants et agents institutionnels occupant divers postes dans les appareils chargés de garantir l'ordre public. C'est ce réseau complexe de rapports sociaux qui est l'objet d'étude privilégié. Son analyse permet de mettre en valeur l'aspect réticulaire du pouvoir et de la culture, qui exprime, à l'intérieur des agences de contrôle social, autant de conflits que de négociations et accommodements.

Une approche possible de cet aspect suggère que les principales li-

(*) Professeur à l'université de São Paulo (Brésil), directeur du groupe d'études sur la violence.

gnes de force des études brésiliennes peuvent être classées selon quatre catégories : premièrement, les études qui traitent du mouvement de la criminalité ; deuxièmement, les études qui décrivent et mettent en question les lieux communs au sujet du profil social des auteurs de délits ; troisièmement, les études qui examinent l'organisation sociale du crime sous la perspective du délinquant ; quatrièmement, les études qui analysent les politiques publiques pénales [1].

I. LE MOUVEMENT DE LA CRIMINALITÉ

Les études qui s'occupent du mouvement de la criminalité urbaine ont pour objet l'analyse des tendances et caractéristiques des pratiques délictueuses. Il s'agit de savoir, au cours d'un laps de temps déterminé, quelles affaires policières ont manifesté une croissance ou une diminution par rapport à une période antérieure, dans le but d'identifier les causes possibles ou les facteurs explicatifs. Du point de vue sociologique, les études existantes cherchent à vérifier s'il y a correspondance entre la perception collective de l'accroissement de la criminalité – indiquée surtout par les enquêtes d'opinion publique et par l'étude coordonnée par Zaluar (1989a) – et l'occurrence de crimes [2]. Même si l'on considère le manque d'objectivité de la source d'information, il est possible d'identifier certaines tendances de la criminalité urbaine dans les grandes villes brésiliennes. Les études de Paixão (1983), de Campos (1978a ; 1978b ; 1988), de Caldeira (1989) et de Adorno (1991) confirment la tendance à l'accroissement de la dénommée criminalité violente et organisée [3] des trois plus grandes métropoles brésiliennes (Belo Horizonte, Rio de Janeiro et São Paulo) indiquée par la hausse importante des indices de vol, homicides, trafic de drogues.

1. Bien que l'on puisse affirmer que les préoccupations au sujet de l'accroissement de la criminalité urbaine datent du siècle dernier, la préoccupation scientifique est née au début des années 1970. Certainement, elle a contribué à attirer l'attention des scientifiques sociaux sur l'autoritarisme politique, responsable de l'exacerbation, dans différents secteurs de la vie sociale, des conflits sociaux dans la campagne, dans les villes. Dans ce bilan des études brésiliennes, je mets en relief la production de connaissance réalisée dans les centres d'investigation et dans les universités à partir des vingt dernières années. Je mets l'accent également sur un aspect disciplinaire spécifique : les études réalisées dans les domaines des sciences sociales, de l'histoire et de la psychologie sociale.

2. Comme chacun sait, la source qui alimente ces études sont des statistiques officielles de criminalité qui comportent un bon nombre de problèmes parmi lesquels le soupçon de « chiffres inexacts », l'intervention de critères bureaucratiques d'évaluation de fonctionnement démocratique, les « négociations » parallèles entre victimes, agresseurs et autorités, la mise en œuvre de politiques déterminées de sécurité publique, voir à ce sujet : Paixão (1983) et Campos (1987a).

3. La dénommée criminalité urbaine violente se compose de cas de crimes contre le patrimoine (vols et vols suivis de meurtres) ; contre la vie (homicides dolosifs) ; contre la santé publique (trafic et consommation de drogues) ; contre les coutumes (viols), outre les contraventions pénales (port illégal d'armes). On inclut dans cette catégorie les tentatives et les actes réalisés. Le législateur brésilien a différencié les crimes des contraventions pénales. Il a classé les crimes comme des comportements considérés plus graves, en leur réservant des peines de réclusion qui atteignent trente ans au maximum. Aux contraventions pénales considérées moins graves sont appliquées des amendes et des peines de détention courtes.

L'étude de Caldeira (1989) pour la ville de São Paulo, pendant la période de 1981 à 1987, a montré qu'au début de la décennie, le taux des crimes violents, par rapport à l'ensemble des crimes enregistrés, se situait aux environs de 20 % ; à la fin de la décennie, il atteignait 30 %. Parmi les crimes violents, le vol et les lésions corporelles dolosives sont les modalités de crime qui ont le plus de poids. A partir de 1983, les vols représentent environ 50 % du total des cas, aussi leurs comportements influent-ils largement sur les variations de la criminalité violente. Les homicides et les tentatives d'homicide ont accusé des taux élevés de croissance pendant la période 1982-1983 (48 % dans la ville de São Paulo) et n'ont pas montré de taux négatifs de variation proportionnelle pour cent mille habitants. Ces données sont d'autant plus surprenantes si l'on considère seulement les homicides, et l'on exclut les tentatives. Dans ce cas, le pourcentage s'élève à 53,8 %.

Les cas concernant le trafic et la consommation de drogues ont souligné un comportement irrégulier : accroissement pendant la période 1981-1985, dans la région métropolitaine, tendance à décliner en 1986-1987 et accroissement à nouveau en 1988. Il est fort probable que ces oscillations traduisent plutôt le comportement des organes de la police dans la répression à cette modalité de délit que les modifications dans le mouvement du trafic ou du comportement des usagers. Finalement, il convient de souligner la croissance accentuée des contraventions pour port irrégulier d'arme, notamment pendant la période 1981-1985, comportement qui se stabilise les années suivantes. De plus, pour Rio de Janeiro, Coelho (1988) a montré la contribution croissante d'enfants et adolescents à l'accroissement des taux de vol y compris le vol suivi de meurtre.

Certains « bruits » de facteurs conjoncturels peuvent affecter l'irrégularité de distribution de crimes et contraventions et provoquer une incidence plus ou moins élevée de formes déterminées de comportement délinquant, tels que les homicides, les vols et les viols. Parmi ces facteurs conjoncturels, il faut souligner l'influence probable de la crise économique sur l'entrée de nouvelles recrues dans le groupe délinquant, comme l'ont démontré dans leurs études Feiguin (1985) et Pezzin (1986), ainsi que sur les directions adoptées par la politique de sécurité. Dans leur étude sur la récidive criminelle dans l'Etat de São Paulo, Abreu et Bordini (1985) ont vérifié que le pourcentage le plus élevé de condamnés par la justice criminelle se trouve parmi les auteurs de vol, vol à main armée et trafic de drogues ; alors que l'indice de récidive est relativement bas pour les auteurs de lésions corporelles et d'homicide. Cette constatation indique les tendances préférentielles des autorités judiciaires dans l'attribution de sentences comminatoires [4].

4. Voir également Adorno et Fischer (1987) qui, à la suite de l'analyse des politiques pénitentiaires formulées et mises en œuvre par le gouvernement de l'Etat de São Paulo de 1950 à 1985,

Enfin, il semble significatif de relever que la perception collective de l'accroissement, inusité et incontrôlable, de la criminalité urbaine violente doit être nuancée, car ce phénomène peut se développer en termes absolus, mais à un rythme inférieur à celui de la population. En faisant cette corrélation, Paixão (1983) a constaté qu'à Belo Horizonte, pendant la période étudiée (1932-1978), les taux moyens de crimes diminuent substantiellement, aussi bien la totalité que chaque catégorie étudiée. Dans le cas de la ville de São Paulo, ce rapport révèle des résultats surprenants. Dans les intervalles de 1982-1983 et 1983-1984, les indices de criminalité pour cent mille habitants accusent une croissance. Pendant les périodes suivantes, ces indices tendent à décliner systématiquement. Malgré cela, pour l'année 1987, cet indice est quand même de l'ordre de 747 cas de crimes violents pour cent mille habitants, supérieur à l'indice de 1981 de 685,6 cas (Caldeira, 1989).

Aussi, l'accroissement relatif des taux de criminalité urbaine violente n'est pas forcément associé à l'arrivée de nouveaux citoyens qui prennent le chemin de la délinquance, mais peut être associé à ceux qui se spécialisent et construisent des carrières dans la délinquance. Ces constatations révèlent que l'option préférentielle des agences de prévention et de répression du crime se dirige vers les individus déjà stigmatisés comme délinquants, il résulte de cela des pressions dans le sens de l'augmentation des coefficients de récidive criminelle que l'on suppose élevés (Rodello *et alii*, 1984).

II. LE PROFIL SOCIAL DES DÉLINQUANTS

Qui sont, en définitive, les auteurs de délits ? Quelques études se sont penchées sur cette question (Campos, 1980 ; Paixão, 1983 ; Adorno et Bordini, 1989)[5]. Les principaux résultats obtenus par ces études indiquent que les délinquants sont, de préférence, recrutés parmi les groupes de travailleurs urbains à bas salaire, ce qui signifie que leur profil social ne diffère pas de celui de la population pauvre. L'idée acquise que les délinquants possèdent une nature anti-humaine, perverse et pervertie, qui s'exprime selon une soi-disant infériorité raciale, ethnique, sociale et culturelle, ne se vérifie pas dans les études réalisées. En observant des prisonniers pris dans le système péniten-

ont démontré que les orientations données à la police judiciaire et à la police de répression ont influencé de manière décisive le comportement des tribunaux judiciaires et le mouvement des prisons.

5. Ces enquêtes, en règle générale, sont faites sur des données secondaires extraites des sources officielles, statistiques ou fiches d'archives où l'on trouve les mêmes limitations déjà citées. L'exception est l'étude réalisée par le Centro Brasileiro de Análise e Planejamento. CEBRAP (Brant *et alii*, 1986) qui a recueilli des informations auprès des établissements qui font partie du système pénitentiaire de l'Etat de São Paulo.

tiaire de l'Etat de São Paulo, Brant *et alii* (1986) ont conclu que l'image des délinquants en tant qu'individus analphabètes, presque sans instruction ou habitués au chômage chronique, ne résiste pas à l'analyse. De fait, l'étude a trouvé une moyenne d'analphabétisme inférieure à 3 %, donnée qui démystifie l'image courante, que « le délinquant n'a pas d'instruction ». De même, l'étude a montré que 55 % des condamnés avaient un emploi au moment de la prison. Parmi les 45 % sans emploi, 37 % avaient perdu leur emploi depuis six mois au plus. L'étude a conclu que « les prisons étaient bourrées de prisonniers qui, pour la plupart, avaient une histoire professionnelle définie, dans le cadre des catégories auxquelles ils appartiennent, ayant maintenu ces emplois réguliers dans les divers secteurs de la vie économique » (Brant *et alii*, 1986, p. 98). Les résultats de cette étude coïncident avec ceux de Adorno et Bordini (1989).

En ce qui concerne la carrière de délinquant, les données disponibles révèlent que la contribution la plus importante est attribuée aux crimes contre le patrimoine, ce qui peut suggérer l'importance que leurs auteurs et/ou l'appareil policier attribuent à cette modalité de pratique délictueuse (Abreu et Bordini, 1985). Elles montrent également que la majorité des condamnés par la justice criminelle, tout au moins dans l'Etat de São Paulo, est condamnée à des peines moyennement longues. Cette observation met en question l'image, couramment diffusée dans l'opinion publique et véhiculée par la presse et les médias, de délinquants terribles, extrêmement violents, condamnés à de très longues peines, comme étant le profil biographico-pénal de la population emprisonnée. Par conséquent, tout indique que le problème réside dans l'explication des raisons pour lesquelles certains individus, provenant d'un même secteur de la population, choisissent le chemin de la délinquance, tandis que d'autres préfèrent construire une trajectoire de travailleurs et citoyens « normaux », question qui comporte des ambiguïtés essentielles comme l'a démontré Foucault.

III. L'ORGANISATION SOCIALE DE LA DÉLINQUANCE

Il y aurait peu de choses à ajouter sur les études qui cherchent à explorer les particularités de l'organisation délinquante : dans les manières d'être, dans le style de vie, dans les rapports avec les autres et avec la société en général. L'anthropologue Alba Zaluar s'est consacrée à l'étude de ce thème. Dans son livre (1985), elle aborde l'identité du délinquant, en soulignant l'opposition « bandit » *versus* « travailleur » suggérant un kaléidoscope de représentations de valorisation ou de dépréciation du travail, qui rendent les deux identités très fluides en même temps que profondément différenciées. Par la suite, elle s'est penchée sur l'analyse du crime et de la criminalité dans les classes populaires de Rio de Janeiro, dont les résultats sont reflétés dans plusieurs de ses écrits (Zaluar, 1986 ; 1987a ; 1987b ; 1989a ; 1989b ; 1989c ; 1990a ; 1990b).

Alba Zaluar a observé qu'il y a plusieurs types d'organisations criminelles qui deviennent de plus en plus ressemblantes au modèle d'une entreprise ; elle a constaté la présence de femmes dans la délinquance et l'entrée récente de jeunes dans le trafic de drogues, parmi lesquels elle a détecté la valorisation du port d'arme, du contrôle du « point de vente de drogue », de l'argent disponible, de la façon de s'habiller, de la disposition à tuer, comme symboles de pouvoir, richesse et prestige. Elle a remarqué également la guerre « illégale », dans les quartiers populaires des grandes villes, entre la police et les bandits, identifiés aux pauvres ; les processus par lesquels le *gang* organisé se constitue en pouvoir central dans les *favelas* et les processus par lesquels ont réussit à entrer dans le monde du crime, en assumant une identité délinquante qui, à la limite, peut impliquer l'abandon progressif et/ou absolu du monde du travail.

Leurs résultats montrent les changements qui s'opèrent dans la sous-culture criminelle, qui va du culte du *malandragem* (traduction approximative : petit brigandage)[6] au culte de la violence ; de l'horreur du travail à l'affaire rentable ; des rapports de loyauté et de solidarité à ceux de force découlant de la diffusion de l'arme à feu et du pouvoir économique. Ces résultats indiquent encore qu'il est nécessaire : premièrement, de poser le problème des schémas théoriques qui soutiennent une dichotomie entre « ordre de la société » et « désordre de la *favela* ». La criminalité acquiert aujourd'hui l'aspect de crime organisé dans le trafic de drogues et dans le « jogo do bicho »[7]. Deuxièmement, de mettre en question les théories de la « marginalité » qui classifient les pauvres comme marginaux par rapport à la loi et à l'ordre. De fait, parmi les pauvres, il y a également des conceptions qui font la part du moral et de l'immoral, du légal et de l'illégal. Il n'y a pas de distinctions irréconciliables entre le Code pénal et le code qui régit la vie des *favelas*. Troisièmement, mettre en question l'image idyllique que donnent d'elles-mêmes les institutions chargées du contrôle de l'ordre public. Dans le cas particulier de la police, les images sont très négatives. Elle est vue comme une institution qui humilie et réprime les travailleurs pauvres et participe à la délinquance.

6. Le brigand « classique », dans les villes comme Rio de Janeiro, était caractérisé, jusqu'à maintenant, comme le délinquant habile, intelligent, qui agissait de manière autonome, ayant pour ressources ses qualités personnelles exclusivement, sans avoir recours à la violence nécessairement et gratuitement.

7. Il s'agit d'un jeu de hasard qui est interdit par la loi. Néanmoins, il est très répandu, surtout parmi les couches de travailleurs à bas salaire.

IV. POLITIQUES PUBLIQUES PÉNALES

La thèse selon laquelle il n'est pas possible de comprendre le mouvement de la criminalité urbaine en ignorant le fonctionnement des agences de contrôle et de répression du crime, se généralise parmi les chercheurs brésiliens. La non-observance des agents chargés de maintenir l'ordre public, des principes consacrés par la loi qui doivent régir la protection des droits civils est fréquemment invoquée, surtout par les organisations de défense des Droits de l'homme, comme responsable de la situation de tension permanente à laquelle le système de justice criminelle est relégué (Pinheiro et Braun, 1987). Une des cibles privilégiées d'étude et de réflexion est l'appareil policier.

En étudiant l'organisation policière dans une grande métropole brésilienne, Paixão (1982) a analysé la structure formelle ainsi que les usages que font les policiers de leurs pratiques institutionnelles. Il a souligné le caractère précaire des mécanismes formels d'inspection, la généralisation d'un modèle patrimonial d'organisation et la fragilité des lignes d'articulation entre la structure formelle et les activités pratiques. En ce qui concerne ces dernières, Paixão constate qu'elles sont orientées par certaines théories au sujet de la « nature » des délinquants et par le stock de connaissances empiriques disponibles dans l'organisation. Il s'agit d'une « logique en cours » dans les milieux policiers, qui consiste dans un ensemble de catégorisations des délinquants possibles, des modalités d'action délinquante, de méthodes destinées à mettre en valeur des preuves, qui impliquent l'établissement d'un réseau d'informateurs qui mettent en marche l'enquête policière. Le résultat de cette confrontation entre l'organisation formelle et la « culture organisationnelle » se trouve dans le fait de disqualifier l'empire de la loi, fréquemment considérée par l'agent policier plutôt comme un obstacle que comme une garantie effective de contrôle social. Autoreprésentés comme purificateurs de la société, les agents policiers contribuent à la routine de méthodes illégales d'investigation, faisant appel à la torture et même parfois aux exécutions sommaires (American Watch, 1987 ; Pinheiro *et alii*, 1990) stimulant la criminalisation de segments de la population peu préparés à assurer leurs droits civils contre l'arbitraire de l'organisation. (Aspect qui est mis en relief par les études de Paul Sérgio Pinheiro, voir Pinheiro, 1982, 1983, 1984 ; Pinheiro et Sader, 1985 ; Pinheiro et Adorno, 1988)[8].

Des tensions entre les deux sphères de l'organisation peuvent être observées au sein de l'appareil judiciaire. D'une part, la maîtrise abstraite et idéalisée de la loi, inscrite dans les codes, enseignée dans les livres et académies, proclamée solennellement dans les tribunaux. D'au-

8. Voir aussi Paixão (1988).

tre part, l'application quotidienne de préceptes légaux qui deviennent l'objet de disputes et négociations entre les différents auteurs, qui, pris dans les toiles de la moralité, interprètent ces préceptes selon leurs intérêts particuliers et selon les besoins de l'organisation. De cette confrontation découlent des implications. D'abord, l'existence d'une tension permanente entre l'idée des personnes en tant qu'entités morales et la réalité des hiérarchies basées sur la richesse et le pouvoir. Deuxièmement, l'existence de tensions dans les sociétés démocratiques, entre loi, sécurité et ordre. Troisièmement, étant donné les implications antérieures, le système de justice criminelle est vu comme étant mal articulé, sans efficacité et incapable d'atteindre les buts pour lesquels il a été créé (Paixão, 1988).

Bien que l'ensemble des études sur la justice criminelle dans la société brésilienne soit restreint, ces dernières années, anthropologues, historiens et sociologues se sont intéressés à l'étude de pratiques judiciaires (Correa, 1983 ; Fausto, 1984 ; Chalhoub, 1986 ; Esteves, 1986 ; Zenha, 1986 ; Ardaillon et Debert, 1987 ; Herkeinhoff, 1987 ; Freitas, 1989). Dans une recherche qui a eu pour objet empirique l'analyse de pratiques juridiques de jugement de crimes contre la vie, matière des cours d'assises[9], on a pu vérifier que l'aboutissement légal est le résultat d'une opération complexe à laquelle participent les fondements d'ordre objectif et subjectif. D'une part, on ne peut ignorer les fondements d'ordre institutionnel et bureaucratique, les caractéristiques d'organisation et le fonctionnement de la cour d'assises, les déterminants légaux consacrés dans les codes et les statuts, le jeu des rôles entre les différents manipulateurs techniques[10] et protagonistes démarqués par leurs positions d'accusateurs ou de défenseurs, de victimes ou d'agresseurs. Cependant, il s'agit d'une autre analyse lorsque les mobiles subjectifs sont en jeu. Dans ce domaine, on a l'air de juger bien d'autres choses que le crime pratiqué. On traite du monde des hommes, de leurs comportements, désirs, manières d'être, vertus et faiblesses, qualités et vices. Dans cette analyse, on découvre l'univers de la culture. Ce qui est au centre du débat est moins la protection de la propriété que de la vie ; ce qui divise manipulateurs techniques et protagonistes c'est la protection des modèles juridiques de rapports entre hommes et femmes, adultes et enfants, Blancs et Noirs, travailleurs et non-travailleurs, modèles

9. Au Brésil, les crimes contre la vie, cités dans les articles 121 et 127 du Code pénal, constituent matière de responsabilité des cours d'assises. Parmi ces crimes, se trouvent les homicides dolosifs, que ce soient les tentatives ou les actes réalisés.

10. On considère manipulateurs techniques les agents chargés de la vérification de la responsabilité pénale : investigateurs, juges, techniciens, greffiers, commissaires de police, avocats de défense, procurateurs qui travaillent dans les différentes phases du procès pénal, comme experts, assistants de défense ou d'accusation, professionnels chargés de mettre en œuvre des directives opérationnelles, ainsi que les psychologues, assistants sociaux, thérapeutes.

contre lesquels résistent les protagonistes et la réalité des faits (Adorno, 1990a) [11].

Mais c'est dans le domaine des prisons que les impasses connues par les politiques publiques pénales paraissent acquérir un accent privilégié. C'est dans une étude qui a eu pour objet l'analyse de politiques publiques pénales mises en place par le gouvernement de l'Etat de São Paulo de 1950 à 1985 (Adorno et Fischer, 1987), que l'on a pu examiner le discours politique et décrire les pratiques de gestion de la population incarcérée. Le résultat de cette étude a montré que la note dominante des politiques publiques pénales est de promouvoir la ségrégation et l'isolement des condamnés, moyennant un programme délibéré d'augmentation progressive de l'offre de nouvelles places vacantes dans le système pénitentiaire. Leurs effets peuvent être classés : extension du réseau de coercition ; surpopulation carcérale ; administration inefficace ; durcissement de la discipline sans réussir à contrôler l'escalade de la violence et de la succession de rébellions durant ces dernières années ; insuffisance des mesures de portée technique, incompatibles avec le programme d'expansion physique ; impossibilité d'aboutir à une politique de coordination d'exécution pénale ; absence d'explication des objectifs, et par conséquent absence de programme articulé, intégré et systématique d'intervention ; querelles d'influence entre groupes sur le pouvoir institutionnel, dont l'effet est de renforcer l'idéologie de l'ordre, de la sécurité et de la discipline. Cet ensemble de problèmes converge vers le même point : l'incapacité reconnue et l'incompétence du pouvoir public d'administrer une population incarcérée très nombreuse, thèse également sous-jacente aux études promues par la Fundação João Pinheiro (1984) et dont les résultats ont été partiellement publiés dans Paixão (1987) et Coelho (1987b) [12].

Des résultats pas très différents peuvent être vérifiés lorsque les études visent les institutions d'accueil, de protection et tutelle des jeunes qui prennent le chemin de la délinquance. Là, le scénario est caractérisé par une ambiguïté extrême : en même temps qu'elles doivent se présenter comme une véritable ville où règne l'ordre et l'harmonie, s'érigent murs et tour élevés comme système rigide de sécurité pour empêcher les fuites et rébellions. Ces institutions se caractérisent, comme les prisons, par l'oppression des classifications institutionnelles, la surveillance attentive, l'absence de valeurs culturelles concrètes. A l'intérieur de cette

11. Récemment, un recueil de textes organisé par José Eduardo Faria (1989) offre une réflexion importante sur le pouvoir judiciaire dans ces dimensions multiples : dynamique politique, organisation bureaucratique, compromis idéologiques, formation des magistrats. Le recueil examine trois grands sujets : la crise du modèle libéral de droit et d'Etat, les contradictions du modèle libéral d'administration de la justice et la démocratisation du judiciaire.

12. Analyse de l'effet des politiques pénales du point de vue des délinquants se trouve dans Ramalho (1983) et Adorno et Bordini (1989).

ambiguïté institutionnelle, les enfants et les adolescents réalisent subjectivement la leur : un mélange de décence et de *malandragem*. D'une part, ils doivent se résigner devant la violence institutionnelle, en donnant des signes quotidiens de leur « récupération » comme par exemple, suivre les routines quotidiennes, réaliser un travail productif, aller à l'école, collaborer avec les agents de l'ordre. Par ailleurs, ils ne peuvent pas s'éloigner du territoire délinquant. Ils doivent actualiser leur répertoire délinquant, amplifier le rayon d'action et de contacts, devenir de plus en plus audacieux. Il se crée ainsi des liens entre les agences de répression du crime et ce segment jeune de la population urbaine. Le résultat ne peut être autre que celui de la reproduction d'un même destin, fermé sur lui-même, comme une sorte d'histoire circulaire : la délinquance et la violence (Adorno, 1989b ; Alvim et Valladares, 1988 ; Arruda, 1983 ; Bierrenbach *et alii*, 1987 ; Cebrap, 1972 ; Guirado, 1980 et 1986 ; Ferreira, 1979 ; Queiroz, 1984 ; Silva, R.M.R. *et alii*, 1988 ; Violante, 1983 et 1984).

CONCLUSIONS

Comme le souligne Paixão (1988), la connexion entre politiques publiques de sécurité et justice et l'institutionnalisation de la démocratie repose sur la légalité en tant que fondement de l'ordre social. Le problème essentiel réside dans « l'articulation entre démocratie, bureaucraties publiques de contrôle social et les formes légales à partir desquelles on voit apparaître la criminalisation de classes de comportement, ainsi que la garantie des libertés civiles et la limitation effective de l'arbitraire du pouvoir politique et de ses agences » (Paixão, 1988, p. 179). Il s'agit, par conséquent, de diluer la tension permanente entre la loi et l'ordre, entre légalité et moralité, de laquelle la société brésilienne est particulièrement tributaire. Cette tâche politique demande donc une nouvelle rationalité juridique capable de consolider une justice sociale effective.

Les études brésiliennes, malgré leurs différentes approches théoriques et thématiques, ont avancé dans ce sens, surtout parce qu'elles se sont éloignées plus tôt du débat « classique » entre les solutions qui font appel à une justice distributive et celles qui ont recours à la justice de rétribution [13]. Elles suggèrent que la répression démocratique de la criminalité urbaine ne se résume pas à la diminution des inégalités sociales ou au simple durcissement des mesures de dissuasion. Il faut rediriger les regards vers l'importance croissante acquise, dans les sociétés démocratiques, par le pluralisme juridique et par la norme aux dépens

13. Pour une meilleure compréhension de ce débat voir Coelho (1988). Une interprétation différente du débat sur les mesures de contention de la violence urbaine peut être trouvée dans Zaluar (1989a).

du système judiciaire centré sur la loi. Cette entente suppose l'institutionnalisation d'un nouveau régime juridique qui introduit d'autres principes d'évaluation et de jugement, tournés vers l'attribution de la responsabilité à un collectif – la société – ce qui provoque un déplacement considérable dans la rationalité sous-jacente au droit de punir : la valeur fondamentale attribuée à la liberté cède sa place à la valeur attribuée à la vie. C'est vers ce changement d'horizon que semblent mener les études dont le bilan est proposé par ce texte.

BIBLIOGRAPHIE

ABREU, Sérgio et BORDINI, Eliana, Estimativa da reincidência criminal : variçōes segundo estratos ocupacionais e categorias criminais. *Temas IMESC. Soc. Dir. Saúde.* São Paulo, 2, 1, 1985, 11-29.

ADORNO, Sérgio, *Violência Urbana e Justiça Criminal.* Relatório parcial de pesquisa. São Paulo : Cedec. mimeo, 1989a.

– *A experiência precoce da punição.* Paper preparado para o Seminário Crianças Sem Infância no Brasil. São Paulo, Departamento de Sociologia, FFLCH-USP, mimeo, 1989b.

– Violência urbana e justiça criminal : o ponto de vista dos cientistas sociais. *Travessia.* Revista do Migrante. São Paulo : Centro de Estudos Migratórios, II, 4, 17-20 mai/ago, 1989c.

– *Violência urbana, justiça criminal e organização social do crime.* Paper preparado para o I Congresso Luso-Afro-Brasileiro de Ciencias Sociais (Coimbra, Portugal, 2-5/07) e para o XIIth World Congress of Sociology (Madrid, Espanha, 9-13/07). São Paulo, mimeo, 1990a.

– Sistema penitenciário no Brasil : dilemas e desafios. Paper preparado para o Seminário Nacional sobre Segurança e Justiça, promovido pelo Gabinete de Assessoria Jurídica às Organizações Populares (GAJOP). Olinda (PE), 22-24/09. São Paulo, mimeo, 1990b.

– *O sistema de administração da justiça criminal.* (Fragmentação e conflito no caso paulista). Relatório de pesquisa. Contrato firmado entre a Secretaria de Ciência e Tecnologia de São Paulo e a USP. São Paulo : NEV, mimeo, 1991.

ADORNO, Sérgio et BORDINI, Eliana, Reincidência e reincidentes penitenciários em São Paulo, 1974-1985. *Revista Brasileira de Ciências Sociais.* São Paulo : ANPOCS, 1989, 9, 3, 70-94.

ADORNO, Sérgio et FISCHER, Rosa M., *Análise do sistema penitenciário do Estado de São Paulo* : o gerenciamento da marginalidade social. Relatório de pesquisa. São Paulo : CEDEC. mimeo, 2v, 1987.

ALVIM, Rosilene et VALLADARES, Lícia, Infância e adolescência no Brasil : uma análise da literatura. *BIB. Boletim Bibliográfico.* Rio de Janeiro, 1988, 26, 3-37.

ARDAILLON, Danielle et DEBERT, Guita G., *Quando a vítima é mulher.* (Análise de julgamentos de crimes de estupro, espancamento e homicídio). Brasília : Conselho Nacional dos Direitos das Mulher (CNDM) ; Centro de Estudes e Documentação para Ação Comunitária (CEDAC), 1987.

ARRUDA, Reinaldo, *Pequenos bandidos.* São Paulo : Global, 1983.

AMERICAS WATCH COMMITTEE, *Violência policial no Brasil.* Execuçôes sumáiras e tortura em São Paulo e Rio de Janeiro. São Paulo : OAB-SP ; NEV-USP e outros, 1987.

BENEVIDES, Maria Victória, Linchamentos : violência e justiça. Vários autores. *A violência brasileira.* São Paulo : Brasiliense, 1982.

– *Violência, povo e policia.* (Violência urbana no noticiário de imprensa). São Paulo : Brasiliense, 1983.

– No fio da navalha : o debate sobre a violência urbana. *Temas IMESC. Soc. Dir. Saúde*. S. Paulo, 1985, 2, 2, 71-76.

BENEVIDES, Maria Vitória et FISCHER, Rosa M., Respostas populares e violência urbana : o caso de linchamento no Brasil. In : Pinheiro, P. S. (org.). *Crime, violência e poder*. São Paulo, Brasiliense, 1983.

BIERRENBACH, Maria Inês *et alii, Fogo no pavilhão*. (Uma proposta de liberdade para o menor). São Paulo : Brasiliense, 1987.

BICUDO, Hélio, *O Direito e a Justiça no Brasil*. São Paulo : Símbolo, 1978.

– A « mão armada » da classe dominante. *Travessia*. Revista do Migrante. São Paulo : Centro de Estudos Migratórios, 1990, II, 4, 5-12.

BRANT, Vinicius C. *et alii*, *O trabalhador preso no Estado de São Paulo*. São Paulo : CEBRAP. mimeo. (Trabalho realizado sob contrato da Fundação de Amparo ao Trabador Preso), 1986.

CALDEIRA, Teresa P. do R., Ter medo em São Paulo. In : BRANT, V.C. (org.). *São Paulo, Trabalhar e Viver*. São Paulo : Brasiliense ; Comissão Justiça e Paz, 1989, 151-167.

CARRARA, Sérgio, A sciência e doutrina da identificação no Brasil : ou do controle do eu no templo da técnica. *Religião e Sociedade*. São Paulo : Centro de Estudos da Religião, 1990, 15, 1, 82-105.

CEBRAP (Centro Brasileiro de Análise e Planejamento), *A criança, o adolescente e a cidade*. São Paulo : Cebrap, 1972.

CHALHOUB, Sidney, *Trabalho, Lar e Botequim. (O cotidiano dos Trabalhadores do Rio de Janeiro da Belle Epoque)*. São Paulo : Brasiliense, 1986.

– Classes perigosas. *Trabalhadores*. Publicação da Associação Cultural do Arquivo Edgard Leueroth. São Paulo : Prefeitura Municipal, 1991, 2-22.

COELHO, Edmundo Campos, *A ecologia do crime*. Rio de Janeiro : Comissão Nacional Justiça e Paz ; Educam, 1978a.

– « A Criminalização da Marginalidade e a Marginalização da Criminalidade ». *Revista de Administração Pública*. Rio de Janeiro, 1978b, 12, 2, abr./jun.

– Sobre sociólogos, pobreza e crime. *Dados*. Revista de Ciências Sociais. Rio de Janeiro, 1980, 23, 3, 377-383.

– *A oficina do diabo*. (Crise e conflitos no sistema penitenciário do Rio de Janeiro). Rio de Janeiro : Espaço e Tempo ; IUPERJ, 1987a.

– A criminalidade urbana violenta. *Série Estudos*. Rio de Janeiro : IUPERJ, 1987b, 60, 1-59, dez.

– A criminalidade urbana violenta. *Dados*. Revista de Ciências Sociais. Rio de Janeiro : IUPERJ, 1988, 31, 2, 145-183.

CORREA, Mariza, *Morte em Família. (Representações jurídicas de papéis sexuais)*. Rio de Janeiro : Graal, 1983.

ESTEVES, Marta de Abreu, Em Nome da Moral em dos Bons Costumes : Discursos Jurídicos e Controle Social. In : *Crime e Castigo*. Rio de Janeiro : Fundação Casa de Rui Barbosa, PA2, 1986, 1-20.

FARIA, José Eduardo (org.), *Direito e Justiça. A Função Social do Judiciário*. São Paulo : Ática, 1989.

FAUSTO, Boris, *Crime e cotidiano*. (A criminalidade em São Paulo, 1880-1924). São Paulo : Brasiliense, 1984.

FEIGUIN, Dora, Criminalidade violenta : algumas hipóteses explicativas. *Revisa da Fundação SEADE. São Paulo em Perspectiva*. São Paulo, 1985, 1, 2, 23-6, mai/ago.

FERREIRA, Rosa Maria Fischer, *Meninós de rua*. Valores e expectativas de menores marginalizados em São Paulo. São Paulo : Comissão Justiça e Paz ; Centro de Estudos de Cultura Contemporânea, 1979.

FISCHER, Rosa Maria, *O direito da população à segurança*. Petrópolis : Vozes, 1985.

FREITAS, Renan S. de, À margem de lógicas transcendentes : etnometodologia e teorias

de decisões judiciárias. *Revista Brasileira de Ciências Sociais*. Rio de Janeiro : ANPOCS, 1990, 12, 5, 70-87.
FRY, Peter et CARRARA, Sérgio, *As Vicissitudes do Liberalismo no Direito Penal Brasileiro, Revista Brasileira de Ciências Sociais*. São Paulo : ANPOCS ; Cortez, 1986, 1, 2, 48-54.
GUIRADO, Marlene, *O menor e a FEBEM*. São Paulo : Perspectiva, 1980. *Instituição e relações afetivas*. (O vínculo com o abandono). São Paulo : Summus, 1986.
HERKENHOFF, João Batista, *Crime, tratamento sem prisão*. Petrópolis : Vozes, 1987.
LIMA, Roberto K. de, Cultura jurídica e práticas policiais : a tradição inquisitorial. *Revista Brasileira de Ciências Sociais*. São Paulo, ANPOCS, 1989, 10, 4, 65-84.
LOPES, José Reinaldo de Lima, « A Função Política do Poder Judiciário ». In : *Direito e Justiça : A Função Social do Judiciário* organizado por José Eduardo Faria. São Paulo : Ática, 1988.
MARTINS, José de Souza, Linchamentos : a vida por um fio. *Travessia*. Revista do Migrante, São Paulo : Centro de Estudos Migratórios, 1990, II, 4, 21-28.
– Minas Gerais. Secretaria de Estado do Planejamento e Coordenação Geral. Fundação João Pinheiro. Diretoria de Projetos III.
– *Caracterização da população prisional de Mi-Gerais e do Rio de Janeiro*. Belo Horizonte : Fundação João Pinheiro. mimeo, 1984.
PAIXÃO, Antonio Luiz, A organização policial numa area metropolitana. *Dados*. Revista de Ciências Sociais. Rio de Janeiro, 1982, 25, 1, 63-85.
– « Crimes e Criminosos em Belo Horizonte, 1932-1978 ». *Crime, Violência e Poder* organizado par Paulo Sérgio Pinheiro. São Paulo : Brasiliense, 1983.
– Uma saga carcerária. *Temas IMESC. Soc. Dir. Saúde*. São Paulo, 1984, 2, 2, 97-100.
– *Recuperar ou punir ?* (Como o Estado trata o criminoso). São Paulo : Ática, 1987.
– « Crime, Controle Social e Consolidação da Democracia ». *A Democracia no Brasil. Dilemas e Perspectivas* organizado por Fábio W. Reis e Guilhermo O'Donnel. São Paulo : Vértice ; Revista dos Tribunais, 1988.
– A violência urbana e a sociologia : sobre crenças e fatos e mitos e teorias políticas e linguagens e... *Religião e Sociedade*. São Paulo : Centro de Estudos da Religião, 1990, 15, 1, 68-81.
PEZZIN, Lilian, *Criminalidade urbana e crise econômica*. São Paulo : IPE/USP, 1986.
PINHEIRO, Paulo Sérgio, Política e crise política : o caso das Polícias Militares. Vários autores. *A violência brasileira*. São Paulo : Brasiliense, 1982.
– *Crime, violência e poder*. São Paulo : Brasiliense, 1983 (org.).
– *Escritos indignados*. São Paulo : Brasiliense, 1984.
PINHEIRO, Paulo Sérgio et ADORNO, Sérgio, A tortura resiste. *Humanidades*. Brasília : UnB, 1988, 18, 63-66.
PINHEIRO, Paulo Sérgio et BRAUN, Eric (orgs), *Democracia x violência*. (Reflexões para a Constituinte). Rio de Janeiro : Paz e Terra, 1987.
PINHEIRO, Paulo Sérgio et SADER, Emir, O controle da polícia no processo de transição democrática. *Temas IMESC. Soc. Dir. Saúde*. São Paulo, 1985, 2, 2, 77-95.
PINHEIRO, Paulo Sérgio *et alii*, Violência do Estado e militarização : mortes em conflitos policiais em São Paulo nos anos de 1980. Relatório de Pesquisa. São Paulo : NEV-USP. mimeo, 1990.
QUEIROZ, José, *O mundo do menor infrator*. São Paulo : Cortez, 1984.
RAMALHO, José Ricardo, *O mundo do crime. A ordem pelo avesso*. 2.ed. Rio de Janeiro : Graal, 1983.
RECH, Daniel, A violência, o crime e a justiça. *Travessia*. Revista do Migrante. São Paulo : Centro de Estudos Migratórios, 1990, II, 4, 29-32.
RODELLO, Cleusa *et alii*, Estimativa da reincidência criminal. *Temas IMESC. Soc. Dir. Saúde*. São Paulo, 1984, 1, 1, 49-69.

SANTOS, Roberto A.O., Crime em Belém e crime no mundo. Por que ? *Travessia*. Revista do Migrante. São Paulo : Centro de Estudos Migratórios, 1990, II, 4, 13-16.

SILVA, Rosa Maria R. *et alii*, A realidade do menor através de estatísticas. A infância « pobre » no Brasil. Uma análise da literatura, da ação e das estatísticas. Relatório de pesquisa. Convênio Fundação FORD/IUPERJ. mimeo, 1988, 73-178.

VIOLANTE, Maria Lúcia V., *O dilema do decente malandro*. 2.ed. S. Paulo : Cortez et Associados, 1983.

– Para além da humanização. *Temas IMESC. Soc. Dir. Saúde*. São Paulo, 1984, 2, 2, 111-126.

ZALUAR, Alba, *A máquina e a revolta*. (As organizações populares e so significado da pobreza). São Paulo : Brasiliense, 1985.

– Democracia também serve para os pobres ? *Presença*. Revista de Política e Cultura. Rio de Janeiro, 1986, 7, 40-43.

– *Crime e criminalidade nas classes populares do Rio de Janeiro*. IV Seminário do GT Direito e Sociedade (CLACSO). Belo Horizonte : Fundação João Pinheiro, 1987a.

– O diabo em Belíndia. *Religião e Sociedade*. São Paulo : Centro de Estudos de Sociologia da Religião, 1987b, 12, 2, 132-138.

– *O Rio contra o crime : imagens da justiça e do crime*. Relatório de Pesquisa. Convênio OAB/FINEP. Rio de Janeiro : IUPERJ. mimeo, 1989a.

– A polícia e a comunidade : paradoxas da (In)-conveniência. *Presença*. Revista de Cultura e Política. Rio de Janeiro, mai, 1989b, 13, 144-153.

– Nem líderes, ne heróis : a verdade da história oral. *Presença*. Revista de Cultura e Política. Rio de Janeiro, 1989c, 14, 111-128.

– Teleguiados e chefes : juventude e crime. *Religião e Sociedade*. São Paulo : Centro de Estudos da Religião, 1990a, 15, 1, 54-67.

– Imagens da pobreza na cidade. In : Seminário Temático no.12 (Pobreza, Planejamento e Representação). XIV Encontro Anual da ANPOCS. Caxambu (Minas Gerais), 22-26/10/90. mimeo, 1990b.

ZENHA, Celeste, As práticas da justiça no cotidiano da pobreza. *Revista Brasileira de História*. São Paulo, 1986, 5, 10, 123-146.

BILAN DES CONNAISSANCES EN RÉPUBLIQUE FÉDÉRALE D'ALLEMAGNE

Hans-Jörg ALBRECHT*

Avant de passer en revue les thèmes choisis liés entre eux par le concept de prévention, il est certainement opportun de commencer par quelques remarques sur les problèmes communs liés à la prévention. En règle générale, les concepts préventifs sont associés aux exigences d'*approches communes*, la création de liens entre les divers composants de la société, à la coopération entre les divers organismes et à leur coordination, ainsi qu'à des recommandations pour éliminer les sources de conflits, la non-coopération et les incohérences dans la définition de la nature des problèmes sociaux et dans la mise au point d'une méthode pour les traiter. Par ailleurs, la prévention met généralement l'accent sur l'efficacité et la rationalité technique, et évite les décisions normatives et morales inhérentes à la prévention de la criminalité et de la délinquance. Enfin, la prévention de la criminalité est associée à une extension mal maîtrisée du contrôle social. En effet, la prévention se réfère évidemment à « la somme de toutes les politiques, mesures et techniques employées, au delà des limites du système de justice pénale, visant à la réduction de divers types de dommages causés par des actes définis comme criminels par l'Etat » (van Dijk, 1990, p. 205), mettant l'accent sur une intervention précoce et sur la nécessité de cibler le domaine de la prédélinquance. Le danger d'une telle approche est l'érosion possible du système des « poids et contrepoids » établis sur la base de conceptions de la délinquance et de la criminalité différentes en termes d'organisation et de fonctions. La conception susceptible de prédominer après des approches communes est certainement celle du contrôle de la criminalité. Par conséquent, pour mettre au point des stratégies de prévention de la criminalité, il est extrêmement important de respecter le fait que toutes ces institutions régulièrement associées à l'apparition de la criminalité doivent remplir d'autres fonctions que celles de la prévention de la criminalité, fonctions qui peuvent même parfois créer des obstacles à cette prévention.

(*) Chercheur à l'Institut Max Planck de Freiburg im Brisgau (RFA), sous-directeur de la section de criminologie.

I. PRÉVENTION DE LA TOXICOMANIE

La République fédérale d'Allemagne partage la prise de conscience internationale de la croissance spectaculaire de la toxicomanie et des problèmes associés depuis le milieu des années 1960. C'est pourquoi les recherches dans le domaine de la prévention de la toxicomanie et du traitement des toxicomanes ne cessent d'augmenter (cf. Kreuze/Wille, 1988 ; Reuband, 1990). Bien que la recherche porte essentiellement sur les drogues interdites, nous avons pu observer ces dernières années un regain d'intérêt pour les problèmes liés à l'alcool et au tabac. D'une part, les recherches historiques sur le développement du contrôle de l'alcool et du tabac visent à une meilleure compréhension des conditions d'intégration et de désintégration des diverses drogues dans les sociétés (Hess, 1987). D'autre part, la prévention de l'alcoolisme et des problèmes liés à l'alcool a été un sujet majeur sur les lieux de travail (Albrecht, 1988).

Les tendances de base dans le domaine de la prévention de la toxicomanie concernent essentiellement la recherche sur la prévalence et l'incidence de ce phénomène, sur ses mécanismes de déclenchement et sur ses conséquences, sur le traitement des toxicomanes et sur les stratégies pour réduire l'offre et la demande. Les problèmes liés à la toxicomanie ont suscité l'intérêt de professions et disciplines variées, et l'on constate une *hétérogénéité* des questions abordées, des paradigmes et des théories servant d'axes de recherche, ainsi qu'une imprécision des objectifs des recherches en cours et un manque de coordination (Reuband, 1990, p. 151). De plus, les recherches sur la toxicomanie en général sont fortement influencées par les organisations et institutions impliquées dans le traitement des toxicomanes, les problèmes étant abordés à partir d'échantillons très orientés (centrés sur les toxicomanes très dépendants et négligeant les usages non problématiques de drogues), et les thèmes de recherche et l'évaluation des résultats étant également liés à des intérêts professionnels. Partant de là, mais aussi pour d'autres raisons, la prévention de la toxicomanie constitue donc un domaine très sensible où s'affrontent les diverses opinions et positions d'ordre moral, médical, juridique et économique.

L'ampleur et les conséquences de la toxicomanie constituent des éléments majeurs dans la recherche liée à ce problème. Les enquêtes, qui ont fait leur apparition au début des années 1970, couvrent généralement les groupes d'âge de la fin de l'enfance au début de l'âge adulte, visant à cerner les attitudes face aux divers types de drogues, aux dangers perçus ainsi qu'aux expériences de consommation de ces drogues (Reuband, 1988). Bien qu'il faille prendre en compte les sérieux problèmes méthodologiques dans le ciblage de la toxicomanie au moyen de recherches sur la base d'interviews, les informations obtenues par les enquêtes de ce type et par d'autres méthodes pour repérer les toxicomanes ont révélé que, si des groupes substantiels de jeunes avouent avoir consommé diverses drogues interdites une fois ou de temps en temps, la toxicomanie chronique est relativement rare. Certaines estimations du nombre de jeunes (de quatorze à vingt-quatre ans) consommant des drogues interdites de manière chronique en RFA vont de 40 000 à 100 000, ce qui représente de 0,4 à 1,0 % de cette tranche de la population (*Bundesministerium für Jugend, Familie und Gesundheit*, 1983 ; Albrecht/van Kalmthout, 1989). Par ailleurs, les informations fournies par ces enquêtes suggèrent que les risques de consommation chronique de drogues autorisées (alcool, tabac, médicaments) dépassent largement les risques qu'entraînent les drogues interdites. D'autre part, le cannabis reste la drogue la plus couramment utilisée (*Bundesministerium für Jugend, Familie und Gesundheit*, 1983 ; Reuband, 1988). La consommation d'héroïne et de cocaïne, mais aussi d'amphétamines et de colle est extrêmement rare, bien qu'il existe des différences régionales faisant apparaître certaines « épidémies », parfois très courtes. La progression de la toxicomanie suit le réseau des relations proches ou des catégories d'âge, qu'il s'agisse des drogues licites ou illicites. La consommation de drogue pour la première fois est due à l'influence d'amis proches (Berger/Reuband/Widlitzek, 1980). Les schémas généraux de comportement font apparaître une baisse substantielle de l'attrait des drogues licites et illicites chez les adolescents et les jeunes adultes dans les années 1980 (Reuband, 1988).

Un deuxième thème majeur dans la recherche sur la prévention de la toxicomanie concerne les causes de la toxicomanie et les causes du refus de la drogue ou de l'abandon de la toxicomanie chronique (Silbereisen/Kastner, 1983). Une recherche longitudinale portant sur ces questions a donné des résultats démontrant que les causes de l'usage de drogues illicites de toute évidence ne diffèrent pas des causes de l'usage de drogues licites. Des études rétrospectives sur les toxicomanes font généralement apparaître des caractéristiques qui ressortent également des recherches sur la délinquance juvénile en général, à savoir le chômage, l'échec scolaire, le syndrome de la famille désunie et d'autres symptômes sociaux. Les études longitudinales et prospectives révèlent que ces variables ne suffisent pas à expliquer la toxicomanie chronique et l'apparition des problèmes liés à la drogue.

Au cours de la décennie passée, l'opinion générale sur la toxicomanie et sur la prévention de ces problèmes s'appuyait essentiellement sur l'idée d'une séparation stricte entre l'offre et la demande, prônant une attitude sévère vis-à-vis des trafiquants et une attitude plus souple, à savoir le traitement et la persuasion, vis-à-vis des toxicomanes chroniques ou occasionnels (Kreuzer, 1989). Une évaluation des résultats de cette politique corrobore l'opinion selon laquelle les problèmes liés à la toxicomanie ont au moins deux racines : la drogue elle-même et la manière dont elle est contrôlée. Cette constatation a attiré l'attention sur la relation entre les problèmes de la toxicomanie et le contrôle de la drogue, ainsi que sur les effets non prévus mais essentiellement négatifs des politiques d'interdiction en termes de problèmes de marché noir, lequel crée à son tour des obstacles aux tentatives de réduire les problèmes de drogue. Par ailleurs, le rôle de la toxicomanie dans l'escalade du contrôle social au moyen de la législation pénale retient l'attention. En effet, la législation sur la toxicomanie produit de toute évidence un type moderne de droit instrumental et préventif parfaitement adapté pour justifier l'extension des pouvoirs de la police, ainsi que la centralisation des pouvoirs exécutifs, ce qui menace à son tour le système traditionnel des poids et contrepoids en marginalisant le rôle du judiciaire (Albrecht, 1987 ; Meyer, 1987).

L'évaluation des résultats de la politique relative à la toxicomanie a montré que, malgré des investissements considérables dans des programmes de traitement, l'efficacité des cures de désintoxication est plutôt faible et la demande ne diminue pas. D'autre part, on constate sur les lieux de consommation des signes sérieux d'une aggravation rapide de l'état de santé et des problèmes sociaux des toxicomanes. La menace du SIDA joue un rôle majeur depuis le milieu des années 1980 dans les débats sur les concepts appropriés de prévention de la toxicomanie (Reuband, 1988). Comme l'approche de la loi pénale domine la législation sur la drogue et que la prise en compte de la santé ne représente qu'une annexe de la mise en application de la loi pénale, le problème de la compatibilité des stratégies conçues pour prévenir la toxicomanie d'une part et pour prévenir les risques pour la santé et autres risques liés à la toxicomanie d'autre part, est devenu un sujet majeur au cours des dernières années. En matière d'approches visant à *la minimisation des risques* en termes de programmes d'échange de seringues, d'abris où l'usage de la drogue est toléré et où une aide médicale et un soutien social sont proposés, des programmes de suivi ont été en partie appliqués et évalués positivement, au moins en ce qui concerne la faisabilité (Hellbrand, 1988 ; Kreuzer/Wille, 1988 ; Gros/Best, 1990 ; Weber/Schneider, 1990 ; v. Bülow, 1990). Comme les personnels impliqués dans le traitement et l'aide psychologique aux toxicomanes se sentent sérieusement brimés par la législation concernant la répression (parce qu'ils peuvent eux-mêmes faire l'objet de poursuites ou être impliqués dans des procédures pénales contre leurs clients) (Kreuzer/Hürlimann/Wagner, 1990), la question d'accorder une plus grande importance aux facteurs de santé dans les procédures légales semble désormais représenter un point d'intérêt pour les législateurs (Meyer, 1989). D'autre part, des voix s'élèvent en faveur *d'une déclaration d'incapacité* à l'encontre des toxicomanes, faisant valoir le fait que leur addiction à la drogue devrait être réduite de manière obligatoire par l'application d'un traitement forcé dans des institutions fermées (Katholnigg, 1990).

Cependant, des recherches pour une évaluation comparative adéquate afin de déterminer l'impact relatif et les rapports coûts-résultats des différentes approches de la prévention des problèmes de toxicomanie font encore défaut.

L'accent mis actuellement sur l'application du droit pénal pour prévenir la toxicomanie a aussi soulevé la question de ses effets sur l'offre et la demande et sur les risques liés à la drogue. Bien qu'une politique internationale générale concernant la drogue telle qu'elle est exprimée dans les conventions des Nations unies de 1961, 1971, 1988 (Chatterjee, 1989) ait fait évoluer les choses vers une harmonisation des lois nationales relatives à la drogue, une analyse comparative des modes d'application de la législation dans le domaine de la drogue a révélé des grandes différences de taux de poursuite et de condamnation (Kaiser, 1988). En Europe occidentale, le nombre des suspects varie entre 50 et 400 pour 100 000 habitants, et les taux de condamnation pour délit lié à la drogue varient entre 5 et 160 pour 100 000 (Albrecht/van Kalmhout, 1989). En conséquence, les recherches sont orientées de plus en plus vers une approche comparative internationale. Les conclusions de recherches préliminaires suggèrent que des différences relativement importantes de niveaux d'application de la législation ne correspondent pas à des différences équivalentes dans la consommation de drogue et autres indicateurs de problèmes liés à la drogue (Rüter, 1988 ; Albrecht/van Kalmhout, 1989 ; Reuband, 1988).

II. PRÉVENTION DE LA DÉLINQUANCE JUVÉNILE

La recherche sur la prévention de la délinquance juvénile est certainement l'un des sujets favoris des criminologues. Les recherches ont suivi traditionnellement le cadre défini par la législation appliquée aux jeunes Allemands. Les lois relatives aux jeunes ont deux approches distinctes : l'une concernant les enfants à problèmes et l'autre concernant les adolescents à problèmes. Alors que le système de justice pénale juvénile s'occupe des adolescents (de quatorze à dix-sept ans) et, dans certains cas, des jeunes de dix-huit à vingt ans, soupçonnés d'avoir commis une infraction, l'approche de l'assistance sociale est appliquée aux enfants et aux adolescents (jusqu'à dix-sept ans), considérés comme nécessiteux de soins et de surveillance pour cause de négligence, de mauvais traitements ou de problèmes généraux de comportement. Les recherches sur la prévention de la délinquance juvénile et le concept inhérent à la législation traditionnellement appliquée aux jeunes reposaient sur les préjugés communs ou les croyances concernant les jeunes, la délinquance juvénile et les interventions préventives : 1° la croyance selon laquelle les jeunes sont différents des adultes psychologiquement, physiologiquement et socialement, 2° la croyance que l'état psychologique et social des enfants et des jeunes les rend particulièrement sensibles aux interventions visant à soutenir, à aider et à modifier le comportement, 3° la croyance que ces interventions doivent avoir lieu aussitôt que possible.

Les recherches sur les « causes » de la délinquance juvénile ont abouti à des conclusions soulignant les conséquences de la désagrégation de la famille, de l'incapacité des parents, des problèmes scolaires et du chômage. Des mesures formelles proposées par la loi pénale pour les délinquants juvéniles ont donc été conçues de manière à compenser ces lacunes éducationnelles plutôt qu'à être proportionnelles à l'infraction commise.

Depuis le milieu des années 1960, les conclusions des études sur la délinquance et la criminalité d'une part et le passage des concepts étiologiques à la théorie des labels d'autre part ont ouvert de nouvelles perspectives dans la recherche sur la délinquance juvénile et la prévention de la délinquance. La découverte que le comportement délinquant touche pratiquement tous les jeunes (Kaiser, 1988), alors que les interventions officielles basées sur la loi pénale se concentrent sur une petite partie de ceux qui pourraient faire l'objet de poursuites judiciaires, a suggéré que la délinquance juvénile représente un comportement « normal », alors que les efforts de prévention dans le cadre de la justice appliquée aux jeunes sert à établir une discrimination à l'encontre des jeunes marginaux et défavorisés et à approfondir les processus de désintégration. Les conclusions tirées de ces études corroborent l'opinion selon laquelle la prévention de la délinquance juvénile devrait s'appuyer principalement sur l'arrêt des poursuites et sur la diversion, éviter le recours aux prisons pour jeunes et autres types de détention, et s'abstenir de s'appuyer sur les critères de désavantage social comme critères de décision dans les tribunaux pour jeunes. Les années 1980 ont été témoins d'une utilisation croissante des pratiques de diversion en termes d'arrêt des poursuites (Heinz/Hügel, 1986) et de mesures communautaires telles que les travaux d'intérêt public, les stages de formation sociale, plus récemment la restitution, la médiation en cas de conflit et les programmes de réconciliation entre auteur et victime (Albrecht, 1990), les études évaluatives centrées sur l'impact de la diversion en termes de récidivisme par comparaison avec les procédures de jugement et les mesures traditionnelles appliquées aux jeunes sont devenues prioritaires (Heinz, 1989 ; Heinz/Spiess/Storz, 1988). Les recherches de ce type sur la prévention de la délinquance juvénile ont pour objectif pragmatique d'identifier des procédures et des mesures mieux adaptées pour prévenir le *récidivisme individuel*. En revanche, d'autres études abordent la question de la prévention et de la dissuasion dans leur ensemble et le rôle du droit pénal quant à son influence sur les schémas de comportement et sur les prises de décision des jeunes concernant la délinquance (Blinkert, 1981 ; Schöch, 1985 ; Schumann *et al.*, 1987 ; Schumann, 1989). Les conclusions de ces études ont révélé que la législation pénale ne joue qu'un rôle marginal dans l'explication du respect des normes sociales et légales par les jeunes. Les sanctions informelles et les systèmes de contrôle non officiels que représentent la famille, les autres jeunes du même groupe d'âge et l'école ont apparemment plus d'impact que les systèmes officiels.

On assiste à un regain d'intérêt pour la famille, l'école, la religion et l'emploi comme éléments décisifs dans la prévention de la délinquance juvénile (Schumann, 1989). Ce regain d'intérêt correspond également à un changement dans l'approche de la délinquance juvénile et de la prévention, l'accent étant mis non plus sur le stress et les théories de labels mais sur les théories de contrôle. Les recherches dans leur ensemble s'intéressent à la question de savoir dans quelle mesure les vastes changements du rôle et des fonctions de la famille, de l'école, etc., dans les sociétés post-industrielles peuvent être liés aux changements affectant la délinquance juvénile. Deux explications contradictoires sont proposées concernant l'augmentation substantielle de la délinquance juvénile enregistrée par la police au cours des dernières décennies. Certains soutiennent que la capacité de la famille, de l'école et du voisinage à susciter des liens entre les jeunes et la société a diminué considérablement. D'autres, en revanche, affirment que rien probablement n'a changé dans le comportement des jeunes, mais que ce sont plutôt les systèmes de contrôle informels qui ne fonctionnent plus, exposant ainsi les enfants et les jeunes à des systèmes de contrôle formels concernant le comportement. Ces deux explications ouvrent une perspective commune pour la prévention : le renforcement du rôle de la communauté, du voisinage, de la famille et de l'école pour prévenir et traiter les comportements répréhensibles des jeunes. Cependant, comme l'évaluation des diverses mesures informelles de remplacement n'a pas donné de résultats significatifs en termes de baisse du nombre des récidives, l'attention des chercheurs se concentre plutôt sur la question de savoir comment on peut éviter les mesures de contrôle officielles, notamment la détention et l'emprisonnement (Heinz, 1989). Les chercheurs s'interrogent actuellement sur la possibilité de remplacer officiellement le recours aux tribunaux pour jeunes par des mesures de restitution et de réconciliation entre victimes et délinquants, notamment en termes d'acceptation par le public et par les victimes (Voss, 1989 ; Albrecht, 1990).

Dans les années 1980, deux sous-groupes de délinquants juvéniles ont retenu l'attention des chercheurs en criminologie. Ces deux sous-groupes sont les minorités ethniques et les délinquants chroniques. Les recherches ont fait apparaître qu'une partie substantielle des crimes enregistrés par la police et des actes de délinquance « autoreportée » sont le fait d'un groupe extrêmement réduit de jeunes (Karger/Sutterer, 1988). Cette observation a suscité un intérêt croissant pour l'identification des signes précoces de délinquance chronique dans le but de pouvoir concentrer les efforts de prévention sur ce groupe. Bien que les recherches soient toujours en cours, on peut déjà conclure qu'il ne sera probablement pas possible de convertir l'identification rétrospective des délinquants juvéniles commettant le plus d'infractions en stratégies de prévention prospective réalisables éthiquement et économiquement (Albrecht, 1990a). Les jeunes des minorités ethniques sont visés également pour des raisons de prévention. Ici, une analyse superficielle des statistiques de la police et des tribunaux permet de penser que les taux de criminalité chez certains groupes de minorités ethniques sont de deux à quatre fois plus élevés que ceux observés chez le groupe de la majorité (Walter, 1987 ; Karger/Sutterer, 1988 ; Schöch/Gebauer, 1990). La réponse au problème de la délinquance, qui semble toucher principalement les jeunes des minorités immigrées de la deuxième ou de la troisième génération, réside dans une amélioration de l'éducation, une augmentation des possibilités d'emploi, une clarification de la situation légale des jeunes des minorités et l'établissement d'une « société pluriethnique ». Cependant, des recherches approfondies ont révélé que les données de la police relatives à la délinquance n'indiquent ni une criminalité disproportionnée, ni un contrôle disproportionné de la délinquance. Elles reflètent plutôt des différences entre les groupes de la majorité et les groupes des minorités (Albrecht, 1987a).

Les recherches criminologiques sur la prévention de la délinquance juvénile se déroulement parallèlement aux recherches légales sur l'état de la prévention dans la loi pénale et dans les décisions de justice appliquées à la délinquance juvénile. Comme une conception pessimiste du potentiel préventif et réhabilitatif du système de justice appliqué aux jeunes prévaut, la discussion se concentre sur la question de savoir comment justifier la ségrégation entre les délinquants juvéniles et les adultes face au système judiciaire (Albrecht, P.A. 1987).

III. LA COMMUNAUTÉ ET LA PRÉVENTION DE LA CRIMINALITÉ ET DE LA DÉLINQUANCE

Dans l'analyse du rôle de la communauté dans la prévention de la délinquance, on peut distinguer deux approches, l'une traitant la communauté comme un système dépendant qui doit s'intégrer dans la lutte globale du système correctionnel, l'autre prônant une prévention communautaire de la délinquance indépendamment du système pénal. La seconde approche, en faveur d'une lutte communautaire contre la criminalité et la délinquance de manière indépendante, n'a pas encore suscité beaucoup d'intérêt de la part des criminologues en RFA (cf. par exemple Graham, 1990 ; Jung, 1990 ; Vahlenkamp, 1989 ; Kaiser, 1988). Les chercheurs ont étudié le rôle du secteur privé dans l'évaluation du taux de criminalité officiel, le contrôle privé et la justice privée sur le lieu de travail (Kaiser/Metzger-Pregizer, 1976). De plus, on suggère de prêter plus d'attention à l'étude de la criminalité et de la délinquance au niveau communautaire afin de parvenir à une meilleure compréhension de la relation entre la criminalité et le contrôle de la criminalité ancrés dans la culture et les particularités locales (Villmow/Stephan, 1983). Concernant certaines atteintes à l'ordre public, une contradiction a été relevée entre deux conceptions opposées, l'une prônant un contrôle communautaire de la criminalité, en faveur d'un maintien de l'ordre par des méthodes médiatives, et l'autre prônant une lutte centralisée contre le problème de la délinquance, en faveur d'une application de la législation et de stratégies de l'escalade (Albrecht, 1987b). Enfin, la planification et l'adaptation de l'environnement urbain en fonction des besoins de prévention de la délinquance a suscité un certain intérêt (Kaiser, 1988 ; Schwind/Baumann, 1990).

Les activités de recherche plutôt modestes concernant la communauté et la prévention de la délinquance peuvent s'expliquer au moins en partie par la répartition des pouvoirs en RFA, la plupart des domaines liés à la prévention de la délinquance (éducation, école, famille, police, notamment) étant du ressort des gouvernements des *länder*.

Par ailleurs, le rôle de la communauté dans la lutte contre la délinquance et dans la prévention a suscité un intérêt croissant tant dans le domaine de la criminologie que dans le domaine du droit au cours des dernières années. Cet intérêt est dû en partie au processus d'unification de la RFA et de la RDA. La politique de prévention de la criminalité et le contrôle de la délinquance dans l'ancienne RDA reposait en grande partie sur des *tribunaux communautaires (Gesellschaftsgerichte)* qui traitaient des infractions mineures dans le quartier et sur le lieu de travail, et sur la coopération des citoyens et la *participation* active (Albrecht, 1983 ; Eser, 1985). La question a été soulevée de savoir s'il faut inclure la justice communautaire et la prévention communautaire dans une révision du code pénal. Le traité d'unification étend désormais le système pénal ouest-allemand au territoire de l'ancienne RDA pratiquement sans modification. Néanmoins, la question d'étendre l'approche communautaire de la délinquance et de restreindre la justice pénale officielle reste toujours l'une des priorités dans l'ordre du jour de la criminologie et du droit pénal. Cela coïncide avec une tendance au développement de programmes de réconciliation entre victime et délinquant et de médiation au niveau local.

IV. DÉVELOPPEMENT DE LA LUTTE LOCALE CONTRE LE RÉCIDIVISME

La prévention du récidivisme en RFA est confiée principalement au système judiciaire avec des directives de condamnation mettant l'accent sur la réhabilitation des délinquants, une structure légale du système d'incarcération donnant la priorité à la réhabilitation et aux services sociaux (aide au tribunal, mise en liberté surveillée) conçus pour concentrer l'aide professionnelle sur les groupes à risque. Ainsi, le concept de base repose sur l'idée que la prévention du récidivisme doit être organisée au sein de l'administration sur une base professionnelle et centralisée. Cela explique que les luttes locales contre le récidivisme n'aient pas suscité beaucoup d'intérêt. Ce n'est que récemment qu'une évolution vers la *décentralisation* des efforts de réhabilitation est apparue. De plus, des initiatives privées et locales ont mis en place des maisons-relais pour les détenus libérés, leur offrant un soutien en termes de logement, d'emploi et de conseil.

V. L'INSÉCURITÉ, LA DÉLINQUANCE ET LES MÉDIAS

Le concept d'insécurité fait ressortir des éléments subjectifs ou perceptuels et des éléments objectifs ou factuels. Il n'existe pratiquement pas de mesures de dimension objective de l'insécurité. Les statistiques de la police, les enquêtes de victimation et les études d'aveux spontanés ne recouvrent que certains aspects du problème de la sécurité (Kerner, 1980 ; Kaiser, 1988) et, même si l'on parvient à obtenir une estimation fiable des risques, le problème essentiellement normatif de la définition d'une limite entre l'état de sécurité et l'état d'insécurité reste non résolu.

Les recherches criminologiques en RFA insistent sur les dimensions perceptuelles de l'insécurité et sur les sources et les facteurs déterminants des sentiments d'insécurité (Kerner, 1980 ; Arnold, 1986). Bien que l'idée soit généralement acceptée que l'insécurité implique des aspects comportementaux, émotionnels, perceptuels et cognitifs (Arnold, 1984), jusqu'à présent, la question de savoir comment ces considérations peuvent être intégrées dans une évaluation significative du sentiment d'insécurité reste ouverte. Ces aspects sont liés à la peur du crime, aux précautions prises contre certaines infractions, aux sentiments de sécurité ou d'insécurité, à la perception de l'augmentation ou de la diminution de certains crimes dans diverses régions du pays, aux chances d'être victimes d'infractions, à l'évaluation de l'ampleur de la délinquance, etc.

Après une étude du postulat que la peur du crime et d'autres indicateurs d'insécurité résultent d'expériences personnelles de victimation, les recherches ont abouti à la conclusion qu'il n'existe pas de liens directs entre les différentes mesures d'insécurité et les expériences réelles de victimation, bien que dans les petits groupes qui ont subi des infractions graves avec violence, des effets de victimation en termes de niveaux accrus de peur aient été signalés. Les recherches ont montré également que l'augmentation des taux de criminalité sont généralement perçus comme affectant le *land* ou le pays dans son ensemble, alors que le voisinage immédiat et la zone résidentielle sont perçus comme plutôt sûrs ou du moins comme n'ayant pas de problème de délinquance particulier (Stephan, 1976). De plus, des recherches internationales sur la victimation ont fait ressortir que l'évaluation de la perception du risque de devenir victime ou l'évaluation de la peur du crime sont indépendants des taux réels de victimation ainsi que des taux de criminalité enregistrés par la police (Arnold, 1986).

L'absence de relation positive entre les expériences réelles de victimation et le niveau du sentiment d'insécurité s'explique par la nature dérisoire et insignifiante de la majorité des victimations relatées dans les enquêtes.

Cependant, si la perception du problème de la délinquance et les sentiments d'insécurité de toute évidence ne peuvent pas être reliés à des expériences personnelles d'infractions, il doit donc exister d'autres facteurs déterminants ou d'autres sources d'insécurité. De ce point de vue, on a fait ressortir le *rôle des médias*. D'aucuns suggèrent que le paradoxe entre l'impression qu'ont les gens que leur pays souffre de problèmes de délinquance majeurs alors qu'en fait leur lieu de résidence n'est pas touché par les infractions, s'explique par la manière dont le problème de la délinquance est présenté dans les médias (Stephan, 1976 ; Kerner, 1980). Bien que les criminologues se soient beaucoup intéressés à la présentation de la délinquance dans les médias (cf. le résumé dans Schwind/Baumann, 1990) et bien qu'il soit prouvé que les infractions avec violence et les crimes exceptionnels, sont représentés de manière disproportionnée dans tous les types de médias, le lien théorique entre l'insécurité et la délinquance n'est pas encore démontré. D'une part, on suppose que la présentation déformée de la délinquance dans les médias, qui se concentrent exclusivement sur la violence et les crimes exceptionnels, a une influence directe sur le niveau du sentiment d'insécurité du public (Förster/Schenk, 1984). D'autre part, cette supposition est rejetée, partant du fait que les médias ont un rôle de décision d'ordre du jour mais qu'en général les comptes rendus sur la délinquance sont évalués sur la base de prédispositions relativement strictes concernant la délinquance et l'insécurité (Feltes/Ostermann, 1985). Cette dernière proposition est étayée par le fait que, dans les sociétés complexes et fragmentées, la connaissance basée sur l'expérience est réduite à l'environnement immédiat des individus, alors que les schémas collectifs de connaissance acquise grâce à la socialisation et modelée par des schémas généraux de valeur et d'intérêt guident les individus dans la compréhension et l'interprétation de ces phénomènes non soumis à une expérience immédiate. Au moins à court terme, les médias ne peuvent donc pas avoir d'effets directs sur le sentiment d'insécurité, car les informations reçues à travers les médias sont évaluées en fonction de ces sentiments. D'autre part, cependant, il n'est pas possible d'exclure les effets à long terme des médias qui engendrent des mécanismes collectifs de connaissance sur la sécurité ou l'insécurité.

Un autre lien possible entre les médias, la délinquance et l'insécurité concerne le postulat selon lequel la forte disponibilité et l'accessibilité des médias présentant la violence et la pornographie suscitent les crimes avec violence et contribuent à l'augmentation du harcèlement sexuel et des agressions sexuelles. Ce problème a récemment connu un regain d'intérêt en ce qui concerne les cassettes vidéo et la facilité d'accès pour les enfants et les jeunes à ce type d'information (Schwind/Baumann, 1990 ; Glogauer, 1990). Cependant, les conclusions des recherches concernant ces liens ne sont pas définitives et les mesures préventives allant au delà des simples incitations à un comportement responsable et à une protection générale des jeunes se heurtent aux valeurs protégées par la constitution.

BIBLIOGRAPHIE

ALBRECHT, H.-J., van KALMTHOUT, A. : European Perspectives on Drug Policies. *In*, ALBRECHT, H.J., van KALMTHOUT, A. (Hrsg.) : *Drug Policies in Western Europe*. Freiburg, 1989, 425-474.

ALBRECHT, H.-J. : Das Jugendstrafverfahren gegenüber « Mehrfachauffälligen ». *In* DVJJ (Ed.) : *Mehrfach Auffällige – Mehrfach Betroffene. Erlebnisweisen und Reaktionsformen*. Bonn, 1990, 86-98.

ALBRECHT, H.-J. : Die Bewährungshilfe im Strafrecht der Deutschen Demokratischen Republik. *Bewährungshilfe* 30, 1983, 283-291.

ALBRECHT, H.-J. : Foreign Minorities and the Criminal Justice System in the Federal Republic of Germany. *The Howard Journal of Criminal Justice* 26, 1987a, 272-286.

ALBRECHT, H.-J. : Kriminologische Perspektiven der Wiedergutmachtung – Theoretische Ansätze und Empirische Befunde. *In* ESER, A. *et al.* (Eds.) : *Neue Wege der Wiedergutmachung im Strafrecht*. Freiburg, 1990a, 43-72.

ALBRECHT, H.-J. : Landesbericht Bundesrepublik Deutschland. *In* MEYER J. (Eds.) : *Betäubungsmittelstrafrecht in Westeuropa*. Freiburg, 1987, 63-168.

ALBRECHT, H.-J. : Particular Difficulties in Enforcing the Law Arising Out of Basic Conflicts Between the Different Agencies with Respect to the Best-Suited Reaction Upon Highly Sensitive Kinds of Crime. *In* Council of Europe (Ed.) : *Interactions Within the Criminal Justice System*. Strasbourg, 1987b, 41-82.

ALBRECHT, H.-J. : Präventionsprogramme im Betrieb : Eine neue Form sozialer Kontrolle am Arbeitsplatz ? *Drogalkohol*, 1988, 37-57.

ARNOLD, H. : Kriminelle Viktimisierung und ihre Korrelate. Ergebnisse international vergleichender Opferbefragungen. *Zeitschrift für die Gesamte Strafrechtswissenschaft* 98, 1986, 1014-1058.

ARNOLD, H. : Verbrechensangst und/oder Furcht vor Viktimisierung – Folgen von Viktimisierung ? *In* ALBRECHT, H.-J., SIEBER, U. (Eds.) : *Zwanzig Jahre Südwestdeutsche Kriminologische Kolloquien*, Freiburg, 1984, 185-238.

BERGER, H., REUBAND, K.-H., WIDLITZEK, U. : *Wege in die Heroinabhängigkeit. Zur Entwicklung abweichender Karrieren*, München, 1980.

BLINKERT, B. : Benachteiligte Jugendliche – Lernen oder kriminell werden ? *Soziale Welt* 32, 1981, 86-118.

Bundesministerium für Jugend, Familie und Gesundheit (Hrsg.) : *Konsum und Miß-*

brauch von Alkohol, illegalen Drogen, Medikamenten und Tabakwaren durch junge Menschen. Bonn, 1983.

CHATTERJEE, S. K. : The Limitations of the International Drug Conventions. *In* ALBRECHT, H.-J., van KALMTHOUT, A. (Eds.) : *Drug Policies in Western Europe*. Freiburg, 1989, 7-20.

ESER, A. : Gesellschaftsgerichte. *In* KAISER, G. *et al.* (Eds.) : *Kleines Kriminologisches Wörterbuch*. Heidelberg, 1985.

FELTES, Th., OSTERMANN, Ch. : Kriminalberichterstattung. Verbrechensfurcht und Stigmatisierung : Anmerkungen zu den (unterstellen) Folgen von massenmedialen Verbrechensdarstellungen für Täter. Opfer und Bevölkerung. *Monatsschrift für Kriminologie* 68, 1985, 261-268.

FÖRSTER, M., SCHENK, J. : Der Einfluß massenmedialer Verbrechensdarstellungen auf Verbrechensfurcht und Einstellungen zu Straftätern. *Monatsschrift für Kriminologie* 67, 1984, 90.

GLOGAUER, W. : *Kriminalisierung von Kindern und Jugendlichen durch Medien. Wirkungen gewalttätiger, sexueller, pornographischer und satanischer Darstellungen*. Baden-Baden, 1990.

GRAHAM, J. : *Crime Prevention Strategies in Europe and North America*. Helsinki, 1990.

GROS, H., BEST, E. : HIV-Prävention in der Praxis : Spritzenaustauschprogramm für i.v.-Drogenabhängige. *Suchtgefahren* 36, 1990, 19-25.

HEINZ, W., HÜGEL, C. : *Erzieherische Maßnahmen im deutschen Jugendstrafrecht*. Bonn, 1986.

HEINZ, W., SPIEß, G., STORZ, R. : Prävalenz und Inzidenz strafrechtlicher Sanktionierung im Jugendalter. Ergebnisse einer Untersuchung von zwei sanktionierten Kohorten anhand von Daten des Bundeszentralregisters. *In* : KAISER, G., KURY, H., ALBRECHT, H.-J. (Eds.) : *Kriminologische Forschung in den 80er Jahren. Projektberichte aus der Bundesrepublik Deutschland*. Freiburg, 1988, 631-660.

HEINZ, W. : Jugendliche Wiederholungstäter und Jugendsstrafrechtspraxis. Das Jugendstrafrechtliche Konzept der « schädlichen Neigungen » im Spiegel empirischer Befunde. Info 1/1989 der Landesgruppe Baden-Württemberg in der DVJJ, 7-62.

HELLBRAND, J. : *Methadon, Chance oder Illusion ? Der Einsatz von Methadon in der Drogen- und AIDS-Hilfe am Beispiel Nordrhein-Westfalens*. Godesberg, 1988.

HESS, H. : Rauchen. Geschichte, Geschäfte, Gefahren. Frankfurt, New York, 1987.

JUNG, H. : Commentary. *In* : KAISER, G., ALBRECHT, H.-J. (Eds) : *Crime and Criminal Policy in Europe*. Freiburg, 1990, 237-242.

KAISER, G., METZGER-PREZIGER, G. : *Betriebsjustiz*. Berlin, 1976.

KAISER, G. : *Kriminologie. Ein Lehrbuch*. 2nd Ed. Heidelberg, 1988.

KARGER, Th. SUTTERER, P. : Cohort study on the development of police-recorded criminality and criminal sanctioning. *In* : KAISER, G., GEISSLER, I. (Eds.) : *Crime and criminal justice*. Freiburg, 1988, 89-114.

KATHOLNIGG, O. : Ist die Entkriminalisierung von Betaübungsmittelkonsumenten mit scharfen Maßnahmen zur Eindämmung der Betäubungsmittelnachfrage vereinbar ? Goltdammers *Archiv für Strafrecht* 137, 1990, 193-200.

KERNER, H.-J. : *Kriminalitätseinschätzung und Innere Sicherheit*. Wiesbaden, 1980.

KREUZER, A., HÜRLIMANN, M., WAGMANN, K. : *Drogenberatung und Justiz im Konflikt ? Empirische Bestandsaufnahme zur Diskussion um ein Zeugnisverweigerungsrecht*. Freiburg, 1990.

KREUZER, A., WILLE, R. : *Drogenkriminologie und Therapie*. Heidelberg, 1988.

KREUZER, A. : Therapie und Strafe. Versuch einer Zwischenbilanz zur Drogenpolitik und zum Betäubungsmittelgesetz von 1981. *NJW* 42, 1989, 1505-1512.

MEYER, J. (Ed.) : *Betäubungsmittelstrafrecht in Westeuropa*. Freiburg, 1987.

MEYER, J. : Zeugnisverweigerungsrecht für Suchtberater. Rechtsvergleichende Anmerkungen zu einer strafprozessualen Reformforderung. *Zeitschrift für Rechtspolitik* 22, 1989, 423-427.

Reuband, K.-H. : Research on Drug Use : A Review of Problems. Needs and Future Perspectives. *Drug and Alcohol Dependence* 25, 1990, 149-152.

Rüter, C.F. : Drogenbekämpfung in den Niederlanden. Zeitschrift für die Gesamte Strafrechtswissenschaft 100, 1988, 385-404.

Schöch, H., Gebauer, M. : Ausländerkriminalität in der Bundesrepublik Deutschland. Baden-Baden, 1990.

Schöch, H. : Empirische Grundlagen der Generalprävention. *In* : Vogler, T. (Ed.) : *Festschrift für Hans-Heinrich Jescheck zum 70. Geburtstag*. Berlin, 1985, 1081-1105.

Schumann, K.F., Berlitz, C., Guth, H.W., Kaulitzki, R. : *Jugendkriminalität und die Grenzen der Generalprävention*. Neuwied, 1987.

Schumann, K.F. : *Positive Generalprävention. Ergebnisse und Chancen der Forschung*. Heidelberg, 1989.

Schwind, H.-D., Baumann, J. *et al.* (Eds.) : Ursachen, Prävention und Kontrolle von Gewalt. Analysen und Vorschläge der Unabhängigen Regierungskommission zur Verhinderung und Bekämpfung von Gewalt. Vol. I : Endgutachten und Zwischengutachten der Arbeitsgruppen. Berlin, 1990.

Silbereisen, R.K., Kastner, P. : Entwicklung von Drogengebrauch – Drogengebrauch als Entwicklung ? Berichte aus der Arbeitsgruppe TUDROP Jungendforschung, 26/83. Berlin, 1983.

Stephan, E. : *Die Stuttgarter Opferbefragung*. Wiesbaden, 1976.

von Bülow, A. : Ansätze und Perspektiven bundesdeutscher Drogentherapie. *Zeitschrift für Rechtspolitik* 23, 1990, 21-25.

Vahlenkamp, W. : Kriminalitätsvorbeugung auf kommunaler Ebene. Wiesbaden, 1989.

van Dijk, J.J.M. : Crime Prevention Policy : Current State and Prospects. *In :* Kaiser, G., Albrecht, H.-J. (Eds.) : *Crime and Criminal Policy in Europe*. Freiburg, 1990, 205-220.

Villmow, B., Stephan, E. : Jugendkriminalität in einer Gemeide. Freiburg, 1983.

Voss, M. : Abzeigemotive, Verfahrenserwartungen und die Bereitschaft von Geschädigten zur informellen Konfliktregelung. *Monatsschrift für Kriminologie* 72, 1989, 34-51.

Walter, M. : Kriminalität junger Ausländer – Forschungsstand und offene Fragen. *Bewährungshilfe* 34, 1987, 60-82.

Walter, M., Koop, G. (Eds.) : Die Einstellung des Strafverfahrens im Jugendstrafrecht. *Vechta*, 1984, 51-78.

Weber, G., Schneider, W. : Herauswachsen aus der Sucht : Kontrollierter Gebrauch illegaler Drogen und selbsteilung : *Kriminologisches Journal* 22, 1990, 50-55.

BILAN DES CONNAISSANCES EN AMÉRIQUE LATINE HISPANOPHONE

Lola ANYAR DE CASTRO*

L'Amérique latine ne possède pas beaucoup de structures consacrées à la recherche en criminologie : elle n'est assurée que par quelques institutions :

a) Les ministères de la Justice de certains pays et d'autres organes officiels compétents en la matière privilégient la *prévention*, mais développent plutôt des programmes d'action que des programmes de recherche proprement dite.

b) La recherche universitaire n'a commencé à se développer qu'au cours de la dernière décennie : à l'exception du Vénézuéla, du Mexique et de la Colombie (c'est peut-être le Vénézuéla qui possède le plus grand nombre de centres de recherche universitaire spécialisés dans ce domaine), les autres pays disposent de peu d'instituts uniquement consacrés à la recherche, laquelle est d'ailleurs généralement assurée par les étudiants ou les professeurs dans le cadre de leur cursus. Il s'agit le plus souvent de recherches théoriques, macro-économiques, socio-politiques et critiques, c'est-à-dire sans retombée pratique.

c) L'Institut latino-américain des Nations unies pour la prévention de la criminalité et le traitement de la délinquance (ILANUD) possède une importante équipe de recherche qui s'est essentiellement intéressée ces derniers temps au problème de l'administration de la justice dans une société libérale.

d) C'est le Groupe latino-américain de criminologie comparée qui a mené la recherche la plus sérieuse et la plus suivie de ces quinze dernières années (projets : « La violence en Amérique latine », « Le délit des cols blancs en Amérique latine » et « Le contrôle social en Amérique latine »).

(*) Professeur à l'université de Zulia à Maracaïbo (Vénézuéla), sénateur de la République vénézuélienne.

I. PRÉVENTION DE LA DÉLINQUANCE DES JEUNES EN DANGER

Il en existe deux approches : *a)* la première s'inscrit dans les mouvements les plus récents tendant à aborder le problème du point de vue de la réforme humaniste des institutions ; sans que cela soit toujours clairement exprimé, consiste à essayer d'assurer la prévention de la délinquance et à exiger que la justice des mineurs se rapproche le plus possible de celle applicable aux adultes et comporte donc toutes les garanties prévues dans les Droits de l'homme : *b)* la seconde approche, plus traditionnelle, se fonde quant à elle sur la recherche des causes du phénomène, et part du constat qu'il est nécessaire d'adopter un droit protecteur d'inspiration positiviste qui diminue les garanties évoquées plus haut.

Recherches sur la nécessité d'entourer de garanties les procès des mineurs délinquants :

1. ENFANCE, ADOLESCENCE ET CONTRÔLE SOCIAL

Les chercheurs analysent ici les événements sociaux et politiques ayant entraîné la création d'institutions consacrées à la protection et à l'assistance des enfants abandonnés et délinquants : le code des mineurs ; les organes de protection de l'enfance et de la famille, certains aspects du droit de la famille, pour ne citer que les plus importantes d'entre elles. Ils travaillent également sur le concept de tutelle des mineurs : ils dénoncent en effet l'absence de distinction entre les mineurs délinquants et les enfants abandonnés, le caractère indéterminé des sanctions, l'absence du principe de légalité et le problème de l'imputabilité, et font en outre remarquer que la crise globale du système pénal latino-américain est plus accentuée dans le secteur de la justice pour mineurs.

Cet état de fait peut être mis en lumière par des études sur les origines des institutions latino-américaines consacrées aux mineurs.

La principale affirmation des chercheurs est que « la doctrine juridique éclairée n'a pas su résoudre le problème de la protection de l'enfance au delà du cadre étroit de la ségrégation et de la répression », l'objectif global de leur étude est « la recherche de formes concrètes de protection de l'enfance pouvant faire abstraction des mécanismes de répression et de ségrégation traditionnels ». Cette recherche évalue l'efficacité de ce système de protection socio-pénal en fonction de son adaptation à la réglementation nationale ou internationale des Droits de l'homme (règlement de Beijing de 1985 et convention des droits de l'enfant de 1989).

2. GARCIA MENDEZ EMILIO : HISTOIRE DU CONTRÔLE SOCIO-PÉNAL DES MINEURS EN AMÉRIQUE LATINE : LE CARACTÈRE NON FORMEL DES MÉCANISMES FORMELS DE CONTRÔLE SOCIAL

La politique juridique et sociale concernant les mineurs est loin d'être une question banale dans la mesure où l'abandon de la lutte pour obtenir le respect des droits et des garanties juridiques et sociales des mineurs comporte le risque « que tout le droit pénal dans son ensemble devienne un « droit pénal des mineurs ».

Il s'agit en définitive de changer les modèles culturels et de démontrer qu'il est absurde de vouloir protéger les secteurs les plus fragiles de notre société en se contentant de les condamner à la ségrégation.

3. PALOMINO MARQUEZ GABRIELA : PRÉVENTION DES COMPORTEMENTS ANTISOCIAUX DES MINEURS, DANS LE DROIT MEXICAIN.

Recherche documentaire. La prévention des délits se fonde essentiellement sur deux éléments : *a)* l'information fournie aux juges sur les comportements criminels et *b)* les sanctions encourues par les mineurs coupables de tels comportements. Il s'agit de faire supprimer du droit positif les règles qui éludent les garanties des personnes, c'est-à-dire toutes celles qui prétendent prévenir le risque de délit.

4. FELLINI GANDULFO ZULITA : MINEURS DÉLINQUANTS

Cet article concerne l'objectif partagé par les psychologues, les sociologues, les psychiatres, les criminologues et les spécialistes du droit pénal au moment d'aborder la question du contrôle de la délinquance juvénile. L'auteur aboutit aux conclusions suivantes :

1) La politique criminelle en matière de délinquance juvénile doit respecter le principe d'intervention minimale ; 2) la non-application du droit criminel aux mineurs se fonde sur la plausibilité que l'âge peu avancé de ces derniers permet de supposer une énergie délictuelle moins intense que chez l'adulte ; 3) cette non-application du droit criminel aux mineurs délinquants ne doit cependant pas entraîner la suppression des garanties constitutionnelles dont bénéficient les adultes ; 4) il faut admettre la validité du principe de légalité ; 5) la réforme proposée doit prévoir l'adoption de règles de procédure visant à établir un système d'inculpation qui garantisse les droits à la défense ; 6) les organes étatiques doivent accorder un délai de contrôle maximal.

5. DE LA BARREDA LUIS : LE MINEUR DANS LE DROIT PÉNAL

La législation sur les mineurs leur est défavorable dans la mesure où les règles de procédure qui lui sont propres privent ces derniers de leur droit à la défense et violent ainsi leurs garanties constitutionnelles en matière de droit pénal.

6. GARCIA RAMIREZ SERGIO : CONSIDÉRATIONS CRIMINOLOGICO-JURIDIQUES SUR LES MINEURS DÉLINQUANTS

Si les petits délinquants n'encourent que des petites peines, ces dernières n'en répondent pas moins aux critères de rétribution, d'expiation et d'exemple qui caractérisent les sanctions appliquées aux adultes. L'idée innovatrice de cette thèse a déjà été évoquée lors des troisièmes journées latino-américaines sur la défense sociale (Mexique, 1979), et se rapporte à la nécessité de garantir constitutionnellement aux mineurs une procédure légale adéquate.

7. GUERRA DE VILLALAZ AURA : PROTECTION DES DROITS DES MINEURS DÉLINQUANTS

Recherche descriptive qui porte essentiellement sur les droits des mineurs délinquants, dont elle décrit l'évolution, de la publication de la liste des droits de l'enfant (1929) à l'adoption, à Panama, de la Charte des mineurs délinquants (1978).

8. HUGGINS MAGALLY : SITUATION DE DANGER POUR LES ADOLESCENTS

Recherche descriptive menée en 1985 sur les mineures de Caracas jugées en situation irrégulière, ce qui entraîne l'application de la législation pour mineurs et l'intervention de son instrument administratif, l'INAM. L'objectif de cette étude est de savoir qui entre dans cette catégorie et pour quelle raison.

L'analyse de l'article 85 de la loi sur la tutelle des mineurs, qui définit la catégorie « situation de danger » en ce qui concerne les mineures, amène l'auteur aux conclusions suivantes : 1) la « situation de danger », telle qu'elle est définie légalement étant la principale cause d'admission des mineures dans des institutions spécialisées, apparaît comme la situation irrégulière la plus répandue dans ce secteur de la population ; 2) les adolescentes sont plus sévèrement sanctionnées que les adolescents ; 3) on dit d'une mineure qu'elle est en « situation de danger » lorsqu'elle s'écarte, par son comportement, du rôle qui lui a été assigné par la société. Il est ainsi clairement établi que l'admission de mineures adolescentes dans des centres spécialisés est une conséquence de l'adoption de valeurs propres à une morale abstraite.

9. ANIYAR DE CASTRO LOLA : LA RÉALITÉ OPPOSÉE AUX MYTHES

Approche positiviste

1. LIMA MARIA : JEUNES EN DANGER, PORNOGRAPHIE ENFANTINE ET COLONIALISME CULTUREL

Recherche descriptive qui dénonce les valeurs délictueuses véhiculées de manière dissimulée par les cartes « Garbage Pail Kids » de l'usine américaine de chewing-gums Topps Chewing Gum Inc., valeurs par lesquelles ont prétend créer une sous-culture enfantine déviante pouvant constituer à l'avenir un débouché important pour les produits nouveaux.

2. CORTES JUAN GERARDO : CARACTÉRISTIQUES PSYCHOLOGIQUES ET SOCIALES DU MINEUR EN SITUATION IRRÉGULIÈRE

Recherche bibliographique. Le concept de « mineur en situation irrégulière » revêt un caractère essentiellement juridique et se réfère dans la pratique aux mineurs abandonnés, aux vagabonds, aux consommateurs de drogues, aux mendiants, aux voleurs, aux enfants dont l'intégrité physique et morale est menacée, à ceux n'étant pas pris en charge par un adulte, etc. Chacune de ces situations constitue en elle-même un facteur d'irrégularité sociale mais elles se combinent le plus souvent dans la pratique.

Les antécédents du mineur nous obligent à considérer ce mineur comme un individu ayant des besoins spécifiques, pour lequel il convient d'adopter des stratégies spéciales d'assistance adaptées à ses caractéristiques, à ses aptitudes et à ses limites. *Proposition :* il est nécessaire dans la définition des programmes et des activités, de veiller tout particulièrement au respect de son rythme d'apprentissage, de reconnaître ses carences affectives et de comprendre ses réticences et sa méfiance. Les stratégies d'intervention, notamment celles à caractère préventif, doivent également accorder la priorité au travail au sein de la famille et de la communauté.

3. ZERPA DORA : LA NON-IMPUTABILITÉ DU MINEUR ET LE DROIT DE PUNIR

Recherche qui tente de démontrer qu'il n'existe à l'heure actuelle au Vénézuéla aucune véritable politique de protection, de prévention ni encore moins de rééducation et de réinsertion sociale des mineurs délinquants.

4. VILLALBA CARLOS : OBJECTIF DE LA VIOLENCE JUVÉNILE

Ce que l'on entend par « violence juvénile » semble résulter d'une pathologie personnelle et c'est pourquoi la lutte contre la délinquance accorde la priorité au dépistage précoce des penchants du mineur plutôt qu'à l'analyse tardive de l'environnement qui l'a façonné.

5. QUIROZ CUARON ALFONSO : CLINIQUE CRIMINOLOGIQUE. TRAITEMENT DU COMPORTEMENT DÉVIANT CHEZ LES MINEURS

Cette recherche descriptive sur les expériences menées au Mexique aboutit à la conclusion que les mineurs ayant un comportement déviant sont le produit de la société et que c'est donc à nous tous d'essayer de les remettre dans le droit chemin et d'éviter que d'autres enfants ne s'engagent dans la même voie.

6. QUIROZ CUARON ALFONSO : LE TRAITEMENT DU COMPORTEMENT ANTISOCIAL DU MINEUR

L'auteur aboutit à plusieurs conclusions, dont les suivantes : 1) l'adolescence est, chez les mineurs des deux sexes, une période propice à la manifestation de comportements antisociaux ; 2) les permis de conduire ne doivent pas être délivrés aux jeunes de moins de dix-huit ans ; 3) il est urgent pour le Mexique de se doter d'un code fédéral de protection des mineurs.

7. MEDINA MEZA CARLOS, MINISTÈRE DE LA JUSTICE, COLOMBIE 1990

Projet de politique criminelle qui définit, pour le ministère colombien de la Justice, les lignes directives à suivre lors d'une campagne de prévention de la délinquance. Il propose ainsi l'adoption de politiques d'ensemble ou par secteur et la préparation de projets de loi ou de décrets, les piliers de la prévention étant la police nationale et judiciaire, le pouvoir judiciaire et le système pénitentiaire.

8. RODRIGUEZ DE HERNANDEZ JUDITH : ÉTUDE SUR LES MINEURS EN DANGER

Cette recherche a pour objet d'étudier la situation de danger dans laquelle se trouve un groupe de mineurs de l'Etat de Carabobo, au Vénézuéla – on entend ici par mineurs en danger ceux mentionnés dans l'article 11 du statut des mineurs vénézuéliens ; elle analyse deux types de situation de danger. En guise de conclusion, cette étude propose l'adoption de solutions tournant autour de deux axes fondamentaux : une action à moyen terme, concrétisée par des politiques de prévention et prophylaxie et des mesures immédiates et directes (prévention générale, spécifique et « très précoce »), appliquées dans le cadre de politiques d'urgence facilitant la résolution d'un problème spécifique.

9. FERNANDEZ SORA : ASSISTANCE AUX MINEURS AYANT DES COMPORTEMENTS DÉVIANTS

Recherche évaluative et qui propose l'adoption d'une politique criminelle. Il incombe aux organes officiels chargés du contrôle de la légalité de perfectionner le système de rééducation, par une révision constante des méthodes utilisées et par l'évaluation des connaissances scientifiques des éducateurs, dont le rôle et l'influence sur les mineurs doivent être renforcés.

10. RAIMUNDO TORRADO MARIA MERCEDES : LES MINEURS SONT-ILS PLUS ENCLINS À COMMETTRE DES DÉLITS ?

Les mesures de prévention adoptées dans la lutte contre la délinquance juvénile sont les suivantes : a) mesures à caractère général (prévention générale), visant au développement du système national d'éducation de la nouvelle génération ; b) mesures à caractère spécifique (prévention spécifique) tendant à la suppression directe des facteurs pouvant favoriser la perpétration de délits. L'auteur insiste sur le fait que la prévention est l'affaire de tous.

11. VEGA VEGA JUAN : LA PRÉVENTION DU DÉLIT EST L'AFFAIRE DE TOUS

Proposition de politique criminelle. Dans une société socialiste, l'apport essentiel de la théorie et de la pratique de la prévention de la délinquance au mouvement de défense sociale est d'une part, qu'elles aident ce dernier à encourager les activités des institutions humanitaires et à renforcer les méthodes de prévention des phénomènes négatifs et d'autre part, qu'elles stimulent les réactions de la société par rapport aux manifestations précoces de la délinquance.

Etant donné que la société socialiste ne génère pas, dans son évolution et dans son fonctionnement, des situations source de délit, les résultats positifs de la lutte contre la délinquance ne peuvent qu'augmenter.

12. GONZALEZ DE RIVERA DAGYI : SITUATION DU MINEUR AU COMPORTEMENT DÉVIANT DANS L'ÉTAT DE CARABOBO. ANALYSE SOCIOLOGIQUE

L'auteur s'interroge sur les points suivants : 1) Quels sont les facteurs favorisant chez le mineur un comportement déviant ? 2) Quels sont les plus déterminants d'entre eux ? 3) En quoi la désorganisation sociale conditionne-t-elle le comportement déviant du mineur ?

S'inscrivant dans un cadre clairement fonctionnaliste, cette recherche part des concepts d'organisation et de désorganisation sociales, dont le comportement des mineurs est l'une des manifestations. La désorganisation sociale se traduit en effet par une série d'éclatements qui lèsent les intérêts des différentes institutions auxquelles adhère chaque individu tout au long de sa vie.

L'auteur conclut que les causes de ce type de comportement ne sont pas uniques, puisqu'elles sont parfois d'ordre personnel mais le plus souvent d'ordre social.

13. DÉPARTEMENT DE RECHERCHES SOCIO-JURIDIQUES ET DE PRÉVENTION DU DÉLIT DU MINISTÈRE DE LA JUSTICE : PRÉVENTION DU DÉLIT POUR LA LIBERTÉ, LA JUSTICE, LA PAIX ET LE DÉVELOPPEMENT, BOGOTA, COLOMBIE

Cette recherche descriptive, à caractère officiel et général, évalue plusieurs aspects de l'action préventive en Colombie, y compris celle relative au trafic de drogue. En ce qui concerne les mineurs, elle met en évidence que l'âge est un facteur déterminant de criminalité et propose que cette dernière soit envisagée non par étapes, en fonction de l'âge, mais globalement, dans la mesure où chez un individu, la chronologie des événements ne suit pas toujours le développement biologique et qu'un processus peut s'enclencher dans l'enfance et ne se développer qu'à l'âge adulte.

Cette étude énumère également les différentes formes d'assistance que l'Institut colombien du bien-être social accorde aux mineurs en fonction de leur âge (enfants de moins de douze ans et de douze à seize ans), les modalités d'assistance, les différents centres de protection et de rééducation, les centres de formation, les maisons de jeunes et les foyers, les placements chez les parents, en semi-internat ou dans des foyers de substitution, les mises en liberté provisoire et le retour temporaire au foyer. Elle analyse enfin la réglementation applicable en la matière (loi organique sur la défense des enfants, loi de 1983), qui prévoit les directives à suivre dans les progrès civils sur les litiges de paternité, de pensions alimentaires et de garde des enfants, et précise quels en sont les instruments (les centres de protection et les conseils de tutelle) tout en reconnaissant leur inefficacité due au manque de moyens.

14. SANCHEZ GALINDO ANTONIO : CONTEXTE DANS LEQUEL S'INSCRIVENT LA PRÉVENTION ET LE TRAITEMENT DE LA DÉLINQUANCE CHEZ LES MINEURS DANS L'ÉTAT DU MEXIQUE

Conclusions et suggestions de cette recherche évaluative : 1) il convient de créer un système totalement intégré au niveau étatique, qui agisse en coordination avec l'Etat et qui se consacre à la prévention des comportements parasociaux et antisociaux des mineurs ; 2) cette intégration devra s'accompagner de *a)* la création ou réforme des lois sur les mineurs, en accord avec les systèmes modernes de traitement, *b)* la construction de locaux appropriés, *c)* la formation d'un personnel spécialisé, *d)* une approche conjointe de la famille et de la communauté, *e)* de l'établissement d'une procédure radicalement différente de celle applicable aux adultes, *f)* la modernisation de la nomenclature archaïque ; 3) il faudra favoriser l'interdisciplinarité (psychiatrie, psychologie, travail social, pédagogie, médecine, etc.).

15. COLLABORATION : TABLES RONDES SUR LA PRÉVENTION DE LA DÉLINQUANCE JUVÉNILE AU PANAMA, UNIVERSITÉ DE PANAMA, INSTITUT DE CRIMINOLOGIE, JUILLET 1979

Les conclusions de cette recherche sont les suivantes : 1) le champ d'action en matière de prévention de la délinquance juvénile est devenu pratiquement illimité ; 2) la prévention de la délinquance en général, et de celle des jeunes en particulier, doit absolument être planifiée compte tenu de différents éléments, notamment le logement, le contrôle social des médias, l'éducation, la scolarité, l'acquisition de valeurs morales et familiales et la participation active de la communauté dans l'organisation d'un niveau de vie correct ; 3) la prévention s'impose face à des situations et à des comportements non délictueux mais tout aussi dangereux ; 4) au Panama, on n'a pas accordé au problème l'attention qu'il mérite ; 5) le gouvernement a agi de manière sporadique et presque exclusivement dans la capitale ; 6) la prévention manque de moyens financiers ; 7) le tribunal des mineurs n'est compétent qu'en matière d'orientation ; 8) la communauté doit adopter une attitude positive et participer à la résolution du problème ; 9) les différentes institutions compétentes doivent collaborer étroitement et coordonner leurs activités.

II. MÉDIAS ET INSÉCURITÉ

1. ANIYAR DE CASTRO LOLA : PUBLICITÉ DES DÉLITS ET INSÉCURITÉ DES CITOYENS

Recherche à la fois théorique et empirique qui comporte des enquêtes sur divers sujets (augmentation du nombre des victimes, origine de l'information sur l'augmentation de la délinquance, crainte ou sentiment d'insécurité, choix des pages dans les journaux, opinion sur les ratissages ou les rafles et le sentiment de sécurité qu'ils génèrent). Cette étude énumère également les différentes structures du pouvoir des médias, analyse les relations qu'entretient ce dernier avec le pouvoir politique et économique, et évoque la construction sociale de la réalité, les préférences de certains secteurs de la société dans le domaine de l'information (les catégories sociales les moins élevées lisent plus volontiers la page des faits divers), le type d'influence exercée par les différents médias et la transmission des clichés sur la délinquance. Elle démontre que la plupart des informations sur l'augmentation de la délinquance proviennent des médias et ne reposent ni sur des faits réels, ni sur l'information orale, ce qui engendre les phénomènes suivants : 1) la solidarité au sein d'une même classe sociale disparaît ; 2) le sentiment d'insécurité augmente ; 3) ce dernier est disproportionné par rapport à l'insécurité réelle ; 4) notamment au sein des classes les moins élevées, les gens réclament une intervention accrue de la police et l'adoption de méthodes plus musclées.

2. MONTENEGRO HERNAN : LA TÉLÉVISION ET LES ENFANTS

Cette étude part du constat que la télévision est l'un des moteurs du changement accéléré affectant actuellement toutes sortes de domaines et met l'accent sur le pouvoir des images et l'impact écologique de ce média (les rapports de l'enfant et son environnement). L'auteur propose l'adoption des mesures préventives suivantes : 1) les enfants en âge préscolaire ne doivent pas regarder la télévision, à l'exception des émissions à caractère éducatif spécialement conçues pour eux ; 2) il faut expliquer aux enfants en âge scolaire quelle sorte de programmes leur convient ; 3) il est nécessaire de développer l'esprit critique des enfants ; 4) parents et enfants devraient regarder ensemble les émissions et échanger ensuite leurs impressions.

3. ZELEDON CAMBROBERO MARIO : LA DÉSINFORMATION DE LA PRESSE AU COSTA RICA : UN GRAVE DANGER POUR LA PAIX

Ce livre réunit en un seul volume une série d'articles et de travaux sur l'exercice du métier de journaliste au Costa Rica et sur la façon dont il se manifeste au travers des médias. L'auteur indique quels sont les intérêts en jeu, dans ce milieu (utilisation de l'information à des fins politiques, mécanismes de manipulation, médiatisation de l'opinion publique), et aborde surtout le problème de l'exaltation du sentiment belliqueux au Costa Rica, à une époque où la paix en Amérique centrale est sérieusement menacée.

4. LES MÉDIAS ET LE STÉRÉOTYPE DU DÉLINQUANT

Les différentes équipes latino-américaines (Colombie, Costa Rica, Panama et Vénézuéla) ont montré que les mass médias de leurs pays respectifs n'abordent pas de la même façon le délit des cols blancs et la criminalité traditionnelle, fixant ainsi l'image type du délinquant, et qu'ils attribuent uniquement le sentiment d'insécurité à la délinquance des classes sociales subalternes. On remarquera notamment, parmi ces travaux ceux de l'Institut de l'université « Externado de Colombia » et de l'Institut de criminologie de l'université de Zulia (Voy, Tineo, Audelina, « Le stéréotype du délinquant », paru dans *Capitulo Criminologico 13*, organe de l'Institut de criminologie de l'université de Zulia, 1985). L'Institut de Zulia analyse le contenu des informations sur les délits des cols blancs et sur la criminalité traditionnelle et indique les rapports qu'il a pu établir entre, d'une part, la place accordée à ce type d'information, le vocabulaire utilisé, le choix des pages dans les journaux et d'autre part, le stéréotype du délinquant.

5. VALDERRAMA DE PATINO INES, PATINO ANGARITA MARGARITA : LA VIOLENCE DANS LES MÉDIAS

Etude menée dans le cadre du projet du Groupe latino-américain de criminologie comparée sur « La violence en Amérique latine ».

Résumé historique, analyse de la situation actuelle et petite recherche empirique. Trois médias (la presse, la radio et la télévision) font l'objet de cette étude, qui aboutit à la conclusion suivante : les médias véhiculent tout aussi efficacement l'idéologie dominante que le système éducatif, la religion et le droit, facilitant ainsi la diffusion de valeurs, de principes et de comportements qui sont produits par une société organisée selon un mode de production déterminé, mais dont on fait croire qu'ils sont naturels, universels et immuables.

Les médias transmettent et fixent également des clichés, parmi lesquels celui du délinquant, et favorisent ainsi l'enclenchement de processus de déviance secondaire.

6. EJIAS ELISA, XALABARDES EMELY, PINA REYNA ET JUBES : RÉGLEMENTATION AYANT UNE INCIDENCE SUR LE CONTRÔLE DE LA PUBLICITÉ SUR LES BOISSONS ET SON APPLICATION

Cette étude concerne la consommation d'alcool au Honduras et le rôle primordial que joue le matraquage publicitaire comme moteur de ce phénomène.

7. GOMEZ GRILLO ELIO : LE DÉLIT ET LES MÉDIAS

Recherche bibliographique qui accuse les médias de favoriser la criminalité en Amérique latine.

8. MÉDIAS ET COMMERCIALISATION DU SCANDALE

Cette étude fait référence à l'usage de la technique du scandale, par laquelle on anticipe sur le choix de la peine, et aux changements substantiels introduits dans l'art de punir : on fait en effet la publicité du scandale ou de la peine-spectacle, qui deviennent ainsi des produits de consommation, et les auteurs évoquent l'importance du rôle de la télévision et de la presse dans cette distorsion.

9. ARTEAGA SANCHEZ MOISES ALBERTO : LE CINÉMA, LA TÉLÉVISION, LES HOMMES ET LA DÉLINQUANCE

Recherche bibliographique qui aboutit aux conclusions suivantes : 1) le cinéma et la télévision peuvent aider à la mise au point d'un projet criminel en fournissant aux délinquants en puissance des méthodes, des techniques et des systèmes facilitant l'accomplissement du délit ; 2) le cinéma et la télévision commerciale contribuent à dénaturer la personnalité des enfants et des adolescents ; 3) c'est cependant l'éclatement de la cellule familiale qui favorise le plus la délinquance juvénile.

10. ANTONY CARMEN : LES MÉDIAS AU PANAMA : INSTRUMENTS DE CONTRÔLE SOCIAL INFORMELS (1850-1857)

Le texte retrace dans le détail l'histoire des médias au Panama, commente leur évolution d'un point de vue légal et se penche sur le problème des médias introduits sur le sol panaméen par les Américains, qui renforcent ainsi leur contrôle idéologique dans la région.

11. ZAMBRANO PASQUEL ALFONSO : LES MÉDIAS ET LES STRATÉGIES DE CONTRÔLE

Cette recherche sur le contrôle non officiel qu'exercent dans la société civile les médias comme instruments de contrôle et de domination politique, se penche sur les différentes études réalisées sur les médias, soulève quelques questions relatives à la circulation de l'information, à l'établissement d'un nouvel ordre économique et social, à la dépendance culturelle et à la théorie de la responsabilité sociale, fournit quelques renseignements sur les multinationales de l'information, propose un contrôle de l'information dans certains pays d'Amérique latine (Argentine, Brésil, Chili, Pérou, Equateur) et analyse enfin, en dernier lieu, les politiques de communication des gouvernements latino-américains.

12. GARCIA MENDEZ EMILIO : POLITIQUE DE LUTTE CONTRE LA CRIMINALITÉ ET MÉDIAS

L'objectif global de cette étude est d'analyser : 1) les liens éventuels qui existent, dans une société capitaliste, entre la politique de lutte contre la criminalité et les médias ; 2) les mécanismes de fonctionnement ; 3) les buts poursuivis ; 4) les conséquences.

L'auteur explique également comment les médias transforment un délit en une « affaire criminelle spéciale ».

13. IRURZUN VICTOR, NAVARRO GUILLERMO ET RIVAS LILIANA : IMPACT DES MÉDIAS

Cette recherche bibliographique analyse le double impact des médias : 1) les différentes manières dont ces derniers évoquent certains comportements délictueux ; 2) les jugements émis avant le procès par l'organe de juridiction compétent sur la conduite de l'inculpé, jugements qui peuvent influencer ce dernier, ainsi que la décision finale.

14. PROJET DE RECHERCHE VISANT À LA COMPRÉHENSION DES LIENS QUI EXISTENT ENTRE LES MÉDIAS ET LA CRIMINALITÉ

Cette étude explique tout d'abord en quoi les médias sont un facteur de socialisation et, se fondant sur l'analyse et la description de chacun des médias qui existent au Vénézuéla (la télévision, la radio, la presse, les revues, le cinéma), affirme ensuite qu'il existe un lien entre eux et la criminalité : 1) les médias se sont développés plus rapidement que les instruments légaux en mesure de les contrôler ; 2) la criminalité s'inscrit dans un processus dynamique puisqu'elle varie en fonction des caractéristiques de la société qui l'engendre. Les textes publiés sur le sujet abordent la question de deux points de vue radicalement opposés : *a)* les médias ne jouent aucun rôle dans l'apparition de comportements violents et *b)* ils ont au contraire une influence très marquée.

L'auteur propose le développement d'un projet de recherche visant à comprendre les liens qui existent entre les médias et la criminalité, et décrit le contenu d'un tel travail.

15. ANTONY CARMEN : LA VIOLENCE ET LES MÉDIAS

L'objectif de cette étude est d'essayer de déterminer le rôle joué par les médias au Panama et d'analyser le degré d'agressivité et/ou de violence qu'ils véhiculent.

Parmi les conclusions, il convient d'en souligner les suivantes : 1) favorites du grand public, les séries policières occupent le plus grand temps d'antenne ; 2) les recherches révèlent qu'un pourcentage élevé d'enfants et d'adolescents regardent les émissions à caractère violent.

Seule une mobilisation massive – c'est-à-dire la participation de toute la communauté – permettrait de modifier cette situation d'aliénation, de dépendance et d'oppression.

III. COMMENT PRÉVENIR ET TRAITER LA DÉLINQUANCE

1. MARTINEZ RINCONES JOSÉ FRANCISCO : PRÉVENTION GLOBALE DE LA DÉLINQUANCE

Cette étude développe les bases d'un modèle politique d'intervention sociale modifiant les conditions de vie au Vénézuéla, qui sont source de délinquance.

Elle aboutit aux conclusions suivantes : 1) la délinquance et la criminalité reflètent les contradictions de la société ; 2) certains facteurs sociaux et politiques rendent obligatoire l'introduction immédiate de changements dans le domaine de la prévention de la délinquance ; 3) la Constitution et les thèses démystificatrices de la criminologie contiennent les fondements d'une prévention globale de la délinquance ; 4) une véritable prévention doit être soutenue par une politique sociale.

2. GABALDON LUIS GERARDO : CONTRÔLE SOCIAL NON OFFICIEL ET PRÉVENTION DE LA DÉLINQUANCE

Cette recherche envisage la possibilité d'analyser le contrôle social non officiel, en matière de prévention, à partir des questions suivantes : 1) quelles instances, parmi les nombreux organismes qui agissent dans le domaine de la prévention, sans être spécifiquement habilités à le faire, mènent des actions dans le but conscient et exprès de contenir ou de limiter les comportements délictueux ; 2) de quelle façon ces instances décident-elles de ce qui est indésirable, ou quels critères servent à définir la situation dans laquelle s'inscrit un comportement déterminé, l'hypothèse globale de départ étant que ce dernier est inacceptable ou peu acceptable ; 3) quels rapports ces instances entretiennent-elles avec les organes officiels compétents en la matière, aussi bien au niveau de la concurrence qu'à celui de la cession de compétences dans une affaire déterminée, et laquelle d'entre elles adopte la décision finale ; 4) quelles caractéristiques individuelles, comme le niveau socio-économique, l'éducation, le leadership, la distribution inégale de pouvoir et la proximité de parents ou de voisins, déterminent l'intervention prépondérante d'organes non officiels ou officiels de contrôle.

IV. PRÉVENTION ET TRAITEMENT DE LA TOXICOMANIE

Note d'introduction : en Amérique latine, la recherche sur la question des stupéfiants est essentiellement d'ordre sociopolitique et met en évidence les relations de dépendance entre les pays ainsi que l'existence d'une offre (les pays producteurs) et d'une demande (les pays consommateurs). Selon les auteurs de ce rapport, toute recherche de solutions de remplacement à la condamnation de la consommation de drogues passe obligatoirement par des recherches sur la prévention.

A. RECHERCHES D'ORDRE SOCIOPOLITIQUE

1. Carrasquilla Juan Fernando : Vers une solution de remplacement à la politique latino-américaine de lutte contre le trafic et la consommation de stupéfiants. La drogue : problèmes actuels de l'Espagne et de l'Amérique latine

L'auteur de cette étude propose, d'une part, de mener une lutte sérieuse, honnête, cohérente et efficace contre le trafic et la consommation de drogues – un problème qui revêt les mêmes caractéristiques à l'échelle internationale – et d'autre part, de légaliser ces derniers de manière « contrôlée » (c'est-à-dire en accompagnant une légalisation progressive de sévères contrôles administratifs, solution prônée par le courant modéré ou opposé à l'abolition du principe actuel de non-prohibition). Mais il est peu probable que cette politique soit adoptée, dans la mesure où la situation actuelle est modelée par la convention unique sur les stupéfiants, imposée à l'échelle internationale par les Etats-Unis.

2. Del Olmo Rosa : Les drogues et la sociopolitique

Il s'agit de la liste la plus importante et la plus complète des conséquences politiques et économiques de la commercialisation de la drogue, au niveau national et international.

3. Aniyar de Castro Lola : Légitimation de la politique interne et stratégies de domination dans la campagne de lutte antidrogue menée en 1984 au Vénézuéla

Cette recherche critique se fonde sur l'étude d'articles de presse parus à l'époque et l'auteur y considère que les campagnes de lutte antidrogue jouent un rôle important dans la construction sociale de la réalité, en cela que l'on a créé de toutes pièces un problème encore inexistant dans le pays à ce moment-là. Les campagnes serviraient, selon elle, à légitimer la politique interne des gouvernements et à soutenir les politiques des pays producteurs, dont dépendent les pays consommateurs. La comparaison entre la campagne de 1984 et celle des années 1970, également organisée au Vénézuéla, l'amène à la conclusion que toutes deux ont servi à justifier le renforcement des forces de police internationales. Cette étude met également l'accent sur : 1) l'importance des intérêts stratégiques internationaux en jeu et le rôle que jouent certains facteurs comme l'utilisation de clichés par lesquels on associe la drogue à la subversion ; 2) le danger d'ordre économico-politique qui naît de la pénalisation du trafic et de la consommation de stupéfiants. Il convient de remarquer, parmi ses conclusions, que l'approche sociopolitique du problème n'est peut-être pas la seule valable mais qu'elle sert du moins à montrer qu'un sujet comportant autant de connotations émotionnelles et catastrophistes que la toxicomanie a des conséquences d'ordre très divers, essentiellement sociopolitiques.

4. De La Barreda Luis : Capitalisme et drogues

Le problème de la drogue est un sujet permanent de conflit dans les relations internationales.

L'auteur fait ici trois analyses d'ordre politique qui pourraient ouvrir la voie à des recherches plus approfondies : 1) la jeunesse se rebelle contre l'ordre établi, une rébellion à laquelle contribuent les médias ; 2) la puissance impérialiste essaie à tel point de soumettre les nations à son influence qu'elle porte atteinte à leur souveraineté nationale ; 3) à quelque niveau que ce soit, le secteur privé et public sont complices.

B. PRÉVENTION SPÉCIFIQUE ET TRAITEMENT DE LA TOXICOMANIE

1. Marcano Zaira et Diaz L. Antonio : Quelques-unes des activités développées par le corps enseignant en matière d'éducation préventive de la toxicomanie dans le deuxième et troisième cycle

Les auteurs de cette thèse se penchent sur le thème de l'éducation préventive de la toxicomanie et fournissent des principes d'orientation qui se fondent sur le critère associant biologie, psychologie et sociologie. Il est nécessaire selon eux que la prévention 1) soit globale, 2) qu'elle tienne compte du processus de prise de décision de l'individu, la consommation ou l'abus de stupéfiants étant un choix personnel, 3) qu'elle soit assurée par l'ensemble de la communauté et enfin, 4) qu'elle varie en fonction de l'âge, du sexe, des occupations, du degré d'instruction, des intérêts, des motivations, etc., des individus concernés.

Comme stratégies de prévention de la consommation de drogues, ils proposent aux enseignants : 1) d'informer honnêtement leurs élèves sur la consommation de stupéfiants ; 2) de rester sereins et de refuser tout sensationnalisme ; 3) d'éviter tout jugement de valeur et toute attitude moralisatrice ; 4) de fournir aux élèves, sur les produits créant une dépendance, des informations simples, correctes et remises à jour ; 5) de différencier l'utilisation expérimentale et l'utilisation sociale des stupéfiants ; 6) de montrer le lien qui existe entre l'individu, la drogue et le contexte culturel ; 7) d'éviter toute méthode pouvant faire peur ; 8) d'éviter toute panique face au problème de la drogue ; 9) de créer un climat de confiance ; 10) de favoriser les discussions à caractère informatif.

2. **Rondon de Millan Yadira : Contribution des assistants sociaux dans l'application, au niveau communautaire, d'un programme de prévention de la consommation de stupéfiants.**

Cette étude bibliographique aboutit à la conclusion qu'il est nécessaire, pour élaborer un programme de prévention à niveau communautaire, de détecter les facteurs facilitant l'établissement d'un tel programme et favorisant les changements sociaux, lesquels doivent se traduire par la diminution des comportements autodestructeurs et destructeurs caractéristiques des toxicomanes. Parmi les critères adoptés dans la prévention, l'auteur étudie les suivants : *a)* le critère biologique (pour établir le lien entre la consommation de stupéfiants et l'aspect physiologique du toxicomane) ; *b)* le critère psychologique (causes psychologiques poussant l'individu à devenir consommateur) ; *c)* l'environnement social (influences sur les changements de comportement) ; *d)* la nécessité pour les individus et le groupe dans son ensemble d'assumer leurs responsabilités dans la prise de décisions ; *e)* la coopération et l'action communautaire comme éléments fondamentaux de la prévention.

A chacun de ces cinq critères, fondés sur les variables « drogue », « individu », « contexte », « comportement » et « intervention » correspond une stratégie possible : 1) menacer et/ou punir les consommateurs de stupéfiants ; 2) organiser des campagnes de prévention visant à contenir le nombre de toxicomanes pour éviter une « contagion » ; 3) savoir que l'appétence ou l'inappétence sont des données du comportement social et qu'elles sont acceptées culturellement ; 4) chercher à introduire des changements à partir du contexte social ; 5) se fonder sur les liens réciproques qui existent entre les caractéristiques génétiques, le climat social et le comportement des individus.

Les propositions adressées à l'assistant social concernent trois domaines fondamentaux : 1) l'analyse des moyens, des organismes et des ressources dont dispose la société pour développer des programmes préventifs ; 2) la nécessité, pour proposer un traitement psychologique et biologique, et une assistance sociale, de connaître les antécédents des individus et leur groupe d'appartenance ; 3) l'action thérapeutique, qui doit tenir compte de l'environnement social, communautaire et familial.

3. **Garcia Bertha : Mise au point d'un programme introductif d'information et d'éducation préventive en matière de consommation de stupéfiants**

A l'issue de sa recherche bibliographique, l'auteur fait remarquer que cinq critères fondamentaux servent à l'analyse du problème de la drogue : 1) le critère éthico-juridique ; 2) le critère médico-épidémiologique ; 3) le critère psychosocial ; 4) le critère socioculturel ; 5) le critère bio-psycho-social. La prévention devant être globale, il est en effet nécessaire de tenir compte des aspects biologiques, psychologiques et sociaux de la question. Il faut prendre en outre en considération le processus de prise de décisions, auquel doit participer la communauté dans son ensemble, sous le signe de la coopération, et qui doit varier en fonction des caractéristiques individuelles et sociales du groupe.

Conclusions : 1) les professeurs abordent le problème de la consommation de stupéfiants de manière partiale et descriptive ; 2) ce problème ne concerne pas seulement les jeunes mais également d'autres secteurs de la population et d'autres couches sociales ; 3) il existe une certaine tolérance envers la consommation de drogues légales comme l'alcool et le tabac.

4. Garlin Fernando : Modèle de programme sur l'éducation préventive

Recherche bibliographique. Il semblerait que les critères utilisés par les éducateurs et les assistants sociaux dans toutes les recherches que nous avons étudiées soient les mêmes que ceux qui caractérisent la recherche sur la toxicomanie (critères éthico-juridiques, médico-épidémiologiques, socio-culturels, psycho-sociaux et bio-psycho-sociaux). L'auteur de cette thèse propose ses critères en matière d'éducation préventive et recommande : 1) de faciliter la formation et le perfectionnement des personnes chargées, dans le système éducatif vénézuélien, de l'éducation préventive ; 2) de développer ce programme en poursuivant les travaux d'évaluation qui le concernent et en lui donnant le suivi nécessaire ; 3) les propositions sur les mesures éducatives sont les suivantes : *a)* les programmes d'éducation préventive doivent être développés et mieux intégrés dans le cursus, au niveau national ; *b)* il faut entraîner le personnel enseignant à utiliser des critères et à forger des stratégies d'éducation préventive compatibles avec leur travail habituel.

5. Reyes Rodriguez Rosa : Modèles d'intervention sociale pour toxicomanes

L'auteur présente un modèle d'intervention sociale auprès des toxicomanes et prend pour référence la théorie existentialiste et comme méthode de travail, l'observation dans des centres de traitement. Cette intervention suppose le traitement médical et clinique des toxicomanes et se fonde sur la thérapeutique de groupe. Le rôle du professionnel est de favoriser le changement de comportement chez les toxicomanes, l'objectif étant le rétablissement et la réhabilitation de ces derniers. Celui du groupe de travail est d'assurer l'intégration et l'adaptation des patients. L'auteur travaille à partir des théories sociologiques et psychologiques, et de la dynamique de groupe, et propose l'application des théories de Lawrence Shulman.

Son objectif est de prouver qu'il est possible à un petit groupe de travail de faire face à certaines caractéristiques du toxicomane, en utilisant à la fois les techniques et les aptitudes individuelles qui lui permettent, à lui-même et au patient, d'atteindre les objectifs recherchés et de réussir la réhabilitation des toxicomanes. L'auteur évoque également le problème de la drogue dans son pays, son extension, ses aspects légaux, la prévention et le traitement, et donne ainsi au lecteur une idée générale de la situation. Elle aboutit à quelques conclusions, adresse des suggestions à toute personne s'intéressant directement et/ou indirectement au problème et évoque enfin les difficultés que présentent parfois le traitement et la réhabilitation des toxicomanes (complexité du problème, faiblesse de la personnalité du patient, nécessité d'obtenir des fonds pour financer la création d'un groupe thérapeutique, impossibilité de forcer les patients à se soigner, attitude négative de la communauté, faible participation de la famille.

6. Kaplan Marcos : Prévention et traitement de la toxicomanie

Pour l'auteur de cette étude bibliographique et critique, le fait que la répression soit considérée comme l'une des dimensions fondamentales d'une politique et d'une stratégie de remplacement ne dispense pas de la nécessité d'envisager – au niveau des gouvernements américain et latino-américains, et notamment dans la coopération nord-sud et internationale – la possibilité de légaliser la consommation de stupéfiants.

V. RECHERCHES SUR LA PRÉVENTION COMMUNAUTAIRE

Ces expériences, qui visent surtout les mineurs, sont essentiellement menées à Cuba, où le contrôle de la prévention s'effectue par l'intermédiaire des institutions officielles, qui agissent également au niveau de la communauté. Un programme de prévention a bien été mis au point et développé de manière expérimentale au Vénézuéla par l'école des habitants, mais son objectif est plutôt de freiner l'augmentation du nombre de victimes plutôt que de faire de la prévention globale ou spécifique.

1. GABALDON LUIS G. : CRITÈRES D'INTERVENTION DE LA POLICE ET CONSÉQUENCES SUR LES SECTEURS FAVORISÉS ET DÉFAVORISÉS DE LA POPULATION VÉNÉZUÉLIENNE

L'auteur de cette recherche effectuée sur le terrain étudie essentiellement les interactions de la police et de la population, ainsi que la définition des compétences en matière de contrôle, et observe les phénomènes suivants : 1) dans sa grande majorité, la police agit dans le domaine public, alors que la collectivité intervient dans les questions d'ordre privé ou à un niveau plus restreint ; 2) la police concentre ses activités sur le contrôle de certains comportements légalement inacceptables ; 3) elle s'efforce de trouver un équilibre entre son efficacité et une réaction favorable des habitants de sa zone d'intervention ; 4) la collectivité contrôle essentiellement les comportements dont sont personnellement victimes les individus ; 5) plus elle dispose de moyens et moins elle fait appel à la police ; 6) elle utilise d'autant plus les services de la police que le lien personnel qui unit l'auteur du délit et sa victime dans une situation déterminée est faible. L'auteur prouve également : 1) que l'opinion de la population sur les fonctions et les méthodes de la police comme instrument de contrôle est ambivalente ; 2) que cette dernière essaie de trouver un équilibre ; 3) qu'elle tend à intervenir majoritairement sur les lieux publics.

2. MARTINEZ RUBIO FRANK : ORGANISATION DES JEUNES ET EXPÉRIENCES DANS LE DOMAINE DE LA PRÉVENTION

Les différentes expériences menées à Cuba depuis le triomphe de la révolution dans la lutte contre les activités délictueuses et antisociales, et dans le domaine de l'assistance sociale, ont abouti récemment à la création de la Commission nationale de prévention et d'assistance sociale, qui regroupe tous les organes de l'Etat, l'Union des jeunes communistes et les organisations sociales. Son objectif est de combattre les activités délictueuses et antisociales et d'en supprimer les causes et les conditions.

VI. RÉPONSES À LA RÉCIDIVE

1. DE LA BARREDA LUIS : « LOS JINETES DE LA PELIGROSIDAD », PARU DANS LA REVUE MEXICAINE DE JUSTICE, MEXIQUE, OCTOBRE-DÉCEMBRE 1987

Recherche bibliographique, critique et juridique, où l'auteur affirme que les éléments les plus révélateurs de la prudence politique qui caractérise la législation mexicaine sont les méthodes de contrôle, la notion de récidive, les mesures de prévention et le fait de justifier l'imposition de sanctions par le danger que représente la délinquance.

2. VILLALOBOS DE MARQUEZ MARCELA : PANAMA : PROFIL CRIMINEL ET SOCIAL DES VOLEURS NON OCCASIONNELS ET RÉCIDIVISTES

Dans cette recherche, l'auteur décrit les délinquants reconnus coupables de délit contre la propriété, les classe en fonction de leur lieu de résidence au moment du forfait et élabore ainsi le profil criminel et social des voleurs non occasionnels et récidivistes.

3. GARCIA SUCRE VICTOR : L'ANTÉCÉDENT DÉLICTUEUX COMME SOURCE DE VIOLENCE

Cette recherche est née du constat que le manque de ressources économiques des individus ayant déjà commis des délits est source de récidive, laquelle est également favorisée par les antécédents, qui génèrent de nouveaux comportements délictueux plus graves. Les auteurs réexaminent le programme de suppression des antécédents délictueux et doutent que les délinquants récidivistes poursuivis soient satisfaits du rôle qu'ils jouent.

Il est nécessaire, entre autres : 1) de ralentir l'émission de certificats administratifs sur les antécédents des délinquants ; 2) de déroger à la loi sur les vagabonds et les malfaiteurs ; 3) de ne plus utiliser l'antécédent pénal, correctionnel, judiciaire et policier comme cause de détention ; 4) de supprimer progressivement les rafles policières, ou du moins d'en réduire le nombre.

Les auteurs de cette étude envisagent le programme de non-émission de certificats sur les antécédents pénaux comme solution expérimentale, et font remarquer que les résultats sont excellents (0 % de récidive).

6. IRURZUN, VICTOR NAVARRO GUILLERMO ET RIVAS LILIANA : LES PROCÉDURES PÉNALES FAVORISENT LES COMPORTEMENTS DÉVIANTS

Recherche bibliographique et documentaire où les auteurs proposent : 1) de regrouper les organes compétents en matière de droit pénal ; 2) de ne pas pénaliser des comportements qui admettent d'autres modalités de contrôle social, qui alourdissent inutilement le système pénal et qui le discréditent ; 3) de ne pas soumettre à la justice les questions pouvant être réglées au niveau administratif, sous contrôle cependant de l'organe juridictionnel compétent ; 4) de remplacer les traditionnelles peines de prison et les amendes par de nouvelles sanctions ; 5) de supprimer, dans la mesure du possible, l'emprisonnement préventif pour éviter que le prévenu soit éventuellement condamné ; 6) de regrouper en un tout cohérent les objectifs des sous-systèmes de l'administration judiciaire.

BIBLIOGRAPHIE

ANIYAR DE CASTRO, Lola, *La realidad contra los mitos, la delincuencia femenina en Vénézuéla : ideologia de la diversidad y marginalidad*. Universitad de Zulia, Maracaibo, 1982.

ANIYAR DE CASTRO, Lola, Legitimacion interna y estrategias de dominacion en la campana contra las drogas en 1984 en Vénézuéla, *Capitulo criminologico*, Universidad de Zulia, Maracaibo, Vénézuéla, 1985, 13.

ANIYAR DE CASTRO, Lola, Publicidad del delito e inseguridad cindadana, *Capitulo criminologico*, Universidad de Zulia, Maracaibo, Vénézuéla, 1986, 14.

ANTONY, Carmen, La violencia y los medios de comunication colectiva, Congrès latino-américain sur les médias et la prévention de la délinquance, *Cahiers panaméens de criminologie*, Université de Panama, Faculté de droit et de sciences politiques, Panama, 1979, 8.

ANTONY, Carmen, *Los medios de comunication social como instrumento de control social informal en Panama*, IIIe séminaire du groupe latino-américain de criminologie comparée. Projet sur le contrôle social en Amérique latine, Institut de criminologie, Universidad de Panama, Maracaibo, Vénézuéla, 1987.

ARTEAGA SANCHEZ, Moises, Alberto, Cine, television, persona humana y delincuencia, *Anuario del instituto de ciencias penales y criminologicas*, Universitad central de Vénézuéla, Faculté de droit, 1967, 1.

CARRASQUILLA, Juan Fernando, *Hacia une alternativa para la politica de las drogas en America Latina. Drogas, problematica actual en Espana y America*, Temis, Bogota, 1989.

CORTES, Juan, Gerardo, Caracteristicas psicosociales de los menores en situacion irregular, *Boletin del instituto interamericano de la infancia*, Uruguay, 1987, V. 61, 227.

DE LA BARREDA, Luis, El menor en el derecho penal, *Derecho y sociedad mexicana*, Universidad autonoma metropolitana, Mexico, 1982, III, 5.

DE LA BARREDA, Luis, *Capitalismo y drogas*, IVe Rencontres de criminologie critique d'Amérique latine, Cuba, septembre 1986.

DEL OLMO, Rosa, *La sociopolitica de las drogas*, Mexique, Siglo XXI, 1976.

EJIAS Elisa, XALABARDES, Emely, PINA, Reyna et JUBES, *Normas que inciden en el control de la publicidad de bebidas y su aplication*, Universidad de Los Andes, Faculté de droit, Merida, Vénézuéla, 1979, 4.

FELLINI, GANDULFO, Zulita, Menores infractores, *Alegatos*, organe de diffusion du département de droit de la section des sciences sociales et humaines, Universidad autonoma metropolitana, Mexico, 1985, 1.

FERNANDEZ, Sora, Atencion a menores con conductas desviadas, *Legalidad Socialista*, ministère public de la République de Cuba, 1989, 3.

GABALDON, Luis, Gerardo, *Patrones de respuesta policial y efectos en vecindarios de bajo y alto estrato socio-economico en Vénézuéla*, rapport présenté lors du Xe congrès international de criminologie, septembre 1988.

GABALDON, Luis, Gerardo, Control Social informal y prevencion del delito, Institut inter-régional des Nations unies de recherche sur la délinquance et la justice (UNICRI), *Criminologia en America Latina*, Rome, mai 1990, 33.

GARCIA, Bertha, *Diseno de un programa introductorio de informacion y education preventiva en el consumo de drogas*, thèse de psychiatrie et psychologie clinique et communautaire, Caracas, 1987.

GARCIA MENDEZ, Emilio, Politica criminal y medios de comunication de Masas, *Capitulo criminologico*, Faculté de droit de l'Université de Zulia, Institut de criminologie, Maracaibo, Vénézuéla, 1976, 4.

GARCIA MENDEZ, Emilio, *Para la historia del control social penal de la infancia en America Latina : la informalidad de los mecanismos formales de control social*, réalisé dans le cadre du projet Control social en America Latina, groupe latino-américain de criminologie comparée, Institut de criminologie de l'Université de Zulia, Maracaibo, polycopie, septembre 1987.

GARCIA, RAMIREZ, Sergio, Consideraciones criminologico-juridicas sobre los menores infractores. Cuestiones criminologicas y penales contemporaneas, *Cuadernos del Instituto Nacional de Ciencias Penales*, Mexico, 1981, 6.

GARCIA SUCRE, Victor, WOLFERMANN, Beatriz, CASANOVA, Marco et ZOTES Begona, El estigma del antecedente delictivo como generador de violencia, *Cahiers du CENIPEC*, Université des Andes, Vénézuéla, 1977, 2.

GARLIN, Fernando, *Modelo de programa sobre education preventiva*, thèse, Université centrale du Vénézuéla, Faculté des sciences humaines et d'enseignement.

GOMEZ GRILLO, Elio, El delito y los medios de comunication social, *Anuario del instituto de ciencias penales y criminologicas*, Universidad central de Vénézuéla, Faculté de sciences juridiques et politiques, 1973, 5.

GONZALES DE RIVERA, Dagyi, Situacion del menor de conducta irregular en el estado de Carabobo. Analisis sociologico, *Relacion criminologica*, organe de l'Institut de recherches pénales et criminologiques, Universitad de Carabobo, Faculté de droit, Valencia, Vénézuéla, 1979, 9, 16.

GUERRA DE VILLALAZ, Aura, Proteccion de los derechos de los menores infractores,

Faculté de sciences juridiques et politiques, *Annuaire*, Universitat de Los Andes, Merida, Vénézuéla, 1981-1982, 12.

HUGGINS Magally, La situacion de peligro para los adolescentes, *Derecho Penal y criminologia*, Universitat central de Vénézuéla, Caracas, 1987, 68.

INFANCIA, ADOLESCENCIA Y CONTROL SOCIAL, étude historique et critique comparée par les pays suivants : Argentine, Colombie, Costa Rica, Guatemala, Uruguay et Vénézuéla. Il s'agit d'un projet mené conjointement par l'ILANUD et l'UNICRI et ses coordinateurs généraux sont CARRANZA Elias (ILANUD) et GARCIA MENDEZ Emilio (UNICRI).

IRURZUN, Victor, NAVARRO, Guillermo et RIVAS Liliana, El proceso penal como refuerzo de la conducta desviada, *Cahiers de la légalité socialiste*, ministère de la Justice de La Havane, novembre 1988, 19, 2.

IRURZUN, Victor, NAVARRO, Guillermo et RIVAS Liliana, El impacto de los medios de comunication, *Cuadernos de legalidad socialista*, sélection d'informations technico-juridiques, parquet général de la République de Cuba, centre de documentation technico-juridique, ministère de la Justice, La Havane, novembre 1988, 19, 2.

KAPLAN, Marcos, Prevencion y tratamiento del abuso de drogas, aspectos sociopoliticos del narcotrafico, *Cahiers de l'INACIPE*, Mexique, 1989, 34.

LIMA, Maria de la Luz et RODRIGUEZ MANZANERA, Luis, Jovenes en situacion de peligro, pornografia infantil y colonialismo cultural, *Criminalia*, éditions Porrua, Mexico, 1987.

Los medios de difusion y el estereotipo del delincuente ; projet : Delito de cuello blanco en America Latina, 1987.

MARCANO, Zaiza, DIAZ, L. Antonio, *Algunas acciones del docente en el proceso de la education preventiva de la farmacodependencia en el segundo y tercer ciclo de la education basica*, thèse, Université de Oriente, département de Sucre, Faculté de sciences humaines et d'enseignement, Vénézuéla, 1985.

MARTINEZ RINCONES, José Francisco, Prevencion integral del delito, *Revue de l'ordre des avocats de Valle*, Cali, Colombie, 1985, VII, 14.

MARTINEZ RUBIO, Frank, *La organizacion juvenil y experiencias en la labor preventiva*, XXXIXe cours international de criminologie, La Havane, Cuba, 1987.

Medios de comunication y comercializacion del escandalo, *Derecho Penal y criminologia*, revue de l'Institut de sciences pénales et criminologiques de l'Universitad extarnado de Colombia, éditions Libreria del professional, 1979, II, 5.

MONTENEGRO, Hernan, La television y los ninos, *Boletin del Instituto interamericano del nino*, Uruguay, juillet-décembre 1984, LIX, 222.

PALOMINO MARQUEZ, Gabriela, La prevencion de conductas antisociales de los menores en el derecho mexicano, *Revista mexicana de justicia*, octobre-novembre 1989, Mexico, VII, 4.

QUIROZ CUARON, Alfonso, *El tratamiento del minor en el estado antisocial*, Mexico, 1978.

QUIROZ CUARON, Alfonso, La clinica criminologica en el tratamiento de los menores de conducta desviada, *Criminologia*, ministère de l'Intérieur, département de réinsertion sociale.

RAIMUNDO TORRADO, Maria Mercedes, Son los menores mas propensos a cometer delitos ?, *Legalidad socialista*, ministère public de la République de Cuba, 1987, 4.

REYES RODRIGUEZ, Rosa, *Modelos de intervencion social para adictos de drogas*, travail effectué en vue d'une promotion, Université de Oriente, ensemble Sucre, Faculté des sciences sociales, Cumana, Vénézuéla, 1975.

RODRIGUEZ DE HERNANDEZ, Judith, Un estudio sobre menores en situacion de peligro, *Relacion criminologica*, Institut de recherches pénales et criminologiques, Universidad de Maracaibo, Faculté de droit, 1975, 8, 14-15.

RONDON DE MILLAN, Yadira, *Aportes del trabajador social en un programa de prevencion comunitaria sobre la problematica del uso y abuso de las drogas*, thèse, Université de Oriente, département de Sucre, Vénézuéla, juin 1984.

SANCHEZ GALINDO, Antonio, *Presentacion del contexto preventivo y de tratamiento de menores en el estado de Mexico*, présenté lors du premier congrès national sur le régime juridique des mineurs, Mexique, août 1973.

VALDERRAMA DE PATINO, Ines, PATINO ANGARITA, Margarita, Violencia en los medios de comunication social, *Derecho penal y criminologia*, revue de l'Institut de sciences pénales et criminologiques de l'Universidad externado de Colombia, éditions Libreria del professional, Colombie, 1979, II, 6.

VEGA VEGA, Juan, La prevencion delictiva : tarea de todos, *Cuadernos de la legalidad socialista*, sélection d'informations technico-juridiques, ministère public de la République de Cuba, Cuba, 1987, 16, 2.

VILLALBA, Carlos, Proposito de la violencia juvenil, *Criminologia*, Academia mexicana de ciencias penales, éditions Porrua, Mexico, 1983, XIX, 12.

VILLALOBOS DE MARQUEZ, Marcela, Perfil criminologico y social en Panama : delincuentes habituales y reincidentes en robo y hurto, Université de Panama, *Cahiers panaméens de criminologie*, novembre 1973, I, 2.

ZAMBRANO PASQUEL, Alfonso, *Medios de comunication y estrategias de control*, questions de droit pénal et de criminologie, 1988.

ZELEDON CAMBROBERO, Mario, *La desinformacion de la prensa en Costa Rica : un grave peligro para La Paz*, Instituto de estudios sociales du Costa Rica, San José, Costa Rica, 1987.

ZERPA, Dora, La inimputabilidad del menor y el derecho a castigar, *Anales internacionales de criminologia*, 1983, 21, 2.

BILAN DES CONNAISSANCES AU CANADA

Jean-Paul BRODEUR*

Ce rapport est divisé en deux parties. Dans la première partie, nous présenterons très brièvement un tableau de la recherche sur les matières de la justice pénale au Canada. Dans la seconde partie, nous ferons une recension plus détaillée de la recherche qui porte sur les thèmes retenus pour la *deuxième conférence internationale sur la sécurité, les drogues et la prévention de la criminalité en milieu urbain*. Les thèmes retenus sont : 1) la prévention, le traitement de l'abus des drogues ; 2) la prévention de la délinquance des jeunes en danger ; 3) le développement de réponses locales face à la récidive ; 4) la mobilisation de la communauté pour prévenir la délinquance et 5) le rapport entre les médias d'information, l'insécurité et la délinquance.

Nous avons choisi de ne pas remonter au delà de l'année 1980, pour ce qui est des recherches dont nous rendrons compte. Même si nous nous limitons, en gros, à la dernière décade, la production tant sociologique que clinique dans le champ de la justice pénale, a été considérable. Rappelons, à cet égard, qu'il existe huit centres de recherche en criminologie au Canada. Il nous est donc impossible de rendre pleine justice à la quantité et à la qualité des travaux produits. Un tel rapport excède de beaucoup les limites restreintes de ce texte. Marquons donc d'emblée que nos discussions se limiteront à l'essentiel.

I. UN PORTRAIT GÉNÉRAL DE LA RECHERCHE

Nuttall (1989 : 478) déclare que les chercheurs canadiens n'ont pas jusqu'ici produit de théorie criminologique qui soit propre au Canada. Nuttall, qui fut un haut fonctionnaire au ministère du Solliciteur général du Canada, ne nie pas qu'il existe des travaux originaux qui ont été produits au Canada. Il veut toutefois dire que les explications du crime, de même que les propositions pour prévenir la délinquance, sont fondées sur les mêmes postulats théoriques que dans les autres démocraties occidentales. Comme nous le verrons, cette affirmation est en grande partie vraie. Les chercheurs canadiens sont influencés dans une

(*) Professeur à l'Université de Montréal (Canada), directeur du Centre international de criminologie comparée.

mesure très considérable par les travaux de leurs collègues aux Etats-Unis, au Royaume-Uni et en France.

Les deux plus grandes institutions qui se consacrent à la criminologie, au Canada, sont d'une part le *Centre of Criminology* de l'université de Toronto et d'autre part l'école de criminologie de l'université de Montréal. Ces deux institutions sont dans un rapport polaire : la première est essentiellement un centre de recherche qui ne forme que des étudiants de second et de troisième cycle, alors que la seconde est une école professionnelle dont la mission première est de former des praticiens. Il existe entre ces deux pôles des départements d'université qui assument la double fonction d'enseignement et de recherche ; il existe également des centres de recherche, comme le Centre international de criminologie comparée, qui sont entièrement consacrés à la recherche. Néanmoins, cette polarité initiale que nous avons décrite plus haut nous apparaît exemplaire.

Il existe en effet deux grands types de recherche dans les matières qui relèvent de la justice pénale, au Canada. Un premier type de recherche est de nature relativement abstraite et théorique. Ce type de recherche est peu soucieux d'application. A l'autre pôle, on trouve des recherches appliquées qui sont essentiellement soucieuses d'informer la pratique professionnelle. Nous décrirons le premier et le second types de recherche. Nous pouvons toutefois prendre note dès le départ du caractère relativement dichotomique de la recherche criminologique au Canada. Elle se situe de façon générale trop loin ou trop près de la pratique. Il y a un nombre insuffisant de travaux qui pratiquent une approche intégrée, selon laquelle une théorie originale de la criminalité sert de fondement à une élaboration explicite de politiques criminelles et de programmes d'intervention.

1. LES TRAVAUX THÉORIQUES

Nous commencerons par nuancer l'affirmation que nous venons de faire à l'effet que ces travaux de nature théorique sont (intentionnellement) peu soucieux d'application. Ce qui les caractérise est bien qu'ils se trouvent tous dans une situation d'écart relatif par rapport à la pratique. Cet écart n'est toutefois pas susceptible, comme nous le verrons, d'une seule explication qu'on formulerait dans les termes d'un manque d'intérêt pour les implications pratiques des théories développées. Nous allons immédiatement illustrer cette affirmation.

a) La tradition critique

Il existe en effet au Canada une tradition critique qui est encore très vivace. Un certain nombre de chercheurs canadiens, qui travaillent surtout dans l'ouest du pays, sont parmi les derniers à continuer de croire maintenant que la pensée marxiste peut toujours constituer le socle sur lequel on pourra édifier une criminologie véridique et renouvelée. Ces chercheurs ont publié deux collections de textes qui leur servent de manifeste, *The New Criminologies in Canada* (Fleming, ed. 1985) et *State Control : Criminal Justice Politics in Canada* (Ratner et McMullan, eds. 1987). Ils ont en outre fondé une revue en 1989. Le titre de cette revue est *The Journal of Human Justice*. Cette tendance n'est pas sectaire. Elle réunit des chercheurs comme Reasons (1978), Ratner et Burtch, qui appliquent de façon relativement orthodoxe une grille de lecture marxiste. D'autres chercheurs comme Richard V. Ericson et Ross Hastings représentent une pensée critique qui n'est qu'assez peu influencée par Marx. On doit toutefois concéder que les retombées pratiques de ces travaux sont relativement peu significatives. La raison n'en est pas que ces chercheurs ne se préoccupent pas de la pratique. Bien au contraire, ils y portent une grande attention. Les réformes qu'ils proposent sont toutefois trop radicales pour que les pouvoirs publics les prennent en considération. Ces chercheurs étaient au début fortement influencés par le criminologue britannique Ian Taylor ; ils paraissent maintenant se rallier au *New Left Realism*, dont le promoteur principal est Jock Young, de Middlesex Polytechnic au Royaume-Uni. Cette dernière perspective peut être plus compatible avec les priorités des pouvoirs publics.

b) La recherche pure

Si l'on ne saurait affirmer que le groupe précédent se désintéresse de la pratique, cette affirmation peut s'appliquer à divers degrés aux travaux de Cusson (1983, 1987 et 1990), de Pires (1990), de Hagan (1988) et de Ericson (1981-1991). Ces auteurs représentent des tendances tout à fait diverses et ils se sont penchés sur des objets très différents. Cusson et Pires se sont penchés sur les problèmes de légitimation du système pénal et sont parvenus à des résultats relativement opposés. Les travaux d'Ericson ont porté sur la police et sur la presse. Ceux de John Hagan analysent l'opération de facteurs différentiels – le statut économique, la race, le sexe – au sein du processus de décision pénale. Néanmoins, tous ces travaux se ressemblent en ce que leurs préoccupations sont essentiellement théoriques, qu'ils se produisent à un niveau relativement élevé de généralité et qu'ils se refusent à tirer de façon explicite les conséquences pratiques qui sont impliquées par leurs travaux. Cusson, par exemple, estime que l'interprétation pratique d'un travail théorique n'incombe pas au chercheur. Dernier exemple, le pessimisme d'Ericson apparaît indépassable ; il ne semble pas loin de penser que toute réforme pénale est pour le pire.

c) La recherche spécifique

Cette catégorie est très rapprochée de la précédente. Il s'agit de travaux qui ont défriché des terrains de recherche qui étaient relativement vierges au Canada. On peut à cet égard mentionner les travaux de Shearing et de Stenning (1981, 1987) sur la sécurité privée, ceux de Turk (1982) sur la déviance politique et ceux de Brodeur (1984 et 1991a) sur les commissions d'enquête et sur les informateurs de police. Le but que poursuivent ces travaux est essentiellement de construire leur objet et d'en produire la connaissance. Cet effort a recueilli initialement toute l'énergie des chercheurs, qui remettent à un moment ultérieur le passage à la formulation de recommandations pratiques. Le rapport de Brodeur (1991a) sur les informateurs de police comporte cependant un certain nombre de recommandations susceptibles de mener à l'élaboration de lignes directrices sur le recours aux services de telles personnes.

d) La recherche historique

De nombreux travaux d'histoire ont été publiés par des chercheurs qui sont rattachés à des universités canadiennes. Il faut mentionner, pour ce qui est de la dernière décade, les travaux de John Beattie (1986) sur les tribunaux britanniques, ceux de Jacques Laplante (1989) sur l'incarcération au Québec, ceux de Fecteau (1989) sur les rapports entre crime et pauvreté au Québec pendant le XIXe siècle et, enfin, ceux de Danièle Laberge (1985, 1987-1988) sur la prise en charge des jeunes délinquants aux Etats-Unis pendant le XIXe siècle. L'intérêt pour les travaux historiques est soutenu au Canada, comme en témoigne la publication d'un numéro de la revue *Criminologie* sur l'histoire du contrôle social. Sans nier que l'on puisse s'en inspirer pour régir les pratiques actuelles, ces travaux sont par définition distants des applications contemporaines.

e) Les traités et les manuels

Il se publie régulièrement au Canada, comme dans d'autres pays, des introductions à la criminologie, des traités et des manuels. On peut citer à cet égard l'ouvrage de Ellis (1987) et celui de Griffith et Verdun-Jones (1989). Le premier de ces ouvrages est une introduction aux théories criminologiques, alors que le second est une revue du système de la justice pénale dans toutes ses composantes, au Canada. On doit faire une place spéciale au traité en quatre volumes de Nettler (1982) sur les carrières criminelles. Il s'agit d'un traité relativement complet de criminologie. Ce traité est cependant assez éloigné de la pratique. En effet, le dernier volume de cette série, intitulé *Responding to Crime*, ne contient pas un paragraphe sur la prévention du crime.

2. LA RECHERCHE APPLIQUÉE

La recherche appliquée se manifeste de deux façons particulières au Canada. Il existe d'abord un nombre assez considérable de périodiques et de lettres d'information qui sont publiées par les ministères concernés par la justice pénale et par des organisations professionnelles. On peut mentionner, entre autres, *Forum*, l'excellente revue publiée par le ministère du Solliciteur général du Canada, *Liaison, L'Avisé, Le Bulletin* de l'Association canadienne de justice pénale, et la revue *Entre nous*, publiée par les services correctionnels du Canada. Le but de ces revues est d'informer leurs lecteurs sur les nouveaux développements au sein de la justice et de vulgariser des résultats de recherche appliquée.

La seconde manifestation de la recherche appliquée, et de loin la plus importante, tient dans les rapports de recherche qui sont publiés par le ministère du Solliciteur général du Canada, par le ministère de la Justice du Canada et par divers autres ministères provinciaux. On peut également rattacher à cette seconde source les nombreux rapports des commissions d'enquête instituées par les divers pouvoirs publics au Canada. Bien qu'ils soient rédigés pour répondre à une question précise, certains de ces rapports se prolongent d'une dimension théorique et sont analogues à des ouvrages de recherche. On peut citer à cet égard le rapport du comité d'étude sur les solutions de rechange à l'incarcération, qui fut présidé par Pierre Landreville (Landreville, 1987a).

Toutefois, non seulement ces rapports de commissions d'enquête comportent-ils parfois un intérêt théorique certain, mais il arrive très souvent que ces commissions d'enquête commanditent un nombre important de rapports de recherche dans le cadre de leurs travaux. Ces rapports de recherche sont par la suite publiés. C'est ainsi, par exemple, que la *Commission canadienne sur la détermination de la peine* a fait publier plus d'une dizaine de rapports de recherche qui soulèvent la plupart des questions reliées au *sentencing*. Ce phénomène de fécondation par les commissions d'enquête s'étend au delà des travaux qu'elles commanditent. Les travaux de recherche de Landreville (1987b) sur l'assignation à domicile sous surveillance électronique se situent dans la foulée des activités de ce chercheur comme président d'un comité d'enquête sur les mesures de rechange à l'incarcération.

Les rapports de recherche qui sont publiés par les ministères peuvent être regroupés en deux catégories. Une première catégorie est constituée par ce que nous appellerons le rapport instrumental. Le prototype même du rapport instrumental est l'établissement d'une bibliographie. Un autre exemple de rapport instrumental est une revue de la littérature. Il ne s'agit pas à proprement parler de recherches mais d'instruments pour la recherche et pour la prise de décision.

La seconde catégorie tient dans le rapport de recherche qui utilise les méthodes de la recherche empirique. Comme le *Home Office* au Royaume-Uni, le ministère canadien du Solliciteur général a subventionné un grand nombre de recherches sur des aspects très précis de l'opération du système pénal (par exemple, la maladie mentale chez les détenus, l'isolement cellulaire, les effets de l'incarcération de longue durée, la violence en milieu carcéral et les facteurs qui déterminent la révocation d'une libération conditionnelle). Comme le révèlent ces exemples, les recherches subventionnées par les ministères doivent avoir un rapport immédiat avec le mandat du ministère qui a commandé une recherche. Le résultat de cette exigence est que la très grande majorité de ces recherches portent sur un aspect ou l'autre du fonctionnement de l'appareil pénal. Si l'on excepte quelques sondages pan-nationaux sur les taux de victimisation, il existe assez peu de recherches gouvernementales portant sur la criminalité elle-même.

On trouve deux autres types de recherche dans cette seconde catégorie : les répertoires de programmes administrés par un ministère et la recherche évaluative. Les répertoires de programmes auraient pu être classés dans la catégorie de la recherche instrumentale. Il ne s'agit la plupart du temps que d'une suite de descriptions, en général lacunaires et inexactes, des initiatives menées par un ministère (par exemple, la liste des programmes de prévention du crime ou des programmes de police communautaire). Ces répertoires sont assez nombreux. On peut citer à titre d'exemple, Snyth (1988), qui dresse l'inventaire des programmes de traitement des toxicomanes ; Kopelman et Moyer (1985), qui décrivent les divers programmes de déjudiciarisation et de prévention de la délinquance juvénile au Canada et Linden (1984) qui décrit divers projets de police communautaire.

La recherche évaluative est surtout effectuée au Canada sous l'égide du ministère fédéral de la Justice. Elle a pour fin d'évaluer les effets d'une nouvelle disposition législative, comme par exemple la redéfinition du viol comme une espèce de voies de faits. La recherche évaluative est actuellement affligée d'un sous-développement marqué dans les recherches subventionnées par le gouvernement.

II. LES RECHERCHES DANS LE DOMAINE DE LA PRÉVENTION DU CRIME

Nous allons maintenant passer en revue les recherches qui ont été effectuées dans les domaines qui constituent les thèmes retenus par la conférence, en commençant par une présentation des diverses perspectives générales sur la prévention du crime, qui ont été développées au Canada.

L'un des premiers ateliers *(Workshop)* qui fut organisé sur la prévention du crime au Canada se tint au *Centre of Criminology* de Toronto en 1975. Cet atelier retint cinq thèmes : 1) l'aménagement de l'environnement physique ; 2) l'intervention médicale et psychologique ; 3) la participation de la communauté ; 4) la participation de la police ; 5) la réforme des lois. Si l'on excepte le dernier thème, force est de constater que le débat a peu progressé et qu'il se tient à l'heure actuelle dans des termes fort similaires à ceux de 1975.

On peut en effet repérer l'introduction de trois programmes généraux de prévention au Canada. Tous ces programmes d'action ont été largement influencés par ce qui se faisait ailleurs. L'introduction de ces trois perspectives, assez similaires au demeurant, s'est effectuée presque simultanément. Waller et Weiler (1984) ont proposé de prévenir le crime par le « développement social ». Ce concept est assez vague et correspond à ce que l'on est accoutumé de désigner sous les appellations de prévention primaire et de prévention secondaire. Tels qu'ils sont identifiés par Waller et Weiler (1984 : 35-38) les secteurs du développement social sont l'emploi, le logement de masse, les services sociaux, la sécurité sociale, l'éducation et les soins de santé.

Une seconde notion, sans doute plus originale, de prévention du crime a été proposée par Paul et Patricia Brantingham (1986, 1990). Brantingham et Brantingham (1984) développent l'intéressant concept d'une criminologie microspatiale. Cette criminologie repose en partie sur l'idée que le comportement criminel peut être mieux compris en examinant comment l'espace est perçu et structuré par le délinquant potentiel. Cette perspective allait éventuellement conduire les Brantingham à adopter le concept britannique de prévention (*Situational Crime Prevention* ; voir Heal et Laycock, 1986). Présentée de façon très sommaire, cette perspective se caractérise par deux traits, soit des mesures de durcissement des cibles du comportement criminel *(target hardening)* et l'adaptation de ces mesures de durcissement aux caractères particuliers des divers espaces que l'on désire structurer. Une version canadienne de la prévention dite situationnelle est élaborée dans Brantingham et Brantingham (1990).

Irvin Waller, qui est un programmateur énergique, a récemment proposé d'autres approches de la prévention (Waller, 1989, 1990). Les modèles dont s'inspire maintenant Waller ont leurs sources dans divers pays d'Europe, et en particulier en France. Le modèle français, tel que présenté par Waller, se caractérise par quatre traits : 1) une approche très fortement polyvalente ; « polyvalence » se réfère ici au fait que des intervenants issus de divers domaines se mettent en équipe pour résoudre les problèmes de la prévention ; 2) cette approche polyvalente est beaucoup moins dépendante du leadership policier que l'approche américaine ou britannique ; il semble même que la police ne soit pas encore un membre à part entière de ces équipes polyvalentes ; il est vraisemblable que cette situation évoluera et que l'importance de la police sera croissante ; 3) cette approche se caractérise également par l'attention qu'elle porte aux besoins locaux d'une communauté ; pour le dire autrement, il s'agit d'une approche décentralisée ; 4) enfin, les Etats-Unis (les grandes villes américaines) tiennent le rôle de repoussoir dans le cadre de cette approche ; l'objectif de la prévention est en effet souvent défini de manière négative : éviter que toutes les grandes villes d'Occident ressemblent à certains quartiers de New York (en particulier, le Bronx). Les promoteurs de cette approche font montre d'un assez grand optimisme et pensent que cet objectif peut être atteint par un effort concerté. Cet optimisme tranche avec le pessimisme de certains chercheurs américains, qui ne voient pas vraiment comment améliorer la qualité de vie à l'intérieur des ghettos urbains de l'Amérique du Nord.

1. LA PRÉVENTION ET LE TRAITEMENT DE L'ABUS DES DROGUES

Les travaux qui se sont effectués dans ce domaine peuvent être classés en trois catégories. Il faut d'abord mentionner l'existence d'un débat très nourri sur la question de la légalisation des drogues. Ce débat est en grande partie alimenté par les travaux de Marie-Andrée Bertrand qui milite en faveur d'une Ligue internationale antiprohibitionniste (voir entre autres Bertrand, 1990). Les propositions de Marie-Andrée Bertrand ne suscitent pas l'unanimité. Line Beauchesne qui a produit de nombreux travaux sur l'abus des drogues a apporté un point de vue critique sur la légalisation de la consommation des stupéfiants (voir Beauchesne, 1989 : 80 ; cet article comporte la liste des travaux de Mme Beauchesne sur la question des drogues).

On peut subsumer sous cette première catégorie un ensemble de travaux qui s'interrogent sur la genèse des lois relatives à la consommation des stupéfiants (Comack, 1985). A cet égard, il faut faire une place spéciale aux travaux de LeBeuf (1990). En effet, on a trop tendance à oublier que l'alcoolisme fait partie des toxicomanies. Marcel-Eugène LeBeuf s'est penché d'une façon approfondie sur la genèse des lois relatives à l'ivresse au volant.

Un second ensemble de travaux s'énoncent à un niveau métadiscursif. Ces travaux ne proposent pas tant des programmes de traitement, comme tels, qu'ils ne réfléchissent sur les limites tant éthiques que juridiques qu'il convient d'apposer à l'intervention auprès des toxicomanes. Les travaux de Brochu (1990) et de Brochu et Frigon (1989) s'inscrivent dans cette perspective.

Il existe enfin un troisième groupe de recherches où l'on retrouve des travaux relativement hétérogènes, qui reflètent l'absence d'une approche consensuelle et intégrée – dans le domaine des problèmes que pose la consommation de stupéfiants. Par exemple, Ellis (1988) propose une analyse critique de la pratique récente du dépistage de la toxicomanie à travers l'analyse chimique de l'urine. Une récente collection de textes – Blackwell et Erickson (1989) – manifeste de façon particulièrement frappante le caractère peu concerté de la production des chercheurs canadiens sur les questions de toxicomanie. Le seul fil directeur qui semble être commun à ces travaux est une volonté de promouvoir une désescalade des sanctions imposées aux consommateurs de drogues. Il semble à cet égard que l'idée de décriminaliser la consommation de drogues rassemble un accord de plus en plus large parmi les chercheurs.

Les pratiques policières contrastent de manière saisissante avec le progressisme des chercheurs. Le Canada est de plus en plus influencé par l'exemple américain et nos forces policières s'engagent dans des campagnes de luttes antidrogues sous la bannière du degré zéro de la tolérance envers la consommation de drogues (douces ou autres).

2. LA PRÉVENTION DE LA DÉLINQUANCE DES JEUNES EN DANGER

Les travaux qui portent sur ce sujet sont très nombreux au Canada. Depuis la publication du rapport de la Commission canadienne sur la détermination des peines, qui exprimait un scepticisme marqué par rapport aux programmes de réhabilitation, il existe un ensemble de travaux qui s'efforcent de faire la preuve que Martinson (1974) a eu tort et que les programmes de réhabilitation, tant dans le domaine correctionnel adulte que juvénile, « marchent » (Gendreau et Andrews, 1990 ; Andrews, 1990 ; on trouve dans ces articles des références exhaustives à ces travaux de méta-évaluation des programmes de réhabilitation pour les jeunes et pour les adultes).

Les travaux auxquels nous venons de nous référer sont d'une nature largement polémique. Il existe, bien entendu, d'autres sortes de travaux. Il semble à cet égard exister une différence marquée entre les travaux qui se publient en anglais et ceux qui se publient en français. Le gouvernement fédéral a adopté en 1982 et a mis en vigueur en 1984 sa nouvelle *loi sur les jeunes contrevenants* (elle venait remplacer l'obsolète *loi sur les jeunes délinquants*). Le Québec avait depuis longtemps effectué une telle réforme législative au niveau provincial. C'est pourquoi la promulgation d'une nouvelle loi fédérale en matière de délinquance juvénile n'a pas suscité au Canada français le même intérêt qu'au Canada anglais. Beaucoup de travaux publiés en langue anglaise constituent des évaluations de l'effet de la nouvelle législation. D'autres travaux se sont penchés sur la genèse de cette loi et ont dénoncé ce qu'ils percevaient être un abandon de l'idéal de la réhabilitation des jeunes contrevenants en faveur de la responsabilisation et, éventuellement, de leur punition (Beaulieu, ed., 1989 est une collection de travaux représentatifs de cette approche ; on y trouve un texte de M. Jean Trépanier qui constitue une analyse particulièrement approfondie des dispositions de la nouvelle *loi sur les jeunes contrevenants*).

La fondation au milieu des années 1970 du Groupe de Recherche sur l'Inadaptation Juvénile (GRIJ) a résulté dans l'instauration au Canada français d'une tradition très solide de recherche empirique sur la délinquance des jeunes. Le GRIJ n'existe plus mais les chercheurs qui l'animaient ont colligé le résultat de leurs travaux et leurs efforts ont donné lieu à d'importantes publications. Cusson (1981) propose une explication de la délinquance juvénile nourrie par le multifactorialisme et il articule une première version de l'analyse stratégique, qui est une approche criminologique influencée par la théorie des choix rationnels. Bien que Cusson soit lui-même peu enclin à tirer les conséquences pratiques de ses travaux, ainsi que nous l'avons déjà remarqué, certains de ses collaborateurs ont produit des recherches dont la pertinence pour la pratique est immédiate. On peut citer à cet égard les travaux de Pierre Tremblay (1986 et 1989) et ceux de Gilbert Cordeau (1989 a et b). Tremblay produit une microsociologie de la criminalité, qui le conduit à souligner l'existence de phénomènes de déplacement et de substitution dans les délits contre la propriété. Cordeau a centré ses travaux sur un type particulier de milieu criminel – les groupes de motards – et, à travers une analyse des cas de règlements de compte, il tente d'élaborer un concept de dissuasion endogène qui rendrait compte en partie de l'abandon de la carrière criminelle dans ces milieux.

C'est toutefois le tandem LeBlanc/Fréchette qui a produit de la façon la plus régulière des travaux en ce domaine (LeBlanc, 1983 ; Fréchette et LeBlanc, 1987 ; LeBlanc et Fréchette, 1988 ; Loeber et LeBlanc, 1990). Il est peu d'aspects de la délinquance des jeunes qui n'aient été abordés par LeBlanc et Fréchette. LeBlanc (1983) constitue une évaluation systématique et fort critique d'une institution de réhabilitation des jeunes (Boscoville). C'est toutefois dans les travaux postérieurs à 1985 que Fréchette et LeBlanc ont réussi à articuler leur modèle théorique. Ce modèle a été au début influencé par David Farrington ; il l'est maintenant par les travaux de Rolf Loeber.

Il est impossible dans un cadre aussi restreint de rendre justice aux travaux de LeBlanc et de Fréchette. On dira pour faire bref que ces travaux constituent une version particulièrement nette de la thèse de la bifurcation, qui fut initialement formulée par A. E. Bottoms. Selon cette thèse, le système pénal opère d'une façon dichotomique. Tous ceux qui ne sont pas identifiés comme criminels de carrière, criminels dangereux ou récidivistes, font l'objet de mesures pénales qui sont relativement clémentes (par exemple, on leur impose des amendes). Toutefois, les personnes qui tombent dans les trois catégories que nous venons d'énumérer font l'objet de mesures sanctionnatrices extrêmement sévères. Il nous semble que Fréchette et LeBlanc nous proposent une reprise de cette thèse au niveau de la délinquance des jeunes. Ils distinguent en première part la masse des jeunes infracteurs, pour qui la délinquance constitue un épiphénomène transitoire qu'on peut assimiler à un rite de passage vers l'âge adulte. Fréchette et LeBlanc se font les avocats d'une tolérance pénale marquée envers tous ces jeunes dont la délinquance s'éteindra quand ils auront trouvé des attachements affectifs stables. Il existe toutefois un autre profil de jeune contrevenant : il s'agit de jeunes qui manifestent très tôt un comportement sérieusement déviant et dont on peut prédire, en appliquant une large batterie de critères, qu'ils deviendront des criminels de carrière. Par rapport à ces jeunes, Fréchette et LeBlanc recommandent une intervention très précoce – le futur criminel pourrait être identifié à l'école primaire, sinon à la maternelle – et très soutenue. Les moyens employés pour réaliser ces interventions sont des moyens thérapeutiques lourds. L'association de LeBlanc avec Loeber résultera dans une volonté accrue de rechercher les prémisses de la grande délinquance adulte dans une époque reculée de l'adolescence et éventuellement de l'enfance. Il n'est pas exclu que l'on tente de vérifier des hypothèses de nature quasi-héréditaire sur la transmission de traits de personnalité qui conduisent à la déviance.

3. LE DÉVELOPPEMENT DE RÉPONSES LOCALES FACE À LA RÉCIDIVE

On pourrait croire que de nombreux travaux ont été effectués sur ce sujet à la suite de l'adoption partielle au Canada du modèle britannique de la prévention situationnelle, qui met l'accent sur le besoin d'initiatives locales (Brantingham et Brantingham, 1990). Comme nous l'avons vu, Waller (1989, 1990) souligne également l'importance des initiatives locales.

Nous sommes toutefois contraints de reconnaître le caractère largement programmatique de ces exigences, à l'heure actuelle. Comme nous le verrons plus tard à propos de la police communautaire, les initiatives locales sont relativement peu nombreuses au Canada. C'est pourquoi nous en sommes réduits à espérer que ces programmes qui réclament qu'on porte attention aux besoins locaux seront éventuellement appliqués et qu'ils feront l'objet de recherches évaluatives ou d'une autre nature. En outre, il faut insister sur le fait que les recherches évaluatives sont beaucoup moins développées au Canada qu'aux Etats-Unis. Il n'est donc pas sûr que les programmes locaux de prévention de la récidive donneront éventuellement naissance à des recherches scientifiques.

Il existe toutefois d'autres facteurs qui expliquent les lacunes au niveau de la recherche sur la prévention locale de la récidive. Comme l'a remarqué avec force le rapport de la Commission canadienne sur la détermination de la peine, les systèmes d'information qui permettraient la cueillette systématique de données de nature criminologique font cruellement défaut au Canada, malgré l'existence du Centre canadien de la statistique juridique. Or, il est difficile d'établir des programmes locaux de prévention de la récidive sans que l'on sache quelle est la nature et l'étendue de la récidive dans une communauté donnée.

Finalement, la plus grande partie des efforts de recherche canadiens dans le secteur de la récidive a été dévolue à la construction de tables de prédiction de la récidive. De nombreux facteurs, tels que la réforme des libérations conditionnelles, ont créé une demande très forte d'instruments pour évaluer la dangerosité des contrevenants et prédire les risques de récidive. Le numéro que la revue *Criminologie* a consacré à la prédiction de la période criminelle (LeBlanc, ed. 1986) témoigne du renouvellement de l'intérêt des chercheurs pour le problème de la prédiction du comportement délinquant. Cet intérêt renouvelé est également présent au Canada anglais (voir à cet égard Webster, 1990).

4. LA MOBILISATION DE LA COMMUNAUTÉ POUR PRÉVENIR LA DÉLINQUANCE

La mobilisation de la communauté a pris deux formes au Canada. La première de ces formes, la moins importante et la plus épisodique, a consisté dans l'établissement de programmes de surveillance de quartiers. Un certain nombre de citoyens se réunissaient pour exercer des activités similaires à la patrouille policière. Ces programmes ont généralement la vie assez courte et il y en a eu peu d'exemples au Canada.

La seconde forme est nettement plus importante. Il s'agit de ce que l'on désigne au Canada et aux Etats-Unis comme étant la police communautaire (on parle plus volontiers de « police de proximité » en France). La police communautaire est un sujet relativement controversé.

On peut d'abord remarquer l'existence d'un déséquilibre très marqué entre la somme des propos qui sont tenus sur la police communautaire et le nombre effectif de programmes de cette nature. Il est incontestable que la police communautaire constitue actuellement une idéologie de ralliement pour tous les intervenants dans le domaine policier. La publication par le ministère du Solliciteur général en octobre 1990 d'un document intitulé *Une vision de l'avenir de la police au Canada*, qui prend un parti très décidé en faveur de la police communautaire, témoigne de l'engouement canadien pour cette perspective (voir Normandeau et Leighton, 1990, qui constitue une étude accompagnant le document de réflexion publié par le ministère). La réalité apparaît toutefois assez différente lorsque l'on s'interroge sur les programmes de police communautaire qui sont effectivement mis en place. Nous poursuivons nous-mêmes des recherches dans ce domaine et nous n'avons pu identifier que huit villes canadiennes où de tels programmes, en général d'envergure assez limitée, étaient implantés (Victoria, Vancouver, Edmonton, Winnipeg, Toronto, Halton, Halifax et Fredericton).

Les quelques programmes qui ont été réalisés ont néanmoins donné lieu à quelques études évaluatives. Le programme de Victoria a été évalué par Walker (1989) ; celui d'Edmonton par Breiden (étude non encore publiée) ; surtout, celui d'Halifax a fait l'objet d'un livre dont l'auteur est Clairmont (1990).

Le résultat de ces évaluations est relativement ambigu. Il semble que considérés en eux-mêmes, les programmes évalués aient donné des résultats qui ne correspondaient pas aux objectifs de départ. Toutefois, l'impasse est telle au niveau des pratiques policières qu'on hésite beaucoup à rejeter le concept de police communautaire, comme tel. Les travaux de Murphy (1988) et de Brodeur (1990 et 1991b) témoignent également de cette ambiguïté. Ces travaux sont très critiques par rapport à la police communautaire mais ne proposent pas de modèle qu'on pourrait substituer à ce dernier.

5. LE RAPPORT ENTRE LES MÉDIAS D'INFORMATION, L'INSÉCURITÉ ET LA DÉLINQUANCE

L'un des criminologues les plus productifs du Canada – Richard V. Ericson (1987, 1989, 1991) – a consacré une trilogie à l'étude du rapport entre les médias et la déviance. Ces études ont été bien accueillies par la critique et il est possible qu'elles se voient attribuer le statut de « classiques ».

Il n'en reste pas moins que le résultat de ces travaux est relativement décevant pour ce qui est du rapport entre les médias, la délinquance et le sentiment d'insécurité. Ainsi, le terme anglais *fear* et aucun de ses synonymes ne figurent à l'index des matières des deux premiers livres d'Ericson (le troisième n'a pas encore été mis en marché). Pour l'essentiel, les derniers travaux d'Ericson constituent une sociologie de la presse (presse écrite et télévision) très largement influencée par l'interactionnisme. Ericson avait tenté de démontrer dans ses travaux sur la police, que celle-ci produisait le crime (le titre de l'ouvrage d'Ericson (1981) sur les enquêteurs de police est *Making Crime*). Or, l'objet-police s'est révélé relativement rebelle à un constructivisme radical : la police produit peut-être et en un certain sens la criminalité officielle, mais il n'en reste pas moins qu'elle ne commet pas elle-même les actes qui sont mis en forme par le système pénal. Par contre, il semble que l'on puisse affirmer sans grande réserve que la presse produit la nouvelle au sens fort (l'un des penseurs qui a le plus influencé Ericson dans son étude de la presse est Tuchman (1978), dont l'ouvrage est intitulé de façon très significative *Making News*). Du coup, Ericson a trouvé dans la presse un objet de prédilection et a effectué la transition entre *Making Crime* et *Making News* entièrement au profit d'une sociologie des médias. En effet, les derniers travaux d'Ericson sont extrêmement riches en information et en aperçus théoriques profonds sur la presse. Toutefois, contrairement à ce que le titre de ces ouvrages laissent entendre – le premier volume s'intitule *Visualizing Deviance* – on y apprend relativement peu de choses sur la construction médiatique de la délinquance. A cet égard, l'étude classique de Doob et Roberts (1983) sur la perception publique de la sévérité des peines est plus instructive. Cette étude établit que si l'on dépasse la version présentée dans la presse de l'imposition des sentences en fournissant une information moins partiale au public, celui-ci adopte une attitude beaucoup moins punitive. L'étude conduite par Brillon (1986) sur le même problème est parvenue à des fins similaires.

Bien qu'ils soient les plus importants, les travaux d'Ericson n'épuisent pas le champ des recherches sur les médias. De façon plus particulière, des chercheurs ont tenté d'évaluer le succès des programmes de prévention ou de répression du crime dont l'instrument était la presse. Silverman et Sacco (1980) ont évalué les résultats des campagnes de presse contre un type ou l'autre de délinquance. Leur évaluation est largement négative, ces campagnes de presse n'étant suivies d'aucun effet tangible. D'une façon analogue, Carrière (1989) a tenté d'évaluer les programmes de type *Crime Stopper* (« stop au crime »). Ces programmes peuvent être ainsi sommairement décrits : on projette à la télévision une reconstitution d'un délit, avec des renseignements sur son auteur présumé et l'on espère qu'un membre du public procédera à l'identification de l'auteur de ce délit et qu'il informera la police sur le lieu où cette personne se cache. Les évaluations de ces programmes ont été également négatives, en dépit de ce qu'en affirme la police.

Nous mentionnerons finalement un ouvrage très intéressant que M. Yves Brillon (1987) a publié en anglais. Cet ouvrage ne porte pas sur la presse comme telle mais sur le sentiment de profonde insécurité dont les personnes âgées sont victimes. Brillon démontre de façon concluante que l'intensité de ce sentiment d'insécurité n'est pas lié à des fluctuations des taux de criminalité dans les quartiers où habitent des personnes âgées. Ce sentiment d'insécurité obéit à des règles subjectives relativement complexes.

CONCLUSION

Dans un colloque qui se tint à Winnipeg (Manitoba) en 1990 et qui portait sur la police communautaire, David Bayley, l'un des sociologues de la police les plus influents aux Etats-Unis et dans le monde anglo-saxon, lança l'avertissement suivant. Les programmes de police communautaire, commença-t-il par dire, visent à l'établissement d'une police moins répressive – d'une police « douce » (on utilise à l'occasion l'expression *feel good policing* pour se référer au modèle de la police communautaire dans les pays anglo-saxons). Cette évolution vers un type de fonctionnement moins punitif est sensible, à tout le moins au niveau du discours, dans toutes les composantes du système pénal. Bayley se déclara d'accord avec cette évolution mais il soutint qu'elle ne pourrait s'effectuer qu'à la condition que nous soyons épargnés au cours des prochaines années par l'explosion d'une violence de masse, telle que des émeutes raciales, des soulèvements populaires et des affrontements prolongés entre les forces de l'ordre et des fractions armées de la population.

Le Canada tout entier a été secoué au cours de l'été 1990 par ce qu'on désigne maintenant comme « la crise d'Oka », au cours de laquelle un groupe armé d'autochtones appartenant à la bande des Mohawks soutint un long siège contre les forces policières canadiennes, auxquelles dut se joindre l'Armée du Canada. Il est à craindre que cette crise ne soit que le prélude à des actions violentes, qui seront conduites par divers groupes armés d'autochtones qui revendiqueront que l'on remédie aux injustices dont ils estiment être les victimes depuis au moins deux siècles. On doit également envisager la possibilité que d'autres minorités ethniques canadiennes – par exemple, les afro-canadiens – ne suivent l'exemple des autochtones et tentent de redresser leur situation en recourant à des moyens violents. Des menaces explicites ont déjà été proférées à cet égard.

Les Canadiens sont mal préparés pour affronter ces troubles, s'ils survenaient. Il existe très peu de recherches au Canada sur la gestion des crises comme celle d'Oka. Il est douteux que les Canadiens qui assisteront à la conférence de Paris, en 1992, en sortiront plus instruits sur ce sujet auquel les pouvoirs publics canadiens ont accordé une très haute priorité, pour ce qui est de la recherche et de la réforme des lois, dans les prochaines années.

On dit souvent des généraux qu'ils planifient leur prochaine campagne comme si elle devait être déclenchée au cours de la guerre précédente. Nous avons été pour notre part étonné par le caractère conservateur des thèmes retenus par la conférence de Paris (la drogue, les jeunes, la récidive, la mobilisation de la communauté et les *médias*). Cette thématique nous semble fondée sur des prémisses relativement idylliques, selon lesquelles les problèmes du futur seront plus déterminés par des comportements individuels ressortissant à la petite et la moyenne délinquance que par des mouvements de groupe conduisant à des affrontements violents qui mettent l'ordre public en péril. Il est possible que cet optimisme soit fondé dans les pays où les conflits ethniques se sont apaisés et où les politiques d'immigration ne sont pas de nature à les ranimer. Tel n'est malheureusement pas le cas pour le Canada.

BIBLIOGRAPHIE

ANDREWS, Don A., Some criminological sources of anti-rehabilitation blas in the Report of the Canadian Sentencing Commission. *Canadian Journal of Criminology*, 1990, vol. 32, 511-524.

BEATTIE, John M., *Crime and the Courts in England 1600-1800*. Princeton, NJ : Princeton University Press, 1980.

BEAUCHESNE, Line, De la criminalisation à la légalisation des drogues : de Charybde en Scylla ? *Criminologie*, 1989, vol. 22, 67-83.

BEAULIEU, Lucien-A. (ed.), *Young Offender Dispositions*. Toronto : Wall & Thompson, 1989.

BERTRAND, Marie-Andrée, Creation of an International Anti-Prohibitionist League in the field of Drugs. *Hoistra Law Review*, 1990, vol. 18, 881-891.

BLACKWELL, Judith C. et ERICKSON, Patricia G. (eds.), *Illicit Drugs in Canada : a Risky Business*. Scarborough, Ontario : Nelson Canada, 1988.

BRANTINGHAM, Paul et BRANTINGHAM, Patricia, *Patterns in Crime*. New York : Macmillan, 1984.

BRANTINGHAM, Paul et BRANTINGHAM, Patricia, Situational crime prevention in practice. *Canadian Journal of Criminology*, 1990, vol. 32, 17-40.

BRILLON, Yves, L'opinion publique et les politiques criminelles. *Criminologie*. 1986, vol. 19, 227-238.

BRILLON, Yves, *Victimization and Fear of Crime Among the Elderly*. Toronto : Butterworths, 1987.

BROCHU, Serge, Prevalence of the drug use among offenders. Paper presented at the 2nd European Conference on Law and Psychology, Erlangen-Nuremberg, September 13-15 1990.

BROCHU, Serge et FRIGON, Sylvie, Toxicomanie et délinquance : une question d'éthique. *Revue internationale de criminologie et de police technique*. 1989, 2, 163-171.

BRODEUR, Jean-Paul, *La délinquance de l'ordre*. Montréal : Hurtubise HMH, 1984.

BRODEUR, Jean-Paul, Police et sécurité en Amérique du Nord : bilan des recherches récentes. *Les Cahiers de la sécurité intérieure*, 1990, 1, 203-240.

BRODEUR, Jean-Paul, *Police Informants : A report to the Board of Inquiry on Activities of the RCMP Related to Allegations made in the Senate of Canada*. Ottawa : Royal Canadian Mounted Police, 1991a.

BRODEUR, Jean-Paul, Policer l'apparence. *Revue canadienne de criminologie*, 1991b (sous presse).

CARRIERE, Kevin, *Crime Stoppers : A Study in the Organization of Community Policing*. Toronto : Centre of Criminology, University of Toronto, 1989.

CLAIRMONT, Don, *To the Forefront : Community-based zone policing in Halifax*. Canadian Police College, Ottawa : Minister of Supply and Services Canada, 1990.

COMACK, A. Elizabeth, The origins of Canadian drug legislation : labelling versus class analysis. *In* Thomas Fleming (ed.), *The New Criminologies in Canada*. Toronto : Oxford University Press, 1985.

COMMISSION CANADIENNE SUR LA DÉTERMINATION DE LA PEINE, *Réformer la sentence : une approche canadienne*. Ottawa : ministre des Approvisionnements et Services, Canada, 1987.

CORDEAU, Gilbert, Les règlements de compte au Canada et les mécanismes de la dissuasion endogène. *Revue canadienne de criminologie*, 1989a, 31, 253-279.

CORDEAU, Gilbert, Les homicides entre délinquants : une analyse des conflits qui provoquent des règlements de compte. *Criminologie*, 1989b, 22, 13-34.

CUSSON, Maurice, *Délinquants, pourquoi ?* Paris, Armand Colin, 1981.

CUSSON, Maurice, *Le contrôle social du crime*. Paris, Presses universitaires de France, 1983.

CUSSON, Maurice, *Pourquoi punir ?* Paris, Dalloz, 1987.

CUSSON, Maurice, *Croissance et décroissance du crime*. Paris, Presses universitaires de France, 1990.

DOOB, Anthony N. et ROBERTS, Julian V., *An Analysis of the Public's View of Sentencing*. Ottawa, Department of Justice, 1983.

ELLIS, Desmond, *The Wrong Stuff : an Introduction to the Sociological Study of deviance*. Don Mills, Ontario, Collier, Macmillan, 1987.

ERICSON, Richard V., *Making Crime*. Toronto : Butterworths, 1981.

ERICSON, Richard V., BARANEK, Patricia M. et CHAN, Janet B. L., *Visualizing Deviance*. Toronto, University of Toronto Press, 1987.

ERICSON, Richard V., BARANEK, Patricia M. et CHAN, Janet L. B., *Negotiating Control*. Toronto, University of Toronto Press, 1989.

ERICSON, Richard V., BARANEK, Patricia M. et CHAN, Janet B. L., *Acknowledging Order : A Study of News Content*. Toronto, University of Toronto Press, 1991.
FLEMING, Thomas (ed.), *The New Criminologies in Canada : State, Crime and Control*. Toronto, Oxford University Press, 1985.
FECTEAU, Jean-Marie, *Un nouvel ordre des choses : la pauvreté, le crime, l'Etat au Québec, de la fin du XVIIIe siècle à 1840*. Montréal, VLB éditeur, 1989.
FRÉCHETTE, Marcel et LEBLANC, Marc, *Délinquances et délinquants*. Montréal, Gaëtan Morin, 1987.
GENDREAU, Paul et ANDREWS, Don A., Tertiary prevention ; What the meta-analyses of the offender treatment literature tell us about « What works ». *Canadian Journal of Criminology*, 1990, 32, 173-184.
GRIFFITH, Curt T. and VERDUN-JONES, Simon, *Canadian Criminal Justice*. Toronto, Butterworths, 1989.
HAGAN, John, *Structural Criminology*. Cambridge : Polity Press, 1988.
HEAL, Kevin and LAYCOCK, Gloria (eds.), *Situational Crime Prevention*. Home Office Research and Planning Unit, London, Her Majesty's Stationery Office, 1986.
KOPELMAN, F. et MOYER, Sharon, *Programmes de déjudiciarisation et de prévention de la délinquance juvénile au Canada*. Ottawa, ministère du Solliciteur général, direction des programmes, 1985.
LABERGE, Danielle, L'invention de l'enfance : modalités institutionnelles et support idéologique. *Criminologie*, 1985, 18, 73-97.
LABERGE, Danielle, Information, knowledge and rights : The preservation of archives as a political and social issue. *Archivaria*, 1987-1988, 25, 44-50.
LANDREVILLE, Pierre, *Les solutions de rechange à l'incarcération*. Québec, Solliciteur général du Québec, 1987a.
LANDREVILLE, Pierre, Surveiller et prévenir. L'assignation à domicile sous surveillance électronique. *Déviance et société*. 1987b, 11, 253-269.
LANDREVILLE, Pierre et TRÉPANIER, Jean (eds.), L'histoire du contrôle social. Numéro thématique de la revue *Criminologie*, 1985, 18, n° 1.
LAPLANTE, Jacques, *Prison et ordre social au Québec*. Ottawa, Presses de l'université d'Ottawa, 1989.
LEBEUF, Marcel-Eugène, La construction sociale des lois criminelles : l'expérience canadienne concernant l'ivresse au volant. *Déviance et société*. 1990, 14, 395-420.
LEBLANC, Marc, *Boscoville : la rééducation évaluée*. Montréal : Hurtubise, HMH, 1983.
LEBLANC, Marc (ed.), La prédiction de la carrière criminelle. Numéro thématique de la revue *Criminologie*, 1986, 19, n° 2.
LEBLANC, Marc et FRÉCHETTE, Marcel, *Male Criminal Activity from Childhood Through Youth : Multilevel and Developmental Perspectives*. New York, Springer-Verlag, 1989.
LINDEN, Rick, *Division « D » : services de police, projets communautaires. Résumé*. Ottawa, Solliciteur général du Canada, 1984.
LOEBER, Rolf et LEBLANC, Marc. Toward a developmental criminology. *Crime and Justice : An Annual Review of Research*, 1990, 12.
MACFARLANE, Dianne (ed.), *A Crime Prevention Workshop : Report of the Proceedings*. Toronto, Centre of criminology, University of Toronto, 1975.
MARTINSON, Robert, What works. Questions and Answers about prison reform. *The Public interest*, 1974, 35, 22-54.
MURPHY, Christopher, Community problems, problem communities and community policing in Toronto. *Journal of Research in Crime and Delinquency*, 1988, 25, 392-410.
NETTLER, Gwynn, *Criminal Careers*. Cincinnati, OH : Anderson. Vol. 1 : *Explaining Criminals*, 1982, 2 : *Killing One Another*. Vol. 3 : *Lying, Cheating, Stealing*. Vol. 4 : *Responding to Crime*.
NORMANDEAU, André et LEIGHTON, Barry, *A Vision of the Future of policing in Canada :*

Police-Challenge 2000, Background Document. Ottawa, Sollicitor General of Canada, 1990.
NUTTALL, Christopher, Crime Prevention in Canada. *Canadian Journal of Criminology*, 1989, 31, 477-486.
PIRES, Alvaro P., Le devoir de punir : le rétributivisme face aux sanctions communautaires. *Revue canadienne de criminologie*, 1990, 332, 441-460.
RATNER, R. S. and MCMULLAN, John L., *State Control : Criminal Justice politics in Canada*. Vancouver : University of British Columbia Press, 1987.
REASONS, Charles E., *The Sociology of Law : a Conflict Perspective*. Toronto : Butterworths, 1978.
SHEARING, Clifford D. and STENNING, Philip C., Modern Private Security : Its Growth and Implications. *Crime and Justice : An Annual Review of Justice*, 1981, 3, 193-245.
SHEARING, Clifford D. and STENNING, Philip C. (eds.), *Private Policing*. Beverly Hills. CA : Sage Publications, 1987.
SILVERMAN, Robert A. et SACCO, Vincent F., *Crime Prevention Through Mass Media : An Evaluation*. Edmonton : Centre for Criminological Research, Population Research Library, The University of Alberta, 1980.
SNYTH, Don K. D., *Inventory of Drug Prevention and Treatment Programs*. Ottawa, Solicitor General of Canada, 1988.
SOLICITOR GENERAL OF CANADA, *A Vision of the Future of Policing in Canada : Police-Challenge 2000. Discussion Paper*. Ottawa, Solicitor general of Canada, Minister of Supply and Services Canada, 1990.
TREMBLAY, Pierre, Designing Crime. *The British Journal of Criminology*, 1986, 26, 234-253.
TREMBLAY, Pierre, Plaidoyer pour la sociologie criminelle. *Criminologie*, 1989, 22, 5-12.
TRÉPANIER, Jean, Principles and goals guiding the choice of dispositions under the YOA. *In* A. BEAULIEU (ed.), *Young Offenders Dispositions*. Toronto, Wall and Thompson, 1989.
TUCHMAN, G., *Making News*. New York : Free Press, 1978.
TURK, Austin T., *Political Criminality : The Defiance and Defense of Authority*. Beverly Hills, Sage Publications, 1982.
WALLER, Irvin, *Tendances actuelles de la prévention du crime en Europe : répercussions au Canada*. Ottawa, ministre des Approvisionnements et Services Canada, 1989.
WALLER, Irvin, With national leadership Canada could turn the tide on crime. *Canadian Journal of Criminology*, 1990, 32, 185-190.
WALLER, Irvin and WEILER, Dick, *La prévention du crime par le développement social. Document de base et références*. Ottawa, Conseil canadien de développement social, 1984.
WALKER, Christopher and WALKER, Gail, *The Victoria Community Police Stations*. Ottawa, Canadian Police College, 1989.
WEBSTER, Christopher, Prediction of dangerousness polemic. *Canadian Journal of Criminology*, 1990, 32, 191-196.

BILAN DES CONNAISSANCES EN AUSTRALIE*

Duncan CHAPPELL**

L'Australie et la Nouvelle-Zélande jouissent l'une et l'autre d'une image internationale contemporaine de nations relativement paisibles qui échappent à la plupart des maux, y compris la délinquance, dont souffrent tant d'autres parties du globe. Situées aux confins du Pacifique Sud, elles continuent d'attirer de nombreux touristes et migrants à la recherche de la liberté, loin des tyrannies de la violence, loin de la pollution, de la surpopulation et autres conditions qui portent atteinte à la qualité de vie et dont souffre la majeure partie de la population mondiale.

Malheureusement, l'image de l'Australie et de la Nouvelle-Zélande ne correspond pas exactement à la réalité. Ainsi, une enquête récente sur la délinquance sur l'ensemble du territoire australien (Van Dijk *et al.*, 1990 ; Walker *et al.*, 1990) a révélé que, dans le cas de l'Australie, les taux de victimation pour les actes de violence et les atteintes aux biens ressemblent plus à ceux que connaissent les Américains du Nord particulièrement exposés à la délinquance, que leurs équivalents dans les pays d'Europe où la délinquance est moins forte. Bien qu'il n'existe pas de données directement comparables pour la Nouvelle-Zélande, les statistiques générales sur la délinquance permettent de penser que le taux d'atteintes aux biens pour cette nation est également élevé par comparaison aux normes internationales (Norris et MacPherson, 1990).

La réputation de tranquillité de la Nouvelle-Zélande a été atteinte plus profondément encore par le meurtre de 13 personnes victimes, en novembre 1990, d'un tireur fou. Cet incident, qui s'est produit dans la petite localité rurale d'Aramoana sur l'île sud de la Nouvelle-Zélande, a choqué une nation dont le taux d'homicides, comme celui de l'Australie, demeure encore relativement faible (Mukherjee et Dagger, 1990 : 26). L'Australie a également connu des incidents de ce genre. En 1987, deux fusillades ont fait 16 morts et 22 blessés à Melbourne, deuxième ville du pays. Ces meurtres ont amené le Premier ministre d'Australie à

(*) L'auteur tient à remercier tout particulièrement pour leur aide précieuse dans la préparation du présent rapport Sylvia Flaxman, Judy Iltis et John Myrtle de l'AIC, Warren Young de l'Institute of Criminology à l'Université Victoria de Wellington, et Rhonda Moore de l'Université de la Nouvelle-Galles du Sud.

(**) Directeur du Centre australien de criminologie à Canberra (Australie).

organiser une conférence au sommet des leaders politiques du pays pour étudier la nécessité de contrôles plus stricts des armes à feu et les problèmes qui s'y rattachent. Ce sommet a entraîné, à son tour, la création d'un *National Committee on Violence* (NCV) avec pour objectif à long terme d'examiner l'importance, les causes et la prévention de la violence dans la société australienne. Le NCV, présidé par le rédacteur du présent rapport, a transmis ses conclusions et ses recommandations à tous les gouvernements en février 1990 (*National Committee on Violence*, 1990).

Après cette présentation très succincte de la situation de la délinquance en Australie et en Nouvelle-Zélande, il n'est pas surprenant de constater que les thèmes « loi et ordre » ont pris une grande importance et sont devenus une priorité dans les programmes politiques gouvernementaux de ces deux pays (Hogg, 1988 ; Pratt et Treacher, 1988 ; Chappell, 1989). Cet intérêt politique se traduit principalement par des mesures visant à renforcer les pouvoirs et les ressources du système pénal, et notamment ceux de la police (Grabosky, 1988 ; Pratt et Treacher, 1988). Ces tendances, qui reflètent celles de nombreuses autres nations dans les années 1980, sont aussi accompagnées d'un certain nombre d'initiatives importantes et novatrices relatives à la prévention de la délinquance. Ce sont ces initiatives et les recherches associées qui servent de base au présent rapport. Celui-ci est organisé autour des thèmes de la conférence et commence par un récapitulatif sur la perception de la délinquance par la population et sur le sentiment d'insécurité, façonnés dans une large mesure par les médias, avant d'en venir à des illustrations plus spécifiques des initiatives de prévention de la délinquance au sein des communautés, les problèmes des jeunes, de la prévention et du traitement de la toxicomanie, et les réactions des communautés face au récidivisme. Mais pour mieux comprendre ce qui suit, voici un bref aperçu des structures géopolitiques en Australie (Chappell, 1983) et en Nouvelle-Zélande (Cameron, 1983).

L'Australie est un vaste pays dont la superficie correspond approximativement à celle des Etats-Unis sans l'Alaska, avec une population de 17 millions d'habitants environ. La plupart de ces habitants résident dans les grandes villes situées sur la côte Est, dont Sydney et Melbourne qui en comptent chacune plus de trois millions. La Nouvelle-Zélande est beaucoup moins importante que l'Australie en termes de superficie et de population, avec moins de quatre millions d'habitants qui occupent deux îles dont la superficie totale dépasse celle du Royaume-Uni mais reste inférieure à celle du Japon.

L'Australie, qui a célébré son bicentenaire en tant que nation en 1988, a un système de gouvernement fédéral, alors que la Nouvelle-Zélande est un Etat unitaire. Ces deux pays sont d'anciennes colonies britanniques. Elles ont hérité de la *common law* et de nombreuses autres subtilités du système judiciaire britannique, y compris le jugement par jury et les procédures pénales de type contradictoire. Dans le cas de l'Australie, ce sont les six états et les deux territoires qui sont chargés d'appliquer et d'administrer la loi pénale, alors qu'en Nouvelle-Zélande, cette tâche incombe au gouvernement national (Chappell et Wilson, 1986 : UNAFEI et AIC, 1990).

I. LA PERCEPTION DE LA DÉLINQUANCE PAR LA POPULATION

Les habitants d'Australie et de Nouvelle-Zélande ont exprimé une anxiété considérable concernant la situation de la délinquance dans leurs nations respectives (Braithwaite *et al.*, 1982 ; Robinson *et al.*, 1989 ; Gray et O'Connor, 1990). Cependant, on n'a pas mesuré la manière dont la population perçoit la nature et la fréquence des actes de délinquance. En Nouvelle-Zélande, la première enquête importante sur les victimations a été menée en 1986, mais uniquement dans deux quartiers de Wellington, la capitale (Robinson *et al.*, 1989). En Australie, des enquêtes de victimation approfondies au niveau national ont été effectuées à deux reprises, en 1975 et en 1983, mais elles ont utilisé des questions non comparables (Mukherjee et Dagger, 1990 : 51-65). Plus récemment, l'Australie a participé avec treize autres pays à la première enquête réellement internationale sur la délinquance (Van Dijk *et al.*, 1990 ; Walker *et al.*, 1990). Des efforts sont actuellement en cours, encouragés notamment par l'Institut australien de criminologie, pour lancer un programme de recherche régulier sur la délinquance.

Les résultats obtenus à partir de ces différentes enquêtes confirment qu'Australiens et Néo-Zélandais craignent d'être victimes de la délinquance et que cette crainte influe de multiples manières sur leur comportement, y compris le fait d'éviter certains lieux après la tombée du jour, et de ne pas utiliser les transports en commun (Robinson *et al.*, 1989 : 37-39 ; Mukherjee et Dagger, 1990 : 54-57). Pourtant, des comparaisons à l'échelle internationale entre les niveaux de sentiment d'insécurité et ceux exprimés par les citoyens d'autres pays ne permettent pas d'affirmer que les résidents des antipodes soient excessivement inquiets des risques de victimation. Les Australiens n'ont recours que modérément aux précautions telles que l'assurance contre le cambriolage, le recours aux gardiens d'immeuble et aux systèmes d'alarme. Leurs niveaux de crainte de la violence sont également inférieurs à ceux des Américains du Nord, bien que la fréquence des infractions avec violence en Australie soit similaire à celle que l'on trouve au Canada et aux Etats-Unis (Walker *et al.*, 1990 : 5).

Dans son vaste récapitulatif sur l'état de la délinquance violente en Australie, le *National Committee on Violence* (NCV) a conclu que beaucoup de ceux qui craignent le plus d'être victimes de tels actes étaient en fait ceux qui y étaient le moins exposés. Le NCV a aussi remarqué que l'inquiétude de la population concernant la violence dans les transports en commun et autres lieux publics n'était pas justifiée par les statistiques officielles disponibles dont il ressort que les agressions signalées étaient relativement rares. (*National Committee on Violence*, 1990 : 4). Le NCV a cependant reconnu que les informations officielles de ce type étaient peut-être imprécises et incomplètes et a recommandé « une amélioration de la disponibilité d'informations précises concernant l'étendue et la nature de la violence et pouvant constituer une base adéquate pour la prise de décisions, ainsi que pour une réduction de l'insécurité » (*National Committee on Violence*, 1990 : 118).

Le rôle joué par les médias dans l'information sur l'état de la délinquance et leur influence sur les actes de violence et autres formes de délinquance ont été largement étudiés ces dernières années en Australie et en Nouvelle-Zélande (Grabosky et Wilson, 1989). Dans ce dernier pays, une enquête officielle sur la violence a conclu que « les connaissances recueillies et l'inquiétude de la population sur les effets à long terme des hauts niveaux de violence étaient suffisantes pour justifier une action en vue de réduire la violence présentée à la télévision » (*Committee of Inquiry into Violence*, 1987 : 131). Cette conclusion faisait suite à celle d'une autre enquête sur le même sujet réalisée un an auparavant (*Royal Commission of Inquiry into Broadcasting and Related Communications in New Zealand*, 1986).

En Australie, l'*Australian Broadcasting Tribunal* (ABT), organisme fédéral régissant les médias audiovisuels, a mené une vaste enquête à la fin des années 1980 sur la violence à la télévision australienne. L'ABT, qui travaillait en collaboration avec le NCV, a organisé des recherches substantielles concernant la manière dont le public perçoit la violence à la télévision (*Australian Broadcasting Tribunals*, 1990 : vol. I-IV ; Wright et Aisbett, 1989). Ces recherches ont montré que la majorité des gens souhaitent davantage de contrôles sur la quantité de violence à la télévision. Ces recherches ont aussi fait ressortir la nature complexe de la manière dont les spectateurs perçoivent la violence à la télévision, le but pour lequel la violence est présentée influant sur son acceptabilité par le public (Sheehan, 1991).

Dans l'ensemble, tant en Australie qu'en Nouvelle-Zélande, les décennies passées et celle en cours ont connu une prise de conscience et une compréhension accrues de la part du public concernant la profondeur du sentiment d'insécurité. Néanmoins, les controverses et l'incertitude persistent concernant les mesures qu'il faudrait prendre pour contrôler l'activité des médias dans ce domaine, ainsi que la nature de la relation causale, si elle existe, entre cette activité et les actes de délinquance.

II. INITIATIVES DE PRÉVENTION DE LA DÉLINQUANCE AU NIVEAU DES COMMUNAUTÉS

La mobilisation communautaire des groupes et des ressources pour lutter contre la délinquance en Australie et en Nouvelle-Zélande ne cesse d'augmenter. Sous l'influence de l'anxiété du public déjà mentionnée, les gouvernements des deux pays ont inauguré une série d'initiatives de prévention communautaire de la délinquance. Beaucoup de ces initiatives ont leurs origines dans l'hémisphère nord. Les programmes de prévention de la délinquance en Amérique du Nord, par exemple, comme les « surveillances de voisinage » (Neighborhood Watch), ont été largement adoptés en Australie depuis 1984 (Mukherjee et Wilson, 1987). Plus récemment, les modèles européens de prévention de la délinquance, notamment l'approche française de Bonnemaison (King, 1988), sont devenus prépondérants. Des informations concernant ces différentes approches de la prévention de la délinquance ont été diffusées grâce à des publications telles que la *Crime Prevention Series* de l'Institut australien de criminologie, qui est largement distribuée, et qui contient des reportages sur les vols de voitures et les infractions dans les parkings (Geason et Wilson, 1990), sur la protection des guichets et du personnel en contact avec le public après des agressions perpétrées par des clients (Swanton et Webber, 1990), et la lutte contre la délinquance dans les communautés aborigènes (Hazlehurst, 1990). Les informations distribuées grâce aux activités associées à l'organisation et à la tenue du huitième congrès des Nations unies sur la prévention de la délinquance et le traitement des délinquants, qui eut lieu à La Havane (Cuba) en 1990, ont également été persuasives.

En Nouvelle-Zélande, l'ancien gouvernement socialiste a lancé un *Prime Ministerial Safer Communities Council* (PMSCC) en juillet 1990, pour « servir d'expression au partenariat entre gouvernement local et gouvernement central qui est l'essence de la prévention de la délinquance » (New Zealand Government, 1990). Le PMSCC permet également de promouvoir la liaison entre la police et les groupes de la communauté locale qui travaillent sur la prévention de la délinquance. De modestes sommes seront mises à disposition pour soutenir les projets locaux de prévention de la délinquance, avec une provision pour leur évaluation. Il est encore trop tôt pour évaluer l'efficacité de ce programme ambitieux de prévention de la délinquance qui s'inspire des modèles développés en France et en Grande-Bretagne et les adapte à la situation propre à la Nouvelle-Zélande (*Department of Justice*, 1991).

En Australie, une telle initiative nationale de prévention de la délinquance semble peu probable, étant donné l'absence d'organisme général responsable du contrôle de la délinquance au niveau du gouvernement fédéral. En revanche, les gouvernements des Etats et des territoires et, de plus en plus, les collectivités locales ont commencé à agir sur le front de la prévention de la délinquance. Nulle part cette action n'est plus prononcée et plus étendue qu'en Australie méridionale : le gouvernement de cet Etat a inauguré une nouvelle stratégie de prévention de la délinquance en octobre 1989 (*South Australian Ministry of Crime Prevention Strategy*, 1990). Cette stratégie, qui est largement inspirée de l'expérience des Pays-Bas et de la France dans ce domaine, a eu pour résultat la nomination d'un ministre australien de la Prévention de la délinquance. Le gouvernement d'Australie méridionale a engagé cinq millions de dollars australiens, sur une période de cinq ans, pour financer des projets locaux de prévention de la délinquance qui seront organisés dans le cadre d'une nouvelle stratégie.

Des initiatives de prévention de la délinquance, moins ambitieuses mais néanmoins prometteuses, ont été lancées par les gouvernements de Victoria et de l'Australie occidentale. Des actions sont également entreprises par les collectivités locales qui se sont traditionnellement tenues à l'écart de toute implication dans les activités de contrôle de la délinquance en Australie. Dans son rapport final, le NCV observait que :

> « Les collectivités locales en Australie, dont les activités se limitaient traditionnellement "aux impôts locaux, aux routes et à la voirie" *(rates, roads and rubbish)*, ont considérablement étendu leurs fonctions au cours des dernières années. En tant qu'échelon gouvernemental le plus proche de la population australienne, les collectivités locales ont une position importante pour contribuer à la prévention et au contrôle de la violence. L'éclairage des rues et la conception des bâtiments publics peuvent avoir des répercussions importantes sur la sécurité publique. L'existence d'une structure d'assistance pour les enfants, et notamment pour les familles en difficulté, peut contribuer à prévenir les mauvais traitements infligés aux enfants. Les graffiti et le vandalisme peuvent susciter la peur chez les résidents de la communauté et peuvent aussi inciter à d'autres infractions. Les équipements de loisirs pour les jeunes peuvent réduire les chances de comportements coupables et l'amélioration des services pour les personnes âgées peut réduire leur isolement social et le sentiment d'insécurité. Chacune de ces fonctions fait partie des attributions des collectivités locales. » (*National Committee on Violence*, 1990 : 220.)

Bon nombre de collectivités locales sur l'ensemble du territoire australien relèvent maintenant le défi en abordant les problèmes de prévention de la délinquance. Fait important : plusieurs d'entre elles ont également recueilli des fonds pour la recherche en vue d'évaluer leurs nouveaux projets (*Criminology Research Council*, 1990 : 7). Ces évaluations doivent aider à orienter les autres collectivités locales en ce qui concerne l'efficacité des différentes approches de la prévention de la délinquance.

III. LES PROBLÈMES DES JEUNES

Une grande part de l'attention portée à la prévention communautaire de la délinquance en Australie et en Nouvelle-Zélande s'est centrée sur les jeunes et leur implication dans la délinquance. Comme dans la plupart des parties du monde, les jeunes de ces deux pays, et notamment les garçons, sont apparemment responsables de la majorité des infractions signalées (Morris et Young, 1987 ; Potas *et al.*, 1990). Bien que la majorité de ces infractions soient des délits contre les biens et restent souvent dans la catégorie des dommages simples sans entraîner de dégâts financiers et associés graves, ils influent néanmoins sur le sentiment de peur et d'insécurité dans la communauté.

L'action officielle pour lutter contre la délinquance juvénile en Australie et en Nouvelle-Zélande s'est concentrée principalement jusqu'à très récemment sur des initiatives législatives et associées conçues pour renforcer le fonctionnement du système judiciaire appliqué aux jeunes dans chacune de ces nations (Murray et Borowski, 1986 ; Morris et Young, 1987). En Nouvelle-Zélande, par exemple, des réformes importantes ont été introduites par le *Children, Young Persons and Their Families Act* de 1989. Le nouveau cadre statutaire contenu dans cette loi a pour but la réalisation d'un grand nombre d'objectifs, notamment celui d'encourager le recours aux méthodes informelles pour traiter les jeunes délinquants et de réduire le recours au tribunal et à la sanction pénale (Young, 1991). Une importante recherche est actuellement en cours afin d'évaluer les provisions judiciaires relatives aux jeunes contenues dans cette loi de 1989 (Young, 1991).

Il est à regretter que les évaluations de ce type restent l'exception plutôt que la règle. Comme l'ont noté récemment les auteurs d'une étude globale sur le coût et l'efficacité des programmes australiens de prévention de la délinquance :

> « Nous déplorons le manque d'évaluations valables des programmes de prévention à l'intention des jeunes qui marquent le travail de l'Australie dans le domaine de la délinquance juvénile. Des millions et des millions de dollars ont sans aucun doute été gaspillés non par manque de bonnes intentions mais par manque de stratégies d'évaluation appropriées. Les mêmes programmes sont reproduits dans différentes parties de l'Australie sans aucune preuve de leur rentabilité. » (Potas *et al.*, 1990 : 4).

Malgré ces critiques justifiées, il existe quelques exemples de programmes australiens de prévention de la délinquance juvénile qui ont été évalués. L'un d'eux qui mérite une attention particulière est le *the Youth and the Law Project* (YALP), initiative de participation des jeunes dans les communautés, fondée et financée par la *Law Foundation of New South Wales* (Hockley et Robertson, 1989). Ce programme, actuellement mené dans une grande « ville nouvelle » près de Sydney, a une approche unique et non traditionnelle pour motiver, former et engager les jeunes à identifier les problèmes de la communauté locale et leurs solutions. Cette approche qui englobe un développement personnel et social des participants a, de par sa conception et sa mise en application, un objectif évident de prévention de la délinquance (Robertson, 1991). A la suite d'une évaluation positive de l'efficacité du YALP, cette approche est maintenant appliquée à un plus grand nombre d'activités pour les jeunes dans la Nouvelle-Galles du Sud, y compris un réseau établi depuis longtemps de *Police Citizens Youth Clubs*. Une autre évaluation de ce programme étendu est prévue (Robertson, 1991 : 11).

En plus du YALP, il existe d'autres programmes valables de prévention de la délinquance pour les jeunes en Australie et en Nouvelle-Zélande, mais contrairement au YALP, ils n'ont pas été évalués. On peut trouver la description de ces programmes dans des publications récentes de l'*Australian Institute of Criminology* et autres, notamment des publications relatives aux sports et aux loisirs (Mason et Wilson, 1988), au maintien de l'ordre dans les écoles des communautés (Challinger, 1987), et la prévention des graffiti et du vandalisme (Geason et Wilson, 1990).

IV. DROGUES

De l'ensemble des thèmes de la conférence, aucun probablement ne génère autant d'inquiétude et de controverses au niveau international que la prévention et le traitement de la toxicomanie. Cette inquiétude et ces controverses existent aussi certainement en Australie et en Nouvelle-Zélande où des débats intenses se poursuivent concernant les politiques qu'il convient d'adopter pour faire diminuer l'usage et l'abus des drogues licites et illicites. Dans l'espace dont nous disposons, nous nous contenterons d'une présentation succincte de ces politiques et de leurs liens avec la recherche.

En Australie, aucun organisme ne capte et n'illustre mieux la nature du débat sur les politiques contre la drogue que le rapport de 1989 par le *Parliamentary Joint Committee on the National Crime Authority* (PJCNCA) intitulé *Drogues, délinquance et société*. Cet organisme du parlement fédéral a mené des audits approfondis sur ce sujet dans le cadre de sa responsabilité de surveillance du *National Crime Authority* (NCA), un nouveau et puissant organe multijuridictionnel d'application de la législation, créé en Australie en 1984 pour traiter de la délinquance organisée (Chappell, 1986 ; Bersten, 1990). Le PJCNCA a conclu que :

> « En Australie, au cours des deux décennies passées, nous avons consacré des ressources plus importantes à l'application des lois relatives à la

drogue, nous avons renforcé les peines pour trafic de drogue et nous avons accepté les empiètements sur nos libertés civiles dans le cadre de la lutte contre le trafic de drogue. Il apparaît, cependant, que non seulement les organes d'application de la législation n'ont pas réussi à empêcher la fourniture de drogues illégales aux marchés australiens, mais que cette attente est irréaliste. Si la politique actuelle d'interdiction ne fonctionne pas, alors il est temps de prendre sérieusement en considération les solutions de remplacement, toutes radicales qu'elles soient. » (PJCNCA, 1989 : XIV.)

Une politique différente a été menée très activement en Australie, en tandem avec les mesures d'application de la législation, sous la forme d'une importante campagne dans les médias, appelée « offensive drogue », avec pour objectif de renforcer la prise de conscience par la population des dangers des drogues, et d'éduquer les individus à une utilisation responsable des drogues licites (Blewet, 1987). Une évaluation de l'efficacité de cette campagne permet de penser que, bien que certains de ses composants aient fonctionné, des groupes sociaux particuliers, notamment les hommes et les jeunes, sont moins susceptibles de percevoir cette campagne comme efficace pour eux ou n'ont tout simplement pas été touchés par son contenu (Makkai *et al.*, 1991).

Des techniques de réduction de la demande de drogues telles que l'alcool et le tabac ont été également prises en considération ou utilisées de plus en plus en Australie et en Nouvelle-Zélande (Vernon, 1990). Le PJCNCA, par exemple, a recommandé l'interdiction par le gouvernement fédéral de toutes les publicités relatives à l'alcool et au tabac dans tous les médias sans exception (PJCNCA, 1989 : XVI). Sans accepter cette proposition dans sa totalité, le gouvernement fédéral, ainsi que d'autres gouvernements en Australie, ont pris des mesures pour imposer de nombreuses restrictions à la publicité sur ces produits dans les médias audiovisuels et autres.

Des campagnes contre la propagation du SIDA en Australie et en Nouvelle-Zélande ont également influé sur les politiques contre la drogue. Ainsi l'échange des seringues et les programmes de traitement à la méthadone sont désormais bien développés dans un grand nombre de villes australiennes, alors que des produits de substitution sont administrés à des détenus dans un grand nombre de prisons australiennes (Norberry et Chappell, 1989).

Des approches plus radicales pour faire face à la demande de drogues illicites en Australie et en Nouvelle-Zélande, y compris la possibilité de fournir de l'héroïne aux drogués et la légalisation de l'usage du cannabis, restent des sujets ouverts à la discussion. En Australie méridionale, un système de contraventions « payables sur-le-champ », introduit en 1987, pour les simples délits de cannabis s'est révélé apparemment efficace (Sarre, 1990), mais ce projet intitulé *cannabis expiation notice scheme* ne légalise pas la possession, la culture ni l'usage de cannabis en petite quantité. Sur le territoire de la capitale australienne, le gouvernement a soulevé la question d'un projet similaire, ainsi qu'une proposition de rendre l'héroïne disponible aux drogués locaux. Cette dernière suggestion, bien que rejetée par beaucoup, n'a pas encore été supprimée de la liste de réformes établie par le gouvernement (Canberra Times, 1991).

V. RÉACTIONS DE LA COMMUNAUTÉ FACE AU RÉCIDIVISME

Que les systèmes correctionnels d'Australie et de Nouvelle-Zélande admettent leur échec à prévenir le récidivisme d'une part importante de ceux qui sont sous son contrôle ne surprendra aucun de ceux qui connaissent l'abondante littérature internationale sur ce sujet. Le système d'aucun de ces deux pays ne peut prétendre avoir fait des innovations majeures dans la lutte contre la délinquance, bien que l'Australie et la Nouvelle-Zélande aient largement fait preuve au cours de ce siècle d'attitudes moins répressives vis-à-vis des délinquants condamnés que beaucoup d'autres pays. La peine capitale, par exemple, est abolie en Nouvelle-Zélande depuis 1961. En Australie, il n'y a eu aucune exécution depuis 1967 et la peine de mort a été officiellement abolie en 1985 (Potas et Walker, 1987). L'Australie et la Nouvelle-Zélande ont aussi des taux d'emprisonnement très bas, par comparaison avec le reste du monde (Walker, 1988).

Bien que ces tendances soient encourageantes, elles sont ternies dans ces deux pays par des rapports alarmants sur le traitement de leurs populations indigènes, les Aborigènes et les Maoris. Représentant un pour cent de la population totale en Australie et douze pour cent en Nouvelle-Zélande, les premiers habitants de ces pays sont représentés de manière disproportionnée parmi les délinquants (Hazlehurst, 1987 ; Hazlehurst et Dunn, 1988 ; Midford, 1988). Les taux de récidive chez les Aborigènes semblent aussi beaucoup plus élevés que chez les non-Aborigènes (Broadhurst et Maller, 1990) et un nombre inquiétant de ceux qui ont été incarcérés sont morts en prison. Ce dernier sujet continue à faire l'objet d'enquêtes intensives en Australie (*Royal Commission into Aboriginal Deaths in Custody*, 1988).

Peu à peu, et souvent à contre-cœur,un nombre croissant d'Australiens et de Néo-Zélandais non autochtones reconnaissent que cette situation ne peut plus continuer. En même temps, il faut donner aux indigènes eux-mêmes les moyens de développer leurs propres initiatives et solutions pour faire face au niveau alarmant de violence et de comportement autodestructeur qui font des ravages dans leurs communautés (Hazlehurst, 1990 ; Hunter, 1990 ; Tatz, 1990).

CONCLUSIONS

Le présent rapport a commencé par une description romantique et idéalisée de l'Australie et de la Nouvelle-Zélande qui correspond sans doute à l'image qu'ont beaucoup de non-résidents de ces pays. Le développement qui a suivi a certainement porté atteinte à cette description mais d'une manière qui, espérons-le, permettra une meilleure compréhension du contexte dans lequel la recherche et les mesures actuelles concernant la prévention de la délinquance sont menées dans ces deux pays du Pacifique Sud. En guise de conclusion, la citation suivante du rédacteur du présent rapport, qui a passé plus d'un an à enquêter sur la situation de la violence en Australie, aidera aussi peut-être à placer tout cela dans une perspective internationale :

> « En fonction des critères internationaux et de ses propres critères historiques, l'Australie contemporaine est un pays relativement calme. Si on la compare avec l'Amérique latine, où des dizaines de milliers d'hommes, de femmes et d'enfants sont morts à cause de la violence politique au cours de cette seule décennie, l'Australie est exempte de conflits. Aucun chef de gouvernement n'a été assassiné, comme ce fut le cas en Suède, dans la République arabe d'Egypte, en Inde, au Pakistan et au Liban au cours des années 1980. Aucun avion australien n'a été la cible d'une bombe terroriste. On ne trouve pas de guerres des gangs avec armes automatiques dans les rues de Sydney ou de Melbourne comme c'est le cas à Los Angeles ou à New York. Le taux d'homicides dans la capitale fédérale des Etats-Unis est de trente fois plus élevé que celui de Canberra.
>
> Les problèmes des jeunes sans-abri en Australie et leur vulnérabilité face à la violence restent peu graves par rapport à ceux des sans-abri du Brésil où douze millions d'enfants vivent dans les rues et où 600 enfants des rues ont été assassinés entre janvier 1988 et juin 1989. Les agressions et les intimidations à l'encontre des Australiens au travail sont minimes comparés à la situation en République populaire de Chine où, selon le *Quotidien du peuple*, 13 percepteurs ont été assassinés et plus de 6 000 roués de coups depuis 1985.
>
> Quel que puisse être le comportement antisocial des spectateurs à l'occasion des événements sportifs australiens, il est mineur par comparaison au comportement des fameux *hooligans* du football britannique. Alors que les étudiants coréens lancent des pierres et des cocktails Molotov contre la police à des fins meurtrières, les agressions de leurs homologues australiens restent limitées à des railleries occasionnelles et à des slogans concernant des problèmes tels que les droits d'inscription des étudiants. » (*National Committee on Violence*, 1990 : IIII-IIV.)

BIBLIOGRAPHIE

AUSTRALIAN BROADCASTING TRIBUNAL, *TV violence in Australia* (vols I-VI). Sydney : Australian Broadcasting Tribunal, 1990.

BERSTEN, M., Defining Organised Crime in Australia and the USA. *Australian and New Zealand Journal of Criminology*, 1990, 23, 39-59.

BLEWETT, N., NCADA. Assumptions, Arguments and Aspirations, *National Campaign Against Drug Abuse Monograph Series*, 1987, 1, 1-17.

BRAITHWAITE, J., BILES, D. and WHITROD, R., Fear of Crime in Australia. *In* SCHNEIDER H. J. (ed.), *The Victim in International Perspective*. New York : Gruyer, 1982, 220-228.

BROADHURST, R. G. and MALLER, R. A., The Recidivism of Prisoners Released for the First Time : Reconsidering the Effectiveness Question. *Australian and New Zealand Journal of Criminology*, 1990, 23, 88-104.

CAMERON, N., New Zealand. *In* JOHNSON E. H. (ed.), *International Handbook of Contemporary Developments in Criminology. Europe Africa, The Middle East and Asia*. Westport, Connecticut : Greenwood Press, 1983, 453-471.

CANBERRA TIMES, An Experiment with Heroin. *Editorial* 27 March 1991.

CHALLINGER, D. (ed.), *Crime at School*. Canberra : Australian Institute of Criminology, 1987.

CHAPPELL, D., Australia. *In* JOHNSON E. H. (ed.), *International Handbook of Contemporary Developments in Criminology. Europe Africa, The Middle East and Asia*. Westport, Connecticut : Greenwood Press, 1983, 1-41.

– From the Rum Rebellion to Nugan Hand : Perspectives on Australian Roguery and Organised Crime. *In* CHAPPELL D. and WILSON P. R. (eds.), *The Australian Criminal Justice System. The Mid 1980s*. Sydney : Butterworths, 1986, 274-293.

CHAPPELL, D. and WILSON, P. R. (eds.), *The Australian Criminal Justice System. The Mid 1980s*. Sydney : Butterworths, 1986.

CHAPPELL, D., Crime Prevention. A Perspective from Canberra. *In* South Australian Ministry of Crime Prevention Strategy (ed.), *Responses to the South Australian Crime Prevention Strategy. Conference Series 1*. Adelaide : South Australian Government, 1990, 25-31.

CRIMINOLOGY RESEARCH COUNCIL, *18th Annual Report 1990 Criminology Research Council*. Canberra : Australian Institute of Criminology, 1990.

COMMITTEE OF INQUIRY INTO VIOLENCE, *Report of Ministerial Committee of Inquiry into Violence*. Wellington : Government Printer, 1987.

DEPARTMENT OF JUSTICE, *Safer Communities Initiative : New Zealand*. Wellington : Department of Justice, 1991.

GEASON, S. and WILSON, P. R., *Preventing Car Theft and Crime in Car Parks*. Canberra : Australian Institute of Criminology, 1990.

– *Preventing Graffiti and Vandalism*. Canberra : Australian Institute of Criminology, 1990.

ENGINEERING PUBLICATIONS (ed.), *Graffiti and Vandalism*. Melbourne : Engineering Publications, 1990.

HAZLEHURST, K. M. (ed.), *Ivory Scales*. Sydney : University of NSW Press. Canberra : Australian Institute of Criminology, 1987.

HAZLEHURST, K. M. and DUNN, A. T., Aboriginal Criminal Justice. *Trends and Issues*, 1988, 13, 1-5.

HAZLEHURST, K. M., *Crime Prevention for Aboriginal Communities*. Canberra : Australian Institute of Criminology, 1990.

– *Crime Prevention for Migrant Communities*. Canberra : Australian Institute of Criminology, 1990.

HOCKLEY, R. and ROBERTSON, D., *An Evaluation of the Youth and the Law Project. A Report to the Law Foundation of NSW* Sydney : Human Systems Development, 1989.

HOGG, R., Law and Order. A New Direction. *Current Affairs Bulletin*, 1988, 65, 13-18.
HUNTER, E., A Question of Power : Contemporary Self Mutilation among Aborigines in the Kimberley, *Australian Journal of Social Issues*, 1990, 25, 261-278.
GRABOSKY, P. N., Efficiency and Effectiveness in Australian Policing, *Trends and Issues*, 1988, 16, 1-5.
GRABOSKY, P. N. and WILSON, P. R., *Journalism and Justice : How Crime is Reported*. Sydney : Pluto Press, 1989.
GRAY, D. E. and O'CONNOR, M. E., Concern About, and Fear of Crime in an Australian Rural Community, *Australian and New Zealand Journal of Criminology*, 1990, 23, 284-296.
KING, M., *How to Make Social Crime Provention Work. The French Experience*. London : NACRO, 1988.
MAKKAI, T., MOORE, R. and MCALLISTER, I., Health Education Campaigns and Drug Use : The « Drug Offensive » in Australia (forthcoming), 1989.
MASON G. and WILSON P., *Sport, Recreation and Juvenile Crime*. Canberra : Australian Institute of Criminology, 1988.
MIDFORD, R., Imprisonment : The Aboriginal Experience in Western Australia. *Australian and New Zealand Journal of Criminology*, 1988, 21, 168-178.
SARRE, R., A Review of the Cannabis Expiation Notice Scheme in South Australia – A Research Note. *Australian and New Zealand Journal of Criminology*, 1990, 23, 299-303.
SHEEHAN, P., Perceptions of Violence on Television. *In* CHAPPELL D.,GRABOSKY P. and STRANG H. (eds.), *Australian Violence : Contemporary Perspectives*. Canberra : Australian Institute of Criminology, 1991.
SOUTH AUSTRALIAN, MINISTRY OF CRIME PREVENTION STRATEGY, *Responses to the South Australian Crime Prevention Strategy. Conference Series 1*. Adelaide : South Australian Government, 1990.
SWANTON, B., and WEBBER, D., *Protecting Counter and Interviewing Staff from Client Agression*. Canberra : Australian Institute of Criminology, 1990.
TATZ, C., Aboriginal Violence : A Return to Pessimism, *Australian Journal of Social Issues*, 1990, 25, 245-260.
UNAFEI and AIC, *Crime and Justice in Asia and the Pacific. A Report on the Third United Nations Survey of Crime Trends, Operations of Criminal Justice Systems and Crime Prevention Strategies, 1980-1986*. Tokyo and Canberra : UNAFEI and AIC, 1990.
VAN DIJK, J.J.M., MAHYEW, P. and KILLIAS, M., *Experiences of Crime Across the World*. Deventer Netherlands : Kluwer Law and Taxation Publishers, 1990.
VERNON, J., *Alcohol and Crime. AIC Conference Proceedings n° 1*. Canberra : Australian Institute of Criminology, 1990.
WALKER, J., Adults Under Supervision and Detention Orders, *Trends and Issues*, 1988, 14, 1-6.
WALKER, J., WILSON P. R., CHAPPELL, D. and WEATHERBURN, D., A Comparison of Crime in Australia and Other Countries, *Trends and Issues*, 1990, 23, 1-6.
WRIGHT, A. and AISBETT, K., Violence on Television, *Violence Today*, 1989, 6, 1-8.
YOUNG, W., Personal Correspondence to D. Chappell. Institute of Criminology, Victoria University of Wellington, 1991.

BILAN DES CONNAISSANCES EN ESPAGNE

Esther GIMENEZ-SALINAS i COLOMER*

Il n'est pas aisé de résumer en quelques pages les principales recherches menées à bien ces dernières années dans des matières aussi vastes que celles proposées ici. Nous avons donc décidé d'axer le terrain de notre analyse sur deux domaines. D'une part, les recherches pouvant avoir le plus d'impact dans le domaine de la politique délictuelle, savoir, offrant des résultats susceptibles de modifier ou d'améliorer une politique déterminée et, d'autre part, l'étude essentiellement – mais non exclusivement – de la zone de la Catalogne ; nous pensons ainsi mieux cerner la première condition.

Il faut néanmoins tenir compte d'un point important lors de l'analyse des recherches mises en œuvre en Espagne, récemment cataloguées par certains auteurs comme *La recherche dans les crises, la recherche des crises* (E. Gimenez-Salinas et J. Funes, 1990).

En Espagne, en effet, ce n'est qu'au début des années 1980 que démarrent les premières recherches de nature empirique : la disparition du général Franco et, surtout, la promulgation de la Constitution de 1978 entraînent une transformation complète dans le domaine législatif. Les lois se succèdent de façon vertigineuse (malheureusement pas toujours avec la cohérence nécessaire).

Tel est le cas en matière pénale, qui nous intéresse tout spécialement ici. La première loi fut la loi organique générale pénitentiaire de 1979. La situation politique le voulait ainsi, car les amnisties des 30 juillet 1976 et 15 octobre 1977 appliquées aux prisonniers politiques et non aux détenus de droit commun contraignaient à la promulgation d'une loi de teinte progressiste pour pallier en quelque sorte les défauts du système. La loi organique générale pénitentiaire nécessitait néanmoins une réforme du code pénal, qui n'a pas encore eu lieu.

C'était en effet mettre la charrue avant les bœufs. Bien d'autres domaines exigeant une refonte sont touchés par la crise qui existe en Europe, sans avoir encore eu la possibilité de se mettre en crise. Je m'explique. C'est en 1973 que l'Etat de bien-être social connaît théoriquement sa grande crise et sa récession en Europe. L'Espagne vit en-

(*) Professeur à l'Université centrale de Barcelone (Espagne), directeur du Centre d'études juridiques au département central de justice de la Généralité de Catalogne.

core sous la dictature mais elle connaît déjà cette crise. La possibilité d'implanter un Etat de bien-être social apparaît en Espagne à la suite de la promulgation de la Constitution lorsque celle-ci se définit comme un Etat social, démocratique et de droit, mais elle doit créer cette situation alors que l'Europe est déjà touchée par la crise. Il en est de même pour la notion de resocialisation concrétisée dans l'article 25.2 de la Constitution. En Espagne, les détenus doivent être resocialisés, alors que l'Europe du Nord abandonne cette notion à partir des années 1980, la considérant inapplicable dans les prisons (E. Gimenez-Salinas, 1990).

Par conséquent, les recherches de nature empirique ont besoin de tenir compte d'une réalité souvent occulte (police, prison, justice) et d'en connaître la nature, mais elles le font juste au moment où cette réalité commence à se transformer et où son utilité ou son inutilité est profondément contestée socialement (E. Gimenez-Salinas et J. Funes, 1990).

La recherche est donc difficile en la matière, tout d'abord parce qu'une infinité de choses ont été longtemps occultées, mais c'est juste au moment où on les découvre qu'elles essaient de changer. Une recherche empirique tendant à offrir une information pour une meilleure politique pénale doit être consciente de sa façon de traduire cette information. Le début des années 1980 a été particulièrement difficile dans ce domaine. Dans leur deuxième moitié, nous avons connu une situation politique relativement stable, avec une importante décentralisation des services et un écart de dix ans par rapport à la dictature. C'est pourquoi les recherches à partir de 1985 sont plus utilisables, non seulement en raison de leur plus grande objectivité, mais aussi de leur meilleure assise.

Il faut pourtant souligner que notre pays manque d'une tradition de recherche. Notre problème actuel ne réside pas dans le nombre des recherches, mais dans le fait que celles-ci soient dues à l'effort et à la ténacité des chercheurs, à titre individuel, plutôt qu'à une politique institutionnelle. C'est pourquoi il est très difficile de classer la recherche par écoles et par méthodes puisque pour la plupart nous trouvons un mélange bizarre. Mélange que je ne qualifierais pas toujours de négatif, mais en tout cas de spécial.

L'absence de données objectives, la difficulté d'accéder aux institutions, leur propre désorganisation en ce qui concerne l'obtention des informations, rendent spécialement méritoires toutes recherches apportant des connaissances empiriques.

En fonction du schéma proposé, nous allons aborder les cinq thèmes, à cette réserve près que nous n'exposerons que des recherches de nature empirique. Par ailleurs, le chapitre relatif à l'insécurité, la délinquance et les médias, est le texte intégral du rapport établi par E. Gimenez-Salinas et J. Funes, déjà cité.

I. PRÉVENTION ET TRAITEMENT DE LA TOXICOMANIE

En Espagne, comme dans la plupart des pays de notre environnement socio-culturel, le problème du traitement et de la prévention de la toxicomanie reste encore sans solution. Il est pourtant certain que nous avons progressé dans la connaissance des mécanismes de dépendance ainsi que des techniques permettant une intervention.

Dans ce sens, nombreux sont les établissements de notre pays qui ont lancé des projets et des recherches relatifs à la prévention, au traitement et à la consommation de stupéfiants. Le phénomène drogue est un fait associé à l'insécurité des villes et constamment analysé par les moyens de communication sociale.

Au début des années 1980, l'objet d'analyse des études réalisées sur ce thème pourrait se résumer à la nécessité de connaître l'incidence de ce phénomène sur notre société. Tel est le cas, par exemple, d'une enquête sur la toxicomanie effectuée par la mairie de Barcelone (1985) relative à l'année 1982 sur la consommation des drogues légales et illégales dans cette ville, traduisant l'opinion et l'attitude de la population âgée de quinze à soixante-quatre ans en ce qui concerne les consommateurs de drogues, leurs caractéristiques, les motivations ou les causes de la toxicomanie, l'information sur les centres de traitement des toxicomanes, etc.

Or, pour agir, il faut connaître. C'est pourquoi l'étude de P. Ibañez Lopez et M. Alfonso Sanjuan (1983), *La Droga*, approche ce phénomène et cherche les raisons de la consommation de la drogue par la jeunesse. Y sont analysés le ou les motifs qui poussent les jeunes à la consommation de drogues en Espagne. Ce travail a pour but final d'avoir une incidence, par un système de prévention, sur les plans d'éducation de la jeunesse, sur la société et de servir de base aux équipes responsables de la rééducation des toxicomanes. L'objectif est donc de connaître les causes qui les y ont poussés, et après leur rééducation, de savoir si ces mêmes causes continueront à agir sur leur environnement sociologique et psychologique et rendront leur intégration impossible ou difficile.

Dans le cadre de l'étude sur le traitement des toxicomanes, citons l'analyse réalisée par J. Funes et O. Romani (1985) qui, étudiant l'historique d'un groupe multiforme d'anciens héroïnomanes, cherchent à tirer les conclusions des circonstances de leur abandon persistant de l'héroïne et de leur réintégration, ou de leur découverte d'une vie sociale normale. Selon leurs propres mots, « approfondir qualitativement ce processus par une analyse exhaustive d'un ensemble d'histoires. La recherche des concomitances et des différences dans ce que chaque histoire explique comme vécu, dans les raisons ou les circonstances alléguées, peut fournir des propositions pour l'aménagement futur des services à mettre à la disposition du toxicomane, en vue de son retour à une normalité sociale relative ».

Il faut également signaler l'analyse réalisée par J. Royo (1988) sur le suivi d'héroïnomanes deux ans après le terme de leur programme d'abstinence en régime de soins en CT (Communauté Thérapeutique). Le résultat en est que les personnes qui ont quitté la CT en fin de traitement se trouvent dans des conditions plus favorables que celles qui ont abandonné ce traitement de leur propre initiative ou qui ont été expulsées. On remarque également que les personnes ayant poursuivi le traitement après avoir quitté la CT dans le cadre du programme de réinsertion socio-professionnelle se trouvent dans des conditions plus favorables que celles ayant abandonné le traitement. Enfin, il souligne que la situation de « maintien de l'abstinence » montre que celle-ci est essentielle pour trouver et conserver une occupation professionnelle.

Pour terminer l'exposé relatif au traitement, il est intéressant de citer l'étude réalisée, à la demande du plan national sur les drogues, par D. Comas (1988) afin de connaître plus précisément le phénomène des communautés thérapeutiques pour toxicomanes, et notamment d'obtenir une évaluation de leurs rôles et fonctions éventuels en ce qui concerne l'incidence psycho-thérapeutique de ce modèle d'institution.

Quant aux études sur la prévention, il faut citer le travail réalisé par L. Cano et E. Berjano (1986) qui, à l'occasion de leurs cours sur les *Techniques de base sur la prévention des toxicomanes en milieu scolaire*, impartis à la demande de la communauté autonome de Valencia, ont entrepris une recherche au sein des enseignants dans cette communauté pour connaître leurs opinions sur les habitudes de consommation de drogues. A partir de cette information et de celle obtenue directement pendant plus de trente cours, ils espèrent pouvoir bientôt établir un programme de formation plus approprié pour ces professionnels, afin de les aider à faire face plus efficacement aux problèmes découlant de la consommation de drogues en milieu scolaire.

A souligner également l'étude réalisée par G. Baulenas, T. Gracia et I. Mayol (1988) axée sur une population très précise, celle de mineurs placés sous le contrôle du département de la justice de la « Generalitat » de Catalogne. Ces mineurs ont commis un délit et se trouvent, sur ordre judiciaire, soit placés dans un établissement spécifique pour mineurs, soit en traitement en milieu ouvert sous le contrôle d'un délégué d'assistance au mineur. Dans ces deux cas, le principal motif de placement n'est pas la toxicomanie. Cette étude cherche à rassembler une information sur la façon dont la consommation de drogues légales et illégales se répercute sur leur conduite individuelle et collective et quelles sont les actions éducatives à introduire dans le travail global pour modifier une telle situation. Dans la dernière partie, ils fournissent quelques recommandations concrètes qu'ils appellent « recettes de cuisine » sur les modes éventuels d'incorporation au travail éducatif de certains points pouvant, s'ils sont pris en compte, servir à modifier certaines actions, et à travailler sur d'autres activités pouvant se substituer complètement au rôle joué par les drogues.

Citons celles qu'ils appellent « règles fixes » :

1. Face à la consommation de drogues, il faut d'abord analyser le rôle de cet acte : pourquoi ?

2. Connaître l'ampleur et la profondeur que représente cette consommation de drogues dans la biographie du mineur.

3. Travailler sur la consommation de drogues, et sur les situations provoquées par cette consommation, d'après les mêmes règles que celles utilisées pour travailler sur d'autres situations que l'on veut modifier.

4. Travailler dans le sens de favoriser l'ensemble d'éléments pouvant restreindre le rôle de la consommation de drogues, dans l'univers du mineur.

Ainsi que nous le mentionnons au début de notre exposé, bien des programmes de prévention ont été mis en œuvre par les divers établissements de notre pays. Il nous semble nécessaire de spécifier ici que depuis l'année 1990, le Centre d'Etudes sur la Promotion de la Santé (CEPS) publie le bulletin *Idea-Prevención* (Idée-prévention) reprenant les programmes en cours de développement dans notre pays et envoyés volontairement par leurs responsables.

II. JEUNES EN DANGER

Sur le thème « jeunes en danger », nous pouvons citer une grande variété de recherches. Compte tenu, une fois de plus, de la nécessité de cerner le terrain, nous avons préféré n'aborder ici qu'un seul domaine, celui des mauvais traitements infligés aux enfants. En effet, l'idée de jeunes en danger nous entraînerait à aborder des problèmes familiaux, sociaux, scolaires, etc., impossibles à résumer ici. Un danger, à notre avis, très grave pour l'avenir, ce sont les mauvais traitements infligés aux enfants, et nous n'aborderons ici que ce sujet.

Avant la promulgation de la Constitution espagnole de 1978, c'étaient les assemblées de protection des mineurs installées dans chaque province qui étaient chargées de veiller à la protection des mineurs. L'organe judiciaire est le tribunal de tutelle des mineurs. A partir de l'avènement de la Constitution et la naissance des autonomies, les compétences en matière de protection des mineurs sont confiées aux différentes communautés autonomes qui les assument dans leurs statuts d'autonomie et qui se matérialisent par les décrets de transferts de compétences. Mais l'organe judiciaire compétent est toujours le tribunal de tutelle des mineurs.

Ce n'est qu'en 1987, avec la loi 21/1987 du 11 novembre, portant modification de certains articles du Code civil et de la loi de procédure civile en matière d'adoption, que la protection des mineurs est attribuée à l'administration et subsidiairement aux juges de la famille. Il se produit ainsi une réelle déjudiciarisation de l'intervention auprès des mineurs en danger, l'administration ayant désormais toutes les attributions.

A notre avis, ces attributions sont excessives car si l'ancien système générait une grande lenteur dans les interventions, le procédé actuel, plus rapide et aussi plus efficace, n'est pas toujours respectueux des droits des parents ni des enfants eux-mêmes. Une situation intermédiaire aurait été plus souhaitable, mais le pendule en politique pénale et en politique sociale oscille généralement d'un extrême à l'autre (E. Gimenez-Salinas, 1988).

Avant d'analyser l'évolution de la recherche dans le domaine de l'enfance maltraitée, cette petite introduction était nécessaire car elle a grandement conditionné le travail mis en œuvre en la matière.

Le premier travail de globalisation a été effectué par J. Arana et J.-L. Carrasco (1980). Il contient les informations du rapport INAS-80 et leur interprétation. Il a été mené à bien dans les centres de l'Institut national d'assistance sociale du ministère de la Santé et de la Sécurité sociale, sur deux groupes de contrôle : le premier, constitué d'enfants dont la situation familiale et les conditions économiques se rapprochaient le plus de celles existantes parmi les enfants accueillis dans les collèges de l'INAS ; le second, d'enfants jouissant d'un environnement familial épanoui et d'un haut niveau socio-économique. Enfin, cette étude propose une série de réponses dont la nécessité d'une sévère révision de la loi et des programmes thérapeutiques : de diagnostic et de traitement.

Or, quel est le degré de connaissance de la population espagnole sur le syndrome de l'enfant maltraité ? Y. Dominguez Frejo et M. Verges Alonso (1987) analysent cette question à partir des informations parues dans la presse quotidienne sur le thème des enfants maltraités. Les auteurs aboutissent à la conclusion que si ces cas sont réels, la presse ne publie que les plus dramatiques, ceux qui font la une, ce qui donne une image partiale et souvent superficielle du problème.

R. Quilis (1988) a également fait un examen en partant de cas recueillis, mais il n'a tenu compte ici que de la presse à sensation.

Pour revenir à la nécessité de savoir le degré de connaissance de la société espagnole, soulignons la recherche de nature qualitative menée à bien par EDIS (1988a) à la demande de la Commission interministérielle de la jeunesse – groupe ouvert aux mineurs marginaux – qui analyse comment la société espagnole, dans cette phase historique, s'interroge sur l'existence et l'ampleur des mauvais traitements infligés aux enfants, à partir de l'examen des opinions et des estimations fournies en la matière par les experts interrogés.

Les études que nous commentons à présent sont le fruit de cette prise de conscience de la part des communautés autonomes.

V. Madrigal et J. Alonso (1990) ont repris les cas d'enfants sévèrement maltraités et qui ont dû être hospitalisés en Cantabria de 1977 à 1988. C'est également en Cantabria que J.M. Remiro Alegre, M. Lombo et R. Blanco ont fait un examen de la demande de protection-appui d'après les renseignements recueillis pendant la période 1985-1988 par les services sociaux spécialisés de la direction régionale de bien-être social.

Dans le cadre clinique et sanitaire, il faut se référer à J. Dargallo, A. Martinez-Roig et F. Domingo (1981), médecins pédiatres, pionniers en Catalogne de l'étude du syndrome de l'enfant battu. Leurs analyses visent à contribuer, et elles y parviennent en grande mesure, à un diagnostic dans la plupart des cas, permettant ainsi d'entreprendre un traitement et une rééducation appropriés. Soulignons également les travaux effectués par X. Querol (1986) relatifs à des manifestations cliniques peu courantes.

Le cas de F. Elejabarrieta (1989) est différent. Sa recherche, également mise en œuvre dans le cadre de la communauté autonome de Catalogne, s'est axée sur une étude comparative d'enfants ayant connu les tribunaux de tutelle des mineurs de la Catalogne entre 1979 et 1984. L'enquête a eu lieu sur les deux volets d'intervention du tribunal : faculté de protection et faculté de réforme. L'action des tribunaux, causes et décision adoptée. Entre autres, l'auteur conclut sur les points suivants :

1. La diminution du nombre des mineurs accueillis par les tribunaux. Il affirme qu'interpréter ces diminutions comme une baisse de la marginalisation et de la délinquance infantile et juvénile manquerait totalement de sens, compte tenu que ce sont précisément ces années-là qui ont connu les plus forts ravages de la crise économique et de ses conséquences.

2. L'hétérogénéité des actions de chaque tribunal, les trajectoires fluctuantes et la disparité de critères qui semblaient présider à leur fonctionnement sont les tendances prédominantes.

3. La persistance et l'ancrage dans des populations auxquelles ils se consacraient.

4. Une prédominance de la faculté de réforme sur les garçons de douze à seize ans, compensée par une égalité entre les sexes sur le nombre de cas de la faculté de protection ainsi que par une prise en charge d'enfants très jeunes (de zéro à six ans).

5. La faculté de protection est plus spécialement orientée vers ce qu'on appelle les exemples corrupteurs et le manquement aux devoirs d'assistance.

A partir de 1982, année où la Generalitat de Catalogne assume la compétence en matière de protection des mineurs, on observe que la faculté de protection se consacre surtout aux motifs des mauvais traitements. Parallèlement, une lente rationalisation et une homogénéisation se mettent en place ; on peut l'observer dans les mesures mises en œuvre pour ces deux facultés, mais surtout pour celle de réforme. Dans ce cadre, la mesure d'internement est remplacée par celle de traitement en liberté.

A signaler également en Catalogne le travail réalisé par la direction générale de soins à l'enfance (1991) de la Generalitat de Catalogne. Ce travail, fruit de la volonté politique catalane, suite à l'avis donné au Parlement par la Commission d'études sur l'enfance, a pour objet de connaître le plus grand nombre possible de cas survenus entre le 1er janvier et le 31 décembre 1988, en s'adressant à des professionnels de différentes disciplines extérieures, à ceux directement impliqués (familles, enfants), mais assez proches pour déceler ou soupçonner d'éventuels mauvais traitements (par exemple : services sociaux de premiers soins, hôpitaux publics et privés recevant des enfants, médecins pédiatres, aussi bien dans le milieu privé que public, échantillon d'écoles publiques et privées en s'appuyant surtout sur les écoles à action spéciale), et les dossiers de l'actuelle direction générale de soins à l'enfance, qui avaient été entrepris par le tribunal de tutelle des mineurs, par la direction générale de protection et de tutelle des mineurs – aujourd'hui disparue – ou par l'ICASS (Institut Catalan d'Assistance et de Services Sociaux).

Toutes ces recherches qui partent de prémisses et de méthodologies différentes, ainsi que de divers groupes de population analysée, aboutissent aux mêmes conclusions : nécessité urgente de définir la notion de « mauvais traitements » : on ne peut les déceler dans les classes sociales moyenne et haute, et même si l'on a la conviction qu'ils existent, on n'arrive pas à les connaître avec exactitude ; absence d'une formation équilibrée des professionnels qui leur permettrait de les déceler, de les aborder et même de les détourner.

Outre l'analyse globale, signalons également quelques travaux plus spécifiques autour de ce problème. Tel est le cas de J.A. Florez Lozano (1988) qui, à partir de l'étude sur 100 enfants d'alcooliques, âgés de huit à quatorze ans et tous pensionnaires d'un établissement scolaire de protection sociale, a essayé de différencier les effets de l'alcoolisme maternel, paternel et des deux progéniteurs sur les divers paramètres du développement psychomoteur, physique, intellectuel et émotionnel des enfants de ces toxicomanes.

Edis (1988b) également à la demande de la Commission interministérielle de la jeunesse – groupe ouvert au mineur marginal – a effectué une enquête-sondage auprès de parents d'enfants de moins de seize ans, sur un échantillon de 1 200 enquêtes portant sur tout le territoire national relatives aux attitudes d'agressivité et de violence des parents envers leurs enfants. Pour résumer, on peut conclure que les parents affrontent leurs relations avec leurs enfants selon quatre attitudes différentes :

1. Une attitude d'intolérance et de raideur vis-à-vis de leurs enfants, qui semble être la plus répandue, en fonction de laquelle l'utilisation de la punition ou de la violence et de l'agressivité physique dans un « ordre » apparaît comme socialement légitimée.

2. Une attitude « réificatrice » de l'enfant auquel sont administrés des sédatifs et des tranquillisants avec ou sans l'intervention du médecin et qui cherche à réduire de façon « mécanique » les tensions et les problèmes de l'enfant sans tenir compte de sa personnalité et de son développement psycho-physique.

3. Une attitude permissive et laxiste, qui n'impose aucune limite à l'enfant, n'exerce aucun type de violence physique sur lui, mais qui emploie d'autres types d'agressivité et de violence psychologique.

4. Une attitude de mauvais traitements dans le sens strict, s'exprimant par des formes de violence et d'agressivité physique et psychologique plus graves et plus nuisibles pour l'enfant.

Compte tenu de l'analyse conjointe et simultanée de ces attitudes, ils ont établi des échelles, les classant selon la gravité et les divers types, selon lesquelles :

– 16,5 % des parents se situent aux niveaux moyen-haut (11,7) et haut (4,8) de l'échelle de violence physique.

– 17,1 % aux niveaux moyen-haut (8,4) et haut (8,7) de l'échelle de violence psychologique.

– 16,5 % aux niveaux moyen-haut (12,3) et haut (4,2) de l'échelle de violence psychologique et physique.

Au plan de la prévention et du traitement, l'université du Pays basque (1988) a effectué une recherche visant à connaître les facteurs de risques sociaux et psychologiques des parents et les caractéristiques de l'enfant qui favorisent les mauvais traitements et/ou l'abandon physique dans notre contexte socio-culturel, ainsi qu'à déceler de façon sensible et spécifique une série de sujets à haut risque pour les mauvais traitements et/ou l'abandon dans un échantillon représentatif de la communauté autonome basque, en essayant de valider la version castillane d'un instrument d'évaluation qui a montré avoir, dans la population américaine, une bonne capacité pour déceler cette population à risque à laquelle nous nous référons : *Child Abuse Potential Inventory*. Voici un bref résumé des résultats obtenus :

1. Il est confirmé que les sujets décelés comme responsables de mauvais traitements et/ou d'abandon appartiennent à une classe sociale très basse ; ils ont un déficit éducatif important et connaissent un haut niveau de chômage.

2. Prédominance élevée de mères célibataires, qui ont eu leur premier enfant avant l'âge de vingt ans, avec un grand nombre d'enfants d'âges très rapprochés.

3. Quant à l'aspect psychique, le groupe étudié est composé de mères présentant une symptomatologie dépressive et anxieuse.

4. Une donnée qui a son poids, c'est la proportion exagérée de problèmes d'alcoolisme apparaissant dans les familles où existent les mauvais traitements.

5. On trouve parmi les enfants de ces familles un plus grand nombre de problèmes de comportement, d'absence de rendement et d'apprentissage dans l'activité éducative, et de retard scolaire.

Pour terminer ce chapitre, signalons simplement que le Centre d'études du mineur (1991) de la direction générale de protection juridique du mineur du ministère des Affaires sociales, a lancé de 1990 à 1991 six recherches dans le domaine des mauvais traitements infligés aux enfants, dont certaines sont sur le point d'aboutir.

III. RÉPONSE LOCALE FACE À LA RÉCIDIVE

Très peu nombreuses sont les recherches qui se sont empiriquement penchées sur l'étude de la récidive. Du point de vue de la doctrine pénale, nous disposons d'un grand nombre d'ouvrages consacrés au concept juridique de la récidive et aux problèmes pénaux découlant de son interprétation. S'il faut n'en citer qu'un, mentionnons tout particulièrement l'ouvrage de S. Mir Puig (1974), *La récidive dans le code pénal*.

Dans le domaine de la criminologie, nous pouvons citer l'ouvrage de R. Bergalli (1980), *La rechute dans le délit : comment réagir* (« La recaída en el delito : modos de reaccionar contra ella »). Dans la première partie, l'auteur aborde le thème de la récidive comme fondement pour accroître la répression pénale, ainsi que les différentes théories existantes autour de la personnalité du délinquant qu'il appelle « la personnalité des auteurs obstinés ». Partant de ces données, l'auteur analyse en détail la thérapie sociale, avec ses méthodes et ses techniques, et présente une évaluation finale critique de ce que peut signifier en fait un retour au modèle médical. La seconde partie, qui a pour énoncé « Le développement de la sociologie criminelle et la rechute dans le délit » s'écarte de la conception traditionnelle sur la recherche du comportement individuel de l'auteur, pour entrer dans le domaine de la sociologie criminelle et donner une nouvelle approche du comportement dévié.

Signalons enfin la conclusion adoptée par un secteur de la doctrine (S. Mir Puig, 1990) en ce qui concerne le rejet de la récidive comme circonstance aggravante. En effet, dans un Etat de droit respectueux du principe de la légalité, il ne semble nullement justifié d'aggraver la peine pour un fait survenu antérieurement à la commission du délit.

Le fondement général utilisé est que le sujet fait preuve d'une révolte et d'un penchant au crime plus prononcés et que du point de vue politico-criminel, cette aggravation doit être maintenue.

En fait, nous ne connaissons aucune recherche empirique prouvant cette nécessité, et une plus grande dangerosité de l'individu n'a même pas pu être montrée. En tout cas le « pronostic criminel » négatif fondé sur un délit antérieur pourrait sans doute être pris en compte au moment de l'accomplissement, mais jamais pour aggraver la peine. En Allemagne, la loi 23 sur la réforme pénale du 13 avril 1986 a abrogé l'aggravante générique de récidive, car jugée contraire au principe de culpabilité. Dans l'avant-projet de code pénal de 1990, elle disparaît également.

En tout cas, nous le faisions remarquer au début, nous ne connaissons pas dans notre pays d'études empiriques sur la récidive vue sous un angle criminologique, raison pour laquelle l'étude entreprise par J. Funes et S. Redondo (début 1991) prend une plus grande valeur, bien que nous ne puissions exposer que les hypothèses de ce travail.

En effet, cette étude cherche à savoir si la mise en œuvre de mesures pénales plus intenses entraîne une plus forte réduction des taux d'actes délictueux, ou au contraire. Les hypothèses à démontrer seraient les suivantes :

1. Les prisonniers (mineurs et adultes) qui se sont vu appliquer et/ou ayant purgé de plus longues condamnations ou emprisonnements récidiveront davantage lors de leur mise en liberté que ceux ayant accompli des peines ou des emprisonnements de moindre durée.

2. Les prisonniers (mineurs et adultes) ayant purgé leurs peines ou condamnations à une privation de liberté dans des conditions plus dures (régime fermé) récidiveront davantage à leur sortie que ceux ayant accompli des condamnations ou des emprisonnements dans des conditions moins dures (régime ouvert).

A cet effet, ils partent de la population composée de tous les prisonniers de Catalogne, ayant accompli leurs peines en 1987. Il s'agit d'un échantillon de 550 personnes environ sur une population de détenus catalans de 4 000 environ.

Le parcours délictuel antérieur et la peine accomplie seront analysés sur deux volets : longueur de la condamnation – réelle –, et dureté de l'accomplissement – régime.

Dans une seconde phase, le parcours délictuel ultérieur – c'est-à-dire, à partir de 1987 – jusqu'au 31 décembre 1990 sera étudié.

En conclusion, il s'agira de faire le rapport entre le parcours délictuel ultérieur et la peine accomplie, et sur les deux volets mentionnés.

IV. PRÉVENTION COMMUNAUTAIRE DE LA DÉLINQUANCE

Nous n'allons pas aborder ici l'interprétation du terme délinquance, mais il convient toutefois de rappeler deux points. Tout d'abord, la délinquance connue est une toute petite parcelle de la délinquance réelle, et le chiffre noir est une donnée qui varie d'un pays à l'autre. Dans notre pays, certaines études montrent que la délinquance connue n'est que de 21 % environ de l'ensemble de la délinquance (P. Negre et coll., 1989).

Ensuite, la délinquance connue concerne exclusivement un secteur de la population, c'est-à-dire les couches sociales les plus défavorisées, raison pour laquelle nous identifions immédiatement délinquance et misère ou pauvreté. Il est très intéressant de rappeler ici le cas des jeunes. Les tribunaux pour enfants reçoivent presque exclusivement les jeunes appartenant aux couches les moins favorisées (comme le montre l'étude de E. Gimenez-Salinas, *Délinquance juvénile et contrôle social*, 1981, seuls 1,9 % des mineurs arrivant au tribunal de tutelle des mineurs de Barcelone appartiennent à la classe sociale moyenne-haute).

Dans l'étude précédemment citée effectuée par Negre et coll., il apparaît que sur un échantillon de 944 jeunes, 35,28 % reconnaissent avoir commis un délit, alors que seulement 21,92 % ont été appréhendés. Enfin, seuls 4,50 % ont été jugés.

C'est pourquoi ces deux points ne peuvent être omis quand nous parlons de prévention communautaire de la délinquance.

En ce qui concerne la recherche, nous pouvons distinguer deux courants nettement différenciés :

Tout d'abord, celui axé sur la « personnalité délinquante » et cherchant à trouver des différences individuelles entre délinquant et non-délinquant, ce qui à notre avis est impossible à prouver, mais que nous incluons cependant ici.

Dans ce premier groupe se trouveraient les travaux réalisés par A. Diaz et M.J. Baguena (1989) qui ont mené à bien une étude comparative entre les délinquants institutionnalisés et les non-délinquants dans certains domaines importants du point de vue de la socialisation : intelligence abstraite, conduite antisociale, locus de contrôle, motivation/anxiété, capacités interpersonnelles et attitudes envers l'autorité. Malgré la pauvreté des échantillons (26 délinquants et 26 non-délinquants), deux résultats généraux bien étayés se sont fait jour :

– Les délinquants présentent un comportement antisocial plus fort que l'échelle développée par Eysenck sur le EPQ-J, de même qu'un locus de contrôle plus large.

– L'intelligence abstraite a été nettement inférieure aussi dans le groupe des délinquants garçons.

Dans ce domaine, il faut également signaler le travail réalisé par F. Silva, C. Martorell, A. Clemente et V. Mestre (1990) qui présentent une sous-échelle de la batterie de socialisation I de Silva et Martorell, destinée à la prédiction de mineurs délinquants. Cette échelle de 18 points, qui a été tirée d'une première étude et soumise ensuite à une validation croisée, montre un bon pouvoir discriminatif entre mineurs délinquants et non délinquants.

Rappelons simplement, une fois de plus, que lorsque ces recherches utilisent le terme « délinquant », il s'agit de délinquance connue, qui n'est pas, nous l'avons vu, représentative du monde de la délinquance.

Puis, vient l'analyse des actions mises en œuvre communautairement pour prévenir le phénomène délinquance. Tel est le cas du travail réalisé par J.M. Fericgla et F. Torrijos (1987) qui analysent une population de jeunes à Prat de Llobregat à partir de leurs répartition, différenciation sexuelle, culture, ethnie, utilisation de l'espace, temps occupé et comportements déviés pendant le temps libre. Ils insistent sur la nécessité de nouveaux modèles éducatifs globalisants, ils jugent indispensable une nouvelle approche conduisant à une restructuration du temps dans sa totalité, surtout en ce qui concerne le milieu où évoluent les jeunes, pour obtenir un courant d'information constructif permettant l'intégration des jeunes – selon leurs degrés de marginalité et de comportement dévié – dans une réalité commune et participative. Ils concluent que, tant que dans de nombreux collectifs continuera à prédominer un excès de temps inoccupé informativement, dans la mesure où l'utilisation constructive du temps ne sera pas structurée, cette intégration sera pratiquement impossible.

Le travail proposé par J. Diego (1989) présente également de l'intérêt. Il y expose un projet de prévention policière de la garde urbaine de Barcelone. Il s'agit d'établir une organisation encadrée dans la structure générale, ayant la spécialité concrète de « crime prévention ». Les autorités lui délégueraient l'assistance, la préparation des différentes actions et le cas échéant, la réalisation ou encore l'instruction des agents qui vont les mettre en œuvre.

Enfin, dans le domaine de la prévention, A. Luccheti (1989) présente l'action municipale menée à bien à Roquetes (quartier de Barcelone très défavorisé) sur une durée de trois ans (1988-1990). Le Plan Intégral de Roquetes (PIR) entre dans le cadre des interventions visant à rendre vie à des aires urbaines dégradées. En effet, la prévention des problèmes sociaux à risque (délinquance, toxicomanie, etc.) dépend en grande partie de l'amélioration des conditions de logement, de l'insertion professionnelle, de l'offre culturelle, etc. C'est ainsi que la prévention est liée à une véritable intégration du quartier dans la ville, afin de contrecarrer la sous-urbanisation.

Nous ne citons qu'un échantillon de certains travaux, mais il en existe bien d'autres.

V. INSÉCURITÉ, DÉLINQUANCE ET MÉDIAS

Le thème de victimologie ne commence à connaître une certaine diffusion en Espagne qu'au début des années 1980. C'est pourquoi les principales recherches ne datent que de la moitié de cette décennie. En fait, la victime est l'éternelle oubliée du processus pénal.

A certains moments de la construction de la démocratie dans notre pays, quelques secteurs en sont arrivés à penser que le renforcement de celle-ci dépendait d'un accroissement de ce qu'on appelle la sécurité urbaine. Il s'agissait d'éviter d'attribuer l'insécurité à la démocratie. C'est dans ce contexte et sans trop tenir compte que le problème de l'insécurité était profondément commun à toutes les agglomérations urbaines européennes, que divers groupes de recherches ont étudié des problèmes liés à la victimisation, la sensation subjective de peur ou la menace devant le délit, les résultats de la réponse pénale, l'efficacité de ses agents, etc.

Travaux précieux, qui ont également contribué à divers titres à renforcer la construction de la mythologie de la sécurité, ignorant que « de même que derrière l'accroissement de la délinquance il peut y avoir un ensemble de facteurs, derrière la peur, l'insécurité et les demandes de contrôle, se cache essentiellement une grande opération politique » (Alabart, Aragay, Sabate, 1988).

Une première source d'information disponible est constituée par la « banque de données du CIS », organisme qui déjà en 1980, dans ses études n° 1206 et n° 1251 avait abordé monographiquement la connaissance de la victimisation, du sentiment d'insécurité au sein de la population et des mesures à prendre. Problèmes qui ont été abordés périodiquement dans des études d'opinion globales (études n°s 1360, 1361, 1736, etc.) ou monographiquement dans l'étude n° 1714, de novembre 1987 sur « Le terrorisme et la sécurité des citadins ».

Mais dans ce domaine, les études modèles sont celles de la Commission technique de sécurité urbaine de la mairie de Barcelone. Ces études, sériées et comparables, recouvrent la période de 1982 à 1988, une année après l'autre, avec une méthodologie très semblable à celle suivie dans d'autres pays de la Communauté européenne. Ces travaux, toujours fondés sur plus de 6 000 enquêtes, et avec des degrés élevés de fiabilité statistique (± 1,1 % d'erreur), ont cherché à mesurer, dans la ville de Barcelone, entre autres, les variables suivantes : taux réel de délinquance et sa répartition territoriale, impact sur la vie quotidienne de la population ; coefficient de plainte ; opinion sur les politiques de sécurité et confiance dans les institutions ; sensation de sécurité ; opinion sur les causes de l'insécurité, etc.

Ces données constituent réellement une base cohérente de travail relative aux attitudes de la population devant le monde du délit. Toutefois, de même que dans d'autres pays, ces renseignements reposent sur les sables mouvants de la méconnaissance de ce qu'ils mesurent en fait. C'est ainsi que, par exemple (J. Lahosa, 1989), le souvenir spontané de victimisation est passé en 1988 à la moitié de ce qu'il était en 1986 (de 20,2 % à 10,4 %), alors que la crainte d'être volé, attaqué, agressé, etc., restait le souci principal des citadins (pratiquement au même niveau que de rester sans emploi). Quelle est l'insécurité réelle et comment se mesure-t-elle ? Comment se construit la peur, la valeur sécurité, l'acceptation du contrôle, etc. ? Autant de questions que ces études, hors de nos frontières comme à l'intérieur, continuent à laisser de côté.

Etroitement associées aux attitudes face au délit, et en tout cas capables de les colorer et de les déterminer, apparaissent les constructions culturelles et les images associées à d'autres réalités, comme le problème de la drogue. Dans certains cas, les travaux (Hualde, 1986 et 1989) cherchent leur relation objective avec le monde du délit dans le contexte actuel de criminalisation. Dans d'autres (CIS, études 1206, 1360, 1714), elles sont mises simplement dans le même sac et traitées sans esprit critique (voir également les études citées de la Commission technique de sécurité urbaine) comme des composantes de l'insécurité et de la peur.

BIBLIOGRAPHIE

AJUNTAMENT DE BARCELONA. Serveis socials. *Enquesta sobre les drogaaddiccions*, Coleccion Serveis Socials, Barcelona, 1985.

ALBART, A., ARAGAY, J.M., SABATE, J., De la inseguretat a la solidaritat, *Prevencio'*, Ajuntament de Barcelona, 1989, 1.

ARANA, J., CARRASCO, J.L., *Ninos desasistidos*, Instituto Nacional de Asistencia Social, Instituto de Ciencias del Hombre, Ed. Karpos, S.A. Madrid, 1980.

BAULENAS, G., GRACIA, T., MAYOL, I., *La repercussio' educativa del consum de drogues en menors amb conflicte social*, Generalitat de Catalunya, Departament de Justicia, Centre d'Estudis i Formacio', Barcelona, maig 1988.

BERGALLI, R., *La recaida en el delito : modos de reaccionar contra ella*, Barcelona, Alexander von Humboldt-Stiftung, 1980.

CANO, L., BERJANO, E., Drogas y educatores : una investigacion en le comunidad Valenciana, en *Education y Drogas en la comunidad Valenciana*, Generalitat Valenciana, Conselleria de Treball i Seguretat Social, Direccio' General de Serveis Social, Valencia, 1986.

CENTRO DE ESTUDIOS DEL MENOR. Direccion General de Proteccion Juridica del Menor, Ministerio de Asuntos Sociales. En proceso de elaboracion :

- Elaboracion y validacion de instrumentos de deteccion e intervencion de/en situacion de maltrato y abandono en la infancia.
- Estudio de las representaciones vigentes sobre el fenomeno de malos tratos y abandono infantil.
- Estudio sobre la situacion en Espana del abuso sexual infantil. 7 fase : a travès de los profesionales que intervienen en casos de abuso sexual.
- Estudio longitudinal secuencial de las consecuencias de la intervencion sobre el maltrato infantil en tres contextos : institucions, acogimiento familiar y permanencia en la familia de origen.

– Estudio de la incidencia y tratamiento en la Prensa Espanole de la infancia en general y en especial de los fenomenos de malos tratos y abandono de ninos.
CIS, *Victimizacion y droga*, Estudio nº 1206, Centro de Investigaciones Sociologicas, Banco de Datos, Madrid, 1980a.
CIS, *Valores ciudadanos*, Estudio nº 1247, Centro de Investigaciones Sociologicas, Banco de Datos, Madrid, 1980b.
CIS, *Barometro*, junio 1983, Estudio nº 1360, Centro de Investigaciones Sociologicas, Banco de Datos, Madrid, 1983a.
CIS, *Barometro*, julio 1983, Estudio nº 1361, Centro de Investigaciones Sociologicas, Banco de Datos, Madrid, 1983b.
CIS, *Barometro*, abril 1985, Estudio nº 1456, Centro de Investigaciones Sociologicas, Banco de Datos, Madrid, 1985.
CIS, *Barometro*, enero 1986, Estudio nº 1504, Centro de Investigaciones Sociologicas, Banco de Datos, Madrid, 1986a.
CIS, *Barometro*, octubre 1986, Estudio nº 1552, Centro de Investigaciones Sociologicas, Banco de Datos, Madrid, 1986b.
CIS, *Barometro*, abril 1987, Estudio nº 1626, Centro de Investigaciones Sociologicas, Banco de Datos, Madrid, 1987a.
CIS, *Cuestiones de actualidad : terrorismo y seguridad ciudadana*, Estudio nº 1714, Centro de Investigaciones Sociologicas, Banco de Datos, Madrid, 1987b.
CIS, *Barometro*, marzo 1988, Estudio nº 1736, Centro de Investigaciones Sociologicas, Banco de Datos, Madrid, 1988a.
CIS, *Cuestiones de actualidad : actitudes y opiniones de los espanoles ante la droga*, Estudio nº 1738, Centro de Investigaciones Sociologicas, Banco de Datos, Madrid, 1988b.
CIS, *Barometro*, septiembre 1988, Estudio nº 1763, Centro de Investigaciones Sociologicas, Banco de Datos, Madrid, 1988c.
COMAS ARNAU, D., *El tratamiento de la drogodependencia y las comunidades terapeuticas*, Coleccion comunidad y drogas, Ministerio de Sanitad y Consumo, Delegacion del Gobierno para el Plan Nacional sobre Drogas, Madrid, 1988.
Comissio' Tecnica de Seguretat Urbana, *L'enquesta de seguretat ciutadana de 1984*, Ajuntament de Barcelona, 1985.
Comissio' Tecnica de Seguretat Urbana, *L'enquesta de seguretat ciutadana de 1985*, Ajuntament de Barcelona, 1986.
Comissio' Tecnica de Seguretat Urbana, *L'enquesta de seguretat ciutadana de 1986*, Ajuntament de Barcelona, 1987.
Comissio' Tecnica de Seguretat Urbana, *L'enquesta de seguretat ciutadana de 1987*, Ajuntament de Barcelona, 1988.
Comissio' Tecnica de Seguretat Urbana, *L'enquesta de seguretat ciutadana de 1988*, Ajuntament de Barcelona, 1989.
Comissio' Tecnica de Seguretat Urbana, *L'enquesta de seguretat ciutadana de 1989*, Ajuntament de Barcelona, 1990.
DARGALLO, J., MARTINEZ-ROIG, A., DOMINGO, F., *La sindrome del nen apallissat*, Monografies mediques, Academia de Ciencies Mediques de Catalunya i de Belears, Barcelona, 1981, 23.
DIAZ, A., BAGUENA, J., Estudio comparativo entre grupos adolescentes delincuentes y no delincuentes. Resultados preliminares, en *Delincuencia*, Valencia, 1989, 1, 1.
DIEGO, J., La prevencion del delito : un tema policial, en *Prevencio*, Barcelona, 1989, 3.
Direccio' General d'Atencio' a la Infancia. *Els maltractaments infantils a Catalunya. Estudi global i balanc de la seva situacio actual*, Generalitat de Catalunya, Conselleria de Benestar Social, Barcelona, 1991.
DOMINGUEZ FREJO, Y., VERGES ALONSO, M., El sindrome del nino maltratado en *Revista Interuniversitaria de Educacion Especial*, 1987, 0.
EDIS, La problematica de los malos tratos a menores a partir de las opiniones de los profesionales y expertos de las diversas areas (sanitaria, juridica, pedagogica, social,

etc.) y del analisis de casos de malos tratos detectados y tratados por estos profesionales en SANCHEZ MORO, C. (ed.), *Aproximacion a la problematice de los malos tratos en la infancia*, Madrid, 1988a, 9.

EDIS, Encuesta sobre actitudes de agresividad y violencia de los padres hacia sus hijos, en SANCHEZ MORO, C. (ed.), *Aproximacion a los malos tratos en la infancia*, Madrid, 1988b, 9.

ELEJABARRIETA, F., *Estudio comparativo sobre los menores que han pasado por el tribunal tutelar entre 1979 y 1984*, Generalitat de Catalunya, Departament de Justicia, Centre d'Estudis i Formacio', Barcelona, 1989.

FERICGLA, J.M., TORRIJOS, F., Conducta desviada en el temps lliure. Etude d'un cas concret : El Prat de Llobregat, en *Quan el temps es lleure. Recurs par a prevenir la marginacio'*, Ajuntament de Barcelona, Area de Joventut, GREDJ, Barcelona, 1987.

FLOREZ LOZANO, J.A., Repercusiones del alcoholismo de los padres en el nino, en Monografias de Pediatria, *Sindrome del nino maltratado*, Jarpo Editores, 1988.

FUNES, J., ROMANI, O., *Dejar la heroina*, Ministerio de Trabajo y Seguridad Social, Secretaria Général para la Seguridad Social, Direccion General de Accion Social, Cruz Roga Espanola, Madrid, 1985.

FUNES, J., REDONDO, S., Generalitat de Catalunya, Centre d'Estudis i Formacio' Especialitzada, En procès d'elaboracio' :

– La crisis de penar : analisis de la reincidencia en Cataluna.

GARZON, J., SEOANE, J., Evaluacion ciudadana de los procesos judiciales. Un cuestionario de actitudes judiciales, *Anuario de Sociologia y psicologia Juridicas*, Barcelona, 1986.

GIMENEZ-SALINAS, E., *Delincuencia juvenil y control social*, Barcelona, circulo editor Universo, 1981.

GIMENEZ-SALINAS, E., Justicia i maltractaments o maltractaments de la Justicia, en *Papers d'Estudis i Formacio'*, 1988, 3.

GIMENEZ-SALINAS, E., *The Spanish prison system*, an emprisonment today and tomorrow, Freiburg, Max Planck Institut, 1990.

GIMENEZ-SALINAS, E., FUNES, J., *Diez anos de investigacion sobre el orden y el control penal en Espana*, GERN, 1991.

HUALDE, G., *Drogue et délinquance chez les jeunes de Navarre*, Tesis Doctoral, Facultad de Derecho de la Universitad de Pau y Paises del Adour, 1986.

HUALDE, G., La droga y la delincuencia en los jovenes de Navarra, *Revista del Centro de Estudios de la Merindad de Tuleda*, Tuleda, Navarra, 1989.

IBANEZ LOPEZ, P., ALFONSO SANJUAN, M., *La droga. Razones de su consumo por la juventud*, Editorial Mezquita, S.A., Madrid, 1983.

Idea prevencion. Sistema de informacion tecnica sobre prevencion del uso indebido de drogas. Centre de Estudios sobre Promocion de la Salud, Madrid.

LAHOSA, M.J., Las encuestas de victimizacion : los ciudadanos, como lo ven en Prevencio ?, *Quaderns d'estudis i documentacio'*, Ayuntamiento de Barcelona, 1988, 1.

LAHOSA, M.J., Las encuestas de victimization de 1988 en Barcelona, Prevencio, *Quaderns d'estudis i documentacio'*, Ayuntamiento de Barcelona, 1989, 3.

LUCCETTI, A., El plan integral de Roquetes, en *Provencio'*, Barcelona, 1989, 3.

MADRIGAL, V., ALONSO, J., Experiencia hospitalaria en ninos maltratados, en *Malos tratos en la infancia*, Instituto Nacional de la Salud, Cantabris, 1990.

MIR PUIG, S., *La reincidencia en el Codigo Penal. Analisis de los art. 10.14, 10.15, 61.6 y 516.3*, Barcelona, Bosch, 1974.

MIR PUIG, S., *Derecho Penal : parte general : fundamentos y teoria del delito*, Barcelona, PPU, 1990.

NEGRE, P., y col., *Els menors i la justicia. Estudi sociologic*, Barcelona, Departament de Justicia, Centre d'Estudis i Formacio', 1989.

ORTET FABREGAT, G., PEREZ SANCHEZ, J., Actitudes de estudiantes universitarios hacia la delincuencia, *Revista de Estudios Penitenciarios*, Madrid, 1989, 241.

QUEROL, X., El nen maltractat. Manifestacions cliniques poca habituals, en *Bulletin de la Societat Catalana de Pediatria*, 1986, 46.

QUILIS, R., Estudi sociologic sobre els mals tractes infantils partint dels articles publicats a la premsa de successos, en *Estudis sobre la Infancia Maltractada*, Editorial Amarantos, Barcelona, 1988.

REMIRO ALEGRE, J.M., LOMEO, M., BLANCO, R., El maltrato infantil desde los servicios sociales, en *Malos tratos en la infancia*, Instituto Nacional de la Salud, Cantabria, 1990.

ROYO i ISACH, J., Programes de tractament lliures de drogues a l'SPOTT en Drogodependencies. *Experiencies d'intervencio' a Catalunya*, Diputacio' de Barcelona, Servei de Serveis Socials, Barcelona, 1988.

SILVA, F., MARTORELL, C., CLEMENTE, A., MESTRE, V., Una escala para la prediccion de menores delincuentes, en *Delincuencia*, Valencia, 1990, 2, 2.

Universitad del Pais Vasco, *Maltrato y abandono infantil. Identification de factores de riesgo*, Director : Joaquin de Paul Ochoterena, Servicio Central de Publicaciones del Gobierno Vasco, Victoria Gasteiz, 1988.

BILAN DES CONNAISSANCES EN BELGIQUE

Patrick HEBBERECHT*

Les aperçus de la recherche criminologique néerlandophone et francophone en Belgique de 1970 jusqu'à 1987, publiés par la revue *Panopticon*, démontrent que les sciences criminologiques s'intéressaient peu avant 1985 à la problématique de l'insécurité et de la prévention de la criminalité [1].

L'intérêt universitaire criminologique pour ces problématiques s'accroît lorsque les pouvoirs publics nationaux et communautaires dégagent de l'argent pour la recherche, suite aux réformes institutionnelles et aux événements dramatiques qui définissent la criminalité et l'insécurité comme de sérieux problèmes sociaux exigeant une réponse politique.

Pour cette raison, les recherches récentes sur l'insécurité et la prévention de la criminalité en milieu urbain, seront présentées d'une façon chronologique.

En conséquence des réformes institutionnelles belges, la protection de la jeunesse et le secteur du bien public ont été communautarisés lors des années 1980.

En vue du développement d'une politique propre de protection de la jeunesse, le ministre de la Famille et du Bien-être social de la communauté flamande a, en 1984, confié des missions de recherche, sur le thème de la protection de la jeunesse, au Seminarie en Laboratorium voor Jeugdwelzijh en Volwassenenvorming (Séminaire pour la santé de la jeunesse et la formation des adultes) de la Rijksuniversiteit de Gent et au Onderzoeksgroep Jeugdcriminologie (Groupe de recherche criminologique de la jeunesse) de la Katholieke Universiteit Leuven.

On a demandé au Seminarie voor Jeugdwelzijh en Volwassenenvorming de la Rijksuniversiteit de Gent de faire une recherche d'action sur les fonctions probables d'un centre médiateur pour la jeunesse [2]. Les pouvoirs publics ont décidé de mettre fin à cette recherche après une première phase d'étude de la littérature et des tables rondes. Ainsi, la

(*) Professeur à l'Université de Gent (Belgique).

1. *Panopticon, Tidjschrift voor Strafrecht, Criminologie en Forensisch Welzijnswerk*, 1982, 2, 175-182, 4, 377-383 ; 1983, 4, 394-404 ; 1988, 2, 191-195 ; 1988, 4, 429-442.

2. Verhellen, Spiesschaert, 1986.

tentative de faire de la prévention générale fondée sur une approche structurelle n'a pas abouti. Sur la base des études de la littérature et des tables rondes, l'équipe de recherche avait opté pour une approche structurelle de la prévention générale, centrée, par la reconnaissance des droits fondamentaux, sur l'amélioration de la position judiciaire des jeunes. Le projet d'un centre médiateur pour la jeunesse serait d'une grande importance dans cette stratégie de prévention.

La mission de recherche exploratoire, théorique et pratique, du domaine de la prévention générale a été confiée à l'Onderzoeksgroep Jeugdcriminaliteit de la Katholieke Universiteit Leuven[3].

La première partie du rapport de recherche, fondée sur l'étude de la littérature, décrit les différents aspects de la notion de « prévention générale ». Elle donne un aperçu de divers programmes de prévention. Les auteurs eux-mêmes défendent une « prévention radicale », orientée vers des changements sociaux et favorisant l'émancipation.

Sur la base d'une enquête et d'interviews, la recherche « d'inventorisation » s'est élargie aux organisations menant des actions de prévention générale en Flandre.

Les chercheurs en déduisent que la structure, le fonctionnement et le rôle de telles organisations dans la société déterminent l'orientation des actions de prévention générale. Les organisations « alternatives » telles que les foyers socio-éducatifs, les maisons de jeunes, les centres consultatifs pour les jeunes... attachent une importance plutôt émancipatoire à la notion de prévention générale. Ils s'orientent, en premier lieu, vers un élargissement des alternatives comportementales en faveur des groupes (délinquants) et des jeunes. Les organisations dites « classiques » telles que la police, les centres de santé mentale, les comités de protection de la jeunesse... mettent l'accent sur le contrôle et la restriction des possibilités de comportements délinquants.

La recherche suivante, effectuée par le Onderzoeksgroep Jeugdcriminologie de la Katholieke Universiteit Leuven, a contrôlé les méthodologies socio-éducatives existantes à l'aide des résultats de six initiatives différentes de prévention générale en Flandre[4]. Ce contrôle a été à la base de la rédaction d'un manuel des actions de prévention générale, utile pour les praticiens et les conseillers des initiatives de prévention.

Le schéma développé constitue une synthèse des différents modèles de travaux d'animation et de formation socio-culturelle, d'information et d'organisation.

La première partie « la préparation du projet » décrit les sujets importants et les stratégies éventuelles pour la recherche, la détermination

3. Walgrave, De Cauter, 1984.
4. Walgrave, De Cauter, 1988.

et l'analyse d'un problème que l'on veut résoudre par l'intermédiaire des actions ou des projets de prévention.

La deuxième partie inventorise, d'une manière détaillée, les méthodologies et les sujets importants de « la définition des buts et des stratégies ».

La troisième partie décrit « l'exécution et l'évaluation du projet ».

A la suite de la série d'événements dramatiques survenus en Belgique pendant les années 1980 (actes de terrorisme développés par les cellules communistes combattantes, crimes perpétrés par les tueurs fous du Brabant wallon, drame du Heysel), M. Nothomb, ministre de l'Intérieur du gouvernement centre-droite de l'époque, a décidé, à partir de 1986, le développement d'un programme de recherche scientifique orienté vers la police et la sécurité du citoyen. Dans le cadre de ce programme, l'école de criminologie de la Rijksuniversiteit Gent a eu pour mission d'analyser les sentiments d'insécurité des citoyens de Gent ainsi que deux initiatives gantoises luttant contre l'insécurité, notamment un groupe d'autodéfense et un programme de prévention dirigé par la police[5].

La recherche sur les sentiments d'insécurité a été menée à partir des résultats d'enquête d'un sondage effectué auprès de 500 personnes, stratifié selon des critères représentatifs de la population gantoise de plus de seize ans (nationalité, âge, sexe).

Les chercheurs ont constaté, en premier lieu, une forte préoccupation vis-à-vis de la criminalité, plus importante que la peur d'être victime.

Ce sont les personnes dont le niveau d'études et la position sociale sont peu élevés qui se sont montrées le plus « préoccupées » par la criminalité, tandis que les personnes « effrayées », qui ont peur d'être victimes de cambriolages et de vols, sont surtout les femmes et les personnes âgées.

On a trouvé un rapport significatif avec la lecture des rubriques criminelles des journaux « de boulevard », uniquement chez les personnes « préoccupées » et non chez les personnes « effrayées » par la criminalité.

Les chercheurs ont étudié, ensuite, l'histoire de la création d'un groupe d'autodéfense dans un faubourg gantois. Les réactions policières, judiciaires et politiques sur cette initiative, ainsi que les informations fournies par les médias, ont été analysées à l'aide des interviews des parties intéressées.

Enfin, les chercheurs ont examiné, sous une approche théorique, le projet et le fonctionnement d'un programme de prévention, dirigé par la police et orienté vers un quartier : l'action d'observation du quartier (Neighbourhood Watch).

5. Hebberecht, Pelfrene, Lippens, 1986. Hebberecht, Lippens, Hofman, 1986.

A partir d'une description du programme, on a tenté de déterminer les idées, les concepts et les mécanismes centraux de la stratégie préventive. La recherche a montré que ce programme a une approche spécifique de la réalité dans laquelle il doit fonctionner, c'est-à-dire une vision de la prévention basée sur l'option de contrôle social informel, une vision classique et individuelle du criminel et de son comportement, une vision du rôle central de la police dans la société pour la défense de l'ordre et des valeurs primordiales...

Dans le cadre d'un second programme de recherche sur la police et la sécurité du citoyen, le nouveau ministre de l'Intérieur du gouvernement centre-gauche, le socialiste Louis Tobback, a suscité deux missions de recherche sur la prévention de la criminalité. Les résultats de ces recherches devraient lui permettre de déplacer l'essentiel de la politique de prévention belge, des niveaux national et provincial au niveau communal. Ils devraient, également, lui donner les moyens d'accorder une importante dimension d'intégration sociale à la politique de prévention.

Le Groupe de recherche du service de criminologie de la Rijksuniversiteit Gent s'est vu confier la mission de formuler des recommandations pour une politique de prévention locale, à partir d'une recherche sur la criminalité et l'insécurité dans les quartiers. L'institution de recherche non universitaire francophone, « Synergie » (Service intervention recherche jeunes), était chargée d'analyser plusieurs formules belges et étrangères de prévention intégrée de criminalité.

Le Groupe de recherche du service de criminologie de la Rijksuniversiteit Gent a sélectionné quatre quartiers de la ville de Gand :

– deux quartiers dont la position socio-économique est peu élevée mais qui diffèrent par le taux de concentration des migrants et par l'existence, dans l'un d'eux, d'un programme de prévention de la police ;
– un quartier de classe moyenne mixte ;
– un quartier dont la position socio-économique est élevée et la population relativement plus âgée[6].

La méthodologie comportait, d'une part, une enquête détaillée (sentiments d'insécurité, relation avec la police, victimation, etc.) réalisée par sondages auprès de tranches représentatives de la population des quatre quartiers et, d'autre part, une étude des caractéristiques des faits enregistrés par la police.

Les résultats font apparaître que ni la criminalité, ni l'insécurité ne sont éprouvés comme les problèmes sociaux les plus importants, contrairement à ceux touchant le milieu et la circulation.

Les problématiques de criminalité et de victimation présentent un

6. Hebberecht, Hofman, Philippeth, Colle, 1991.

caractère très local. Leurs modèles diffèrent selon le quartier et les groupes sociaux.

La convergence entre les profils de l'auteur et de la victime est frappante pour certains délits tels le vol, les coups et blessures...

L'idée de gravité des délits, la peur d'en être la victime, les comportements, ainsi que les désirs de prévention divergent également selon les groupes sociaux, en fonction de leur interprétation et de leur expérience des événements criminels.

A la suite de cette analyse de la criminalité et de l'insécurité, au niveau du quartier, les recommandations suivantes, au sujet de la prévention, ont été formulées :

La politique de prévention devrait, dorénavant, être orientée vers les situations concrètes et les problèmes des groupes sociaux intéressés. Pour la développer, les autorités locales devraient viser l'intégration, aussi bien des acteurs impliqués que des stratégies utilisées.

Après une analyse détaillée du profil de la victime et du coupable, ainsi qu'une évaluation locale de la problématique criminelle, les acteurs sociaux pertinents devraient être impliqués dans la définition et l'exécution des travaux de prévention, aussi bien la police, les autorités locales, les administrations supra-locales, que les associations et les groupements de citoyens. Il serait nécessaire d'intégrer la stratégie, à court terme, de la technoprévention et de la prévention situationnelle, dans une stratégie, à long terme, de prévention sociale.

Ainsi qu'il en a été fait mention précédemment, l'institution de recherche Synergie a analysé, en 1989 et 1990, à la demande du ministre de l'Intérieur, plusieurs formes belges et étrangères de la prévention intégrée de la criminalité[7].

Dans une première phase, les chercheurs ont procédé à une analyse critique de quelques modèles étrangers de la prévention et sont arrivés à une caractérisation de la politique de prévention française, hollandaise et britannique.

Le modèle français, développé en particulier par le gouvernement socialiste depuis le début des années 1980, s'oriente vers la prévention sociale.

L'option d'une stratégie à long terme choisie, comporte un risque politique en ce qui concerne la continuité de l'orientation. Au niveau local, l'implication de la responsabilité policière et judiciaire reste floue et diffuse.

Le projet hollandais de lutte contre la criminalité, « Société et criminalité », inspiré par une théorie de contrôle social problématique, opte pour la prévention situationnelle. Mais cette politique de prévention n'a aucune influence sur les processus d'exclusion sociale.

La politique britannique est également orientée, unilatéralement, vers

7. Poulet, Brion, Dupont, 1990.

la prévention situationnelle. La police occupe une place centrale dans la création et l'exécution des projets de prévention.

L'implication des instances gouvernementales et des organisations sociales dans le développement d'une politique de prévention, aux niveaux national et local, entraîne de sérieux problèmes de coordination et de concertation.

En dehors de la politique gouvernementale, quelques autorités locales socialistes ont développé leurs propres projets, ce qui donne à la politique de prévention britannique un caractère contradictoire.

Préalablement à l'analyse des projets de prévention supra-locale et locale belge, les auteurs retracent les évolutions institutionnelles et politiques qui ont été à l'origine d'un nouveau contexte structurel en matière de prévention de la criminalité.

Les réformes institutionnelles belges ont donné à la communauté française la possibilité d'organiser la protection des jeunes en dehors de la justice. La crise de légitimation policière et judiciaire a provoqué une redéfinition de la police communale vers une police de première ligne. Le gouvernement central permet aux autorités locales, en particulier aux maires, d'avoir leurs politiques propres, quoique les discours politiques diffèrent quant à l'interprétation de cette autonomie élargie des autorités locales.

Au niveau supra-local, les chercheurs analysent les initiatives de prévention prises par la région wallonne et par le gouvernement national. La région wallonne incite le secteur social, par l'intermédiaire de l'organisation « opération été jeunes », à développer une prévention sociale à l'égard des jeunes, basée sur une intégration locale communale.

Par le biais des organisations du Conseil supérieur et des commissions provinciales pour la prévention de la criminalité, où siègent principalement des représentants de la police et du parquet, le ministre de l'Intérieur privilégie une action d'information vis-à-vis du grand public et des victimes potentielles, organisée au niveau provincial.

Au niveau local, les auteurs analysent l'organisation et le fonctionnement des commissions de prévention communales de Saint-Gilles et d'Anderlecht (deux communes de la banlieue bruxelloise). Ils traitent et problématisent les différentes interprétations éventuelles des notions de « politique locale » et de « communauté locale ». Ils imputent le mauvais fonctionnement des deux commissions de prévention communale à l'influence de la politique communale, au peu d'ardeur des autorités, à l'organisation policière qui concorde mal avec la participation à la prévention sociale intégrée et à la faible quantité d'informations fournie par les services sociaux communaux.

L'étude des modèles de prévention intégrée, étrangers et belge, se termine par les conclusions suivantes :

La mise en place d'une coopération effective demande beaucoup de temps et entraîne plusieurs problèmes. Une telle coopération suppose l'exclusion de certaines organisations et de groupes sociaux. L'intégration de la police dans une coopération plus élargie est difficile, en raison de sa propre image du problème de la criminalité.

La dépendance politique de la plupart des acteurs de la coopération influe de façon gênante. Les organes de concertation s'isolent en se détournant de la problématique originale. Les contextes sociaux-politiques locaux compliquent la stratégie qui vise à l'application de modèles de prévention généralisables par la voie de projets exploratoires.

Synergie, en collaboration avec la Fondation Roi-Baudoin, a publié un vademecum sur la prévention de la délinquance des jeunes, en partie basé sur la recherche décrite précédemment[8]. Une analyse criminologique du comportement déviant et délinquant des jeunes et des réactions policières et judiciaires à son égard, permet de délimiter le terrain social sur lequel la stratégie de prévention intégrée devrait être appliquée.

La stratégie de prévention sociale intégrée devrait agir sur les causes structurelles, ainsi que sur les manifestations concrètes de délinquance. Le rôle probable de la commune, dans les projets de prévention, apparaît évident.

Les auteurs donnent un aperçu des structures existantes et des dynamiques éventuelles mobilisées par une politique de prévention sociale intégrée (protection de la jeunesse, assistance sociale, enseignement, emploi, santé publique, police communale...). Ils traitent également des problèmes de coordination et de concertation qu'une telle politique entraîne. Ils terminent par un aperçu et un compte rendu des différentes initiatives de prévention prises par la communauté française belge.

Dans cet aperçu de la recherche scientifique récente sur l'insécurité et la prévention de la criminalité en Belgique, l'aspect d'orientation ou d'appui politique est frappant. Chaque recherche a été financée par les autorités nationales et communautaires compétentes.

Ces recherches sont peu novatrices d'un point de vue théorique ou méthodologique. L'absence de recherches fondamentales belges sur la problématique de l'insécurité et de la prévention de la criminalité réduit les chercheurs à utiliser les théories développées à l'étranger.

BIBLIOGRAPHIE

HEBBERECHT, P., PELFRENE, E., LIPPENS, R., *Onderzoeksproject Onveiligheid, Criminaliteit en Burgerwacht. Aanvullend Rapport*. Rijksuniversiteit Gent, Schoole voor Criminologie, 1986.

HEBBERECHT, P., PELFRENE, E., LIPPENS, R., *Onderzoeksproject Onveiligheid, Criminaliteit en Burgerwacht*, Rijksuniversiteit Gent, School for Criminologie, 1986.

HEBBERECHT, P., HOFMAN, H., PHILIPPETH, K., COLLE, P., *Een buurtgericht onderzoek naar criminaliteit, onveiligheid en preventie*. Vanden Broele, Brugge, 1991.

POULET, I., BRION, F., DUPONT, A., *Prévention en concertation au niveau local*. Vanden Broele, Brugge, 1990.

Synergie, Fondation Roi-Baudoin, *Prévenir la délinquance des jeunes. Mots et moyens pour l'action locale*. Bruxelles, 1989.

VERHELLEN, E., SPIESSCHAERT, F., *Jongerenombudsfuncties. Een onderzoek inzake algemene preventie in de jeugdbescherming,* Seminarie en Laboratorium voor Jeugdwelzijn en Volwassenenvorming, Rijksuniversiteit, Gent, 1986.

WALGRAVE, L., DE CAUTER, F., *Algemene preventie in Vlaanderen. Naar een differentiatie in theorie en praktijk, Faculteit der Rechtsgeleerdheid, Afdeling Strafrecht, Strafvordering en Criminologie,* Onderzoekgroep Jeugdcriminologie, Katholieke Universiteit Leuven, 1984.

WALGRAVE, L., DE CAUTER, F., *Een methodiek voor de algemeenpreventieve project werking,* Deel I, II, III. Katholieke Universiteit Leuven, Faculteit der Rechtsgeleerdheid, Afdeling Strafrecht, Strafvordering en Criminologie, Onderzoekgroep Jeugdcriminologie, 1988.

BILAN DES CONNAISSANCES EN ITALIE

Giuseppe MOSCONI*, Franca FACCIOLI**, Marco PICCOLO***

I. LE PHÉNOMÈNE DROGUE EN ITALIE : LES PROBLÈMES DE LA PRÉVENTION, DE L'ÉDUCATION, DU TRAITEMENT ET DE LA RÉPRESSION, SOUS L'ÉCLAIRAGE DES RECHERCHES SCIENTIFIQUES CONTEMPORAINES

Une analyse de la situation italienne en matière de problématique sur les toxicomanies doit tenir compte de l'entrée en vigueur, il y a six mois, d'une nouvelle législation qui modifie, après quinze ans, l'approche socio-juridique du problème « drogue » de façon assez prohibitionniste. Il s'agit de la loi 162/1990 qui remplace la loi 685/1975 et prévoit une plus grande sévérité envers le toxicomane. Depuis cette nouvelle loi, « se droguer » est devenu un délit, ce qui n'était pas le cas précédemment.

Cela dit, nous nous proposons de donner ici, le plus synthétiquement possible, un aperçu général des aspects marquants des questions de prévention, d'éducation, de traitement et de répression liées au « phénomène drogue » (Arnao, 1990).

1. PRÉVENTION ET ÉDUCATION

La nouvelle loi consacre neuf dispositions, longues et détaillées, aux actions d'information et d'éducation en matière de prévention. On veut, ainsi, encourager de grandes campagnes de prévention à travers les médias et déléguer aux régions et organismes locaux des moyens de prendre différentes initiatives de « sensibilisation ». Dans cette optique, deux secteurs spécifiques ont été privilégiés : celui de l'école et celui de l'armée (Lilliu, 1988).

Chaque école supérieure (lycée) a été dotée d'organes collégiaux spéciaux, fonctionnant comme centres de « renseignements et de consultation ». Des tâches complexes de coordination et de promotion

(*) Professeur à l'Université de Padova (Italie).
(**) Chercheur confirmé à l'Université de Rome (Italie), Faculté de Magistère.
(***) Assistant chercheur au département de sociologie de l'Université de Padova (Italie).

d'activités d'éducation sanitaire et d'information ont été confiées au ministère de l'Education nationale.

Il s'agit d'une approche globale, se référant au droit à la santé garanti par la Constitution (article 32). L'accent n'est pas mis seulement sur l'usage de substances stupéfiantes mais aussi sur celui du tabac, de l'alcool et sur les pathologies en corrélation.

Dans le même esprit, le ministère de la Défense nationale a mis en place des cours de formation pour le personnel sanitaire militaire et d'information pour les jeunes militaires (Garavelli et Caselli, 1990).

2. LE TRAITEMENT

Le problème du traitement des différents stades de toxicomanie a été confié aux unités sanitaires locales, coordonnées par les régions et le ministère de la Santé publique. Actuellement, 517 centres publics de thérapie contre la drogue et 422 centres privés sont en fonctionnement.

Les centres privés ont un rôle très important : prévention de l'isolement psychosocial, assistance, traitement, réhabilitation et réinsertion des toxicomanes (Pepino, 1989).

Les services publics de lutte contre la toxicomanie effectuent des examens-diagnostics et établissent, pour chaque sujet, un programme comportant thérapie (normalement avec administration de métadone) et réhabilitation sociale.

Pour chaque province, des structures spéciales psycho-socio-sanitaires ont été prévues, auxquelles consommateurs et familles peuvent s'adresser vingt-quatre heures sur vingt-quatre, mais ces structures ne sont pas en action. On a aussi prévu une augmentation considérable du nombre des communautés thérapeutiques.

Précisons qu'on dénombre plus de 300 000 toxicomanes en Italie. Cette donnée se réfère évidemment aux cas signalés et il n'existe pas de données fiables en ce qui concerne les cas clandestins (Ministero degli interni, 1991).

Actuellement, 48 471 personnes sont traitées dans les différents services publics et communautés thérapeutiques, en grande majorité de sexe masculin (90 %) et d'un âge moyen compris entre vingt-cinq et trente ans. 40 % des personnes sous traitement sont séropositives et 80 % d'entre elles souffrent d'hépatites.

Il faut souligner l'importance des décès dus à la drogue : en 1990, il y a eu 1 149 morts, contre 206 en 1980. Au cours de la première partie de 1991, cent décès mensuels par overdose ont été enregistrés, ce qui représente un accroissement de plus de 22 % par rapport à la même période de l'année précédente (Ministero della sanità, 1991).

D'après les données officielles en notre possession, il est possible de tracer un véritable « portrait robot » du toxicomane à risque : il est de sexe masculin, prend surtout de l'héroïne, vit dans les grandes villes métropolitaines, est âgé en moyenne de vingt-huit ans.

Dans 98 % des cas, les décès sont imputables à l'héroïne et dans 2 % des cas à l'abus de cocaïne, de médicaments psychotropes et/ou de « cocktails » particuliers (R. Russo i Ervolino, 1991).

3. LA RÉPRESSION

Le principe qui a inspiré la loi 162/1990 est celui de la consommation illicite de toute substance interdite. A ce propos, on a aboli la notion de « quantité modeste » qui, selon les termes de l'article 80 de la loi précédente permettait la non-pénalisation du consommateur. Par contre, le concept de « dose habituelle des vingt-quatre heures » a été introduit.

Le consommateur de drogues « dures » comme de drogues « douces » s'expose, en premier lieu à des sanctions administratives, allant de la suspension du permis de conduire et du passeport à l'obligation de ne pas quitter la commune de résidence et de se présenter chaque jour au commissariat. Ensuite, en cas de récidive, il encourt des peines d'emprisonnement. Si le consommateur vend ou cède, même gratuitement, sa dose, il s'expose à un emprisonnement de deux à six ans et à une amende de cinq à vingt millions de lires. Pour détention et mise en circulation de substances interdites, la peine est de huit à vingt ans de prison avec une amende de cinquante à cent cinquante millions de lires.

La réglementation en vigueur apparaît être, selon la définition de certains magistrats et sociologues, comme une *via crucis* imposée au toxicomane.

Le juge peut donc suspendre la sanction contre le consommateur habituel de substances stupéfiantes et le diriger, pour traitement, sur une structure thérapeutique. Si le sujet refuse de coopérer, le juge ordonne la poursuite du procès. S'il le demande, l'intéressé peut reprendre le programme, mais une seule fois. Lorsque le programme de réinsertion a été suivi complètement, le procès peut être annulé, mais jamais plus de deux fois pour une même personne. Lorsque le programme est abandonné ou s'il ne donne aucun résultat, les peines sont appliquées (Garavelli et Caselli, 1990).

a) La prison

La loi italienne prévoit des détentions différenciées pour les toxicomanes et fait valoir leur droit à la prise en charge socio-sanitaire. Malheureusement, cette règle n'a pas encore eu d'application concrète. Il faut noter que les reclus toxicomanes sont en augmentation constante, composant actuellement 28 % de la population des prisons qui compte un peu plus de 32 000 détenus (Aronica *et al.*, 1989). De surcroît, plus de 4 % des toxicomanes analysés en prison sont séropositifs et l'on compte 56 cas déclarés de SIDA.

b) Le trafic

On a noté une réponse vigoureuse de la police publique à l'expansion du phénomène drogue. En 1990, elle a effectué 16 353 opérations antidrogue (300 de plus que l'année précédente) ; elle a mis sous séquestre 898 kg d'héroïne (684 en 1989) et 798 kg de cocaïne (667 en 1989), ce qui représente des augmentations respectives de 31 % et de 28 % (R. Russo i Ervolino, 1991). Au cours des cinq dernières années, environ 100 000 cas ont été signalés aux autorités. Ce nombre est très important si l'on considère que le marché de la drogue est caractérisé par l'existence d'une partie clandestine considérable, difficilement quantifiable.

Il est superflu de souligner que l'engagement de la police publique s'avère absolument inadéquat par rapport à l'extension du phénomène. C'est pour cela que la police d'Etat, les « Carabinieri » et la « Guardia di finanza » peuvent, maintenant, utiliser de nouveaux moyens dans la lutte contre la drogue, comme par exemple : livraisons surveillées, achats simulés, agents infiltrés (Ministero degli interni, 1991).

4. SITUATION ACTUELLE DE LA RECHERCHE SCIENTIFIQUE

Après avoir expliqué, dans les points précédents, les tendances et les applications émergeantes en Italie, grâce à l'exégèse scientifique de ces six dernières années, il semble opportun de citer, maintenant, les contributions produites par la recherche médico-psycho-sociale. Il faut noter, tout d'abord, que la recherche sur le phénomène présente une évolution remarquable. De tentatives isolées, sans continuité, liées au circuit scientifique international, on est passé au développement d'un débat scientifique d'une grande fécondité théorique, produit aux moments des réorganisations de la sphère médico-psycho-sociale concernée par la drogue. Cela est dit le plus synthétiquement possible, dans le but de dresser un panorama rapide de la recherche italienne sur la prévention et le traitement de l'abus de substances stupéfiantes. Les contributions les plus importantes, apparues ces dernières années peuvent être divisées en quatre parties :

a) Etudes théoriques

Alberti, 1985 ; Arnao, 1990 ; Assini, 1988 ; Balloni, 1981 ; Bisio, 1980 ; Boggio, 1981 ; Caffarelli, 1986 ; Cancrini, 1980 ; Casonato, 1986 ; Cirillo, 1984 ; Cornacchia, 1986 ; Costantini, 1984 ; D'Amico, 1985 ; De Caro, 1980 ; Ferrarotti, 1980 ; Garavelli, 1990 ; Gius, 1980 ; Guidicini, 1990 ; Lilliu, 1988 ; Maremmani, 1988 ; Peirone, 1982 ; Pepino, 1989 ; Pissacroia, 1985 ; Sposato, 1982 ; Zerbetto, 1982.

b) Enquêtes empiriques

Aronica, 1989 ; Bellieni, 1985 ; Berlinguer, 1980 ; Brusa, 1980 ; D'Arcangelo, 1980 ; Gius, 1982 ; Maremmani, 1987 ; Russo Jervolino, 1991 ; ministères de l'Intérieur, de la Santé publique, 1990 ; ministère de l'Education nationale, 1991.

c) Recherches de documentation

Arnao, 1980-1983-1985 ; Barbero, 1981 ; Casini, 1980 ; Dassori, 1981 ; De Gennaro, 1983 ; Malizia, 1988 ; Statera, 1981 ; Tallandini, 1982 ; Teodori, 1989.

d) Recherches sur l'information et recherches appliquées

Andreol, 1984 ; Ambrosini, 1982 ; Baladoni, 1983 ; Battaglia, 1984 ; Cancrini, 1982 ; Cappelli, 1983 ; Giuliucci, 1986 ; Malagoli, 1987 ; Mirenna, 1985 ; Tartarotti, 1986.

II. LA PRÉVENTION À L'ÉGARD DES MINEURS

La politique de la justice italienne pour mineurs, durant les dix dernières années, est caractérisée par la tendance à limiter, le plus possible, les modalités d'intervention pénale et surtout, à tenir la plupart des mineurs à l'écart de la prison.

En remplacement des sanctions pénales et de la détention, on privilégie les modalités visant à la responsabilisation et au soutien des mineurs entrés dans le circuit judiciaire ou bien considérés à risques.

Cette politique, qui a débuté à la fin des années 1970, a été concrétisée par la création de programmes régionaux d'action sur la condition des jeunes, avec une référence particulière aux mineurs défavorisés (DPR 616/77).

Actuellement, la nouvelle loi sur le procès pénal des mineurs renforce encore cette tendance, puisqu'elle introduit des modalités d'intervention qui rappellent la « déjudiciarisation » et la « proaction » anglo-saxonnes (DPR 448/89).

Ces politiques, qui visent la réduction de l'intervention pénale et l'augmentation des actions de prévention et de responsabilisation, comportent un aspect positif : l'idée d'action spécialisée et sectorielle vis-à-vis des mineurs déviants est abandonnée au profit de celle de programmes de politique générale sur la condition des jeunes dans son ensemble. Cette optique entraîne l'implication de la communauté dans les initiatives d'intervention en faveur des mineurs, dépassant la césure entre les institutions de garde et la société extérieure. Elle a pour but l'abandon de la détention comme modalité privilégiée d'expiation de la peine et l'expérimentation de nouvelles modalités de contrôle dans une situation de liberté.

L'application de ces principes de politique pénale nécessitent, au niveau régional, une organisation différente des services sociaux. La plupart des régions, surtout au nord de l'Italie, ont élaboré des « projets jeunes » où l'adolescence à risques est prise en considération. Dans d'autres cas, par contre, on a prévu des actions plus spécifiques s'appliquant directement au problème de la délinquance des mineurs (Faccioli, 1990 et bibliographie jointe).

La littérature psychologique sur ces thèmes, en particulier celle fondée sur les recherches est limitée. Une partie du débat s'interroge sur les chemins possibles qui s'ouvrent à la justice des mineurs, laquelle hésite traditionnellement entre les exigences de « justice » et celles de « bien-être », dans un contexte où la tendance semble s'orienter vers une augmentation, de plus en plus grande, des systèmes de « bien-être » et une réduction des domaines d'intervention du système pénal (De Leo, 1986 ; Gatti Verde, 1987 ; Pitch, 1989...).

Un des points sur lesquels porte la réflexion est celui des risques possibles, liés à l'augmentation des modalités de contrôle sur les mineurs qui, hors du cadre juridico-pénal, peuvent nuire à la protection des personnes contre l'abus d'interventions discrétionnaires et arbitraires. On examine surtout ce que signifie protéger l'intérêt du mineur et les risques découlant d'une intervention paternaliste, déresponsabilisante, qui contribuerait à radicaliser sa situation de dépendance (De Leo, 1986).

L'accroissement des modalités de contrôle, caractérisées par la prise en charge de sujets défavorisés, oblige à s'interroger, de plus en plus, sur leur identité et sur les paramètres à partir desquels on peut définir le « mineur à risque » ou plus généralement « le mineur pouvant bénéficier d'un programme de prévention ».

Le concept de risque suppose une réévaluation de la catégorie de « caractère social dangereux », ambiguë et très controversée au niveau juridique, mais cependant assez utilisée dans la pratique de juger, pas tant sur la base de paramètres objectifs que de caractéristiques propres à quelques sujets : mineurs, immigrés et nomades, mineurs appartenant à des familles à problèmes, mineurs vivant en zones contrôlées par la criminalité organisée et, plus généralement, mineurs « sous contrôle », qui peuvent difficilement être gérés dans le cadre de la pratique de « bien-être » (De Leo, 1988 ; Pitch, 1989 ; Faccioli, 1990).

III. LA PRÉVENTION DE LA CRIMINALITÉ ET L'INTERVENTION DE LA COLLECTIVITÉ

Le panorama des études et du débat autour du problème de la prévention de la criminalité en Italie apparaît déterminé d'une part, par le climat politique et théorique et d'autre part, par les contenus de la législation et les modifications normatives survenues.

En ce qui concerne la première partie, l'attention prédominante portée aux aspects théoriques de la légitimation de la peine et de la nécessaire réforme des codes a privé d'intérêt l'étude de la dimension empirique de l'application, pas en elle-même mais en tant que préambule à la réorganisation de la gestion de la déviance dans la communauté, à l'extérieur de la prison.

L'introduction de quelques modifications de l'organisation pénitentiaire, ayant pour but d'étendre la possibilité d'accorder les mesures alternatives (L 633/8), ainsi que l'attribution, aux organismes locaux, de compétences spécifiques d'assistance aux ex-détenus et à leurs familles (DPR 616/77) ont suscité un fort intérêt pour le problème de l'intervention de la collectivité dans la prévention de la déviance.

On a favorisé davantage une activité de débat plutôt qu'une activité de recherche proprement dite. En effet, tandis qu'il existe assez peu de recherches, de nombreux congrès sont organisés sur le thème de la prévention et de la gestion de la criminalité sur le territoire, comportant des interventions qui se réfèrent à des expériences scientifiques.

Cependant, la plupart des contributions des participants aux différents débats sont de caractère théorique, ou visent à l'interprétation du contenu et des implications de la loi précédemment citée. Elles peuvent, aussi, focaliser les compétences et les modalités d'interventions que les organismes locaux sont susceptibles de développer.

La partie théorique, quant à elle, définit les interventions par rapport au contexte dans lequel le contrôle social peut être effectué. C'est-à-dire qu'on étudie les modalités de gestion de la déviance à travers une série d'actions visant à la prévention ou à la réintégration sociale des individus, en fuyant les logiques répressive, idéologique et de propagande. A ce sujet, on prévoit des possibilités de conflits ainsi que des difficultés de communication entre les organismes locaux et l'administration des prisons.

Dans le domaine du rapport entre la prison et la société extérieure, différents documents mettent l'accent sur les secteurs dans lesquels les organismes locaux sont susceptibles d'intervenir, en accord avec une interprétation extensive des lois en vigueur (Marota, 1990, Regione Emilia Romagna, 1985 ; Comune di Padova, 1987-1990). On peut citer : l'organisation, en prison, d'activités de traitement (instruction, travail, activités culturelles, sportives et récréatives), la formation professionnelle et le placement dans le monde du travail, l'organisation du service sanitaire, intégré dans les unités sanitaires locales, la formation du personnel des prisons, la réintégration sociale des anciens détenus et des détenus en semi-liberté, le soutien pour l'application des mesures alternatives, l'assistance aux familles des reclus, le soutien aux associations et coopératives et leur coordination.

Plus généralement, on a le souci d'instaurer un rapport équilibré entre la prison et le territoire, à travers la limitation du nombre des reclus en proportion de la population résidante, la formation de groupes de détenus par rapport à l'environnement, l'intégration des services intérieurs à la prison dans le réseau des services locaux, hors de toute logique de volontariat et de charité. On rappelle aussi souvent la nécessité pour les organismes locaux d'encourager un processus de sensibilisation et de maturation de l'opinion publique, afin de faire connaître les problèmes des prisonniers et des ex-détenus, pour en faciliter l'intégration et étendre les mesures alternatives.

Ces indications générales, développées à plusieurs reprises dans les congrès, ont parfois donné lieu à la formulation de projets proprement dits, dans lesquels les propositions apparaissent bien structurées en ce qui concerne les actions, les durées et les financements (Regione Emilia Romagna, 1990 ; Comune di Padova, 1990). Les rapports de synthèse, consécutifs à la réalisation des différents projets, sont beaucoup plus rares et approximatifs et leurs résultats sont souvent très décevants.

Dans ce contexte, on porte une attention particulière au thème du travail. Il n'existe pas de recherches spécifiques sur le travail en prison. Les données disponibles sont fournies par l'administration pénitentiaire. La recherche la plus complète est celle de R. Ciccotti et F. Pittau (1987), qui analyse, sous l'angle normatif, le problème de la politique pénitentiaire et de la tutelle des droits des détenus. Il examine, ensuite, la situation globale du travail en prison, aussi bien qualitativement que quantitativement.

Les données sur l'emploi en prison, disséminées selon les zones territoriales et la situation juridique, indiquent que 30 % des détenus italiens travaillent. Le travail dépend surtout de l'administration, une faible partie seulement provient de commandes d'entreprises extérieures.

Un large débat sur les différents aspects du travail en prison est retracé dans les actes d'un colloque sur ce thème, qui s'est tenu à Rebibbia en juin 1986, visant à mettre l'accent sur les modifications législatives les plus opportunes pour une meilleure tutelle des droits des détenus travailleurs. Autant d'indications qui, par ailleurs, ne trouvent actuellement aucune application.

Les actes du congrès des coopératives de l'Emilia Romagna ont, à ce sujet, beaucoup de valeur. Ils analysent le rapport entre la coopération et le travail en prison (Lega, 1991). On y retrace le domaine des lois qui encouragent et réglementent le secteur, ainsi que des projets de réforme du travail en prison et de coopération pour la réinsertion. Cette publication contient aussi les résultats d'une recherche, dirigée par A. Di Lazzaro, sur toutes les coopératives italiennes qui sont engagées sur le thème de la prison, analysées par secteurs, domaines culturels et modèles d'organisation. Les recherches empiriques sur ce thème sont généralement peu nombreuses.

Le bureau d'étude de la direction générale des instituts de prévention et de peine vient de mener une enquête sur la réinsertion sociale des ex-détenus, sur un échantillon de 308 sujets, répartis selon l'âge et le sexe. Il s'agissait de définir le rôle des facteurs relatifs à la subjectivité du sujet, au contexte environnant, à la position de l'opinion publique sur la question, dans les difficultés relatives à la réinsertion au sein d'un système intégré. Les éléments du questionnaire concernaient le statut social et civil de l'ex-détenu, sa carrière criminelle, sa situation sociale et professionnelle après sa sortie de prison, en rapport avec ses antécédents carcéraux et judiciaires, l'absorption de stupéfiants.

Les résultats de cette enquête confirment que les difficultés les plus grandes proviennent des obstacles à trouver un travail et un logement, ainsi que des conditions économiques. Ceci est vrai, surtout, pour les hommes seuls, peu scolarisés et sans emploi. Les relations sociales, elles-mêmes, sont particulièrement problématiques. Ces difficultés semblent décisives. En effet, près de 50 % des personnes interrogées déclarent avoir éprouvé un changement de personnalité après l'emprisonnement, dans un sens négatif pour plus de la moitié d'entre elles. Les changements positifs (22 % des enquêtés) sont signalés par les plus scolarisés, qui occupent un emploi et ont des relations familiales satisfaisantes. Cependant, 84 % des personnes interrogées déclarent souffrir des préjugés à leur encontre, mais seulement 24 % d'entre elles se plaignent de la détérioration des rapports familiaux.

Dans l'ensemble, la restitution des données apparaît fort chaotique et son interprétation superficielle, alors qu'il serait possible de procéder à des déductions plus nombreuses et plus intéressantes.

Une publication de la région Emilia Romagna, de 1984, contient des données, qui ne sont ni élaborées ni commentées, sur le traitement à l'extérieur, les cours de formation professionnelle dispensés dans les prisons et réalisés par les EE.LL., les cas signalés aux communes de la région et les actions municipales au bénéfice des ex-détenus, ainsi que sur l'application des mesures alternatives.

Il faut signaler un travail de L. Pepa (1987) sur les initiatives qui pourraient être développées par les différentes organisations et instances régionales en matière d'animation et de formation dans les prisons. Le but de l'enquête est une redéfinition des phases préliminaires des interventions, en rapport avec l'interprétation des exigences des usagers, les projets et les objectifs, le déroulement des actions et les résultats escomptés.

Le rapport de recherche a été adressé au ministère bien sûr, mais aussi aux rectorats, mairies, associations culturelles et aux volontaires. Parmi les 53 cours recensés, les plus représentatifs sont ceux de l'école obligatoire, au nombre de 20, suivis ensuite par les cours d'enseignement professionnel et les cours pour amateurs.

L'analyse quantitative a mis en évidence les différents aspects organisationnels, ainsi que certaines données d'état civil des usagers. Elle a fait ressortir les difficultés, entre autres celles dues aux abandons, liés en premier lieu aux transferts entre prisons.

L'analyse qualitative a eu pour objectif l'évaluation des problèmes de démarrage des cours, leur orientation, les difficultés de développement, les modalités d'évaluation par les participants. On remarque que la formation reçue donne rarement l'opportunité de trouver un emploi lorsque la peine a été purgée, même si les cours ont été une excellente occasion de socialisation interne, entraînant, bien souvent, un changement d'attitude de la part des détenus.

La recherche se termine par une série d'évaluations et de propositions, ayant pour but une meilleure intégration des initiatives aux opportunités et aux caractéristiques territoriales.

Une discussion et un approfondissement ont eu lieu, sur l'ensemble de ces thèmes, au cours du congrès constitutif de l'association nationale « Se libérer de la nécessité de la prison » (Parma, 1984). On s'est orienté vers la détermination des différents aspects : effets négatifs de la prison, abandon de l'idéologie punitive et prise en considération de la réalité spécifique du sujet au delà de tout stéréotype de déviance, développement de toutes les possibilités d'alternatives à la détention, qui permettraient le dépassement de l'institution des prisons dans la société post-industrielle.

Il existe, par ailleurs, quelques études sur les formes d'agrégation informelles et spontanées, répandues sur le territoire, autour des thèmes se rapportant à la déviance, comme les groupes de mères des toxicomanes, les toxicomanes eux-mêmes, les femmes contre le viol, les parents de victimes de formes particulières de criminalité, les groupes d'autodéfense contre la criminalité (Manconi, 1990 ; Pitch, 1989). Ces travaux sont autant fondés sur le développement de modèles d'interprétation du phénomène que sur la restructuration de données empiriques. Ils posent le problème de la nature des différents mouvements, de leur place à l'intérieur des plus grands processus de transformation culturelle, de leur rapport à l'importance et à la transformation des productions de normes.

IV. CRIMINALITÉ, PRÉOCCUPATION SOCIALE ET OPINION PUBLIQUE

1. L'ÉVALUATION DU CRIME

Par rapport aux autres pays européens, la recherche italienne, dans ce domaine, est vraiment limitée. L'analyse la plus étendue, quoiqu'un peu dépassée, a été publiée par A. Giasanti et G. Maggioni, en 1980. On a choisi quatre échantillons stratifiés, dans quatre villes italiennes

(Rome, Turin, Messine, Cagliari), en fonction de leur répartition géographique et de leur diversité culturelle.

On a soumis, aux personnes interrogées, une série de délits appartenant à quatre catégories différentes de criminalité (commune, sans victimes, des cols blancs, des cols bleus), pour lesquels elles devaient prononcer deux types de sanctions, allant de l'intervention pénale la plus sévère à l'absence d'intervention. Les deux réactions différentes ont été mesurées à l'aide de deux types d'échelles, comparables entre elles. Les résultats obtenus sont significatifs. Nous nous contentons d'en exposer les aspects les plus marquants :

Les indices d'indifférence au comportement déviant sont plus élevés dans les grandes villes (Turin, Rome). Dans les villes plus petites, la réaction émotionnelle tend à se concentrer vers les extrêmes de la désapprobation et de l'approbation, selon les comportements envisagés. Une ville aussi ancienne, industrialisée et peuplée que Turin, détient le record de l'opinion la plus favorable à la non-intervention et la plus défavorable à l'intervention pénale. Alors qu'une ville comme Cagliari, plus attachée à des modèles à la fois traditionnels et autochtones, peu identifiés aux institutions publiques, ajoute, à une faible demande de sanction pénale, une forte demande d'action sociale.

A Turin, et encore plus à Cagliari, on enregistre une correspondance assez faible entre une forte désapprobation des comportements déterminés et la demande de sanction pénale pour les crimes de droit commun (contre les personnes et les biens). Seuls certains comportements sont considérés comme particulièrement graves, au point de susciter la demande de sanctions pénales sévères, en particulier : la séquestration de personnes, le vol à main armée, la violence sexuelle. Pour certains délits, comme les vols aux dépens de l'Etat et des grands magasins, la réaction émotionnelle est faible et la demande de sanction pénale plutôt modérée.

En général, il y a discordance entre les sanctions prévues institutionnellement par la loi pénale et les demandes et attitudes répandues dans l'opinion publique. Ceci est particulièrement évident pour la criminalité sans victimes, pour laquelle, même en cas de désapprobation, la demande de non-intervention est assez fréquente. L'attitude est la même à l'égard des cols bleus, alors que celle envers les cols blancs est plus contradictoire et moins homogène.

La recherche se prête à des considérations significatives sur le thème de la légitimation des normes pénales, même si elle ne semble pas en tirer les conséquences attendues.

Une méthodologie et une structure de recherche analogues ont été utilisées dans une enquête sur la réaction sociale à la délinquance juvénile (M. Boffi, A. Giasanti, G. Maggioni, G. Pisapia, 1981). Les auteurs ont interrogé 693 jeunes, entre quatorze et dix-sept ans, résidant à Milan et dans d'autres communes de la région lombarde. On leur a soumis des séries de comportements déviants, les invitant à exprimer, pour chacun d'eux, leur degré de désapprobation ainsi qu'une demande de sanction pénale.

Si la corrélation est assez élevée entre déviance et désapprobation, elle est fort limitée entre désapprobation et sanction pénale. Cette donnée demeure une caractéristique structurale constante. Elle tend à diminuer, proportionnellement, pour certains délits comme le vol, la vente de drogue aux mineurs, la violence politique, la violence sur les stades, le vol à la tire. Pour ces comportements, et malgré un écart de 50 % entre la désapprobation et la demande de sanction pénale, cette dernière tend à augmenter. Au contraire, elle est quasiment nulle pour toutes les formes de comportements sexuels irréguliers et pour l'usage de la drogue. Elle est basse lorsqu'il s'agit de vols dans les supermarchés, de squatt et d'autodestruction, ainsi que de petits larcins.

Les enquêteurs ont ensuite analysé le rapport entre ces attitudes et les caractéristiques sociales des personnes interrogées. Les garçons de province manifestent plus de désapprobation que ceux des grandes villes et que les filles car ils demandent l'intervention de la justice pénale. Ce point de vue est surtout émis par les plus jeunes, les fils de pères nés dans le Nord, les enfants d'artisans et de commerçants et, dans une moindre mesure, les fils d'ouvriers, et beaucoup moins par les enfants des travailleurs indépendants et des dirigeants (qui ont probablement un niveau d'instruction plus élevé). Dans une certaine mesure, il est aussi le fait de ceux qui ont une idéologie de droite ou centriste plutôt que de gauche ou d'extrême gauche.

La recherche contient des élaborations significatives et poussées, qui mettent en relief la façon dont les nouvelles générations veulent s'imposer comme facteur d'innovation culturelle décisive et de transformation institutionnelle.

2. ATTITUDES ENVERS LES EX-DÉTENUS

Une autre recherche sur les attitudes répandues dans l'opinion publique, à l'encontre de ceux qui sortent de prison, a été menée par le bureau d'études de la direction générale des instituts de prévention et de peine, en 1986.

L'enquête a examiné la région de Rome, à travers un questionnaire remis à un échantillon de 913 individus choisis par couches sociales (bourgeoise, populaire, ouvrière), par sexe, âge et profession. Les questions portaient sur les principales difficultés rencontrées par les ex-détenus, les motifs de la récidive, l'hébergement et l'engagement d'un ex-détenu comme collaborateur, l'accueil réservé à ses enfants par les autres enfants, l'acceptation du principe selon lequel un certain nombre de places devraient leur être réservées.

En général, on a facilement reconnu que les problèmes empêchant la réinsertion sociale d'un ancien détenu provenaient d'une absence de relations sociales positives pour lui, de sa situation économique, ainsi que d'un manque de solidarité à son égard. Plus de 60 % des personnes interrogées voient dans les difficultés sociales (méfiance, hostilité, isolement, manque de logement ou de travail) les causes principales de la récidive. 16 % attribuent à la marginalisation et aux préjugés les plus grosses difficultés rencontrées. 82 % permettraient au fils d'un ancien détenu de jouer avec ses propres enfants. 72 % hébergeraient un parent ou un ami ayant effectué un long séjour en prison. 44 % engageraient une ancienne détenue à la maison.

La solidarité manifestée vis-à-vis d'un détenu décroît proportionnellement au degré d'engagement direct que l'on a à son égard, et ceci est significatif. Les variables subjectives auxquelles les données ont été mêlées ne semblent pas déterminer d'importantes variations par rapport aux tendances générales. Cependant, certains facteurs : la jeunesse, une scolarisation plus élevée, le fait de résider dans les quartiers populaires de Rome, influent favorablement sur une plus grande ouverture des rapports sociaux. Même l'attitude des victimes des délits apparaît, souvent, moins répressive que celle des autres, quel que soit le temps écoulé depuis l'événement. Les femmes semblent plus aptes à reconnaître les difficultés des anciens détenus, mais moins ouvertes lorsqu'il s'agit d'une implication directe.

Dans l'ensemble, la recherche effectue une analyse des données plutôt superficielle et schématique, alors qu'elle aurait tendance à offrir des matériaux pour une évaluation qui, si elle était plus articulée et approfondie, mènerait à des résultats beaucoup plus significatifs. Il n'en est pas moins difficile, avec la méthodologie adoptée, de saisir les attitudes concrètes, par-delà les affirmations verbales et de principe.

3. HYPOTHÈSES DE RECHERCHE

La revue *Inchiesta* a, quant à elle, sous la direction de G. Mosconi, dédié un numéro spécial au rapport entre l'opinion publique, la prison et la criminalité (n°s 79-80, 1988). On a cherché à vérifier l'hypothèse que les attitudes répandues, dans l'opinion publique, sur la criminalité et la prison, ne sont pas incompatibles avec un programme de désincarcération et de dépénalisation.

A ce propos, G. Mosconi a défini une série d'objectifs de recherches possibles :

– rapports entre les valeurs reconnues par la loi pénale et celles de l'opinion publique ;

– rapports entre la définition du fait par la norme et la perception concrète de ce dernier par le public ;

– rapports entre la définition du sujet par le droit et sa perception par la victime, au moment où elle en a une connaissance directe ;

– confrontation entre les valeurs abstraites reconnues par la norme et les intérêts des individus, entre les affirmations verbales de ceux-ci et leurs attitudes et comportements face à la criminalité ;

– contradictions manifestées par le sujet, entre les différents types d'évaluation et d'attitudes, comme test du niveau d'enracinement de ses propres convictions apparentes.

Dans ce sens, certains des textes publiés dans la revue semblent très significatifs. P.G. Valeriani, se référant à certaines expériences concrètes de désincarcération dans la région de Bologne, met en évidence leur succès auprès du public, comme expérience pratique plutôt que comme recherche de consensus sur la base d'évaluations de principe.

Pisapia, Giasanti et Faeti rapportent les données d'une recherche sur la perception de la criminalité par des cantonniers de Milan. Ces employés, classés comme sujets intermédiaires entre contrôle public formel et informel, tendent, en réalité, à ignorer les problèmes de la délinquance et cherchent des formes de cohabitation acceptables avec les groupes marginaux opérant dans leur secteur.

BIBLIOGRAPHIE

ALBERTI, T., *et al., Droga. Il paradosso della normalità*, Milano, F. Angeli, 1985.

AMBROSINI, G., EANDI, M., MELUZZI, A., *Droga : informazione*, Torino, SOCET, 1982.

ANDREOLI, V., *Droga e scuola*, Milano, Masson, 1984.

ARNAO, G., *Cocaina*, Milano, Feltrinelli, 1980.

ARNAO, G., *Droga e potere*, Milano, Salvelli, 1980.

ARNAO, G., *Rapporto sulle droghe*, Milano, Feltrinelli, 1983.

ARNAO, G., *La droga perfetta*, Milano, Feltrinelli, 1983.

ARNAO, G., *Erba proibita*, Milano, Feltrinelli, 1983.

ARNAO, G., *Il dilemma eroina*, Milano, Feltrinelli, 1985.

ARNAO, G., *Proibito capire*, Torino, Ed. Gruppo Abele, 1990.

ARONICA, E., LARE, G., *Tossicodipendenti fra tribunale e servizi. I risultati di una ricerca*, Milano, UNICOPLI, 1989.

ASSINI, N., *et al., La disciplina sugli stupefacenti*, Roma, la nuova Italia Scientifica, 1988.

Atti del convegno internazionale sulle tossicodipendenze, Lega internazionale antiproibizionista, Roma 30 marzo-aprile 1989.

Atti del convegno nazionale sulle tossicodipendenze, Milano, CORA, 23-24 marzo 1991.

AA.VV. *La droga*, Ancona, Ed. Nuove Ricerche, 1981.

AA.VV. *Come prevenire la droga*, Torino, Gruppo Abele, 1988.

BADALONI, P., MAFFUCCI, M., (a cura di), *Droga che fare*, Torino, ERI, 1983.

BALLONNI, A., GIUDICINI, P., (a cura di), *Tossicodipendenze e devianza nell'attuale società*, Milano, F. Angeli, 1981.

BARBERO AVANZINI, B., *Droga, giovani e società. Dalle cause ad una ipotesi di intervento*, Bologna, Il Mulino, 1981.

BATTAGLIA, M., COLETTI, M., *Come parlare di droga nella scuola. Riflessioni e suggerimenti*, Roma, La nuova Italia Scientifica, 1984.

BELLIENI, G., CAMBIASO, G., (a cura di), *Comunità per tossicomani, Esperienze riabilitative italiane e straniere*, Milano, F. Angeli, 1985.

BERLINGUER, G., *La droga fra noi*, Roma, Edizioni Riuniti, 1980.

BISIO, B., *Psiche e droga*, Roma, Buizoni, 1980.

BOFFI, M., GIASANTI, A., MAGGIONI, M., PISAPIA, G., *Immagini di devianza*, Milano, Feltrinelli, 1981.
BOGGIO, M., *Farsi uomo. Oltre la droga*, Roma, Buizoni, 1981.
BRUSA, M., CORNACCHIA, P., CUSANNO, P., (a cura di), *Le tossicodipendenze. Esperienze italiane ed internazionali a raffronto sul problema droga*, Milano, F. Angeli, 1980.
CAFFARELLI, E., *Droga : uscire dalla paura*, Torino, SEI, 1986.
CANCRINI, L., *Tossicomanie*, Roma, Editori Riuniti, 1980.
CANCRINI, L., *Quei temerari sulle macchine volanti*, Roma, La nuova Italia Scientifica, 1982.
CANCRINI, L., MALAGOLI TOGLIATTI, M., MEUCCI, G.P., *Droga : chi, come, perchè, ma soprattutto che fare*, Firenze, Sansoni, 1982.
CAPPELLI, F., GRASSI, A., *Guida agli interventi sulle tossicodipendenze*, Roma, Il Pensiero Scientifico, 1983.
CASINI, R., COSTA, B., PALMISANO, C., (a cura di), *Droga : quale informazione ?* Bibliografia sulla droga, Roma, CEIS, 1980.
CASONATO, M., *Cibernetica della tossicodipendenza. Dialogo tra una maestra e una psicologo*, Milano, UNICOPLI, 1986.
CGIL Funzione pubblica, Umbria, Carcere e territorio, *Quaderni di Sindacato e Società*, 1986, Perugia.
CGIL Regionale – Emilia Romagna, *Carcere : alla ricerca dei diritti perduti*, s.e., 1989, Bologna.
CIRILLO, M., MAREMMANI, I., NARDINI, R., *Il diavolo non esiste. Per un approccio diverso al problema delle tossicodipendenze*, Ed. comune di Pietrasanta, 1984.
Comune di Padova. *Perchè il progetto Carcere*, Laser fotocomposizione, 1990 Padova.
Comune di Venezia. *Lo stato di attuazione della riforma penitenziaria e il ruolo degli Enti Locali*, Venezia, Marsilio, 1979.
CORNACCHIA, P., Droga. *Nascita di un fenomeno, l'analisi di una realtà e delle sue rappresentazioni*, Milano, UNICOPLI, 1986.
COSTANTINI, D., MAZZONI, S., *Le comunità terapeutiche per tossicodipendenti*, Roma, La nuova Italia Scientifica, 1984.
D'AMICO, N., *Sfida alle droghe*, Milano, Sugarco, 1985.
D'ARCANGELO, E., *La droga nella scuola. Inchiesta tra gli studenti di Roma*, Torino, Einaudi, 1980.
DASSORI, I., FERRAZZI, G., (a cura di), *La scuola di fronte al fenomeno delle droghe*, 1981.
DE CARO, D., *Le tossicomanie nella società moderna*, Torino, Minerva Medica, 1980.
DE GENNARO, G., DE MATTEIS, F., *Droga anni '80, Regione Abruzzo*, l'Aquila Edizioni, 1983.
DE LEO, G., Interesse, diritto e bisogno : per un'evoluzione delle ipotesi di trattamento della devianza minorile, *in* DELL'ANTONIO A.M., DE LEO, G., (Eds), *Il bambino, l'adolescente e la legge*, Giuffrè, Milano, 1986.
DE LEO, G., Rischi e devianza : definizione di categorie interpretative e implicazioni di natura formativa, *Rassegna di criminologia*, XIX, 2, 445-466.
DELLISANTI, N., *Eravamo drogati*, Assisi, Citadella, 1988.
Educazione come prevenzione, Marietti, Torino.
FACCIOLI, F., *I soggetti deboli*, Angeli, Milano, 1990.
FERRAROTTI, F., *Giovani e droga*, Napoli, Liguori, 1980.
GARAVELLI, M., CASELLI, G., *Droga : in nome della legge*, Torino, Ed. Gruppo Abele, 1990.
GATTI, U., VERDE, A. Giustizia minorile e servizi sociali : integrazione o separazione ?, *Dei delitti e delle pene*, 1987, V, 3, 409-424.
GIASANTI, A., MAGGIONI, G., *Devianza ed opinione pubblica*, Milano, Franco Angeli, 1980.
GIUDICINI, P., PIERETTI, G., (a cura di), *Droga dalla ideologia della sfida ad una cultura della condivisione*, F. Angeli, Milano, 1990.

GIULIUCCI, G., ZAGO, E., *Droga : prevenzione e terapia*, Padova, Mastrogiacomo, 1986.
GIUS, E., (a cura di), *La questione droga. Prospettive di ricerca e problemi di intervento*, Giuffrè, Milano, 1982.
GIUS, E., (a cura di), *Condizione giovanile e droga. Indagine sui fenomeni di mutamento sociale e di crisi nel comportamento giovanile*, Trento, Grafiche Manfrini, 1980.
Lega delle Cooperative, *ARCS, Altercoop, Polar, Sirio, Lavoro carcerario e cooperazione : esperienza e prospettive*, Polarcoop, Bologna, 1991.
Liberarsi dalla necessità del carcere, atti del convegno di Parma 1984, Coop. Girasoli, Parma, 1986.
LILLIU, L., *La droga, analisi socio giuridica*, Milano, Giuffrè, 1988.
MALAGOLI TOGLIATI, M., *Droga, verso quale intervento*, NIS, Roma Malizia ed., 1988, Le droghe, Newton, C. editori, Roma, 1987.
MANCONI, L., *Solidarietà, egoismo*, Il Mulino, Bologna, 1990.
MAREMMANI, L., CIRILLO, M., Il trattamento della dipendenza da eroina con metadone in un servizio pubblico. Esperienza riabilitativa di Pietrasanta, *Boll. Farmacod.*, Milano, 1987.
MAREMMANI, L., CASTROGIOVANNI, P., *Tossicodipendenza da eroina, fra progresso scientifico e pregiudizio culturale*, Grasso Ed., Bologna, 1990.
MAROTTA, G., *Situazione e problematica del sistema penitenziario del Lazio*, EUROMA, Roma, 1991.
MILANO, PISSACROIA, M., (a cura di), *Il tossicomane*, Buizoni ed., Roma, 1985.
MILANO, TARTAROTTI, L., *Droga e prevenzione primaria*, Giuffrè, Milano, 1986.
Ministero di Grazia e Giustizia, *Il reinserimento sociale dei condannati, dimessi dagli istituti di pena*, istituto poligrafico dello Stato, Roma, 1987.
Ministero degli Interni, Rapporto annuale dell'osservatorio nazionale sulle droghe, Roma, 1990.
Ministero degli Interni, Diffusione della tossicodipendenze. Quantità e qualità degli interventi pubblici in Italia, Roma, 1991.
Ministero della PI, Educare per prevenire. Atti del XIII° Corso di aggiornamento sulla prevenzione dell'uso della droga, Roma 1991.
Ministero della Sanità, Relazione istituto superiore della sanità sulle tossicodipendenze, Roma, 1990.
MIRENNA, M., *Tecnica di lotta alla droga*, Laurus Robuffo, Napoli, 1985.
MOSCONI, G.A., Le trasformazioni della pena nello spazio della cultura diffusa, *Inchiesta*, 1988, n°s 79-80, 1-12.
PEIRONE, L., *La dinamica aspecifica della tossicodipendenza ed intervento comunitario*, Cleup, Padova, 1982.
PEPE, L., I quaderni della formazione permanente, ventiquattr'ore d'aria, IRPA, Tipografia Moderna, Bologna, 1987.
PEPINO, L., (a cura di), *Droga, Tossicodipendenza, Legge*, F. Angeli, 1989.
PISAPIA, G., GIASANTI, A., FAETI, A., Il controllo sociale diffuso : un problema aperto, *Inchiesta*, 1988, n°s 79-80, 67-70.
PITCH, T., Meglio i fantini che i cavalli, *Inchiesta*, 1988, n°s 79-80, 71-78.
PITCH, T., *Responsabilità limitate*, Feltrinelli, Milano, 1989.
Regione Emilia Romagna, Provincia di Parma, Comune di Parma, *Struttura e funzione delle carceri ; ruolo dell'Ente Locale*, Tipografia Mondial graf, 1983.
Regione Emilia Romagna, Governo locale ed esecuzione penitenziaria, Tecnostampa, Bologna, 1985.
Regione Emilia Romagna, Commissione regionale per il lavoro dei detenuti, Progetto per l'avviamento al lavoro in spazi extra murari di un campione rappresentativo di detenuti ristretti nelle carceri del territorio emiliano romagnolo, dattiloscritto, Bologna, 1990.
Regione Lazio, *Il carcere che lavora*, Edizioni delle Autonomie, Roma, 1987.

Regione Veneto, Comune di Padova, *Presente e futuro della riforma penitenziaria ; sua attuazione e ruolo degli Enti locali*, Imprimitur, Padova, 1988.

ROMA ZERBETTO, L., *Una città di fronte alla droga, tra realtà e progetto*, Savelli, Roma, 1982.

RUSSO JERVOLINO, R., (a cura di), Relazione al Parlamento sulle tossicodipendenze a sei mesi dell'entrata in vigore della legge 162/1990, 26 febbraio 1991 Roma, 1991.

SPOSATO, A., *Tossicodipendenze. Aspetti sanitari, sociali, legali*. Bios ed., Cosenza, 1982.

STATERA, G., Radici sociali della tossicodipendenze, *La droga*, Ed. Nuove Ricerche, Ancona, 1981.

TALLANDINI, M., *Cosa pensano i bambini della droga*. F. Angeli, 1982.

TEODORI, M., (a cura di), *No alla legge governativa sulla droga*, Cora, 1989.

UFFICIO STUDI, DIREZIONE GENERALE II-PP, Il reinserimento sociale dei condannati dimessi dagli istituti di pena, *Quaderni dell'Ufficio Studi*, 1986, n° 20.

VALERIANI, P.G., Enti locali, misure alternative alla detenzione e opinione pubblica, *Inchiesta*, 1988, n°s 79-80, 61-66.

BILAN DES CONNAISSANCES AU ROYAUME-UNI*

Christopher NUTTALL** et Joanna SHAPLAND***

Les conclusions des études menées sur le sujet montrent que les initiatives de prévention de la délinquance ayant donné des résultats positifs sont celles qui répondent à des problèmes de délinquance clairement définis. Ces problèmes doivent être ceux considérés comme importants par les personnes résidant ou travaillant dans le secteur concerné. Les réponses doivent correspondre exactement aux problèmes, et leurs résultats doivent être évalués. Cette évaluation est en effet capitale pour développer efficacement la prévention de la délinquance. Nous ne pouvons développer ou exploiter des initiatives, ni les appliquer à d'autres secteurs, sans savoir au préalable ce qui a été efficace et pourquoi. Une expérience profitable de la prévention de la délinquance naît précisément de la diversité des actions, menées au niveau local et national ; par conséquent, nous devons savoir comment exploiter ces efforts, et apprendre à transmettre et diffuser l'expérience acquise. Le souci d'évaluation est la clef de ce processus de coordination.

Les programmes de prévention de la délinquance mis en œuvre au Royaume-Uni ont porté sur un large éventail de problèmes, tout en faisant intervenir une grande variété de méthodes et de techniques. Une attention particulière a été accordée à l'amélioration de la sécurité, en collaboration avec les communautés locales. Mais des efforts sont également consacrés à la conception et à la gestion des locaux (afin de réduire les occasions de délinquance et assurer de ce fait une plus grande sécurité), à la prévention de la délinquance dans le monde du travail, à la mise au point de stratégies pour le maintien de l'ordre, à la prévention de la toxicomanie, au dialogue avec les jeunes et à l'analyse de la criminalité. On ne compte plus les initiatives actuellement en cours, aussi bien à l'échelon national qu'au niveau des communautés locales, ou encore dans le cadre d'activités spécifiques (lieux de travail, écoles, centres de loisirs, etc.). Les rapports Graham 1990, Hope et Shaw 1988, Heal et Laycock, 1986, Clarke et Mayhew, 1980), nous ne

(*) Nous sommes extrêmement reconnaissants à Joy Mott et Tim Hope pour leur collaboration lors de la préparation du présent document.

(**) Directeur de l'unité de recherche et de planification, ministère de l'Intérieur (Royaume-Uni).

(***) Professeur à l'Université de Sheffield (Royaume-Uni).

pourrons malheureusement en étudier que quelques-unes dans le présent document ; nous évoquerons en priorité celles qui traitent des thèmes communs à la conférence.

Une évaluation ne porte pas seulement sur les résultats d'un programme de prévention de la délinquance (réduction des taux de criminalité et des taux de victimation obtenus à partir d'enquêtes de victimation, atténuation du sentiment d'insécurité, etc.) mais également sur le processus d'élaboration de ce programme. L'analyse du processus permet de contrôler les différentes étapes : comment le programme a été mis au point puis exécuté, quels facteurs ont été essentiels dans son développement, quelles difficultés se sont présentées. A ce jour, un grand nombre d'importants programmes de prévention de la délinquance ont été élaborés au Royaume-Uni ; certains sont développés à l'échelon national, grâce à une coopération entre le gouvernement et les autorités locales (projets *5 Towns, Safer Cities, Priority Estates Project*) ; d'autres sont plus spécifiquement locaux et dus, le plus souvent, à des organismes tels que la *National Association for the Care and Resettlement of Offenders* (NACRO, association nationale pour la protection et la réinsertion sociale des délinquants). Les évaluations effectuées pour quelques-uns de ces programmes montrent qu'il est nécessaire, pour une exécution réussie, de suivre un certain ordre de démarches (voir le rapport Hope et Shaw 1988), à savoir :

1° Analyser les schémas de délinquance pour le secteur concerné (nombre d'infractions officiellement recensées, et nombre de victimations établi à partir d'enquêtes, si disponible).

2° Former un ou plusieurs groupes de gens, issus des différents organismes officiels, groupements de résidents et associations bénévoles qui devront participer au programme (deux groupes seront sans doute nécessaires : l'un, composé des responsables d'organismes, pour approuver les budgets, l'autre composé de travailleurs du secteur concerné).

3° Faire participer des personnes de ce secteur (résidents, jeunes, professionnels) ; définir notamment leurs priorités et recueillir leurs idées (par le biais de tables rondes, d'enquêtes, d'études ethnographiques, etc.).

4° Décider d'un plan d'exécution pour le programme, qui définisse les mesures à prendre et la façon dont chacune d'elles sera évaluée.

5° Organiser une formation pour les personnes devant participer au programme, afin que chacun acquière les compétences requises pour mener à bien la tâche qui lui sera confiée.

6° Evaluer la progression et les résultats du projet.

Ce modèle s'est avéré utile pour des programmes socio-préventifs de la délinquance, pour des programmes plus spécifiquement destinés aux victimes ou aux délinquants, ou des programmes définis pour une situation particulière, ainsi que pour des programmes de prévention de la petite, moyenne et grande délinquance (voir les rapports Clarke et Cornish, 1985, et Van Dijk, 1990).

Pour élaborer des programmes puis développer et diffuser les éléments qui ont été efficaces, les résultats négatifs peuvent être aussi importants que les résultats positifs. Il est essentiel de savoir quelles sont les situations où les idées et techniques ont été couronnées de succès, et quelles sont celles, au contraire, où elles sont restées sans effet. Nous devons développer, pour la prévention de la délinquance, une stratégie différenciée qui réponde aux conditions et besoins locaux.

I. L'ANALYSE DE LA CRIMINALITÉ

Il va de soi que la première étape d'un programme pour la prévention de la délinquance ou l'amélioration de la sécurité publique est l'analyse de la criminalité ; autrement dit, définir quel type de délinquance doit être ciblé, et quels sont les problèmes dont souffrent les gens. L'objectif le plus évident de la prévention de la délinquance est de réduire le nombre d'infractions. Les statistiques de police permettent d'analyser les schémas de la délinquance avant et après le lancement d'un programme (voir par exemple le rapport Bennett 1990). Certains organismes, entre autres le département du ministère de l'Intérieur britannique *(Home Office)* chargé de la lutte contre la délinquance, ont mis au point des progiciels permettant d'analyser les données policières pour définir les schémas de délinquance. La possibilité d'analyser la criminalité d'un secteur donné permet aux organismes locaux de mieux comprendre ce qui doit être ciblé, et de proposer ainsi des solutions.

Cependant, si l'action envisagée est susceptible de modifier le comportement social en ce qui concerne la dénonciation des délits, ou encore si elle vise des infractions rarement signalées à la police (le vandalisme, par exemple), il faudra dans ce cas exploiter également d'autres données que les seules statistiques de police. Les enquêtes de victimation réalisées auprès des résidents (voir Bottoms et Wiles, 1986, Bennett, 1991) constituent par exemple une source d'information très utilisée. Les questionnaires de ces enquêtes ont été élaborés à partir des données obtenues lors du *British Crime Survey* (voir les rapports Hough et Mayhew, 1983 et 1985, Mayhew *et al.*, 1989) ; ils abordent des sujets aussi divers que le sentiment d'insécurité, l'expérience personnelle de chacun en matière de prévention de la délinquance, l'opinion des gens sur le quartier qu'ils habitent, sur la police ou sur d'autres organismes (voir le rapport Shapland, 1989 pour une description du rôle des enquêtes de victimation). Des données sur les problèmes de délinquance peuvent également être obtenues auprès de certaines entreprises ou services publics, notamment en ce qui concerne le vandalisme dont sont victimes les cabines téléphoniques et les transports en commun. Des guides pour l'analyse de la criminalité ont récemment été conçus à l'intention des entreprises, afin de leur permettre d'étudier elles-mêmes leurs problèmes de délinquance (voir les rapports Burrows, 1988, Shapland et Wiles, 1989).

L'objectif d'une initiative de prévention de la délinquance, cependant, n'est pas toujours exclusivement une réduction de la criminalité ; elle peut également viser l'atténuation d'un sentiment d'insécurité excessif (ou tout au moins en éviter l'aggravation), ou encore chercher à modifier l'opinion des gens sur le quartier qu'ils habitent ou sur la justice et autres institutions. Dans un secteur donné, la hausse du taux de criminalité va souvent de pair avec une augmentation des indices trahissant l'inquiétude sociale au sujet de la qualité de la vie. Il peut alors s'avérer nécessaire de revaloriser le secteur aux yeux des résidents potentiels, et freiner de ce fait la chute de sa cote sur le marché immobilier (voir le rapport Bottoms et Wiles, 1986). Lutter contre les « nuisances urbaines » telles que graffiti, groupes de jeunes à l'allure agressive qui traînent dans les rues, etc. (« nuisances » qui ne constituent pas toujours des infractions en soi) peut également contribuer à réduire les taux de criminalité. On a constaté cependant que des quartiers pouvaient rester attirants aux yeux de leurs résidents malgré un taux élevé de criminalité ; c'est pourquoi il est important que les initiatives de prévention de la délinquance définissent soigneusement les objectifs visés en fonction de chaque secteur.

Pour certains types d'initiatives, l'expression « prévention de la délinquance » semble moins appropriée que celle de « sécurité publique ». Les programmes dont le but est d'aider les communautés locales à faire face à la délinquance et aux troubles contre l'ordre public (programmes de soutien aux victimes ou de désintoxication pour les drogués, par exemple, ou projets de réinsertion sociale des délinquants) peuvent, bien entendu, avoir à long terme un effet préventif, mais ils agissent surtout par l'amélioration de la sécurité publique. Les nombreuses études réalisées sur la criminalité d'un secteur donné ont toutes montré qu'il était inutile d'essayer de prévenir la délinquance en protégeant les communautés contre les actes délictueux commis par des non-résidents. Beaucoup d'infractions, notamment les atteintes aux biens, sont dues à des habitants du secteur (voir par exemple le rapport Shapland et Vagg, 1988). Une initiative pour l'amélioration de la sécurité doit donc s'efforcer de prévenir les délits perpétrés par des résidents sans nuire à la vie de la communauté. En abordant les thèmes particuliers de la conférence décrits ci-après, nous présenterons les moyens qui, à notre connaissance, permettent de maximiser la prévention de la délinquance tout en limitant la peur et la méfiance.

II. PRÉVENTION ET TRAITEMENT DE LA TOXICOMANIE

Pour lutter contre la toxicomanie, le Royaume-Uni a défini une stratégie en cinq points :

– renforcer la coopération internationale pour réduire l'approvisionnement venu de l'étranger,

– accroître l'efficacité des services de police et de douane,

– poursuivre une politique de dissuasion et une répression sévère sur le territoire national,

– développer des campagnes préventives et informatives,

– améliorer les programmes de désintoxication et de réadaptation sociale.

La prévention et le traitement de la toxicomanie sont considérés comme deux aspects importants d'une stratégie coordonnée, et ont fait l'objet de plusieurs initiatives.

On s'est servi à la fois des chiffres officiels et d'études plus détaillées portant sur un secteur donné, pour observer les changements survenus dans la consommation des stupéfiants au cours des ans dans différentes régions du pays. De même qu'il est impossible de mesurer exactement l'ampleur de la délinquance, on ne peut connaître l'importance réelle de la toxicomanie. Il est manifeste, cependant, qu'à certaines périodes données, la consommation de certaines drogues a augmenté *(Annual Statistics of Addicts notified to the Home Office)* et les efforts de prévention et de traitement ont alors porté plus particulièrement sur ces stupéfiants-là. Vers le milieu des années 1980, par exemple, on a observé une forte hausse de la consommation d'héroïne dans la région de Wirral. Ce phénomène, de même que le mode de vie des toxicomanes au cours de la période 1985-1987, a été étudié par Parker *et al.* (rapport 1988).

L'un des principaux objectifs des démarches préventives entreprises par le gouvernement est de sensibiliser la population aux dangers liés à la consommation de stupéfiants, plus particulièrement l'héroïne. Depuis 1985, des campagnes annuelles d'information ont été lancées. La première avait pour thème « L'héroïne te bousille » ; plus récemment, l'accent a été mis sur les dangers de l'injection de stupéfiants, afin de freiner cette pratique qui peut entraîner une contamination par le VIH (rapport du *Home Office*, 1990a). Les effets à court terme de ces campagnes sur le comportement des toxicomanes ont été évalués (avec quelques résultats positifs, voir le rapport Power, 1989) mais l'on ne dispose d'aucune évaluation sur les effets à long terme. Parallèlement aux campagnes nationales, des programmes d'éducation antidrogue sont également développés dans les écoles.

Le *Central Drug Prevention Unit* (office central de prévention de la toxicomanie) a reçu des subventions du *Home Office* pour organiser des équipes dans les secteurs où la consommation de stupéfiants (cocaïne et crack, surtout) semble être particulièrement importante. La tâche de ces équipes locales est de renforcer, stimuler et mettre à profit l'action des communautés dans la lutte contre la drogue ; elles essaient également d'encourager les parents, les commerçants et autres groupes de résidents à imaginer des moyens de prévention de la toxicomanie. Le concept utilisé est le même que celui de *Safer Cities* (projet pour des villes plus sûres, voir ci-après), et l'ensemble de l'opération fait actuellement l'objet d'une évaluation (*Home Office*, 1990 a).

Des opérations de remplacement des seringues ont été mises en place dans de nombreux secteurs, avec l'espoir que le libre accès à des aiguilles et seringues stériles incitera les toxicomanes à freiner l'utilisation collective du matériel, et à limiter de ce fait les risques de contamination par le virus du SIDA. Ces opérations incluent également la distribution de préservatifs. Les évaluations effectuées démontrent que de nombreux toxicomanes jusqu'alors non répertoriés ont profité de ces opérations, mais peu, jusqu'à présent, ont manifesté l'intention d'entreprendre une désintoxication (Lart et Stimpson, 1990).

Pour entreprendre un traitement, les toxicomanes peuvent consulter leur propre médecin (généraliste) ou des médecins exerçant dans des unités spécialisées en toxicomanie et rattachées aux hôpitaux publics, ou bien s'adresser à des médecins et cliniques privés ; ils peuvent également consulter les nombreux organismes légaux ou bénévoles qui s'occupent d'aider et de conseiller les toxicomanes (voir le rapport du *Home Office*, 1990a). Chaque médecin décide lui-même du traitement médical approprié ; celui-ci pourra inclure une désintoxication avec hospitalisation, la prescription de métadone, avec réduction progressive ou non, sur des périodes de temps définies (par le médecin), ou encore une psychothérapie (individuelle ou en groupe). Il existe dans tout le pays des associations de toxicomanes anonymes (similaires aux alcooliques anonymes), ainsi que quelques établissements privés utilisant la méthode Minnesota (une forme de thérapie de groupe). On manque malheureusement d'évaluations fiables sur l'efficacité de différents traitements appliqués à différents types de toxicomanes. Seuls les médecins habilités par le ministre de l'Intérieur (*Home Secretary*) peuvent prescrire de l'héroïne ou de la cocaïne à un toxicomane. Cette prescription est laissée à leur discrétion mais peu, en fait, y ont recours. Il existe en effet une clause selon laquelle l'autorisation de prescrire ce type de drogues peut être retirée à tout praticien qui se rendrait responsable d'une « prescription irréfléchie ». Il est prouvé que lorsqu'ils sont en traitement, les toxicomanes sont moins susceptibles de commettre des infractions que lorsqu'ils ne sont pas suivis médicalement (rapport Jarvis et Parker, 1990).

III. RÉPONDRE AUX BESOINS DES JEUNES EN DANGER

Notre élaboration d'un schéma de la délinquance juvénile doit beaucoup aux recherches de Donald West et David Farrington sur le comportement des garçons (voir les rapports Farrington, 1990, West et Farrington, 1977, West, 1982). Cette étude longitudinale, réalisée sur une longue période, a porté sur un échantillon de Londoniens âgés de six à trente-cinq ans. Elle a démontré que la perpétration de quelques délits mineurs est un comportement normal chez les garçons de dix à dix-sept ans, mais que la perpétration d'infractions plus fréquentes ou plus graves, en revanche, est un phénomène rare, qui laisse présager une tendance à poursuivre dans cette voie. En grandissant, la plupart des garçons « s'assagissent ». C'est pourquoi la politique développée en Grande-Bretagne choisit d'éviter d'aggraver la délinquance en punissant trop sévèrement un délit mineur commis dans cette tranche d'âge. De là sont nés également les systèmes « d'admonestation » et de « déjudiciarisation », qui sont de plus en plus nombreux ; nous les évoquerons au chapitre suivant.

Plusieurs études ont essayé de déterminer les facteurs susceptibles de provoquer une tendance à la délinquance au moment de l'adolescence, et qui doivent donc être ciblés dans la prévention. L'une des démarches les plus intéressantes est le travail réalisé sur la surveillance parentale, qui établit une relation entre la propension des jeunes à la délinquance et la surveillance dont ils font l'objet ; autrement dit, plus on explique clairement à un jeune où il doit se trouver le soir, à quelle heure il doit rentrer, etc. (et à condition que les parents veillent au respect de ces règles), moins il sera susceptible de commettre des infractions (voir Riley et Shaw, 1985). Les études des facteurs familiaux réalisées sur une courte période posent néanmoins des problèmes méthodologiques (voir Graham, 1990). Une autre approche porte sur la conception et la gestion des logements. Les cités ou résidences à trop forte densité d'enfants, et qui manquent en même temps d'installations adéquates, sont plus exposées à la délinquance (Wilson, 1988). Des recherches antérieures suggèrent également l'existence d'un lien entre la capacité des parents à surveiller leurs enfants et la disposition des logements et aires de jeux en plein air (Sprott, Jephcott et Carter, 1954).

C'est désormais une pratique courante parmi les architectes et urbanistes de répondre aux besoins des enfants et des jeunes en concevant à leur intention des espaces sûrs, à l'écart du trafic routier, et faciles à surveiller. Les normes de construction en vigueur exigent des finitions particulières pour éviter le vandalisme ; les règlements prévoient le respect des normes de sécurité tant pour les matériaux utilisés que pour les installations. Il est difficile de juger de l'efficacité de ces mesures, car elles ont été instaurées dans tout le pays, et aucune évaluation n'a donc été effectuée à leur sujet. Néanmoins, l'évaluation d'un important programme visant à améliorer la conception des immeubles (le projet DICE) est actuellement en cours, et pourra probablement apporter d'ici peu une réponse.

Des programmes de prévention de la délinquance ont également été développés dans le milieu scolaire. Certains concernent la conception des bâtiments (l'école « antivandalisme », qui est accueillante au lieu de ressembler à une forteresse ; voir le rapport du Department of Education and Science, 1987). D'autres sont consacrés à la gestion et à l'utilisation des locaux, non seulement par les professeurs et les responsables, mais également par les élèves, que l'on fait participer à l'élaboration de schémas de la délinquance et à la recherche de moyens de prévention. Le rapport de Clarke *et al.* (1978) comprend un résumé d'évaluations effectuées sur des projets de lutte contre le vandalisme, dont quelques-uns étaient destinés aux écoles. A l'heure actuelle, plusieurs programmes sont en cours dans les établissements scolaires ; ils visent à faire participer les élèves, et à les sensibiliser aux inconvénients de la délinquance comme aux moyens de la prévenir. Des comités de prévention de la délinquance juvénile *(Junior Crime Prevention Panels)* se chargent également de recueillir les idées des jeunes dans ce domaine. Aucune évaluation précise, cependant, n'est encore disponible sur ces initiatives.

Dans la mesure où la délinquance juvénile est le plus souvent situationnelle, il est également important d'offrir aux jeunes des activités qui répondent à leurs besoins, et qui aient lieu suffisamment près de leur domicile pour leur éviter des déplacements longs ou onéreux. Des programmes de loisirs organisés pendant les vacances scolaires par la police ou des associations bénévoles fonctionnent déjà dans plusieurs villes. Leur objectif est d'offrir des activités intéressantes et de permettre aux jeunes de se perfectionner par exemple dans un sport, afin de réduire la délinquance spontanée qui naît de l'ennui. Certains clubs de football organisent des activités similaires pendant les week-ends. La plupart de ces initiatives sont couronnées de succès dans la mesure où elles attirent un grand nombre de jeunes enthousiastes, mais leur effet direct sur les taux de criminalité n'a pas été évalué.

L'ensemble des réponses apportées aux besoins des jeunes à l'échelon national est plus difficile à évaluer. Les services responsables de la jeunesse n'estiment pas jouer un rôle direct dans la prévention de la délinquance, et ne souhaiteraient d'ailleurs pas, d'une façon générale, qu'un lien soit établi entre leurs activités et la prévention de la délinquance (Graham, 1990). L'un des problèmes particuliers que pose l'organisation générale des dispositions prises à l'intention des jeunes est dû au fait qu'elles soient prévues *pour* la jeunesse, précisément, au lieu d'être définies à partir des souhaits exprimés par les jeunes, ou à partir d'une solide recherche sur leurs modes de vie et besoins actuels. Certaines associations bénévoles et indépendantes, cependant, ont délibérément entrepris de répondre aux besoins des jeunes déjà délinquants ou manifestement en passe de le devenir, en animant par exemple des réunions, en organisant des courses automobiles pour les voleurs de voitures, etc. Certaines de ces initiatives ont donné des résultats très positifs en termes de réduction de la criminalité. Les évaluations sur ce sujet sont toutefois peu nombreuses à ce jour.

IV. DÉVELOPPER DES RÉPONSES LOCALES FACE À LA RÉCIDIVE

Parmi les initiatives qui surgissent en Grande-Bretagne pour développer des réponses locales au problème du récidivisme, la plus dynamique est la création de systèmes dits de « déjudiciarisation », dont le but est d'éviter les poursuites judiciaires. Dans les années 1980, le nombre de jeunes poursuivis en justice a considérablement baissé par rapport au nombre de jeunes ayant simplement fait l'objet d'une admonestation, si bien qu'à l'heure actuelle, ce système de « l'adomnestation » (une réprimande officielle par la police) est la principale réponse apportée à la délinquance des mineurs (voir *Criminal Statistics*, 1989). Cette mesure ne peut toutefois être appliquée que dans les cas où les preuves auraient été suffisantes pour engager des poursuites judiciaires (afin d'éviter une utilisation abusive du système) ; le délinquant doit en outre reconnaître sa culpabilité, et donner son accord. Si le recours à cette formule est de plus en plus fréquent, c'est grâce à la création de commissions composées de membres de divers organismes et chargées d'étudier le cas de chacun de ces délinquants ; le *Home Office* a également participé à sa promotion, en envoyant régulièrement des circulaires informatives aux services de police concernés.

Le fonctionnement exact de ce système peut varier d'une ville à l'autre, mais d'une façon générale, la démarche est la suivante : après avoir constaté une infraction commise par un mineur, la police en informe un « bureau de liaison » qui, lui, est en contact avec des (voire directement composé de) membres du personnel d'éducation, des services sociaux, de la police et des services responsables de la jeunesse. La commission examine alors la situation personnelle du délinquant, ainsi que l'infraction commise, et recommande soit le recours aux poursuites judiciaires, soit l'admonestation. Dans certains endroits, on a adopté le système « admonestation-plus » dans lequel le jeune délinquant doit payer une réparation à la victime, ou entreprendre diverses activités, pour pouvoir bénéficier de cette formule. Les quelques études comparatives effectuées sur les taux de récidive après poursuites judiciaires et après admonestation ne font pas apparaître de différences notables ; il est néanmoins évident que le système de l'admonestation est de loin préférable aux poursuites judiciaires, puisqu'il permet de punir sans trop intervenir dans la vie du délinquant, et doit donc être choisi en priorité pour les infractions de moindre gravité. Cette formule est actuellement utilisée dans plus de 80 % des cas pour les moins de quatorze ans, et très employée également pour les quatorze-seize ans (plus de 50 % des cas). Un éventuel accroissement de son utilisation au delà de ces chiffres soulève néanmoins des questions, car elle n'offre pas nécessairement les mêmes garanties que les poursuites judiciaires, et parce que les droits et besoins des victimes ne sont pas nécessairement respectés (voir David *et al.*, 1987, Bottoms, 1991).

Pour les adultes, la formule de l'adomnestation est moins développée, et il n'existe qu'un seul système officiel de « déjudiciarisation » (voir Dignan, 1990). Il a cependant fait l'objet d'une évaluation approfondie, et l'on a constaté qu'un nombre considérable de délinquants majeurs avaient pu en bénéficier, avec leur propre accord et celui de la victime ; dans la majorité des cas, les deux parties avaient été satisfaites. Cette « déjudiciarisation » comprend non seulement une admonestation, mais également un *mea culpa* de la part du délinquant, ou le versement d'une indemnité à la victime. Par ailleurs, des petits programmes de médiation ont été développés dans plusieurs régions du pays ; quatre d'entre eux ont fait l'objet d'une évaluation (voir Marshall et Merry, 1990). En règle générale, la difficulté rencontrée lors de la mise en œuvre de ces programmes consistait à trouver suffisamment de « cas » ; pour ceux qui ont été traités, cependant, les résultats ont été relativement positifs. Il semble toutefois que ces systèmes continueront à n'occuper qu'une place minoritaire parmi les réponses apportées au problème de la délinquance.

Plutôt que d'isoler la question de l'aide aux délinquants, les initiatives de prévention de la délinquance à l'échelon des communautés ont choisi de regrouper la prévention des infractions et la réinsertion sociale des délinquants (même si la NACRO, les autorités locales et autres organismes continuent parallèlement à organiser d'importants programmes d'ateliers de formation pour délinquants ou délinquants potentiels). Nous étudierons ces programmes locaux au chapitre suivant. D'après M. Woolf, auteur du rapport sur les émeutes survenues dans plusieurs prisons en 1990, des liens plus étroits devraient exister entre les autorités pénitentiaires, les tribunaux, et toutes les personnes qui interviennent dans les initiatives communautaires de substituts à l'emprisonnement (y compris les commissions inter-organismes locales) ; de cette façon, les institutions pénitentiaires se rapprocheront du système judiciaire plus spécifiquement local (voir Woolf, 1991).

V. MOBILISER LA COMMUNAUTÉ POUR PRÉVENIR LA DÉLINQUANCE

Au cours des dernières années, une attention particulière a été accordée à la mobilisation de la communauté pour participer à la prévention de la délinquance. D'importants programmes nationaux ont été mis en œuvre pour encourager des projets basés sur une action locale dans un certain nombre de villes sélectionnées (projets *5 Towns, Safer Cities, Priority Estates Project*, ainsi que les réalisations de la NACRO et de Crime Concern). Un grand nombre d'organismes légaux et bénévoles ont participé à ces projets : autorités locales, services responsables du logement, de l'éducation ou de l'urbanisme, services de police, délégués à la liberté surveillée, associations de commerçants ou de résidents, groupes bénévoles spécialisés, etc. Il y a également eu d'innombrables initiatives locales, par lesquelles une ville ou un quartier tentait de mettre en place son propre dispositif de prévention de la délinquance (stratégies pour le maintien de l'ordre, création de commissions pour la prévention de la délinquance, opérations de surveillance du voisinage telles que *Neighbourhood Watch*). Par ailleurs, le *Home Office* a publié un livre sur les précautions qui peuvent être prises à titre individuel pour prévenir la délinquance ; très largement diffusé et distribué gratuitement, ce livre en est à sa quatrième édition (*Home Office*, 1991). A l'heure actuelle, pratiquement tout le monde connaît l'existence d'au moins quelques dispositifs de prévention de la délinquance : 80 % des personnes interrogées en 1988 lors d'une enquête nationale sur la délinquance en Grande-Bretagne *(British Crime Survey)* avaient entendu parler par exemple de *Neighbourhood Watch* (Mayhew *et al.*, 1989).

Dans quelle mesure, cependant, ces efforts pour la prévention de la délinquance ont-ils atteint leurs objectifs ? Plusieurs évaluations ont été effectuées sur *Neighbourhood Watch* (NW, opération de surveillance du voisinage). Le principe de *Neighbourhood Watch* – largement approuvé par tous – est le suivant : les résidents de localités particulièrement petites ou isolées doivent surveiller activement les actes de délinquance et signaler à la police tous agissements suspects. Les participants ont un coordinateur local et gardent un contact permanent avec la police de leur secteur. Souvent, les services de police publient les bulletins d'information avec des statistiques sur la criminalité locale et des conseils pour la prévention de la délinquance. Les deux tiers des personnes interrogées qui ne participaient pas à un dispositif en cours ont exprimé leur intention de le faire si une opération NW était organisée dans leur quartier (Mayhew *et al.*, 1989). Les résultats, cependant, sont variables. Ils semblent dépendre de la façon dont l'opération est organisée et mise en place, et dans quelle mesure elle est bien adaptée aux conditions locales. Les opérations NW portant sur des groupes de 400 à 500 maisons, par exemple, peuvent être moins actives que d'autres de moindre ampleur. Une évaluation approfondie comparant les taux de criminalité avant et après la mise en place du dispositif dans un secteur donné a montré qu'il n'y avait aucune incidence sur la délinquance ; les résultats suggéraient néanmoins une certaine atténuation du sentiment d'insécurité (Bennett, 1990). En revanche, une « mini-opération de surveillance intensive » (sept ou huit maisons surveillant une neuvième ayant déjà été cambriolée) comme celle qui fut organisée à Kirkholt semble avoir été l'une des mesures ayant conduit à une baisse considérable du taux de victimation répétée de cambriolage dans cette localité (et comme les cambriolages répétés occupaient une place prédominante dans la délinquance locale, le taux de criminalité globale a également baissé de façon significative). A l'échelon national, on ne peut affirmer que les participants aux opérations NW soient moins exposés aux cambriolages, mais il semble que le fait de se joindre à une opération réduise le risque couru par chacun (Mayhew *et al.*, 1989). Les opérations NW exigent beaucoup de temps et d'efforts de la part des services de police. Si elles mènent à une plus étroite collaboration entre la police et la population, on peut espérer une incidence importante sur le sentiment d'insécurité et l'image de la police, indépendamment de tout autre effet sur les taux de criminalité. Nous pensons que le succès de *Neighbourhood Watch* dépendra de la participation locale pour chaque opération, des divers facteurs d'organisation, et également de l'enthousiasme maintenu par la police et la population. Il peut être préférable, dans certains cas, d'aider les gens à « surveiller » officieusement selon les méthodes qui leur sont déjà familières (Shapland et Wagg, 1988), plutôt que d'instaurer des dispositifs officiels.

Dans certains secteurs à forte criminalité, la mise en place d'opérations NW s'est avérée très difficile. Ceci n'est que le reflet d'une constatation plus générale, à savoir que les secteurs de ce type sont souvent très mal organisés, et qu'il est extrêmement difficile de leur insuffler enthousiasme et cohésion. Le travail effectué par Sampson et Farrell (1990) pour essayer d'instaurer des mesures d'assistance et de soutien aux victimes dans une cité vétuste et à taux de criminalité élevé, témoigne des efforts qui sont nécessaires pour surmonter les difficultés pratiques que pose la réalisation de telles initiatives ; d'ailleurs, aussi importants soient-ils, ces efforts n'ont guère été couronnés de succès. Ce n'est qu'avec le soutien (y compris financier) des autorités locales, avec la participation active de la police, en s'appuyant sur des groupes locaux (tels que les associations de résidents) et en bénéficiant de la collaboration d'un interlocuteur extérieur (un expert chargé de faciliter les démarches ou de suivre le projet) qui puisse offrir ses compétences et donner le feu vert à la communauté locale, que l'on a réussi à faire démarrer de telles opérations (voir par exemple la mise en place de systèmes de contrôle des entrées dans les cités, à l'initiative de la NACRO : Bright *et al.*, 1985). C'est là le principal défi lancé pour les années 1990 : mettre au point des moyens de prévention de la délinquance dans les secteurs à forte criminalité, qui soient efficaces et qui bénéficient du soutien et de la participation active de la communauté locale.

Les projets concernant l'intervention policière ont également donné quelques résultats positifs. Les policiers chargés de la prévention de la délinquance sont, avec les compagnies d'assurance (voir Johnston *et al.*, 1990), les principaux conseillers en matière de prévention de la délinquance dans le secteur industriel. Ils sont également compétents en ce qui concerne les locaux d'habitation. Leur rôle est appelé à être étendu ; le centre de prévention de la délinquance du *Home Office*, à Stafford, y travaille actuellement, et c'est également l'objet d'une initiative locale dont les résultats sont évalués (Shapland *et al.*, 1990). L'objectif est que les policiers chargés de la lutte contre la délinquance deviennent des interlocuteurs officiels pour un programme intégré de prévention de la délinquance destiné aux divers échelons administratifs de la police.

Lors d'une expérience reprenant en partie celle de Houston et Newark sur les stratégies visant à renforcer les liens entre la police et la population, on a également constaté que le fait de charger des policiers en uniforme de dialoguer avec différentes associations communautaires sur leur perception des problèmes de délinquance contribuait à accroître la confiance des gens dans l'action des forces de l'ordre, ainsi que celle que leur inspire leur voisinage, quoique l'incidence directe sur le sentiment d'insécurité ne soit pas évidente (Bennett, 1991). Le rôle de la police est capital dans la prévention de la délinquance, et ce à deux niveaux. D'une part, elle doit analyser le profil de la criminalité locale et communiquer ces informations aux groupes locaux qui préparent des initiatives de prévention de la délinquance, tout en les conseillant sur les différentes techniques à leur disposition. D'autre part, la police intervient par le biais de stratégies de maintien de l'ordre visant à prévenir la délinquance et réduire le sentiment d'insécurité. Les policiers sont souvent les mieux qualifiés pour l'exécution de certaines actions préventives (surveillance des voitures, enquêtes sur les activités de délinquants à l'origine d'une vague particulière de criminalité, etc.). La façon dont le maintien de l'ordre est organisé dans un secteur donné aura également une incidence significative sur l'opinion des gens (y résidant ou y travaillant) en ce qui concerne « l'image de marque » de ce même secteur (ampleur de la délinquance, mais également des autres types de problèmes).

A présent, la police joue également un rôle important dans ce que l'on pourrait appeler « prévention de la délinquance par la conception architecturale », c'est-à-dire créer un environnement urbain qui, de par sa conception même, limite les occasions de délinquance. La plupart des services de police ont maintenant des agents de liaison affectés à l'architecture, qui étudient les plans des projets de construction. Ils peuvent compléter le travail de l'urbaniste et du constructeur en démontrant l'impact éventuel que la future cité, par exemple, aura sur la délinquance, et sur les possibilités qu'elle peut offrir (involontairement) pour la perpétration d'actes délictueux. Beaucop d'architectes sont maintenant conscients de la nécessité d'« inclure » la prévention de la délinquance dans la conception des logements ; les constructions nouvelles, cependant, ne représentent qu'une fraction de l'ensemble des logements, et la plupart des améliorations, en termes de prévention de la délinquance, devront venir de la rénovation de logements existants. Un travail considérable a également été réalisé sur des mesures préventives pour les habitations individuelles (voir par exemple Winchester et Jackson, 1982, Laycock, 1985a, Forestier *et al.*, 1988).

Dans le cas des nouveaux locaux industriels et commerciaux, en revanche, les possibilités d'inclure la prévention de la délinquance dans la conception architecturale sont bien plus nombreuses que pour les logements d'habitation, dans la mesure où ces locaux ont une durée de vie beaucoup plus courte et sont plus susceptibles de subir d'importantes modifications lors d'un changement de propriétaire. Au cours des dernières années, la nécessité d'une prévention de la délinquance dans le monde du travail a fait l'objet d'importants efforts au Royaume-Uni. Le département du *Home Office* chargé de la lutte contre la délinquance a évalué diverses initiatives portant sur les pharmacies (Laycock, 1985b), les hôpitaux (Smith, 1987), les petits commerces (Eklom et Simon, 1988), ainsi que les banques et les sociétés de crédit immobilier (Austin, 1988). En 1988, une première conférence regroupant professionnels, représentants du gouvernement et fonctionnaires de police, a mis en lumière la nécessité pour les entreprises de prendre conscience des possibilités de délinquance qui existent dans le monde du travail, et la nécessité, par conséquent, de toujours tenir compte de ce potentiel dans la conception et la gestion des locaux, dans les transactions financières, etc. ; toujours dans l'objectif de réduire ce potentiel, les entreprises doivent également prendre des mesures pour empêcher les agressions contre leur personnel, et apprendre à « gérer » les conséquences de la délinquance (Shapland et Wiles, 1989). Un groupe de travail présidé par le directeur général de la *Confederation of British Industry* a réaffirmé ce même message (CBI/Crime Concern, 1990). Le *Health and Safety Executive*, de son côté, a développé activement des politiques de prévention de la violence sur les lieux de travail (HSE, 1990). Plusieurs études sur les difficultés propres au secteur de la vente au détail sont à présent disponibles (Ekblom et Simon, 1988, Hibbert et Shapland, 1990, Borrows, 1988), et une importante enquête sur les problèmes de la délinquance et les possibilités de prévention dans les zones industrielles vient d'être achevée (Johnston *et al.*, 1990). Ces études semblent toutes suggérer que les taux de victimation dans les secteurs industriel et commercial sont plus élevés que ceux des zones résidentielles – une impression confirmée par les résultats du *British Crime Survey* de 1988, qui a révélé l'ampleur des vols d'effets personnels sur les lieux de travail (Mayhew *et al.*, 1989). Le type d'infraction commise, cependant, varie considérablement selon les branches professionnelles, et les précautions préventives doivent donc varier également. Les usines, par exemple, ont d'importants problèmes de cambriolages et de vols dans les véhicules, et, dans une moindre mesure, de dégradations volontaires et de vols (y compris par le personnel) ; le risque de violence, en revanche, y est peu élevé. Les lieux de vente au détail, quant à eux, doivent faire face à des problèmes de vols (aussi bien par la clientèle que par le personnel) et sont beaucoup plus exposés aux actes de violence. Pour résoudre ces problèmes, les dirigeants d'une entreprise doivent analyser le type de délinquance propre à leur établissement, ainsi que le potentiel de pertes, puis définir les mesures adéquates, non seulement dans un but préventif mais également pour traiter la délinquance déjà existante.

VI. LE SENTIMENT D'INSÉCURITÉ

Lorsque l'on promeut des initiatives de prévention de la délinquance, il est important de ne pas négliger l'incidence qu'elles peuvent avoir sur le sentiment d'insécurité. Les mesures qui visent à réduire ce sentiment d'insécurité ne sont bien évidemment pas les mêmes que celles dont le but est de lutter contre la délinquance (Bennett, 1991) mais à moins d'être soigneusement élaborées, les mesures de prévention peuvent involontairement accroître le sentiment d'insécurité, ou le sentiment de culpabilité éprouvé par les victimes. Le sentiment d'insécurité propre à chaque individu dépend à la fois de son cas personnel, et du quartier où il vit et travaille. Le degré d'insécurité éprouvée est lié au risque de victimation dans le secteur (Bottoms *et al.*, 1990, Shapland et Vagg, 1988), mais cette corrélation n'est pas absolue. De même, le sentiment d'insécurité est inmanquablement plus élevé chez les femmes que les hommes, et l'âge peut aussi être un facteur, mais la variation d'un individu à l'autre demeure très importante (Maxfield, 1984 et 1988). Il est vraisemblable que la situation et la vie personnelle de chacun (présente et passée) influent considérablement sur sa façon de réagir à une menace potentielle (Stanko, 1987). Dans la réaction des femmes interviennent également d'autres facteurs – et ce dans une très large mesure – tels que des règles de conduite sociale (sortir seule le soir, être accompagnée par son mari, etc. ; voir Stanko, 1987).

Le sentiment d'insécurité et la crainte de victimation traduisent essentiellement une peur des violences physiques ou sexuelles, et les gens surestiment toujours la fréquence de ce type de délits (Maxfield, 1984 et 1988). Des études récentes ont cependant révélé que le harcèlement sexuel dont sont victimes les femmes dans leur vie quotidienne constituait en fait un phénomène beaucoup plus répandu que l'on ne pensait (Young *et al.*, 1990), ce qui pourrait expliquer que le sentiment d'insécurité soit chez elles beaucoup plus élevé. Les enquêtes révèlent également une crainte des cambriolages, qui conduit les gens à rester chez eux pour protéger leurs biens, et une peur de la délinquance sur le lieu de travail (Johnston *et al.*, 1990), deux sentiments susceptibles l'un comme l'autre d'aggraver la tendance des gens à rester chez eux et à avoir peur de sortir le soir. Il pourrait s'avérer nécessaire, dans l'avenir, d'en faire des cibles de prévention.

Au Royaume-Uni, le sentiment d'insécurité et la peur de la victimation n'ont pas encore atteint des proportions telles que les gens en viennent à transformer leurs maisons, leurs usines et leurs quartiers en forteresses ; la mobilité sociale suscitée par la crainte de la délinquance n'a pas encore conduit non plus à la formation de ghettos et au regroupement en quartiers distincts selon le niveau de revenus. Ainsi que nous l'avons vu précédemment, une stratégie de protection type « forteresse » a peu de chances d'être efficace contre la délinquance patrimoniale, dont le taux local influe considérablement sur l'opinion qu'ont les gens du secteur où ils vivent et travaillent. Les atteintes contre les biens sont, dans une large mesure, commises par des résidents. Le principal objectif de la recherche future devra être celui de mieux connaître la délinquance, afin d'élaborer des politiques de prévention qui ciblent non seulement les différents types de victimes, mais également les différents schémas de délinquance, et qui préservent les communautés tout en les aidant à être capables de faire face à la délinquance sans aggraver le sentiment de peur.

BIBLIOGRAPHIE

Annual Statistics of Addicts notified to the Home Office. Home Office Statistical Bulletin. London, Home Office.

AUSTIN, C., *The prevention of robbery at building society branches*. Home Office Crime Prevention Papers n° 14. London, Home Office Crime Prevention Unit, 1988.

BENNETT, T., *Evaluating Neighbourhood Watch*. Aldershot, Gower, 1990.

BENNETT, T., The effectiveness of a police-initiated fear-reducing strategy, *British Journal of Criminology*, 1991, 31, 1-14.

BOTTOMS, A. E., Are the police becoming too lenient : trends in police cautioning. Lecture to the Edward Bramley society, Faculty of Law, University of Sheffield, March 1991.

BOTTOMS, A. E., CLAYTOR, A. and WILES, P., *Housing and crime in Sheffield*. Final report to the Home Office. 4 vols. Sheffield, Faculty of Law, 1990.

BOTTOMS, A. E. and WILES, P., Housing tenure and residential community crime careers in Britain, in REISS, A. J. Jr., and TONRY, M. (eds), *Communities and Crime*. Chicago, University of Chicago Press, 1986.

BRIGHT, J., MALONEY, H., PETTERSSEN, G. and FARR, J., *After entryphones : improving management and security in multi-storey blocks*. London, NACRO – Safe Neighbourhoods Unit, 1985.

BURROWS, J., *Retail crime : prevention through crime analysis*. Home Office Crime Prevention Unit Papers n° 11. London, Home Office Crime Prevention Unit, 1988.

CBI/Crime Concern, *Crime : managing the business risk*. London, CBI, 1990.

CLARKE, R. V. G. and MAYHEW, P., *Designing out crime*. London, HMSO, 1980.

CLARKE, R. V. G., GLADSTONE, F. J., STURMAN, A. and WILSON, S., *Tackling vandalism*. Home Office Research Studies n° 47. London, HMSO, 1978.

CLARKE, R. V. G. and CORNISH, D. B., Modeling offenders decisions : a framework for research and policy, in TONRY, M. and MORRIS, N. (eds), *Crime and justice*, vol. 6. Chicago, University of Chicago Press, 1985.

Criminal Statistics, London, HMSO, 1989.

DAVIS, G., BOUCHERAT, J. and WATSON, D., *A preliminary study of victim offender mediation and reparation schemes in England and Wales*. Home Office Research and Planning Unit Papers n° 42. London, Home Office, 1987.

Department of Education and Science, *Building Bulletin n° 67 : crime prevention in schools – practical guidance*. London, HMSO, 1987.

DIGNAN, J., *An evaluation of an experimental adult diversion scheme in Northamptonshire. Final report*. Sheffield, Faculty of Law, 1990.

VAN DIJK, J.J.M., *Future perspectives regarding crime and criminal justice*. Report to the Fourth Conference on Crime Policy, Council of Europe, Strasbourg, 9-11 May 1990.

EKBLOM, P. and SIMON, F., *Crime and racial harassment in Asian-run small shops : the scope for prevention*. Home Office Crime Prevention Unit Papers n° 15. London, Home Office Crime Prevention Unit, 1988.

FARRINGTON, D. P., Implications of criminal career research for the prevention of offending, *Journal of Adolescence*, 1990, 13, 93-113.

FORESTER, D., CHATTERTON, M. and PEASE, K., *The Kirkholt burglary prevention project, Rockdale*. Home Office Crime Prevention Unit Papers n° 13. London, Home Office Crime Prevention Unit, 1988.

GRAHAM, J., Families, parenting skills and deliquency, *Home Office Research Bulletin*, 1989, 26, 17-21.

GRAHAM, J., *Crime prevention strategies in Europe and North America*. HEUNI publications n° 18. Helsinki, HEUNI, 1990.

HEAL, K., and LAYCOCK, G. (eds), *Situational crime prevention : from theory into practice*. London, HMSO, 1986.

Health and Safety Executive, *Violence to staff*. London, Health and Safety Executive, 1990.

HIBBERD, M. and SHAPLAND, J., *Violent crime in small shops*. Final report and to be published by the Police Foundation. London, Police Foundation, 1990.

Home Office, *UK action on drug misuse : the government's strategy*. London, Home Office, 1990a.

Home Office, *Practical ways to crack crime : the handbook*. London, Home Office. 4th edition, 1991.

Hope, T. and Shaw, M. (eds), *Communities and crime reduction*. London, HMSO, 1988.

HOUGH, M. and MAYHEW, P., *The British Crime Survey : first report*. Home Office Research Studies n° 76. London, HMSO, 1983.

HOUGH, M. and MAYHEW, P., *Taking account of crime : key findings from the 1984 British Crime Survey*. Home Office Research Studies n° 85. London, HMSO, 1985.

JARVIS, G. and PARKER, H., Can medical treatment reduce crime amongst young heroin users ?, *Home Office Research and Statistical Department Research Bulletin*, n° 28. London, Home Office, 1990.

JOHNSTON, V., LEEK, M., SHAPLAND, J. and WILES, P., *Crimes and other problems on industrial estates*. Sheffield, Faculty of Law, 1990.

LART, R. and STIMPSON. G. V., National survey of syringe exchange schemes in England, *British Journal of Addiction*, 1990, 85, 1433-1444.

LAYCOCK, G., *Property marking : a deterrent to domestic burglary ?* Home Office Crime Prevention Unit Papers n° 3. London, Home Office Crime Prevention Unit, 1985a.

LAYCOCK, G., *Reducing burglary : a study of chemists' shops*. Home Office Crime Prevention Unit Papers n° 1. London, Home Office Crime Prevention Unit, 1985b.

MARSHALL, T. F. and MERRY, S. (eds), *Crime and accountability : victim-offender mediation in practice*. London, HMSO, 1990.

MAXFIELD, M., *Fear of crime in England and Wales*. Home Office Research Studies n° 78. London, HMSO, 1984.

MAXFIELD, M., *Explaining fear of crime : evidence from the 1984 British Crime Survey*. Home Office Research and Planning Unit Papers n° 43. London, Home Office, 1988.

MAYHEW, P., ELLIOTT, D. and DOWDS, L., *The 1988 British Crime Survey*. Home Office Research Studies n° 111. London, HMSO, 1989.

PARKER, H., BACKX, K. and NEWCOMBE, R., *Living with heroin*. Milton Keynes, Open University Press, 1988.

POWER, R., Drugs and the media : prevention campaigns and television, in MCGREGOR, S. (ed), *Drugs and British Society*. London, Routledge, 1989.

RILEY, D. and SHAW, M., *Parental supervision and juvenile delinquency*. Home Office Research Studies n° 83. London, HMSO, 1985.

SAMPSON, A. and FARRELL, G., *Victim support and crime prevention in an inner-city setting*. Home Office Crime Prevention Unit Papers n° 21. London, Home Office Crime Prevention Unit, 1990.

SHAPLAND, J., Victimisation surveys : towards the future in *Local strategies for the reduction of urban insecurity in Europe*, Urban renaissance in Europe study series n° 35. Strasbourg, Council of Europe, 1989.

SHAPLAND, J. and VAGG, J., *Policing by the public*. London, Routledge, 1988.

SHAPLAND, J. and WILES, P., *Business and Crime : a consultation*. Swindon, Crime Concern, 1989.

SHAPLAND, J., WILES, P., and WILCOX, P., *The development and targeting of crime reduction initiatives : some initial results and policy implications*. Sheffield, Faculty of Law, University of Sheffield, 1990.

SMITH, L., *Crime in hospitals : diagnosis and prevention*. Home Office Crime Prevention Unit Papers n° 7. London, Home Office Crime Prevention Unit, 1987.

SPROTT, W., JEPHCOTT, A. and CARTER, M., *The social background of delinquency*. Nottingham, University of Nottingham Department of Philosophy, 1954.

STANKO, E., Hidden violence against women, in MAGUIRE, M. and POINTING, J. (eds), *Victims of crime : a new deal ?* Milton Keynes, Open University Press, 1987.

WEST, D. J., *Delinquency : its roots, careers, and prospects*. London, Heinemann, 1982.

WEST, D.J. and FARRINGTON, D. P., *The delinquent way of life*. London, Heinemann, 1977.

WILSON, S., Vandalism and defensible space in London housing estates in CLARKE, R. and MAYHEW, P. (eds), *Designing out crime*. London, HMSO, 1980.

WINCHESTER, S. and JACKSON, H., *Residential burglary : the limits of prevention*. Home Office Research Studies n° 74. London, HMSO, 1982.
WOOLF, Lord Justice, *Prison Disturbances April 1990 : report of an Inquiry by the Rt. Hon. Lord Justice Woolf and His Honour Judge Stephen Tumin*. London, HMSO, Cm 1456, 1991.

BILAN DES CONNAISSANCES EN AFRIQUE

Femi ODEKUNLE*

Le problème de la délinquance[1] apparaît comme étant l'un des indicateurs les plus exacts de l'organisation socio-économique et politique de la société, car certains des enjeux économiques et politiques majeurs, l'idéologie qui est à leur origine et le mode de relations sociales qui en découle sont révélés tant par le problème de la délinquance que par les mesures (formelles et informelles) prises par la société pour tenter de régir la conduite de ses citoyens.

Cela signifie que toute contribution au problème de la prévention de la délinquance et de la toxicomanie doit avoir comme point de départ l'origine même du problème, à savoir le niveau de développement économique et social et le degré de développement du système pénal correspondant[2]. Ce préalable s'applique tout particulièrement dans le cas du continent africain qui présente des spécificités qui le distingue des autres régions du monde à cet égard. Trois de ces spécificités servent d'introduction à la présente contribution.

I. SPÉCIFICITÉS DU CONTINENT AFRICAIN

Tout d'abord, la situation économique et sociale désastreuse que connaissent une majorité de pays africains, et qui vient s'ajouter à leur état bien connu de sous-développement hérité de l'histoire, n'a fait que s'aggraver durant les dix dernières années (voir tableau n° 1 et 2 ci-après).

* Directeur de l'Institut des Nations Unies à Kampala (Ouganda).

1. Le problème de la délinquance est utilisé ici au sens large dans tout ce qu'il recouvre : volume, types et gravité des actes de délinquance ; modalités, importance et efficacité des organes chargés de faire respecter la loi, de l'administration de la justice, de la répression des délinquants et des mesures prises par la communauté en réponse à ce problème.

2. Le terme « système pénal » doit également s'entendre au sens large, dans tout ce qu'il englobe, à savoir de l'élaboration des lois à l'exécution des sanctions pénales.

TABLEAU 1. INDICATEURS ÉCONOMIQUES COMPARATIFS

	Afrique sub-saharienne	*PMA les moins avancés*	*Ensemble des PMA*
Croissance du PIB par habitant 1980-1986 (% annuel)	− 3,1	5,6	1,8
Croissance de la consommation privée par habitant 1980-1986 (% annuel)	− 2,4	3,5	0,9
Epargne intérieure brute exprimée en % du PIB, 1986	11	25	24
Investissement intérieur brut en % du PIB, 1986	14	29	24
Bilan financier de l'administration centrale en % du PIB, 1986	− 6	...	− 6
Croissance du volume des exportations 1980-1986 (% annuel)	− 2,1	6,5	4,8
Croissance du volume des importations 1980-1986 (% annuel)	− 7,5	7,2	0,5
Variation des termes de l'échange 1980-1986 (%)	− 13	− 9	− 7
Réserves internationales brutes en mois de couverture des importations, 1986	2,1	4,2	3,5

Source : Banque mondiale, *World Development Report*, 1988 et FMI, *World Economic Outlook*, 1989.

Trente et un d'entre eux sont rangés dans la catégorie des « pays à faible revenu » et trente dans celle des pays « criblés de dettes » (UN, 1989 : 10). Quantité de statistiques sont disponibles sur la signification économique et sociale de cette classification pour les cinq cent cinquante-trois millions d'habitants que compte la région, avec un coefficient de dépendance de 93, un taux de chômage chez les jeunes de l'ordre de 75 %, un taux de croissance annuelle des villes de 5,2 %, un taux d'alphabétisation de 50 %, un taux de mortalité infantile de cent trente-deux pour mille, une espérance de vie de cinquante et un ans, etc... (ONU, 1988 : 79-83 ; UNECA, 1989 : 4-7 et UNECA, 1989 : 30-34) ; toutefois nous nous contenterons de citer ici, car il suffit à éclairer notre propos, le tout dernier rapport décrivant les conditions économiques et sociales d'extrême indigence que connaît cette population :

TABLEAU 2. PAYS EN DÉVELOPPEMENT : CROISSANCE EN 1980
(variation annuelle moyenne du PIB par habitant en %)

	1980-1985	1986	1987
Ensemble des pays en développement	− 1,2	2,8	2,3
Afrique subsaharienne	− 3,6	− 0,5	− 5,1
Asie orientale	6,2	5,7	7
Sud de l'Asie	3,1	2,4	0,5
Europe, Moyen Orient, Afrique du Nord ..	0,6	2	1,1
Amérique latine, Caraïbes	− 2	1,6	0,4

Source : Banque mondiale

« ... L'Afrique, qui est sortie des années 1980 avec un sentiment de perte considérable, entame la décennie 1990 dans la plus vive inquiétude et le plus grand scepticisme. Les années 1980 ont été des années d'efforts vains et d'occasions manquées pour le continent. Malgré tous les efforts déployés à l'intérieur même de l'Afrique pour mettre en œuvre les Programmes d'Adaptation Structurelle (SAPS), et en dépit d'un certain nombre d'initiatives prises au niveau international, le bilan a été fort sombre dans tous les sens du terme. Le ralentissement ininterrompu de l'économie et la baisse du niveau de vie de la population africaine ont été à l'ordre du jour. La baisse du taux de croissance de la production sur le continent africain s'est accompagnée d'une chute inexorable du revenu par habitant, faisant de l'Afrique la seule région du monde qui connaisse un tel mouvement de recul. La formation de capital, la progression et les recettes des exportations ont également subi une forte érosion ; les déficits de la balance des paiements et les taux d'inflation se sont accrus, tandis que les dettes et le lourd fardeau du service de la dette prenaient des proportions exorbitantes.

Les conséquences sociales et humaines et cette situation ont été véritablement dramatiques. Les services sociaux de base, tels que la santé et l'éducation, se sont dégradés rapidement ; la consommation privée par habitant a diminué d'un cinquième ; alors que le chômage atteignait un niveau critique, avec treize millions de chômeurs parmi les salariés (officiels) et quatre-vingt-quinze millions de personnes sous-employées, les salaires réels diminuaient, tandis que la pauvreté et la malnutrition ne cessaient de s'accroître. » (Adedeji, 1991 : 1).

Compte tenu du lien incontestable existant entre délinquance et développement, les implications criminogènes des conditions économiques et sociales évoquées à l'instant sont évidentes, en particulier pour ce qui est de la délinquance juvénile, la délinquance économique organisée et l'accroissement des crimes et délits liés à la toxicomanie.

En deuxième lieu, comme je le faisais remarquer lors d'une autre assemblée, les mesures et dispositifs de prévention et de contrôle et le traitement des délinquants, en vigueur sur le continent africain, portent encore clairement les marques de l'administration coloniale d'antan : « ... le système judiciaire pénal dans chacun de ces pays est encore largement empreint des systèmes britannique, français ou portugais du XIXe siècle ; le dispositif de traitement et de répression hérité de l'époque coloniale est demeuré pour une large part en l'état... » A savoir : la criminalisation de comportements acceptés culturellement, la prédominance des droits et des intérêts de l'individu sur ceux de la collectivité, une procédure de type accusatoire axée sur la répression, une administration judiciaire et des procédures pénales très rigides et techniques, l'incarcération et les prisons comme unique outil de répression, etc. (Odekunle, 1990 : 1-2).

Certes il y a eu çà et là, à différentes époques des amendements opportuns et/ou symboliques : des dispositions nouvelles ou « remaniées » qui présentent bien sur le papier ou font bel effet lors de réunions et conférences internationales réunissant des autorités gouvernementales ou des professeurs de droit, plus préoccupés par les symboles que par les réalités. Reste que, pour le citoyen africain moyen, la réalité quotidienne des mesures de prévention et de contrôle et leur mise en œuvre par les institutions compétentes n'a quasiment pas changé[3]. En réalité, les conditions économiques et sociales brièvement décrites plus haut (et les influences ou les choix politiques qu'il a fallu exercer pour éviter les retombées réelles et virtuelles de cette situation) n'ont fait qu'exacerber la tendance naturelle des autorités à réprimer sauvagement et à faire régner l'ordre public[4].

Troisièmement et bien que certains prétendent le contraire, les contributions émanant du continent africain comportent d'entrée de jeu des limitations ou des « handicaps » par rapport aux autres régions du monde prenant part à des colloques internationaux sur le problème de la délinquance : la pénurie de données relatives à la délinquance et à la justice pénale régulièrement vérifiées et analysées[5] (je ne parle même pas de leur publication), les efforts de recherche comparativement infimes réalisées sur le sujet dans la région, l'absence quasi totale d'instituts et de publications consacrés à la recherche sur le sujet[6], la non-disponi-

3. Cette situation doit être comparée à celle de certains pays développés d'Amérique du Nord ou d'Europe, dont le système judiciaire et les codes pénaux ont fait l'objet d'une refonte totale ou de réformes très importantes au cours des dix ou vingt dernières années.

4. Malheureusement, les rapports d'Amnesty International ne concernent qu'une sélection de cas relatifs à des personnes célèbres et portant sur des délits de nature « politique ».

5. Lors de ma première « visite de travail » (en qualité de directeur de l'UNAFRI) à un échantillon d'Etats africains de toutes les sous-régions du continent, dont l'objet était d'identifier les problèmes et les priorités, les responsables locaux que j'ai rencontrés ont été incapables de me fournir les dernières statistiques officielles publiées sur la délinquance et la justice pénale. Dans un des pays, je me suis entendu dire que ce type de publications relevait de la « Sûreté nationale » et qu'il fallait, pour y avoir accès, effectuer toutes sortes de démarches et remplir une demande officielle ! ! !

6. Alors que les Etats d'Amérique du Nord et d'Europe disposent littéralement de centaines d'instituts et de publications consacrés à la criminologie et à la prévention de la délinquance (outre

bilité relative de travaux de recherche, de documentation et de rapports officiels, qu'ils soient ou non publiés[7], etc. Même si ces limitations expliquent quelque peu les défauts éventuels de la présente contribution en ce qui concerne le continent africain, elles ne lui en enlèvent pas moins sa force ni son contenu. Je dirais même plus, elles doivent contribuer à souligner la différence d'intérêts, des besoins et de l'acuité des problèmes liés à la prévention de la criminalité, de la délinquance et de la toxicomanie dans la région, dans le contexte d'un développement économique et social plus égalitaire.

Avec pour toile de fond la situation présentée en introduction et compte tenu des limitations évoquées ci-dessus, sur la base des documents officiels et travaux de recherche disponibles sur le sujet ainsi que des observations issues de l'expérience, la section II de la présente contribution envisage l'ampleur de la délinquance et des délits liés à la toxicomanie dans la région ; la section III est consacrée à l'attitude de la population en ce qui concerne la sécurité ; la section IV pour sa part brosse un tableau détaillé des moyens de prévention anciens et nouveaux ; quant à la dernière section, elle présente en guise de conclusion les deux principales recommandations d'actions à l'adresse des pays de la région en matière de prévention de la délinquance et des délits liés à la toxicomanie et contient des remarques sur le rôle de la communauté internationale et de l'UNAFRI en vue de leur mise en œuvre.

II. AMPLEUR DE LA DÉLINQUANCE ET DES DÉLITS LIÉS A LA TOXICOMANIE

En dépit de l'absence de statistiques au niveau national (et *a fortiori* au niveau régional) pouvant étayer toute affirmation, nous pouvons avancer que la délinquance chez les adultes et la délinquance juvénile n'ont cessé d'augmenter en volume et en gravité. Qui plus est, de nou-

les statistiques régulièrement recueillies, compilées, analysées et publiées au niveau national, régional ou sous-régional), le continent africain, qui compte cinquante et un Etats, ne peut guère se targuer d'en avoir aucun. Le fait que l'UNAFRI n'ait vu le jour qu'en 1989-1990 et qu'il lutte avec bien des difficultés contre la mortalité infantile parce que ses Etats membres n'ont pas acquitté leur contribution est significatif du problème existant. Ce n'est pas le cas d'autres instituts régionaux des Nations unies créés dans les années 1961, 1968, 1975 qui eux ne manquent pas de fonds.

7. Il doit y avoir en Afrique des milliers d'articles et de travaux de recherche ainsi que des comptes rendus de conférences et de séminaires sur la délinquance et la toxicomanie et la prévention et le contrôle de celles-ci. Prenons à titre d'exemple le cas de mon université au Nigéria. J'ai dirigé quantité de thèses et de travaux de recherche sur la question entre 1975 et 1989 ; et pendant cette même période, j'ai participé à des dizaines de conférences et de séminaires (organisés pour la plupart par les pouvoirs publics) consacrés à ce sujet. Le problème de la disponibilité est dû à l'absence de débouchés pour les publications, ce qui a pour conséquence que de nombreux travaux ne sont pas publiés ou restent dans l'ombre (même au niveau national) et que quelques-uns à peine apparaissent dans des publications nord-américaines ou européennes. Dès lors, pour avoir accès à ces documents ou rapports, il faudrait entreprendre la tâche impossible qui consisterait à traverser ce vaste continent de cinquante et un Etats et « fouiller » dans les bibliothèques universitaires et les rayonnages des ministères concernés.

velles formes et dimensions de la délinquance, telles que la délinquance économique, organisée et liée à la toxicomanie, sont apparues sur la scène africaine au cours des dix dernières années.

Le séminaire consacré aux stratégies de prévention de la délinquance et à la justice pénale dans le contexte de développement en Afrique a reconnu l'ampleur, les formes et les dimensions évoquées plus haut (UNAFRI, 1987) : en ce qui concerne la délinquance, il a été établi que, même s'il est difficile d'en mesurer exactement l'étendue, « les nombreux délits commis par les jeunes démontrent que la délinquance juvénile occupe une place considérable » dans la région, les « délits les plus fréquents (étant) le vol, la prostitution, le vagabondage, la mendicité, l'usage et le trafic de drogues ». Mêmes conclusions au terme de la réunion préparatoire pour le continent africain du 8e Congrès des Nations unies sur la prévention de la délinquance et le traitement des délinquants (ONU, 1989) à propos de la délinquance en général et (plus particulièrement) de la délinquance juvénile. Sur ce dernier point, le rapport énonçait le problème en ces termes : « La délinquance juvénile est perçue comme un phénomène particulièrement alarmant... Les jeunes de moins de vingt-cinq ans représentant une large proportion de la population, le problème en résulte non seulement plus visible mais aussi extrêmement critique. »

Là encore, et si l'on s'en tient à des généralités, les informations recueillies par l'UNAFRI lors de « visites de travail » effectuées en 1990 dans un échantillon représentatif d'Etats africains en vue d'identifier les problèmes prioritaires semblent confirmer l'accroissement, la gravité et les proportions nouvelles du problème. Voir le tableau n° 3 ci-après qui se passe d'explications et pourra être commenté plus en détail lors de la présentation orale.

TABLEAU 3. BESOINS PRIORITAIRES IDENTIFIÉS DANS CERTAINS PAYS AFRICAINS* EN MATIÈRE DE PRÉVENTION ET DE CONTRÔLE DE LA DÉLINQUANCE

Pays	*Priorités établies*
EGYPTE	Toxicomanie, terrorisme intérieur, déliquance éco./organisée
Priorité : Conseils sur la politique à adopter	
GHANA	Répression des jeune délinquants par la société Formation du personnel de la police Evaluation du système expérimental de prisons ouvertes
Priorités : Conseils sur la politique à adopter – Formation – Recherche	
LIBYE	Evaluation des méthodes nouvelles mises en œuvre Mesures visant à empêcher l'infiltration de valeurs criminogènes Accroissement de la délinquance juvénile
Priorités : Recherche d'évaluation – Conseils sur la politique à adopter	

Pays	*Priorités établies*
MALAWI	Formation du personnel de la police, des services municipaux et du personnel judiciaire Création de la commission nationale de prévention de la délinquance Réforme du code pénal
Priorités – Formation – Conseils sur la politique à adopter	
MAROC	Délinquance éco./organisée transnationale Trafic et usage de drogue Récidive
Priorités : Formation – Recherche – Conseils sur la politique à adopter	
NIGÉRIA	Délinquance juvénile Fraude, corruptions et délinquanc éco./organisée Trafic de drogue
Priorités : Conseils sur la politique à adopter	
SIERRA LEONE	Réforme du code pénal Protection/solutions pour les victimes de la délinquance Peines de substitution
Priorités : Conseils sur la politique à adopter – Formation	
OUGANDA	Banditisme (dans certaines régions du pays) Surpopulation dans les prisons Formation du personnel de police
Priorités : Formation – Conseils sur la politique à adopter	
RÉP. DE TANZANIE	Prévention et détection de la fraude Surpopulation dans les prisons Estimation de l'ampleur du problème de la délinquance juvénile
Priorités : Conseils sur la politique à adopter – Formation – Recherche	
ZAMBIE	Recherche pour une réforme/une adaptation de la législation Atteinte aux biens (dans la rue et dans les quartiers aisés) Usage et trafic de drogue
Priorités : Conseils sur la politique à adopter – Formation	
ZIMBABWE	Mise au point de peines de substitution Accroissement rapide de la délinquance patrimoniale (en particulier la délinquance éco. et organisée) Réforme/Refonte du code pénal
Priorités : Conseils sur la politique à adopter – Formation	

* Cette identification est limitée à environ 11 pays où l'UNAFRI a effectué des « visites de travail » à ce jour.

Qui plus est, le nombre d'incarcérations et de condamnations connaît une augmentation considérable dans la région et le taux de surpopulation dans les prisons va de 30 à 200 % (Odekunle, 1990 : 3), faits qui viennent confirmer indirectement la thèse soutenue dans la présente contribution. Enfin, nous disposons de preuves tangibles tirées de quelques travaux de recherche et sources documentaires. D'après une étude récente et encore inédite sur la victimation en Afrique, « l'on constate une augmentation spectaculaire du nombre de vols et de cambriolages » et une « progression rapide » de la délinquance chez les cols blancs, notamment de la corruption chez les fonctionnaires (Hatchard, à paraître 1991 : 2)[8].

En ce qui concerne plus particulièrement la délinquance liée à la toxicomanie, voici ce qu'en dit Walsh (1988 :106-107) : « L'Afrique est une zone de transit, par exemple, qui a tendance à figurer de plus en plus fréquemment dans les rapports de saisies de drogues illicites en Europe occidentale et en Amérique du Nord. [...] il doit en général y avoir un point de transit intermédiaire, comme Le Caire, Nairobi ou Addis Abeba. [...] De grandes quantités de cocaïne en provenance d'Amérique du Sud sont également saisies en Europe occidentale après avoir transité par l'Afrique occidentale. Dans la pratique, les ressortissants de pays d'Afrique occidentale sont soit des courriers soit des membres de groupes très organisés de trafic de stupéfiants. Les trafiquants de drogue d'Afrique occidentale arrêtés dernièrement en Europe étaient dans certains cas eux-mêmes des toxicomanes, ce qui démontre que l'effet de contagion, bien connu dans les pays de transit, se produit également ici (en Afrique)[9].

Les données relatives au Nigéria viennent étayer la thèse de Walsh : en 1987, la police recensait 2 396 « délits liés à la drogue et aux stupéfiants » contre 425 seulement en 1968 ; et le nombre des arrestations et condamnations de Nigérians à l'étranger pour l'année 1987 s'élevait respectivement à 1 788 et 760 contre 1 261 et 282 pour 1979 (République fédérale du Nigéria, 1990 : 30-31).

8. Quand bien même les statistiques seraient publiées et disponibles pour chacun des cinquante et un Etats de la région, elles ne peuvent matériellement pas être intégrées dans un rapport limité à juste titre à une dizaine de pages. En outre, une place devrait être accordée aux opinions ou perceptions des parties concernées.

9. Ce dernier point doit être pris très au sérieux par les Etats africains, contrairement à leur position qui consiste généralement à dire que le problème de la délinquance liée à la toxicomanie sur le continent se limite principalement à la consommation d'alcool, de marijuana et au trafic illicite des stupéfiants.

III. SENTIMENT D'INSÉCURITÉ

Lorsque j'écrivais il y a quelques années sur le problème de la délinquance au Nigéria, j'avais évoqué le sentiment d'insécurité suscité par la délinquance dans les termes suivants :

« Outre les pertes matérielles et la détresse psychologique causée par la victimation criminelle réelle, les conséquences du problème de la délinquance pour la population sont multiples. Et la plus éprouvante d'entre elles est la quantité incommensurable de ressources (matérielles et psychologiques) que la population dépense, sous la forme des craintes qu'elle nourrit et des mesures préventives qu'elle prend contre la victimation criminelle potentielle, craintes et mesures qui doivent résulter d'un sentiment d'insécurité et d'impuissance à l'égard des délinquants et d'une situation qu'ils doivent avoir jugée vraisemblablement désespérée » (Odekunle, 1985, 1)[10].

Ce sentiment d'insécurité semble exister dans la plupart des zones urbaines du continent africain. Il se manifeste de différentes façons : non-assistance aux étrangers en situation de nécessité, réticence à s'arrêter sur les autoroutes pour apporter une aide aux automobilistes en panne ; enfermement de la population dans des habitations blindées à l'épreuve des cambrioleurs, malgré la nécessité de pouvoir s'échapper en cas d'incendie ; couvre-feux en soirée et la nuit imposés par les autorités ou par la population elle-même ; contrôles de police partout sur les autoroutes, etc.

Bien sûr, le sentiment d'insécurité varie en général suivant le type de communauté (rurale ou urbaine), en fonction des caractéristiques socio-économiques et du lieu de résidence, et selon les expériences antérieures de victimation. Les conclusions de l'étude que j'ai menée à ce sujet à la fin des années 1970 (Odekunle, 1979), tout comme celles d'autres travaux réalisés sous ma direction, ne sont pas différentes de celles de l'étude récemment effectuée par Van Dijk, *et al.* en Europe et en Amérique du Nord (1990 : 77-80).

Quant au rôle des médias en la matière, je n'ai connaissance d'aucune étude ou document africain traitant de la corrélation entre la délinquance, l'apparition d'un sentiment d'insécurité et les moyens de communication de masse[11]. Dès lors, nous ne pouvons pour l'heure

10. Les témoignages illustrent mieux que des chiffres ou des données le sentiment d'insécurité. Voici à titre d'exemple ce que déclarait un cadre moyen, récemment interviewé sur la chaîne de télévision publique nigériane, pour expliquer les mesures étonnantes qu'il prend pour protéger sa voiture : parce qu'il craint les cambrioleurs armés et les voleurs de voiture, il laisse son véhicule toutes les nuits et tous les week-ends sur son lieu de travail ne s'en sert que pendant les heures de bureau, et utilise les transports en commun pour se rendre à son travail !

11. Comme nous le faisions remarquer dans la note 7 ci-dessus, cela ne signifie pas pour autant qu'il n'existe aucun document sur la question.

nous appuyer que sur les opinions et théories exprimées. Il y a ceux qui prétendent que l'infiltration des valeurs occidentales par l'intermédiaire des magazines « pornographiques », des films ou cassettes vidéo truffés de scènes de violence favorise la délinquance, en particulier chez les jeunes, opinion fermement défendue par les autorités dirigeantes des Etats et collectivités à forte dominante islamique en Afrique. A l'opposé, une minorité d'adeptes de différentes formes de « libertés » ne partagent pas cette opinion, sans doute parce qu'ils sont, en général ou par principe, opposés à toute forme de censure. Je ne suis pas en mesure de prendre parti pour l'une ou l'autre de ces thèses, toutefois j'ai de bonnes raisons de douter que les médias en Afrique soient réellement responsables de l'existence d'une peur du crime, d'un sentiment d'insécurité et (par voie de conséquence) de mesures de prévention contre la victimation [12].

IV. PRÉVENTION DE LA DÉLINQUANCE ET DE LA TOXICOMANIE (Y COMPRIS LA MOBILISATION DE LA COMMUNAUTÉ)

Pour chaun des gouvernements de la région, la confiance dont ils jouissent de la part du public dépend en partie de leur efficacité apparente à maîtriser le problème de la délinquance, à accroître le sentiment de sécurité de la population et à créer un environnement qui attire les investissements étrangers tant recherchés. Dans la plupart des cas, les réponses apportées par les autorités gouvernementales ou locales sont des réponses « traditionnelles » : conférences où l'on brasse beaucoup d'idées, séminaires et ateliers de formation ; comités chargés de la réforme de la législation ; nouvelles lois comportant des dispositions modifiées et/ou des peines plus sévères ; accroissement des forces de l'ordre et des auxiliaires de la justice pénale ; moyens de répression et prisons plus modernes ; encouragement ou tolérance vis-à-vis de la justice privée assurée par des personnes se chargeant de leur propre chef du contrôle et de la prévention de la délinquance, en punissant les présumés coupables ; retour forcé des délinquants à leurs origines rurales ; traités, conventions ou protocoles bilatéraux d'extradition et de coopération ; et d'autres mesures du même genre.

Certaines réponses méritent néanmoins une mention spéciale, soit en raison de leur caractère extrême et désespéré, soit parce qu'elles appor-

12. L'on peut même avancer que les médias contribuent, bien qu'indirectement et dans une faible mesure, à la prévention et au contrôle de certaines catégories de délinquances ; ainsi par exemple, la publication dans les quotidiens et magazines nigérians des photos et noms de trafiquants de drogue inculpés et accusés (au Nigéria ou dans d'autres pays) semble avoir un effet réel, en particulier sur la perception que le public avait depuis fort longtemps des « nouveaux riches » et les symboles de consommation qui y sont rattachés.

tent des solutions nouvelles ou sont la marque d'une attitude qui va dans la bonne direction. Un bon exemple de réponse extrême nous est fourni par la « déclaration de guerre » du gouvernement nigérian à l'encontre des délinquants au cours des années 1984 et 1985 au moyen d'une série de décrets, considérés par certains comme draconiens compte tenu des dispositions pénales qu'ils contenaient, mais immédiatement acceptés par la majorité, victime de la délinquance, comme étant des mesures nécessaires : le décret n° 20 de 1984 prévoyant « l'exécution par balle » pour toute une série de délits est à ce titre exemplaire ; il est reproduit en annexe à la présente contribution[13]. Nul doute que des mesures similaires ne sont pas inhabituelles dans de nombreux autres Etats africains.

Certaines réponses traditionnelles se sont accompagnées d'autres mesures témoignant d'une attitude plus novatrice. Il y a tout d'abord celles que l'on range dans la catégorie des réponses préventives au moyen de stratégies et de programmes socio-économiques. Au *Nigéria*, un certain nombre de structures permanentes ont été mises sur pied à travers tout le pays et fonctionnent avec plus ou moins de succès ; ce sont des agences à ramifications multiples, telles que le *National Youth Service Corps* (service national obligatoire pour les jeunes) qui garantit un « emploi » d'un an immédiatement après la fin de leurs études aux étudiants diplômés de l'enseignement supérieur, entre autres mesures allant dans le sens de la prévention et du contrôle de la délinquance ; le *Directorate for Mass Mobilization* (MAMSER), agence pour la mobilisations des masses, qui est un outil de propagande contre les menaces que constituent l'indiscipline, la corruption ou l'acceptation des injustices ; le *Directorate of Foods, Roads and Rural Infrastructures* (DFRRI) chargé d'assurer des commodités aux régions rurales, dans l'espoir de stopper l'exode vers les villes ; et l'agence nationale pour l'emploi (NDE) qui vise à apporter un soutien technique et financier aux jeunes diplômés dotés de l'esprit des affaires pour les encourager à travailler dans des entreprises privées plutôt que d'occuper un emploi dans la fonction publique.

La *Tanzanie* a axé ses efforts sur la mise en valeur des régions rurales pour endiguer le phénomène d'exode massif des jeunes des zones rurales vers les villes, dans le dessein de réduire le taux de délinquance. En *Egypte*, le ministère des Affaires sociales a mis au point un « programme de soutien des familles » centralisé au ministère mais décentralisé vers le bas, en coopération avec le secteur privé, afin d'assurer aux familles pauvres les moyens de vivre, et de les aider à prendre soin de leurs

13. Depuis les changements intervenus dans le gouvernement au cours du dernier trimestre 1985, les dispositions les plus extrêmes du décret ont été amendées. Fait plus important, le gouvernement s'est lancé dans un programme de réformes plus global (voir les points 1 à 8, pages 48 et 49 de République fédérale du Nigéria, 1990).

enfants : vers le mois de juin 1990, deux cent vingt-deux mille familles bénéficiaient d'une aide dans le cadre de ce programme et un million d'autres familles étaient sur la liste d'attente [14].

Un dernier exemple de cette catégorie de réponses préventives nous est fourni par l'*Ouganda*. Son « Mouvement de Résistance nationale » est organisé hiérarchiquement, à la base au niveau du village, de la commune et du canton, puis au niveau du district et enfin au niveau national (Parlement). Réunissant dans l'idéal quelque trois cents familles, ces conseils et leurs comités « exécutifs » sont dans la pratique des organes répondant à tous les besoins des communes ou zones qui sont de leur ressort et agissant comme intermédiaires entre la population et l'administration centrale. L'effet de mobilisation de la collectivité résultant de cette structure devrait assurément avoir des répercussions favorables pour la prévention et le contrôle de la délinquance, comme en atteste la situation de sécurité qui s'améliore de jour en jour dans le pays, après de nombreuses années d'une guerre civile fort destructrice.

La deuxième catégorie de réponses est directement liée à des aspects spécifiques du problème de la délinquance. Outre le fait que la nature de son organisation socio-économique favorise beaucoup moins la délinquance et que le pays est déterminé à endiguer toute infiltration des valeurs occidentales prétendument criminogènes, la *Lybie* a mis sur pied un système de commission du peuple et de tribunal populaire qui devrait encourager la population à se mobiliser pour la prévention et le contrôle de la délinquance. Le *Ghana* vient de commencer à expérimenter la formule des « prisons ouvertes » et des « fermes-prisons » en vue de réduire le problème pressant de la surpopulation dans les prisons. La *Tanzanie* a institué des commissions spéciales *(Case-Floor Management Committees)* composées de personnel de la police et de la justice dans l'intention de diminuer la surpopulation dans les prisons en réduisant le nombre d'inculpés en détention préventive. Le *Nigéria* a créé une agence spéciale, dépendant du ministère de la Justice *(Drug Law Enforcement Agency)* chargée de lutter contre l'usage et le trafic des stupéfiants, et les résultats obtenus depuis le peu de temps qu'elle existe prouvent largement le bien-fondé de cette initiative [15].

Les organes de base du « Mouvement de Résistance nationale » en *Ouganda* (à savoir les conseils et comités de village, commune et canton) ont compétence pour rendre la justice et faire exécuter les peines [16], non seulement en matière civile mais aussi en matière pénale dans le cas de

14. Ces informations et ces chiffres m'ont été fournis oralement par le ministre égyptien des Affaires sociales lors de ma « visite de travail » dans ce pays, au début du mois de juillet 1990.

15. Et ce malgré la révocation récente du président de l'agence suite au scandale auquel il avait été mêlé : ce dernier avait reçu des pots-de-vin d'une femme trafiquante de drogue notoire. Quoi qu'il en soit, il était ancien haut fonctionnaire de la police à la retraite avant sa nomination.

16. Loi 1, 1988 : loi conférant le pouvoir judiciaire aux comités de résistance.

délits de faible importance (p. ex. voies de fait et/ou coups et blessures, atteintes aux biens, violation de propriété et détournement de mineures de moins de dix-huit ans), ce qui a pour effet de décharger la police, les tribunaux et les prisons d'une partie de leurs tâches et de mobiliser la population pour la prévention de la délinquance.

Dans l'ensemble, si les mesures préventives adoptées par les gouvernements et par la communauté en Afrique sont pour une large part traditionnelles, les manifestations d'idées, de tendances et d'orientations nouvelles doivent être jugées encourageantes et recevoir le soutien des institutions internationales concernées.

V. RECOMMANDATIONS D'ACTIONS POUR LE CONTINENT AFRICAIN

La présente contribution doit, à mon sens, et s'agissant du continent africain, prendre fin là où elle a commencé. Dès lors, la première recommandation majeure pour les Etats de la région est de poursuivre d'urgence et avec ténacité les efforts de développement économique et social harmonisé et égalitaire, afin de s'efforcer de faire disparaître les conditions criminogènes toujours présentes à l'heure actuelle. *C'est là une condition préalable absolument nécessaire* et cela a été répété maintes fois lors de nombreuses conférences nationales et internationales par de hauts responsables des gouvernements, y compris d'anciens partisans d'une politique « économistique » de développement (*cf.* UNECA, 1989 c : 32-53). Ce qui importe avant tout, et je le répète, c'est que cette responsabilité incombe aux pouvoirs publics et aux dirigeants des pays eux-mêmes, et non aux institutions ou organisations internationales.

La deuxième recommandation majeure est le besoin impérieux de fournir des efforts délibérés et concertés en vue d'opérer un changement fondamental des politiques et des principes qui sous-tendent et alimentent les codes, procédures et systèmes pénaux hérités du passé et toujours en vigueur. Cette tâche serait beaucoup plus efficace et prometteuse que la tendance actuelle à adopter de façon désordonnée des semblants d'amendements (ou des dispositions inconsidérées en réponse à des événements épisodiques), certains de ces amendements ou dispositions s'étant par la suite révélés inadaptés, en substance et/ou du point de vue procédural, au système judiciaire pénal. Cette observation est d'ailleurs étayée par les conclusions du tableau 3 : les « conseils sur la politique à adopter » apparaissent systématiquement comme étant le besoin prioritaire en la matière dans la région.

J'ai suggéré, à différentes époques et en différents endroits, que l'on définisse un cadre d'action pour mener à bien cette entreprise (Odekunle, 1985 : 20-30 ; 1990 : 5-8) :

1° Le problème de la délinquance, sa prévention et son contrôle doivent être envisagés dans un contexte plus large et non pas selon une approche strictement légaliste, comme c'est le cas actuellement.

2° Les lois pénales et procédurales doivent être quelque peu « socialisées » en vue de les adapter à des règles, valeurs et héritage socio-culturels durables et acceptables pour les citoyens et afin de réduire l'écart que l'on constate aujourd'hui entre les orientations et la nature du système judiciaire pénal et la mentalité et la perception d'une majorité de la population (notamment : décriminalisation/criminalisation, selon le cas ; ré-évaluation des sanctions pénales en tenant compte des notions de coût et d'utilité ; suppression du caractère technique des procédures pénales pour une variété de délits mineurs ; plus grande attention accordée à la victime, en accord avec les traditions locales ; démocratisation de l'administration de la justice pour une variété de délits mineurs afin d'institutionnaliser la participation de la communauté ; absence de détention pendant les phases précédant le procès et le jugement pour les petits délinquants, etc.)

3° Création d'organes spécialisés chargés de l'exécution des lois et de l'administration de la justice pour des sous-groupes présentant des problèmes spécifiques, tels que les délinquants organisés/économiques, les trafiquants de stupéfiants.

4° Révision des comportements et des attitudes et réorganisation structurelle de la police et de la justice pour abandonner la mentalité existante d'Etat policier et la structure hiérarchique (obéissance aveugle au « gouvernement du moment ») héritées des administrations coloniales.

5° Recours moins fréquents aux peines d'emprisonnement comme outil de répression.

6° Dessaisissement des juridictions pénales régulières d'une grande partie, voire de toutes les affaires concernant les jeunes.

7° Création de Comités ou Conseils nationaux pour la Prévention et le Contrôle de la Délinquance (avec des instituts consacrés à la recherche, la formation et les conseils sur la politique à adopter) dont la mission est d'assurer la coordination des objectifs et stratégies de prévention et de contrôle des différentes institutions traditionnelles (législateurs, police, tribunaux, établissements pénitentiaires) et d'autres organisations non gouvernementales et civiles concernées.

Je le répète ici encore, la responsabilité (en particulier l'initiative et la volonté) des actions à mener en la matière incombe aux pouvoirs publics et aux dirigeants des pays eux-mêmes, et non aux institutions ou organisations internationales. Cela ne signifie pas pour autant que de nombreux pays ne nécessitent pas une aide technique ou financière de la part de ces agences ou organisations et des gouvernements des pays développés.

Le rôle de l'UNAFRI se situe dans la dernière catégorie de recommandations. En raison de son statut officiel, de son existence en tant que représentation (sur le continent africain) du programme des Nations unies pour la prévention de la délinquance et la justice pénale, et compte tenu de ses objectifs déclarés de conseil, formation et recherche, l'Institut est chargé d'assister les Etats de la région dans l'exécution de ces tâches. Et du fait qu'il a conçu diverses activités de recherche et de formation qui doivent être mises en œuvre dans la région, l'Institut est largement en mesure, sous réserve qu'il dispose des fonds nécessaires, de remplir sa mission et d'atteindre les objectifs qu'il s'est fixés.

Mais pour que l'UNAFRI puisse accomplir la mission dont il est investi, il lui faut disposer du soutien financier nécessaire : tout d'abord, de la part des gouvernements des Etats africains qui ont souhaité sa création en premier lieu (et en sont en quelque sorte les « propriétaires ») par le biais de leurs contributions financières échues sans lesquelles le personnel permanent et d'autres opérations périodiques ne pourront être maintenus ; ensuite, de la part des gouvernements des pays développés/industrialisés (et/ou contrôle des organismes donateurs internationaux dont ils ont le contrôle) pour financer l'exécution des activités de recherche, formation et conseil que l'Institut doit mener dans la région. Signalons ici que les activités décidées, élaborées et programmées pour l'année 1990 ont dû être reportées à 1991 en grande partie du fait de l'absence des fonds escomptés [17] ; et si les choses ne changent pas, elles risquent fort d'être ajournées à nouveau jusqu'en 1992 pour la même raison, comme c'est le cas pour la « Première Etude sur la Délinquance, la Victimation et la Justice Pénale en Afrique » [18], du « Séminaire de Formation pour la Prévention et le Traitement de la Délinquance dans le contexte du Développement » et du « Réseau d'Information sur le Contrôle et la Prévention de la Délinquance en Afrique », etc., programmes pourtant ô combien nécessaires.

17. Sur les vingt-six Etats membres de l'Institut, deux seulement ont acquitté leur contribution financière en retard pour 1989/1990, et ce malgré des visites de « mobilisation » à ces pays pour obtenir d'eux le versement de leur contribution, des promesses de la part de ces derniers d'effectuer les paiements et de multiples relances à cet effet.

18. L'UNAFRI demande aux organisateurs de cette Conférence de bien vouloir rechercher l'assistance financière de donateurs potentiels tels que des organismes internationaux et les gouvernements pour pouvoir mettre en œuvre ces activités.

ANNEXE

INFRACTIONS ET PEINES CORRESPONDANTES PRÉVUES PAR LE DÉCRET N° 20 (INFRACTIONS DIVERSES – JURIDICTION D'EXCEPTION) 1984)

INFRACTION/PEINE

1. Incendie criminel contre un bâtiment public, etc. : Exécution par balle.
2. Dommages aux biens publics (ex. câbles électriques) : Exécution par balle.
3. Sabotage des oléoducs : Exécution par balle.
4. Sabotage des câbles téléphoniques : Exécution par balle.
5. Exportation illégale de minéraux : Exécution par balle et saisie des minéraux et du moyen de transport (véhicule ou navire).
6. Destruction d'autoroutes : 5 ans de prison ferme.
7. Actes de vandalisme sur l'affichage public : 21 ans de prison ferme.
8. Falsification et contrefaçon d'effets négociables : 21 ans de prison ferme.
9. Exportation illégale de denrées alimentaires : 10 ans de prison ferme et saisie du véhicule et de la marchandise.
10. Vente de marchandises interdites : 5 ans de prison ferme.
11. Trafic de cocaïne : Exécution par balle.
12. Fraude dans les examens et concours : 21 ans de prison ferme.
13. Commerce illégal de pétrole brut ou de produits dérivés : Exécution par balle et saisie du véhicule ou navire et de la marchandise.
14. Complicité : Peine identique à celle infligée au coupable principal.

Si l'une des infractions a été commise par une société : mise en liquidation et saisie de tous les avoirs de la société.

BIBLIOGRAPHIE

ADEDEJI, A., *Lome Convention and Africa's Development and Transformation*, Statement by UN Under-Secretary General and Executive Secretary of the Economic Commission for Africa (UNECA) Before the Joint ACP-EC Assembly, Kampala, Uganda, 28 February, 1991.

FEDERAL REPUBLIC OF NIGERIA, *The Nigerian National Paper to the Eighth United Nations Congress on the Prevention of Crime and the Treatment of Offenders*, Lagos, Nigeria, 1990.

HATCHARD, J., Victims of Crime and Abuse of Power in Africa : An Overview in Kaiser G., et. *al. Readings in victimology*, Max-Planck Institute, Freiburg, Germany, 1991, Forthcoming.

ODEKUNLE, F., Victims of Property Crimes in Nigeria, *Victimology* : An International Journal, 1979, 4,4,.

– Laying the Foundation for Crime Control in Nigeria, *Ahmaduy Bello University Annual Public Lecture Series*, Ahmadu Bello University, Zaria, Nigeria, 1985.

– Alternatives to Imprisonnent in Africa : General Considerations, *Research Workshop on Alternatives to Imprisonment*, UNICRI, Eighth UN Congress, Havana, Cuba, 1990.

UNAFRI, *Report of the Seminar on Planning for Crime Prevention and Criminal Justice in the Context of Development*, ECA, Addis Abeba, 1987.

UNECA, *Handbook for Manpower Planners in Africa*, ECA, Addis Abeba, 1989 a.

– *Economic Report on Africa for 1989*, ECA, Addis Abeba, 1989 b.

– *African Alternative Framework to Structural Adjustment Programmes for Socio-Economic Recovery and Transformation*, ECA, Addis Abeba, 1989 c.

UNITED NATIONS, *Survey of Economic and Social Condition in Africa, 1986-1987*, New York, 1988.

– *Africa Recovery : News Feature*, New York, 1989 a.

– *African Régional Preparatory Meeting for the Eighth UN Congress*, A/CONF. 144/RPM. 5, August, 14, 1989 b.

VAN DIJK, et *al*., *Experiences of Crime Across the World*, Kluwer Law and Taxation, Deventer, 1990.

BILAN DES CONNAISSANCES EN FRANCE

Philippe Robert*
Jean-Marie Renouard**

L'automne dernier, les événements de Vaulx-en-Velin, dans la banlieue de Lyon, les débordements qui avaient accompagné certaines manifestations lycéennes avaient ramené l'attention sur la politique de la prévention de la délinquance. On avait senti la nécessité de dresser des bilans, d'évaluer les résultats, de resserrer les dispositifs. Très vite, un ministre « de la ville » avait reçu une tâche de coordination nationale, tandis que l'on rappelait celle qui incombait, dans les régions et les départements, aux représentants locaux de l'Etat, les préfets.

Puis, les opérations militaires dans le Golfe ont appelé l'attention publique vers des urgences plus rapprochées, sans nous éloigner tout à fait de notre sujet : on a craint, en effet, des affrontements entre diverses minorités ethniques ou religieuses ; avec soulagement, on a vu l'extrême vigilance de tous les responsables et la retenue des parties en cause éloigner ces appréhensions.

Le moment est maintenant propice pour revenir aux préoccupations de l'automne : de nouveaux incidents en ont rappelé l'urgence, cette fois dans la banlieue parisienne, à la suite de la mort d'un autre jeune par le fait d'un agent de sécurité privée. Les nouvelles dispositions prises par les pouvoirs publics commencent, d'autre part, à entrer en vigueur : des agents locaux de l'Etat, des sous-préfets, ont été chargés d'une mission de coordination dans treize régions sensibles. Le Parlement débat d'un projet de loi destiné à établir une péréquation entre villes riches et villes pauvres. Enfin, Paris accueillera en novembre la deuxième conférence internationale sur la prévention. C'est l'occasion de faire le point, et, pour la communauté scientifique, de vérifier l'état des connaissances sur les phénomènes et sur les politiques.

*
**

* Directeur de recherche au Centre national de la recherche scientifique (Paris, France), directeur du Groupe européen de recherches sur les normativités.

** Chercheur associé au Centre de recherches sociologiques sur le droit et les institutions pénales (Paris, France).

Dans les années 1960, la politique française de prévention était surtout caractérisée par la mise en place et le développement de formules de prévention spécialisée : avec leur travail de rue auprès des groupes de jeunes, *les clubs et les équipes de prévention* (CEP) en constituaient une manifesfation typique.

Bien rodée, la formule s'est avérée remarquablement adaptable aux changements successifs de contexte. A partir du milieu des années 1970, cependant, on a commencé à ressentir son isolement, l'insuffisance d'une prévention générale sur laquelle elle aurait pu s'appuyer. C'est que le climat était devenu beaucoup plus rude : un chômage endémique, lié aux crises économiques successives, compromettait l'entrée des jeunes dans la vie professionnelle et leur stabilisation, surtout pour ceux dépourvus d'une formation qualifiante. Il rendait aussi beaucoup plus difficile l'intégration des migrants, alors pourtant que la société française y réussissait traditionnellement assez efficacement. En outre, l'aggravation d'une très forte pression foncière spéculative venait vite bloquer net l'insertion urbaine de populations entières reléguées dans des banlieues plus ou moins délaissées.

Du coup, la très forte délinquance patrimoniale de vols et de cambriolages qui ne cessait de se développer depuis la fin des années 1950, était de plus en plus mal supportée ; son très faible taux d'élucidation manifestait clairement l'impuissance de la police et, probablement, d'autres choix de priorités. Les sentiments d'insécurité de fractions entières de population se cristallisaient sur la peur du crime et la préoccupation envers la criminalité. Aiguillonnée par l'incessante accusation de laxisme, la magistrature tentait, à partir de ce moment, de compenser la faible élucidation par un allongement des durées d'emprisonnement. L'effet dissuasif de cette politique s'est néanmoins avéré limité : pour cette délinquance, c'est la probabilité de l'arrestation qui dissuade bien plus que la sévérité de la peine. A tout le moins, si la première ne paraît pas assurée, en vain s'escrime la seconde. Devant cette situation bloquée, la nécessité est donc progressivement apparue de repenser la prévention. Elle a été exprimée en premier par le *Comité d'étude sur la violence, la criminalité et la délinquance*, présidé en 1976-1977 par Alain Peyrefitte. Ainsi est né un premier réseau de comités, national et départementaux, de prévention. Ce premier essai n'a cependant pas produit beaucoup d'effet immédiat : à partir de 1978, le gouvernement a paru changer de politique et diminuer son intérêt pour la prévention. Surtout, le niveau local choisi, le département, n'était peut-être pas le plus apte à favoriser l'indispensable mobilisation des énergies locales. Les troubles qui éclataient, l'état 1981, dans la banlieu de Lyon, aux Minguettes, devaient rappeler aux autorités publiques l'urgence de nouvelles actions.

C'est donc à une *Commission des maires*, très vite présidée par Gilbert Bonnemaison, qu'il devait revenir, au début des années 1980, de remettre l'ouvrage sur le métier. La volonté d'équilibrer les actions spécifiques par une politique de prévention sociale générale était d'autant plus manifeste que cette initiative s'inscrivait dans un contexte plus large : à côté, deux autres dispositifs se mettaient en place pour prendre en charge, l'un (Schwartz) l'insertion socio-professionnelle des jeunes en difficulté, l'autre (Dudebout) la rénovation des quartiers dégradés.

Le nouveau dispositif se caractérisait tout d'abord par l'entrée de responsables politiques locaux – les maires de villes grandes et moyennes – dans un domaine jusqu'alors caractérisé par un tête-à-tête entre administrations étatiques et secteur associatif. D'où le poids désormais prédominant des comités communaux. Les lois de décentralisation votées à cette période ont, selon toute vraisemblance, encouragé cette tendance ; elles l'ont aussi parfois rendu complexe : le palier de gouvernement local qui a le plus bénéficié de cette décentralisation, surtout en matière d'action sociale, le département, n'est peut-être pas toujours le cadre le plus adapté au pilotage des actions de prévention.

Deuxième trait caractéristique : la grande somme d'énergie déployée pour encourager une coordination locale entre les différents services de l'Etat. Les résultats semblent avoir été très variables selon les administrations concernées ; non seulement, le degré d'engagement n'a pas été le même pour toutes, mais encore il a parfois tenu surtout à des mobilisations individuelles, donc nécessairement précaires. En fait, beaucoup a reposé sur la capacité des maires à servir de catalyseurs locaux, ce qui dépend de leur poids politique et de leur influence. On rencontre aussi parfois un problème de découpage des circonscriptions : si le quartier, la ville ou l'agglomération constitue un cadre optimum pour les actions de prévention, c'est souvent le département qui sert de cadre de référence aux services extérieurs de l'Etat. Enfin, les grandes administrations de l'Etat se sont progressivement engagées dans des politiques de modernisation : l'action de prévention peut incontestablement en bénéficier, encore faut-il éviter qu'elle leur serve seulement de faire-valoir ou de prétexte.

Dernier trait caractéristique : la volonté délibérée de rééquilibrer la politique de prévention en la dotant du volet général qui lui avait fait défaut la décennie précédente. Avec le temps, cette tendance à la généralisation s'est accentuée. Pendant la période dite de cohabitation (1986-1988), le dispositif est resté en place, mais les changements de personnes intervenus à son sommet ont peut-être occasionné un certain engourdissement. Après 1988 et une période de réflexion, on a opté pour un spectre élargi en fusionnant les organes centraux de prévention et de développement social des quartiers dans une *Délégation interministérielle à la ville*, sans toucher toutefois ni à la pluralité des missions locales, ni à l'existence d'autres administrations de mission concernant la drogue, l'insertion des jeunes, l'intégration des migrants ou les banlieues. La récente création d'un *ministère de la Ville* confié à Michel Delebarre va probablement renforcer la tendance.

Les modifications récentes répondent d'abord, semble-t-il, au souhait des autorités publiques de resserrer les dispositifs, de remobiliser les énergies, de renforcer les synergies, bref d'aborder une nouvelle étape. On croit y lire aussi le souci d'élargir la marge de manœuvre de la politique de prévention. A l'automne dernier et encore récemment, on a touché du doigt les contraintes pesantes qui la limitent.

Quand le chômage ne cède que faiblement à la reprise, mais suit très fidèlement tout fléchissement d'activité, il serait imprudent de laisser toutes les attentes et toutes les angoisses liées à l'entrée dans la vie professionnelle se focaliser sur le seul terme des études secondaires. Distendue par la croissance de ses effectifs, l'énorme machine scolaire fonctionne trop à la sélection, au rejet des cas difficiles, elle ne peut répondre seule à un tel défi. Mieux vaut probablement favoriser une diversité de filières d'entrée.

La pression des coûts fonciers éternise d'autant plus les dangereuses relégations urbaines que la solidarité s'arrête, au mieux, aux frontières de chaque ville. Un projet de loi tente de les atténuer en obtenant une meilleure péréquation des ressources entre cités.

Enfin, ces deux rigidités majeures obèrent singulièrement la situation des migrants. Encore convient-il de ne pas compliquer la situation en se laissant tenter par les mirages d'une « communautarisation » étrangère à la société française. Elle pratique depuis longtemps, avec assez de succès, un modèle fort d'intégration. Aucune raison ne justifierait de l'abandonner.

A supposer qu'on parvienne à écarter quelque peu ces contraintes de conjoncture (peut-être même de structure), reste, pour les années à venir, un autre problème à résoudre, inverse de celui rencontré dans la décennie précédente : il manquait alors à la prévention spécifique le support d'une politique plus générale, il va falloir maintenant ne pas perdre la spécificité de l'action de prévention. Il y a quelques décennies, on a eu l'exemple dans d'autres pays de grands programmes urbains de prévention qui ont fini par sombrer dans une déspécialisation excessive. Leur impact s'est réduit à un écrémage des élites locales. Toute politique de prévention cherche un équilibre entre le général et le spécifique ; nous avons mis l'accent sur la prévention générale, reste à ne pas perdre la spécificité de l'action.

Autrement dit, comment éviter que les programmes et les crédits de prévention deviennent un « guichet » banalisé où l'on tenterait de faire financer n'importe quelle action sociale ou culturelle ? Examinant un échantillon de contrats d'action de prévention passés entre l'Etat et des villes, une recherche récente (Lazerges et *al.*, 1991) suggère quelques indices préoccupants : une forte majorité d'actions peu ou pas ciblées, une articulation parfois lâche ou seulement formelle avec des objectifs de prévention, une certaine stagnation des initiatives entre 1987 et 1989. De même une évaluation rapide des opérations de prévention pendant les vacances d'été (OPE) (Dubouchet, 1990) hésite à conclure s'il y a toujours action spécifique de prévention ou plutôt désormais animation sociale banalisée.

*
**

Rapidement résumé, voici donc le contexte dans lequel on peut maintenant examiner l'état des connaissances spécifiques. On traitera successivement des outils d'information, puis de la capacité d'évaluation.

I. OUTILS D'INFORMATION

Eviter la perte de spécificité de l'action suppose d'abord de pouvoir doter les acteurs nationaux et locaux d'une bonne gamme d'outils spécifiques d'information. Comme les responsables policiers le soulignent eux-mêmes pertinemment, on ne peut piloter une politique de prévention de la délinquance en se reposant seulement sur les statistiques de police (ou judiciaires ou pénitentiaires). Une statistique isolée ne parle guère ; c'est la confrontation des sources qui procure l'information fiable. Par ailleurs, il faut disposer aussi de données externes aux seules administrations. D'où l'importance des enquêtes locales de victimation qui renseignent sur les attentes des populations. D'où aussi le poids des enquêtes de terrain.

1. STATISTIQUES PÉNALES

Parmi toutes celles que produisent les différentes branches du processus pénal pour mesurer leurs activités, ce sont celles de police et celles de l'administration pénitentiaire qui sont actuellement le plus utilisées. Récentes et longtemps obérées par des choix initiaux douteux, celles-là ont été grandement améliorées ces dernières années. Quant à celles-ci, elles bénéficient d'une assez remarquable continuité qui permet des observations de tendance sur longue période, même si l'adjonction d'une nouvelle statistique des populations, de leurs entrées et de leurs sorties semble prendre du retard. Quant à la justice, sa production statistique sur les phases de poursuite est actuellement assez limitée, elle semble s'attacher surtout à compter les condamnations : sur ce dernier point, son modèle statistique paraît stabilisé après une longue période chaotique qui a rompu profondément la continuité des séries.

A des degrés divers, toutes les statistiques pénales disponibles présentent trois inconvénients majeurs. Leurs gestionnaires semblent rarement soucieux de ménager la continuité des séries ce qui rend difficile la découverte rapide des tendances et des mouvements de fond. Très inspirées en réalité par un formalisme juridique ou plutôt administratif, elles s'attachent médiocrement à renseigner de manière compréhensive sur les populations en cause, ce qui leur confère un caractère un peu abstrait : rien sur les plaignants, peu de concret finalement sur les suspects ou condamnés, notamment sur leur situation socio-professionnelle ; le ciblage d'une politique de prévention ne s'en trouve pas, on l'imagine bien, facilité. Enfin, leur découpage géographique s'adapte souvent difficilement au zonage des actions de prévention.

Mais il manque surtout un lieu et une procédure d'analyse synthétique de ces statistiques partielles. On en tirerait beaucoup plus si l'on les confrontait les unes aux autres et surtout si l'on mobilisait des termes de comparaison, soit d'autres statistiques administratives (fiscale, douanière...), soit des grandes enquêtes statistiques extra-pénales (démographiques...), soit des enquêtes de victimation, de peur du crime, de délinquance autoreportée, ou encore des recherches de terrain. Sortir chaque statistique pénale de son isolement, la confronter à d'autres sources, faciliterait aussi, par rétroaction, le discernement des améliorations les plus utiles.

2. ENQUÊTES DE VICTIMATION

En matière de criminalité, l'équivalent d'une enquête « en population générale » pourrait être *a priori* figurée par des investigations sur la délinquance autoreportée. Les importantes limitations de cette technique conduisent à l'utiliser surtout en délinquance juvénile et à user autrement d'une autre formule approchée, l'enquête de victimation : celle-ci a un champ très partiel, la criminalité à victime individuelle directe.

En France, cette technique d'enquête a été mise en œuvre assez tardivement, dans la décennie 1980. Elle est représentée surtout par une batterie d'investigation nationale comprenant trois phases : qualitative par entretiens rétrospectifs, sommaire sur échantillon national de onze mille, approfondie sur mille victimes sélectionnées à partir du travail précédent.

Tirant les leçons des enquêtes étrangères, les recherches françaises de victimation ont surtout été focalisées sur l'investigation des comportements, des attentes et des attitudes des victimes.

L'intérêt se porte maintenant principalement sur des enquêtes locales ou urbaines. Une expérience de faisabilité a été réalisée sur deux terrains à la demande de la Délégation interministérielle des villes. Reste à savoir si l'on sera capable de promouvoir un usage standardisé de cette technique et de piloter sa maintenance. Voilà un enjeu important pour le nouveau ministère de la Ville afin d'enrichir et de diversifier l'information des acteurs locaux.

3. SENTIMENT D'INSÉCURITÉ

Ce sont surtout des politologues et/ou des spécialistes de la vie politique locale qui ont développé, en France, ce type de recherche. Dans un premier temps, il a fait irruption « spontanément » sans que ses promoteurs connaissent bien l'immensité de la littérature étrangère sur la « peur du crime ». Il s'est progressivement constitué un *corpus* assez solide renforcé par un effort original d'analyse.

Standardiser suffisamment les instruments d'enquête pour faciliter les comparaisons et éviter que des travaux fassent fi de l'état des connaissances acquises, voilà probablement la principale priorité actuelle. Elle suppose d'abord une bonne diffusion des meilleures recherches, aussi une possibilité de confrontation des initiatives.

4. MIGRANTS ET MIGRATIONS

On dispose ici de bonnes synthèses historiques qui permettent de prendre la mesure de la place et du rôle des migrations dans l'histoire de la nation française. Outre les différentes données statistiques sur les populations de migrants, un nombre, maintenant conséquent, de travaux récents portent sur le caractère pluri-ethnique de la société française, sur les politiques d'intégration des jeunes, sur les migrants devant les juridictions des mineurs et dans le travail social, enfin sur l'analyse de la part des étrangers dans les différentes statistiques pénales.

Sur ce thème, actuellement sensible et très controversé, on commence enfin, à sortir du flou et du contradictoire, à se préoccuper de disposer de données claires.

5. BANDES DE JEUNES ET FORMES DE SOCIALISATION JUVÉNILE

Observons ici à loisir un problème fréquemment rencontré dans les champs de recherche intéressant la prévention : en trente ans, on a produit en France un nombre assez conséquent de travaux sur les bandes de jeunes, mais le résultat total demeure assez dispersé. A chaque époque, chacun s'empressait de décider que les « vraies » bandes, celles d'hier, n'existaient plus, qu'il fallait tout reprendre à zéro. En confondant ainsi les formes, effectivement très changeantes, avec la substances même du phénomène social, on s'expose à devoir improviser quand le problème refait brusquement surface comme aujourd'hui.

6. STUPÉFIANTS ET TOXICOMANIES

Le débat « abolitionniste » a pris en France assez peu d'ampleur, au moins jusqu'à présent (voir cependant p. ex. Caballero, 1989). On notera aussi l'existence d'un appareil thérapeutique très fourni, mais très éclaté.

Un certain nombre d'enquêtes épidémiologiques existent déjà, notamment en milieu scolaire ou militaire. Un remarquable audit récent (Padieu, 1990) propose d'en consolider le dispositif par la création d'un observatoire qui y ajouterait des enquêtes en population générale. Cet organisme pourrait également mobiliser les deux autres sortes de données statistiques existantes : des enquêtes sur le dispositif sanitaire et social de prise en charge, des renseignements, essentiellement policiers et pénitentiaires, sur la mise en œuvre des incriminations d'usage ou de trafic.

Cet audit a aussi permis de faire le tour des connaissances mobilisables. Il insiste, à juste titre, sur la nécessité pour les chercheurs de dissiper plus énergiquement la polysémie qui fait des ravages sur ce thème. On distingue insuffisamment les sortes de produits, les différents effets, – physiques, psychiques, sociaux –, enfin les normes juridiques, singulièrement les diverses incriminations. Du coup, l'effet cumulatif des connaissances est assez maigre eu égard aux investissements consentis.

Différentes recherches sur les représentations sociales font apparaître un haut degré de préoccupation combiné avec une très grande rareté de l'expérience : c'est une connaissance abstraite (Percheron et *al.*, 1990) quoique très déterminée. D'autres recherches sur les préférences répressives (Ocqueteau, Pérez Diaz, 1989) soulignent le contraste : forte demande punitive pour le trafic, surtout d'héroïne, un peu moins clairement de hachisch, plus large tolérance pour l'usage où l'on souhaite des prises en charge associative, privée, puis éducative-thérapeutique, plutôt que répressive.

Les recherches les plus nombreuses concernent les aspects psychologiques et psychiatriques de « la toxicomanie ». On y discerne une ambition étiologique à dominante clinique (états pathologiques, troubles de la personnalité, histoire et relations familiales perturbées) à quoi s'ajoute des facteurs socio-économiques (habitat, chômage), voire écologiques (relations du sujet avec son milieu). Généralement, ces travaux sont des monographies de petites populations de toxicomanes très dépendants, sous main de justice ou dans des dispositifs thérapeutiques. Leur hétérogénéité traduit celle des équipements de prise en charge. Dans ces conditions, toute extrapolation des conclusions serait téméraire. L'audit précité insiste sur la faible capacité évaluative de la plupart de ces recherches.

Le volet pénal est peu étudié : quelques travaux anciens sur l'application par les parquets des dispositions de la loi de 1970 ; mais des recherches sont en cours sur la sociologie législative et sur les délinquances associées à la toxicomanie.

En résumé, ce premier volet fait apparaître la nécessité d'une coordination des outils de connaissance. Des observatoires sont en place ou prévus pour les migrations et les toxicomanies. Reste la criminalité : un dispositif analogue y fait encore défaut. Une des priorités du nouveau ministère de la Ville serait peut-être de promouvoir la création d'un *observatoire national et d'observatoires locaux des délinquances*. Pareil organisme pourrait coordonner l'analyse combinée des diverses statistiques disponibles, susciter la mise en œuvre d'enquêtes standardisées sur la victimation et l'insécurité, confronter enfin les résultats de recherche aux données statistiques et à celles d'enquêtes. Il devrait aussi mobiliser les possibilités de comparaisons européennes, celles par exemple qu'offrent la statistique pénitentiaire du Conseil de l'Europe, l'enquête Intervilles du groupe Pompidou etc. La formule maintenant classique pourrait lui être appliquée : un collège des partenaires producteurs de données, un collège étroit de scientifiques, un centre de documentation.

Semblable initiative permettrait de mettre en œuvre la recommandation du séminaire organisé à l'automne 1990 par la ville de Barcelone et le Forum des collectivités locales européennes : permettre aux acteurs nationaux et locaux de confronter plusieurs sources : statistiques administratives, grandes enquêtes, recherches de terrain. On compléterait ainsi l'esquisse amorcée par la création d'un plan-type de diagnostic local de sécurité (Estebe et *al.*, 1990).

*
**

II. CAPACITÉ D'ÉVALUATION

De manière générale, au-delà même du domaine qui nous intéresse ici, évaluer les politiques publiques constitue actuellement en France une préoccupation très actuelle, mais sans que l'on distingue peut-être toujours très clairement la recherche évaluative – qui a ses règles propres – de l'audit, interne ou externe. Par ailleurs, l'efflorescence récente de nouveaux dispositifs de prévention a fini par susciter une vague assez importante de travaux. Peu d'entre eux présentent explicitement une visée évaluative. Il faut évaluer rapidement quel est leur apport de fait à une telle entreprise.

Schématiquement, la prévention peut s'adresser soit aux victimes potentielles pour les aider à diminuer leur vulnérabilité et celle de leurs biens, soit aux auteurs éventuels pour les dissuader. La première est plus facile à concevoir ; c'est aussi celle qui risque le plus de sombrer dans des actions banalisées dont l'impact demeure hypothétique. L'évaluation y importe particulièrement. La seconde peut provenir d'abord de la police, de la justice et de ses annexes. Il s'agit alors de la dissuasion au sens étroit. Tout ce qui parviendrait enfin à relever le taux d'élucidation des plaintes de particuliers y participerait ; aussi tout ce qui diminuerait la rentabilité de la petite délinquance patrimoniale, par exemple des actions contre les circuits de recel. Reste que l'adhésion à la norme dissuade plus et plus durablement que la perspective de la sanction. C'est ici qu'intervient la prévention la plus spécifique, celle qui cherche à influencer les normes officieuses, celle qui agit, par exemple, au plus près des groupes de jeunes.

Les recherches disponibles sur la prévention sont généralement sensibles à la redoutable aporie qui règne dans ce domaine : la difficulté à définir rigoureusement l'objet d'étude. Elle est rendue encore plus manifeste encore par l'élargissement brutal du cadre de la prévention au cours des années 1980 avec l'inflation de nouveaux programmes concernant la ville, l'habitat, le logement, l'emploi, la formation, l'échec scolaire, la toxicomanie, les loisirs... ils affichent tous une vocation préventive mais sont souvent peu spécialisés. Du coup, on observe dans les recherches une évacuation à peu près générale de toute réflexion théorique *a priori* sur la prévention. A toutes fins pratiques, on a accordé le délai aux programmes qui se réclamaient de cette notion.

On rencontre peu de travaux d'ambition nationale, mais surtout des monographies sur un ou plusieurs terrains locaux, encore que quelques recherches aient porté sur les paliers centraux du dispositif de prévention et sur leur insertion dans les structures étatiques. Toutefois, on s'est surtout interrogé sur la place et le rôle des pouvoirs municipaux, sur les rapports entre l'Etat central et les pouvoirs périphériques, sur la répartition des champs de compétence entre les différentes institutions, sur la redéfinition des rôles professionnels consécutive à l'irruption de nouveaux acteurs. En bref, ces travaux ont surtout décrit les dispositifs, notamment locaux, de prévention et discuté des effets de recomposition qu'ils suscitaient. On y trouve aussi quelques études sur les participations locales aux actions de prévention de la récidive (par exemple, les travaux d'intérêt général).

L'ensemble forme un bloc assez homogène dans ses objets et ses méthodes (observation participante ou distanciée, entretiens, étude des discours, rapports, procès-verbaux, textes officiels). On s'accorde généralement sur certaines conclusions :

– Il n'existe pas un modèle unique de prévention, mais des pratiques très différentes, parfois opposées, qui dépendent lourdement des configurations locales. Une étude particulière (Roché, 1990) souligne les limites que la délocalisation des relations sociales impose à la reterritorialisation des politiques publiques (par exemple, à la politique de développement social des quartiers).

– Les nouvelles politiques préventives ont favorisé un certain décloisonnement des pratiques et le développement d'actions à plusieurs partenaires.

– Par voie de conséquence, de nouvelles dimensions (santé, logement, échec scolaire) ont dû être prises en compte tandis que l'opposition prévention/répression perdait de sa clarté avec le risque d'une extension globale du filet.

– Largement médiatisées, les nouvelles politiques disposent, pense-t-on, d'un effet symbolique ; peut-être contribuent-elles à contenir les débordements du sentiment d'insécurité.

– Un nouveau profil de travailleur social (encore minoritaire) est apparu : un gestionnaire capable de monter des « coups » ou des projets, de trouver des financements et de les gérer, de communiquer, de maîtriser les enjeux locaux.

– Enfin, la mobilisation des populations-cibles semble faible. La notion de « prévention communautaire » est parfois utilisée, à tort, pour désigner des actions à plusieurs partenaires ou des programmes d'action sociale globale. En son sens propre : faire gérer les problèmes sociaux par le groupe social qui les produit sans autre intervention extérieure qu'un soutien initial d'experts, elle demeure peu développée. C'est encore la « prévention spécialisée » qui s'en rapprocherait le plus, mais on ne dispose guère de bilan spécifique sur l'action des clubs de prévention qui emprunteraient cette voie. Cependant, une recherche en cours décrit minutieusement un programme d'animation piloté par des « jeunes en difficulté » au bénéfice de leurs pairs, à partir d'un club de prévention. La réussite de ce type d'opération semble surtout dépendre du choix des « pilotes » : des jeunes adultes reconnus à la fois par leurs pairs et par les autorités locales. Mais cette « stratégie des leaders » semble toujours menacée soit par une professionnalisation de ces « pilotes », soit par leur engagement dans un processus qui assure leur promotion personnelle mais les coupe de leur base. En tout état de cause, il faudrait pouvoir évaluer de manière plus systématique les pratiques actuelles des clubs et équipes de prévention.

Par ailleurs, certains points restent controversés :

– Ainsi, certains auteurs pensent que les nouvelles inscriptions territoriales locales ont amené un assujetissement des travailleurs sociaux et de leurs structures aux municipalités. D'autres estiment, au contraire, que la mutiplicité de partenaires favorise la création de réseaux horizontaux difficiles à contrôler. Ont peut-être raison ceux qui affirment qu'il n'y a pas de réponse unique, que les situations concrètes sont très variables.

– De même, certains chercheurs estiment que la multiplicité des dispositifs permet à n'importe quel organisme, même peu performant, de trouver un ou plusieurs « guichets » pour le financer ; d'autres estiment, au contraire, que les efforts de coordination ont permis une rationalisation des moyens.

– Certains spécialistes pensent que l'ouverture des dispositifs a contraint chaque promoteur à argumenter ses choix et ses priorités afin de triompher dans la compétition pour l'obtention des crédits. Mais d'autres font observer que l'obligation de *consensus* au moins apparent oblige à dissimuler les points de désaccord.

– On a aussi soutenu que les identités professionnelles traditionnelles des travailleurs sociaux étaient remises en cause par l'arrivée d'acteurs plus pragmatiques et par la pression pour traiter immédiatement les problèmes dans le cadre de « coups » comme les opérations de prévention pendant les vacances d'été (OPE). Mais d'autres recherches concluent à l'inverse : heurtés par le caractère ponctuel et médiatique de telles opérations, les professionnels confirmés camperaient sur leurs identités professionnelles traditionnelles pour mieux résister aux nouvelles orientations qui devraient alors mobiliser bénévoles ou professionnels faiblement formés.

En résumé, ce *corpus* de recherche mesure les effets des programmes nouveaux sur les conflits de compétence, les stratégies politiques, les capacités instrumentales, plus largement sur la recomposition institutionnelle et organisationnelle du champ de la prévention. Il est plutôt court, au contraire, sur l'impact auprès des populations-cibles. Un courant très minoritaire s'attache cependant à mesurer l'évolution sur un certain laps de temps de personnes ayant fait l'objet d'une prise en charge. Il se heurte cependant aux limites classiques des actions cliniques ; surtout, il demeure impuissant à évaluer les actions sans cible bien définie.

Au total, la littérature disponible ne répond que très partiellement au souci d'évaluation de la politique de prévention. A cela probablement, plusieurs raisons :

– tout d'abord, la difficulté fréquente à discerner des objectifs clairement affichés et dénués de contradiction interne, du moins des objectifs suffisamment précis pour permettre l'évaluation ;

– ensuite, l'imprécision fréquente des populations-cibles, le taux élevé de programmes qui s'adressent à tout le monde, ou du moins à tout le monde dans un certain périmètre.

– Autrement dit, il est particulièrement difficile de bâtir une évaluation rigoureuse de politique de prévention très générale, très despécialisée.

Mais, par ailleurs, les chercheurs ne sont peut-être pas très fortement mobilisés sur les objectifs proprement évaluatifs. L'évaluation de la prévention repose sur un *corpus* important de travaux, généralement étrangers ; il n'est pas certain qu'ils soient encore bien connus et parfaitement intégrés. En outre, la relative confusion souvent pratiquée par les responsables entre évaluation et audit ne facilite peut-être pas l'efflorescence de recherches proprement évaluatives. Probablement, faudra-t-il accorder dans l'avenir une plus forte priorité à cet objectif ; il appellera des efforts convergents tant des responsables que des chercheurs.

BIBLIOGRAPHIE

BAILLEAU, F., GARIOUD, G., *La sécurité entre la commune et l'Etat*, Paris, Assoc. recherche en sociol., 1990.

BERGERET, J. et *al.*, *Le toxicomane et ses environnements*, Paris, PUF, 1980.

BONAFÉ SCHMITT, J.-P., et *al.*, *Les justices au quotidien, les modes formels et informels de règlement des petits litiges*, Lyon, GLYSI, 1986.

BONAFÉ SCHMITT, J.-P., et *al.*, *L'insécurité, la crise des mécanismes de régulation sociale*, Lyon, GLYSI, 1989.

CABALLERO, F., *Droit de la drogue*, Paris, Dalloz, 1989.

CALOGIROU, C., *Sauver son honneur ; rapports sociaux en milieu urbain défavorisé*, Paris, L'Harmattan, 1989.

CARDI, J.-L., *La prévention spécialisée, un secteur spécifique du travail social : transformation, modalités de fonctionnement, idéologie (1945-1982)*, Saint-Denis, Univ. Paris VIII, 1987.

CHEVALIER, G., « L'intérêt central pour le local ; analyse des politiques socio-préventives entre 1981 et 1986 », *Déviance et Société*, 1988, *12, 3*, 237-267.

CHEVALIER, G., *Consensus et clientèles : les politiques socio-préventives locales en 1985 et 1986*, Paris, CESDIP, 1989.

CHOQUET, M., LEDOUX, S., *Les drogues illicites parmi les 11-20 ans*, Paris, INSERM, 1989.

Coll., Politiques de prévention et travail social, *Annales de Vaucresson*, 1986, 24, ° spécial.

Coll., *Droits de l'homme, droits des victimes*, Paris, INAVEM, 1989.

Coll., *France, société pluri-ethnique ; quelques recherches sur l'immigration*, Paris, Mire, 1990.

Commission des maires sur la sécurité, *Face à la délinquance, prévention, répression, solidarité*, Paris, Documentation française, 1983.

DUBET, F., *La galère*, Paris, Fayard, 1987.

DUBET, F., JAZOULI, A., LAPEYRONNIE, D., *L'Etat et les jeunes*, Paris, Ed. ouvrières, 1985.

DUBOUCHET, L.-Ed., *Les opérations prévention été ; évaluation*, Aix-en-Provence, Collège coopératif Provence-Alpes-Méditerranée, 1990.

DULONG, R., ACKERMANN, W., *L'aide aux victimes, premières initiatives*, Paris, Maison des sciences de l'homme, 1984.

DUPREZ, F., DUPÉ, M., HESS, R., *La gestion de la délinquance, représentations de la jeunesse et politiques sociales*, Villeneuve-d'Ascq, CLERSE, 1986.

DUPREZ, D., *Prévention de la délinquance et protection judiciaire de la jeunesse*, Villeneuve-d'Ascq, CLERSE, 1987.

ESTEBE, Ph., DONZELOT, J., LAGRANGE, H., MONJARDET, D., ZAUBERMAN, R., *Diagnostic local de sécurité*, Paris, DIV, 1990.

ESTERLÉ, M., *Les bandes de jeunes ; processus d'acculturation de jeunes issus de l'immigration algérienne à travers la formation en bande*, Paris, Univ. René Descartes, 1990.

FAGET, J., *Le rhizome pénal*, Pessac, Univ. Bordeaux 1, GERICO, 1989.

FRÉJAVILLE, J.-P., DAVIDSON, F., CHOQUET, M., *Les jeunes et la drogue*, Paris, PUF, 1977.

GARAPON, A., et *al.*, *La différence culturelle, argument devant la juridiction des mineurs, défi à la société française*, Paris, Univ. Paris I, labo. anthropo. jur., 1989.

GORTAIS, J., PEREZ DIAZ, C., *Stupéfiants et justice pénale : enquête pour l'année 1981*, Paris, SEPC, 1983.

INGOLD, Fr., *Etudes et réflexion sur le réseau sanitaire spécialisé dans la prise en charge des toxicomanes et sur son évaluation*, Paris, Dir. gén. Santé, 1986.

INGOLD, Fr., *Toxicomanie, médicament et pharmacodépendance ; situation et tendances*, Paris, IREP, 1989.

INGOLD, Fr., INGOLD, S., *Les toxicomanes incarcérés : recherche-action pour une prévention tertiaire en milieu carcéral*, Paris, IREP.

ION, J., *La gestion territorialisée du social : enquête en région stéphanoise sur les nouveaux dispositifs de prévention de la jeunesse*, Saint-Etienne, CRESAL, 1987.

JAZOULI, A., *Jeunes de banlieues, violence et intégration : le dilemme français*, Paris, ADRI, 1990.

KENSEY, A., CIRBA, L., *Les toxicomanes incarcérés*, Paris, min. Justice, Administration pénitentiaire, 1989.

LAGRANGE, H., ROCHÉ, S., *Baby alone in Babylone*, Saint-Martin-d'Hère, CERAT, 1987-8, 3 vol.

LAGRÉE, J.-C., LEW, FAI, P., *La galère*, Paris, Ed. CNRS, 1985.

LASCOUMES, P., *Prévention et contrôle social ; les contradictions du travail social*, Genève-Paris, MH-Masson, 1977.

LAUREYTE, B.-Ed., *Les politiques d'intégration des jeunes issus de l'immigration*, Paris, L'Harmattan, 1989.

LAZERGES, C. et coll. *Essai d'évaluation de la cohabitation justice pénale/société civile dans le cadre du milieu ouvert en Languedoc-Roussillon*, Montpellier, Univ. Montpellier 1, ERPC, 1989.

LAZERGES, C. et *al.*, *Les publics privilégiés par les contrats d'action de prévention*, Université Montpellier 1, Montpellier, ERPC, 1991.

LEQUIN, Y.-Ed., *La mosaïque France : histoire des étrangers et de l'immigration en France*, Paris, Larousse, 1988.

LERT FOMBONNE, E., *La toxicomanie, vers une évaluation de ses traitements*, Paris, Documentation française, 1989.

LÉVY, F.-Ed., *Bilan-perspective des contrats de plan de développement social des quartiers*, Paris, Documentation française, 1988.

MALEWSKA, H., GACHON, C., *Le travail social et les enfants de migrants ; racisme et identité : recherche-action*, Paris, L'Harmattan, 1988.

MERMET, G., *Francoscopie*, Paris, Larousse, 1989.

NOIRIEL, G., *Le creuset français : histoire de l'immigration, XIXe, XXe*, Paris, Seuil, 1988.

OCQUETEAU, F., PEREZ DIAZ, C., *Justice pénale, délinquances, déviances : évolution des représentations dans la société française*, Paris, CESDIP, 1989.

PADIEU, R., *L'information statistique sur les drogues et les toxicomanies*, Paris, INSEE, 1990, 2 vol.

PERCHERON, A. et al., Attitudes des Français à l'égard des problèmes de sécurité, *Cahiers de la sécurité intérieure*, 1990, 1, 1, 17-52.

PEREZ DIAZ, C., « La diversité des politiques pénales locales dans la répression de l'usage et du trafic des stupéfiants », in *Toxicomanie et société*, Marseille, Publications de l'Université d'Aix-Marseille, 1988, 49-57.

PEYRE, V., PINEAU, J., *Politique de prévention et acteurs de la protection judiciaire de la jeunesse (1983-1986)*, Vaucresson, CRIV, 1987.

PITAUD, Ph., ALLÉE, R., *Un service de prévention spécialisée, essai d'évaluation*, Paris, CTNERHI, 1987.

RIDDER, G. de, *Territoires et nouveaux enjeux du champ social ; enquête sur les dispositifs locaux de prévention en Haute Normandie*, Canteleu, IRTS, 1987.

ROBERTN Ph., LASCOUMES, P., *Les bandes d'adolescents, une théorie de la ségrégation*, Paris, Ed. Ouvrières, 1974.

ROBERT, Ph., ZAUBERMAN, R., coll. Lew Fai P., *Enquêtes locales de victimation ; deux tests en milieu urbain*, Paris, CESDIP, 1991.

Roché, S., « Intervention publique et sociabilité ; essai sur le problème de l'insécurité en France », *Déviance et Société*, 1990, 14, 1, 1-16.
Roché, S., *Le sentiment d'insécurité en France*, Saint-Martin-d'Hères, Université de sciences sociales de Grenoble, 1991.
Rugo, A., *Le milieu ouvert ; le tournant 1983-1988*, Lyon, AREPS, 1988.
Tournier, P., Robert, Ph., *Les étrangers dans les statistiques pénales, constitution d'un corpus et analyse critique des données*, Paris, CESDIP, 1989.
Zauberman, R., Robert, Ph., Perez Diaz, C., Lévy, R., *Les victimes, comportements et attitudes ; enquête nationale de victimation*, Paris, CESDIP, 1990.
Zauberman, R., Victimes en France : des positions, intérêts et stratégies divers, *Déviance et Société*, 1991, 15, 1, 27-49.

BILAN DES CONNAISSANCES EN POLOGNE

Irena RZEPLINSKA*

I. LE RÉCIDIVISME

Le code pénal polonais (loi du 19 avril 1969) prévoit des peines particulières pour les récidivistes. Le code distingue deux catégories de récidivisme : le *récidivisme général* (article 52) et le *récidivisme spécial* (articles 60 et suivants du chapitre VIII du code). Le rédicivisme général suppose une condamnation précédente pour une infraction volontaire (bien que pas nécessairement liée à celle qui a été commise par la suite) ou pour une infraction similaire involontaire. Le tribunal est tenu de considérer le récidivisme général comme une circonstance entraînant l'aggravation de la peine prononcée ; une peine moins sévère ne peut être imposée que dans les cas exceptionnels.

En ce qui concerne le récidivisme spécial, le code fait une distinction entre récidivisme de base et récidivisme multiple. Le récidivisme spécial implique les circonstances suivantes : 1) perpétration d'une infraction volontaire semblable à celle commise antérieurement ; 2) une peine de prison d'au moins six mois effectuée pour cette infraction ; 3) la perpétration d'une autre infraction dans les cinq ans qui suivent la peine d'emprisonnement. Le récidivisme spécial multiple consiste en : 1) une condamnation pour la quatrième fois, y compris deux condamnations pour récidivisme spécial de base ; 2) la perpétration répétée d'une infraction volontaire pour un profit matériel ou un acte de vandalisme semblable à au moins l'une des infractions commises précédemment ; 3) une incarcération d'au moins un an ; 4) la perpétration d'une autre infraction dans les trois ans qui suivent l'expiration de la peine d'emprisonnement.

Les principes de la responsabilité pénale aggravée ne concernent que les délits mineurs. En cas de délit, le tribunal se réfère à l'article 60, alinéa 1 ou 2 du code pénal, comme une circonstance aggravante entraînant un alourdissement de la peine.

Les principes de la condamnation des récidivistes tombant sous le coup de l'article 60, alinéa 1 (récidivisme spécial de base) et alinéa 2

* Professeur au département de criminologie de l'Institut d'études juridiques à l'Académie des sciences de Varsovie (Pologne).

(récidivisme spécial multiple) prévoient un alourdissement des peines statutaires minimales et maximales pour un type d'infraction donné. L'alinéa 1 de l'article mentionné multiplie par deux la limite statutaire inférieure, et augmente de moitié la limite statutaire supérieure. L'alinéa 2 prévoit des peines encore plus sévères : la sentence minimale s'élève à trois fois la limite statutaire inférieure mais ne peut être inférieure à deux ans, et la sentence maximale est la limite statutaire supérieure augmentée de moitié. En cas d'infractions pour lesquelles la peine statutaire maximale va jusqu'à trois ans, la peine est portée à cinq ans d'emprisonnement. En aucun cas, cependant, la peine effective ne peut dépasser quinze ans de détention. Le classement des sentences aggravées contenu dans l'article 60 du code pénal est incohérent : un récidiviste coupable d'une infraction grave peut se voir appliquer un traitement plus clément qu'un récidiviste coupable d'un délit mineur. L'imposition d'une peine plus sévère à un récidiviste inculpé en référence à l'article 60 alinéas 1 et 2 du code pénal est obligatoire.

En plus de cette aggravation de peine, le code prévoyait jusqu'à très récemment l'application de mesures particulières à la catégorie de récidivistes concernée ici : la liberté surveillée et la maison de correction. Les récidivistes devaient être soumis à ces mesures après avoir purgé leur peine d'emprisonnement. La loi du 23 février 1990 a annulé les dispositions qui prévoyaient l'application de mesures spéciales envers les récidivistes.

Ces mesures spéciales étaient la liberté surveillée et la maison de correction. Pour la première mesure, le condamné était laissé en liberté mais suivi par un « délégué à la liberté surveillée » pendant une période pouvant allant jusqu'à cinq ans. Durant cette période, le récidiviste était tenu de suivre les instructions du tribunal. L'autre mesure impliquait l'isolement et était appliquée pendant une période pouvant aller jusqu'à cinq ans qui commençait dès la sortie de prison. Il s'agissait d'une mesure destinée aux personnes condamnées pour récidivisme spécial multiple, et également appliquée comme mesure de second degré en cas d'échec de la liberté surveillée. Ainsi la maison de correction servait de mesure disciplinaire en cas d'échec de la liberté surveillée. Ces deux mesures visaient à empêcher les récidivistes de perprétrer de nouvelles infractions, mais avaient aussi pour objectif de les « resocialiser », c'est-à-dire de permettre leur insertion sociale.

Après vingt ans d'application de cette disposition pénale, il a été possible d'en faire le bilan à partir des résultats d'études criminologiques sur le fonctionnement et l'efficacité de cette disposition dans son ensemble et de ses éléments pris séparément, c'est-à-dire des mesures spéciales. En ce qui concerne ces mesures, il ressort que les maisons de correction n'ont pas réussi à adapter leurs pensionnaires à la société et méritent d'être supprimées en raison de leur inefficacité. De plus, comme l'ont montré des études sur la liberté surveillée, les surveillances qui ont été couronnées de succès l'ont été en grande partie grâce à ceux qui ont été soumis à ces mesures. Dans la plupart des cas, cependant, cette surveillance n'a pu ni empêcher la récidive ni permettre la réinsertion. Une analyse du système répressif appliqué au récidivisme a conduit à la conclusion que les peines d'emprisonnement plus longues auxquelles sont soumis ces délinquants, prolongées encore par l'application de la liberté surveillée ou la détention en maison de correction, étaient injustes et disproportionnées par rapport à la culpabilité réelle et la gravité du délit, les récidivistes étant punis plutôt pour leur mode de vie. En conséquence, il a été décidé d'abandonner ces deux mesures (loi du 23 février 1990, amendement au code pénal). Dans le même temps, cependant, les principes de la responsabilité des récidivistes et les peines d'emprisonnement obligatoirement plus lourdes ont été conservés.

L'aggravation de la peine appliquée aux récidivistes consiste aussi en l'exclusion ou la limitation de leur accès à un certain nombre de mesures spéciales. Une partie de ces exclusions ou limitations s'applique aussi à une catégorie plus vaste que celle des récidivistes, celle des personnes ayant déjà fait l'objet d'une condamnation. Concernant cette catégorie (récidivistes inclus), l'application de mesures telles que la suspension conditionnelle des poursuites ou le recours à une catégorie de peines moins sévères ont été rendus impossibles, et des principes distincts plus stricts ont été édictés pour ce qui est de la suppression de l'inscription au casier judiciaire. De plus, concernant uniquement les récidivistes cette fois, la possibilité d'appliquer une suspension conditionnelle de l'application de la peine d'emprisonnement a été exclue, et le recours à la liberté sur parole a été limité en cas de récidivisme spécial multiple.

Des dérogations particulières ont été faites aux principes rigides et incontournables de condamnation en application de l'article 60, alinéas 1 et 2 du code pénal, rendant impossible le recours à un traitement moins sévère des récidivistes. La première dérogation de cette sorte (article 61 du code pénal) est la possibilité de ne pas prononcer une sentence aggravée pour certains récidivistes dans les cas particulièrement justifiés : ainsi le tribunal peut traiter le délit d'un récidiviste comme un cas justifiant un alourdissement de peine mais prononcer une peine moins sévère n'impliquant pas l'isolement. La suspension conditionnelle d'une peine d'emprisonnement reste cependant impossible ; en revanche, ce qui est possible, c'est une réducation importante de la peine imposée à un récidiviste ; son acte peut être considéré comme moins grave et le danger de cet acte pour la société mineur, les poursuites pourront alors être interrompues pour ces motifs.

La politique à adopter vis-à-vis des récidivistes a été précisée de manière explicite et stricte dans la législation pénale. La liberté pour les tribunaux traitant de cette catégorie d'infractions d'alléger les sentences est limitée par l'obligation, stipulée dans ces clauses, d'appliquer des peines d'emprisonnement renforcées auxquelles on ne peut renoncer que dans des cas exceptionnels.

1. LA RÉCIDIVE EN DROIT PÉNAL SPÉCIAL

La notion de responsabilité en cas de récidive, telle qu'elle est définie dans la loi pénale polonaise relative à la finance du 26 octobre 1971, est différente de celle qui est contenue dans le code pénal. Les conditions de la récidive sont définies comme suit : condamnation antérieure pour délit volontaire ; peine précédente : emprisonnement ou liberté surveillée pendant au moins six mois ou amende d'au moins cinquante mille zlotys ; défit fiscal volontaire du même type dans les cinq ans qui suivent la peine d'emprisonnement ou liberté surveillée pendant au moins six mois ou paiement d'une amende d'au moins vingt-cinq mille zlotys.

Contrairement à l'article 60 du code pénal, la loi pénale relative à la finance n'exige pas que l'inculpé considéré comme récidiviste ait nécessairement effectué une peine d'emprisonnement ; la liberté surveillée ou une amende suffisent. Comme dans le code pénal, cette définition repose sur des catégories objectives formelles. La loi pénale relative à la finance prévoit une aggravation exceptionnelle des peines en cas de récidive, comme il est précisé à l'article 26, alinéas 1 et 2.

2. AUTRES FORMES DE RÉCIDIVE

La littérature et les travaux de recherche consacrés à ce domaine reconnaissent deux autres types de récidivisme outre celui qui est défini par la loi :

– le récidivisme pénitentiaire quand une personne est condamnée à une peine d'emprisonnement pour la deuxième fois au moins ;

– le récidivisme criminologique quand une personne commet au moins une deuxième infraction, que cette personne ait comparu ou non devant les tribunaux pour la première infraction.

Notion d'habitude et de récidive.

La législation pénale polonaise actuelle n'utilise pas les notions de « délinquant chronique » ou « professionnel » ni de « délinquant par inclination ». Le code pénal distingue les récidivistes en fonction de critères objectifs officiels : condamnation antérieure, peine d'emprisonnement, peine d'emprisonnement effectuée en partie, infraction similaire à la précédente en vertu des textes de loi, condamnation répétée avant « limitation de récidivisme ». Les récidivistes sont donc classés selon des critères juridiques objectifs.

3. ÉVALUATION ET COÛT DU RÉCIDIVISME

L'importance du récidivisme en Pologne (c'est-à-dire le nombre de personnes condamnées en vertu de l'article 60 du code pénal pour récidivisme spécial de base et multiple) est vérifiée au moyen des statistiques des tribunaux qui enregistrent les condamnations pour infractions relevant de l'article 60 du code pénal. Les récidivistes représentent 10,9 % de toutes les personnes condamnées en Pologne (moyenne pour les années 1980 à 1990). Toutes les autres personnes condamnées précédemment (pour un délit ou un crime) selon les informations du registre des condamnations, récidivistes compris) représentent 36,2 % de toutes les personnes condamnées (moyenne pour les années 1980 à 1990). Ainsi, environ un quart des personnes condamnées, bien que non répertoriées comme récidivistes, ont déjà été condamnées.

La plupart des personnes déjà condamnées, récidivistes inclus, comparaissent devant les tribunaux pour atteintes aux biens : vols, cambriolages, fraudes, vol de voiture pour une utilisation ponctuelle. Une autre infraction qui concerne une grande partie des personnes déjà condamnées est le refus de payer les pensions alimentaires.

L'infraction la plus fréquente, dans les grandes villes notamment, est le cambriolage portant sur des biens publics ou privés : appartements, voitures et magasins.

Ainsi que le révèlent les statistiques des tribunaux, les condamnations de personnes ayant déjà fait l'objet d'une condamnation, récidivistes inclus, sont plus nombreuses dans les grandes provinces polonaises, très urbanisées et industrialisées. A cet égard, on trouve en tête Varsovie et la province de Varsovie, les provinces avec de grands ports et les provinces minières avec de grandes villes et des complexes industriels.

II. L'IMPORTANCE DU CONTRÔLE DU RÉCIDIVISME DANS LES MESURES DE PRÉVENTION DE LA DÉLINQUANCE DANS LES COMMUNAUTÉS LOCALES

1. L'ÉTAT ET LES COMMUNAUTÉS LOCALES

Comme nous l'avons mentionné plus haut, la règle en Pologne veut que les récidivistes soient condamnés à des peines d'emprisonnement. Le recours à la suspension conditionnelle d'une peine impliquant l'isolement est exclue pour les cas de récidive. Par ailleurs, les mesures particulières appliquées au terme de la peine d'emprisonnement ne sont plus utilisées aujourd'hui.

L'activité de la police et l'organisation de la société à l'encontre de la délinquance visent à la défense et à la prévention de la criminalité en général, et non pas simplement de la récidive. Ces activités ont pour but de défendre la société contre les infractions à la fois les plus gênantes et les plus répandues, à savoir les cambriolages portant sur les biens privés et publics. La proportion de récidivistes parmi les personnes condamnées pour ce genre de délit est considérable. Les mesures prises pour lutter contre ce genre de délit et pour lutter contre le récidivisme se rejoignent à ce niveau, et à ce niveau seulement.

2. MESURES PRISES PAR LA POLICE

Dans ses actions préventives, la police met l'accent sur les points suivants :

a) Protection adéquate des appartements :

– en suivant les instructions données par la police au stade de la conception des bâtiments ;

– en adoptant des cadres de portes et de fenêtres et des verrous appropriés, c'est-à-dire plus difficiles à forcer pour les cambrioleurs.

b) Protection des voitures :

Selon la police, les voitures sont les biens les moins protégés. A cause du manque de parkings et de garages gardés, les voitures sont une proie facile pour les cambrioleurs. Une meilleure protection technique est recommandée (systèmes d'alarme, etc.), ainsi que l'organisation de parkings dans les cités, gardés par les propriétaires des voitures.

c) Comportement de la population

La police souligne que les gens doivent être régulièrement informés de la nécessité de verrouiller convenablement les portes et les fenêtres de leurs appartements, et mis en garde contre le danger de révéler et de faire étalage de leurs conditions financières.

Les gens eux-mêmes sont souvent inconscients et omettent de suivre les principes de sécurité de base, fréquentant les rues et les parcs mal éclairés, accompagnant des gens ivres, ou ne faisant pas attention à leurs sacs ou à leurs portefeuilles, les rendant ainsi facilement accessibles aux voleurs.

Selon des estimations de la police, un nombre considérable des délits commis aujourd'hui en Pologne sont des délits « occasionnels » dus principalement à la négligence des gens vis-à-vis de leurs biens.

En plus de la police nationale, une police municipale a été créée dans une localité début 1991. Comme elle fonctionne depuis peu, il n'est pas possible d'en évaluer les effets.

3. MESURES PRISES PAR LA POPULATION

Depuis une dizaine d'années, la population participe à des organisations de défense contre la délinquance. Cela concerne les cités dans les grandes villes et la protection contre les vols dans les voitures et les cambriolages notamment. La forme adoptée le plus souvent est l'organisation de parkings gardés par les propriétaires des voitures qui se relaient pour monter la garde de l'ensemble du parking. Ainsi, il existait deux cent dix comités d'auto-défense de ce type à Varsovie en 1984.

De même dans les cités des grandes villes, les systèmes d'interphone entre la porte d'entrée et les appartements sont de plus en plus répandus.

En outre, les premières agences privées ont vu le jour l'année dernière et offrent des services dans le domaine de la protection des biens tant privés que publics.

A en croire la police, les groupes d'autodéfense comptent parmi les mesures les plus efficaces de prévention de la délinquance.

Les bombes lacrymogènes sont récemment devenues populaires. Les acquéreurs sont aussi bien des gens « ordinaires » que ceux qui courent un risque plus grand d'être victimes de délinquants en raison de leur travail, comme les chauffeurs de taxi, par exemple.

L'information de la population quant au comportement à adopter pour rendre les choses plus difficiles pour les délinquants et à propos des situations à éviter joue également un rôle important dans la prévention de la délinquance. Cela concerne le comportement dans les lieux publics, dans les transports en commun, dans les grands magasins, etc. On insiste sur le fait que les gens ivres sont souvent victimes d'actes de délinquance (vols ou actes contre les personnes).

4. ASSISTANCE AUX VICTIMES DE LA DÉLINQUANCE

La Fondation pour l'assistance aux victimes de la délinquance a été créée en Pologne en 1986 afin d'apporter à ces personnes un soutien financier.

III. PARTICIPATION DE LA SOCIÉTÉ POLONAISE A L'EXÉCUTION DES SANCTIONS PÉNALES

Au cours des vingt dernières années, les mesures prises par la Pologne contre les récidivistes ont été très répressives, plus de 90 % des récidivistes étant condamnés à des peines d'emprisonnement sans conditions.

Comme le montrent les études criminologiques sur les récidivistes, ceux-ci commettent des infractions pouvant être considérées comme mineures ou relativement graves selon la valeur de l'objet du délit (dans le cas d'atteintes aux biens). Les récidivistes condamnés pour des infractions graves contre des personnes ou contre des biens comparaissent rarement devant les tribunaux. Ce ne sont pas non plus des « délinquants professionnels » qui sont encore moins fréquemment condamnés comme récidivistes. Ceux qui tombent sous le coup de la loi sont majoritairement des personnes responsables d'infractions commises après avoir trop bu.

Les recherches criminologiques font apparaître deux catégories de récidivistes. Les petits délinquants sont des récidivistes « corrigibles » qui cessent, généralement de leur propre volonté et avec l'aide de leur famille, de commettre des infractions. L'autre groupe, plus important, est constitué de délinquants qui manifestent une inadaptation sociale pouvant prendre des formes très diverses et qui n'ont aucunement l'intention de changer leur mode de vie. Ce dernier groupe comprend également ceux dont les actes de délinquance sont le résultat d'excès d'alcool et dont le profil social révèle des caractéristiques telles qu'une vie de famille déséquilibrée, une instabilité professionnelle (changements fréquents de travail, emplois temporaires), un manque de qualification professionnelle très souvent, et une situation instable quant au domicile. Les mesures prises en faveur de cette catégorie relèvent de l'assistance sociale : aide pour trouver du travail, un logement, aide à la désintoxication, soutien financier.

Il semble que la société doive supporter le fait qu'il y aura toujours parmi les personnes condamnées un certain nombre de récidivistes, de délinquants qui rechuteront en dépit de toutes les mesures prises pour les en dissuader.

Le projet de code pénal polonais publié en janvier 1991 contient des dispositions pénales spécifiques pour les récidivistes, permettant de prononcer à leur égard des peines ne comportant pas la détention, et ce dans un plus grand nombre de cas qu'actuellement. Deux peines principales sont la privation de liberté avec sursis d'exécution conditionnel, et la liberté surveillée. Selon ce projet, les mesures appliquées aux récidivistes deviendraient de plus en plus souples et moins punitives que les mesures actuelles, ce qui permettrait aux tribunaux de diversifier les sanctions imposées à cette catégorie de délinquants en fonction du degré de culpabilité et de la gravité de l'acte.

IV. PRISONS ET LOCALITÉS

Il existe en Pologne deux cent treize lieux de détention pour prévenus et institutions pénales, dont quarante-deux très grands établissements avec plus de quatre cents détenus et dix très petits avec moins de trente détenus.

Depuis 1981, des Conseils Pénitentiaires Sociaux sont rattachés aux prisons. Leurs membres sont nommés par le président du Tribunal Provincial compétent. Ces conseils sont composés de représentants d'organisations sociales, d'institutions publiques dont les activités sont liées à la réinsertion sociale, de syndicats des entreprises qui emploient des détenus, ainsi que du délégué à la liberté surveillée. Les représentants des autorités locales invités peuvent également faire partie des conseils. Les membres des conseils ont le droit de vérifier les conditions de détention, d'interroger les détenus, de les assister, eux et leur famille, d'intervenir dans les domaines concernant les conditions de l'emprisonnement dans une institution donnée. Les Conseils Pénitentiaires Spéciaux ont été organisés dans cent cinquante-quatre prisons. Comme le montrent les études effectuées, leurs activités sont en grande partie purement formelles et se sont révélées totalement inutiles dans les situations extrêmes telles que les émeutes dans les prisons.

Les activités en faveur des détenus ainsi que la réadaptation des ex-condamnés sont du ressort de l'Association Pénitentiaire Polonaise (fondée en 1981) qui rassemble des représentants de divers groupes souhaitant apporter une aide aux détenus et à leurs familles sous différentes formes.

Au niveau de la communauté locale, le devoir d'assurer un logement, si besoin est, à des personnes sorties de prison incombe aux autorités de la commune (la commune étant un rouage de l'organisation du gouvernement local). Une aide (matérielle, financière, mais aussi non matérielle telle que l'organisation d'un traitement en milieu hospitalier, l'aide à l'obtention d'une pension d'invalidité, le conseil juridique et un service social pour les problèmes familiaux) est fournie par le Comité Polonais pour l'Aide Sociale dont il existe des agences dans toutes les capitales de province. Selon les enquêtes effectuées, les ex-détenus s'adressent au Comité le plus souvent pour obtenir de l'argent, des vêtements, une assistance médicale et une aide pour trouver un emploi ou obtenir une pension d'invalidité.

Autre institution qui joue un rôle important dans la réadaptation sociale des ex-détenus : la Société du Frère Albert (ainsi appelée d'après Adam Chmielowksi) qui gère des centres d'accueil pour les sans-abri. Les deux premiers centres de type, à Varsovie et à Wroclaw, font apparaître le besoin important de telles institutions : une majorité des sans-abri sont d'anciens détenus.

Un facteur important dans l'étude des causes du récidivisme, facteur qui rend difficile la réinsertion sociale des ex-détenus, est l'alcoolisme. Les personnes souffrant d'alcoolisme sont assistées par les Cliniques de Désintoxication et les Associations Alcooliques Anonymes reconnues comme beaucoup plus efficaces. Le nombre de ces deux types d'association est loin d'être suffisant en Pologne.

Pendant leur incarcération, les détenus doivent travailler. Ils peuvent également améliorer leur niveau d'étude. Les prisons ont des écoles primaires, primaires techniques et secondaires techniques. Divers cours sont aussi organisés pour les détenus. Néanmoins, seule une faible minorité des détenus qui n'ont pu terminer leurs études primaires ou techniques parviennent à terminer leur scolarité pendant leur incarcération. Au 31 janvier 1991, les établissements de détention polonais comptaient 52 118 personnes (celles en attente de jugement, les condamnés et les personnes coupables de simple délit), ce qui correspond à cent trente-sept habitants sur cent mille. Seuls 39,4 % des détenus avaient un travail, lié principalement à l'entretien de la prison.

Les problèmes actuels liés à l'emploi des détenus sont le résultat de deux changements dans le système économique polonais : la liquidation des usines avec lesquelles les entreprises des prisons coopéraient, l'abandon des détenus comme main-d'œuvre à cause de la nécessité de réduire le personnel des usines. A l'heure actuelle, plus de la moitié des détenus ne sont pas employés pendant leur incarcération.

Le travail compte parmi les facteurs importants de réinsertion sociale des ex-détenus. Comme le montrent des études réalisées dans une grande ville sur l'attitude des chefs d'entreprise vis-à-vis des anciens détenus, la plupart des personnes interrogées étaient bien disposées à leur égard. En revanche, on reprochait aux ex-détenus employés un manque de discipline, une productivité et une qualité de travail plus faibles. Les anciens détenus effectuent le plus souvent des travaux saisonniers ou temporaires, car leur absence non justifiée au travail aboutit à des conflits avec les employeurs et finalement à leur renvoi.

La réinsertion sociale et la vie professionnelle des ex-détenus ne sont pas des tâches faciles. Si un ancien détenu ne veut pas ou ne peut se soumettre au règlement de son lieu de travail (pour un problème d'alcoolisme, par exemple), il lui est difficile d'être un bon ouvrier. Cette situation est due plus à l'ancien détenu lui-même qu'à son environnement.

BILAN DES CONNAISSANCES EN SCANDINAVIE

Jerzy SARNECKI*

Il existe au Danemark, en Norvège, en Finlande et en Suède un réseau efficace d'organismes visant à assurer les liens entre la recherche et la politique à adopter en matière de délinquance. Chacun de ces quatre pays dispose d'un conseil pour la prévention de la délinquance dont la mission consiste, entre autres, à veiller à ce que les connaissances scientifiques acquises sur le sujet se traduisent en mesures concrètes.

Le plus important de tous, le Conseil suédois pour la Prévention de la Délinquance, a mis au point de vastes programmes de recherche et de développement qui lui sont propres, alors que les trois autres organismes nationaux travaillent pour une large part en collaboration et sont en relation très étroite avec une institution scientifique. Le plus petit et le plus récent de ces organismes de prévention de la délinquance, le Conseil national finlandais, entretient des rapports étroits avec le *National Research institute of Legal Policy* (Institut national de recherche sur la politique juridique) qui est chargé de la plupart des travaux de recherche sur la politique finlandaise en matière de criminologie et de prévention de la délinquance.

Traditionnellement, le gouvernement invite des représentants du monde de la recherche criminologique à participer à diverses commissions et autres groupes de travail dont la mission est de préparer une législation nouvelle ou de réviser les lois existantes, ou dans d'autres cas de modifier la politique gouvernementale en matière de délinquance. Il est également fréquent que des chercheurs de ces groupes de travail rédigent différents types de rapports scientifiques (décrivant souvent « l'état actuel des connaissances ») qui sont ensuite réunis pour former un ensemble de recommandations présentées par la commission au gouvernement, parlement, etc.

En Suède, par exemple, la Commission sur les peines d'emprisonnement a demandé à Eckart Kühlhorn de préparer une synthèse sur la situation actuelle en matière de prévention, aussi bien générale que destinée à des objectifs particuliers (SOU 1986 : 15 ; Per-Olof Wikström a rédigé un rapport intitulé *Crime in the City*, qui a été intégré dans le document faisant le bilan de la situation dans les grandes villes

* Directeur de recherche au Conseil nordique de la délinquance à Stockholm (Suède).

(*Evaluation in Large Cities*, SOU 1989). Au Danemark, il existe au sein du ministère de la Justice un groupe de recherche sur la justice pénale. Le tout dernier rapport présenté par ce groupe de recherche est consacré à l'alcoolisme chez les personnes qui ont affaire aux tribunaux répressifs.

Bien souvent, le gouvernement charge les différentes institutions consacrées à la recherche criminologique de mettre au point des programmes qui sont en corrélation directe avec des projets de décisions politiques. Cela est particulièrement courant en Finlande et en Suède, où il existe des organismes publics de recherche en matière de prévention de la délinquance. Le Conseil national suédois pour la Prévention de la Délinquance, par exemple, s'est vu confier par le gouvernement, entre autres missions, celle de mettre sur pied un programme d'ensemble sur la délinquance des cols blancs dans diverses branches d'activité (Magnusson, rapport final à paraître à l'automne 1991), sur les abus sexuels sur les enfants (Martins, 1989, 1990), sur le bilan de l'initiative de travaux d'intérêt général (Alexandersson et Andersson, 1991) ainsi qu'un programme expérimental et d'évaluation des mesures à l'égard des jeunes délinquants (Sarnecki, *et al.*, 1990).

Des représentants de ces programmes de recherche sont souvent conviés à divers colloques ou débats publics avec des représentants du parlement ou du gouvernement.

Les relations entre chercheurs scandinaves et représentants du gouvernement revêtent souvent un caractère informel. Il est de tradition dans l'administration publique que les représentants du parlement, du gouvernement et de divers organes gouvernementaux chargés des questions de politique en matière de délinquance se mettent personnellement et directement en contact avec les chercheurs pour obtenir l'avis de ces derniers sur la législation, les propositions de loi, réformes structurelles ou autres questions relatives à ce domaine.

Les rapports directs et pas toujours officialisés que les pouvoirs publics entretiennent avec les chercheurs ont, à bien des égards, beaucoup plus d'influence sur la politique des différents pays nordiques en matière de délinquance que les programmes de recherche menés à la seule initiative des chercheurs.

I. AXES DE LA PRÉVENTION DE LA DÉLINQUANCE

L'existence de conseils pour la prévention de la délinquance relativement influents a pour conséquence qu'une grande part de la recherche criminologique dans les pays nordiques est axée sur les mesures de prévention. Au Danemark, un rapport vient d'être publié sur différents aspects de la prévention de la délinquance (Kyvsgaard, Snare, Wilhjelm,

1990). Un ouvrage sur la prévention de la délinquance est également en cours d'élaboration en Suède par le Conseil national.

Durant ces dernières années, l'accent a été mis plus particulièrement sur les mesures de prévention de la délinquance au niveau local. L'une des particularités de ces programmes réside dans le fait qu'ils combinent les ressources locales dont une communauté dispose pour lutter contre la délinquance et en assurer la prévention. Au Danemark, les efforts se sont portés sur un programme connu sous le nom de « collaboration SSP ». Le sigle SSP désigne toute une organisation de collaboration spécialisée dans la prévention de la délinquance et de la toxicomanie chez les jeunes. Cette structure regroupe des délégués des affaires sociales, des organismes de lutte contre l'alcoolisme, des établissements scolaires, des loisirs et de la police. La mise en place des organismes SSP a débuté à la fin des années 1970 ; à l'heure actuelle, il en existe dans les trois quarts des deux cent soixante-quinze communes que compte le Danemark. Outre les organismes SSP, un certain nombre de programmes de prévention de la délinquance ont été mis sur pied au niveau local dans différentes régions du pays. Dans plusieurs grandes villes, SSP a recruté des consultants qui travaillent directement sur les programmes de prévention de la délinquance. Il est généralement admis que SSP a eu une très nette incidence sur la délinquance parmi les jeunes au Danemark. Mehlbye (1989) a décrit le travail réalisé par les SSP dans quarante-sept municipalités à travers tout le pays et en a conclu qu'ils constituent un moyen efficace de prévention de la délinquance. Kyvsgaard (1990) s'est également penchée sur le travail des SSP et ses conclusions ne vont pas dans le même sens. A l'en croire, rien ne prouve que les investissements majeurs que les SSP ont supposé aient eu quelque effet préventif. Les travaux de Kyvsgaard montrent que les jeunes des villes qui ont adopté le modèle SSP ont une tendance à la délinquance identique à ceux des villes qui n'ont pas mis en place une structure SSP ; dans certains cas, ils auraient même une plus nette inclination à la délinquance.

La Norvège, pour sa part, est également en train de mettre sur pied une structure selon le modèle SSP. Le Conseil norvégien pour la Prévention de la Délinquance a recommandé une collaboration de ce type (Krad, 1989). Ce projet est décrit dans un rapport rédigé par Askheim et Rönning (1989).

Des travaux de nature scientifique visant à l'adoption de mesures de prévention de la délinquance sont menés en Suède, sous la forme de deux programmes préventifs à l'échelon local. Ces deux programmes fonctionnent selon le principe suivant : les mesures de prévention de la délinquance doivent faire fond sur une description précise du taux local de criminalité, ainsi que sur un recensement des ressources que la municipalité a allouées à divers secteurs pour la prévention de la délinquance. Le plus modeste de ces deux programmes, le « programme

Fisksätra » (du nom d'une banlieue de Stockholm qui compte une population de sept mille habitants environ) mené sous la direction de Karin Ringman, entre tout juste dans sa phase finale, phase où l'on pourra analyser les effets des mesures mises en œuvre. D'ores et déjà, il apparaît clairement que, dans la localité qui fait l'objet de l'étude, la délinquance a diminué durant toute la durée d'application des mesures préventives. Qui plus est, le développement dans cette localité a été notablement plus sensible que dans les localités voisines. Reste pour l'heure à déterminer si ces tendances positives sont le résultat des mesures préventives adoptées ou d'autres facteurs ; la question fera l'objet d'une étude plus approfondie.

A Fiksätra, tout comme dans plusieurs autres régions du pays, les réseaux de jeunes délinquants sont recensés systématiquement. Ce recensement est effectué de façon similaire à celui qui a été réalisé dans le cadre du programme « réseaux de délinquants » de la commune de Borlänge (Sarnecki, 1986). En adoptant des mesures d'intervention à l'égard des meneurs des bandes de délinquants, l'on cherche à enrayer la progression de la délinquance et de la toxicomanie chez les jeunes délinquants.

Le deuxième programme de prévention de la délinquance à l'échelon local, de plus grande envergure que le précédent, concerne toute la région de Stockholm et ses environs et se situe actuellement dans la phase initiale de recueil d'informations. Ce programme prévoit une étude détaillée de la délinquance dans huit quartiers de Stockholm soigneusement sélectionnés ainsi que dans le centre ville, à partir de plusieurs méthodes de travail différentes (informations de la police, enquêtes de délinquance auto-reportée, enquêtes auprès de lycéens et enquêtes de victimation). L'étude couvre les domaines suivants :

1) délinquance dans les villes, dans les banlieues et dans les transports publics (P. O. Wikström) ;
2) quartiers, vie sociale et propension à la délinquance (P. Martens) ;
3) l'école, les logements et la délinquance juvénile (P. Lindström) ;
4) la délinquance chez les personnes d'origine étrangère, en particulier la délinquance juvénile dans les zones à forte concentration d'immigrés (P. Martens) ;
5) instabilité sociale dans les cités et délinquance juvénile (L. Dolmen) ;
6) physionomie des cités-dortoirs et délinquance (non encore attribué) ;
7) structure de la délinquance et méthodes de travail de la police dans différents types d'environnement urbain (M. Torstensson, P. O. Wikström) ;
8) les femmes, la délinquance et l'environnement urbain (E. Tiby) ;

9) délinquance et action sociale dans différents types d'environnement urbain (M. Olsson).

Le premier rapport rédigé dans le cadre de ce programme a été publié sous la direction de P. P. Wilkström, lui-même directeur du programme. Le programme, mené en collaboration avec les autorités locales de Stockholm, est tout à fait unique de par son envergure et sa diversité.

II. PRÉVENTION DE LA DÉLINQUANCE CHEZ LES JEUNES

Depuis quelques années, l'on a de plus en plus tendance à considérer que la toxicomanie et la délinquance proviennent pour une large part des mêmes causes. De nombreux toxicomanes ont commencé à se droguer en même temps qu'ils commettaient des actes de délinquance (Sarnecki, 1987, Solarz, 1990). Les mesures prises à l'encontre des jeunes délinquants sont souvent en même temps des mesures à l'adresse de futurs toxicomanes.

Un effort particulier a été fait en matière de prévention de la délinquance dans les établissements scolaires. Cette préoccupation a été suscitée par le livre de Rutter *Quinze mille heures* (1979). En Suède, cet ouvrage a inspiré l'une des composantes du programme Stockholm que nous avons évoqué plus haut.

En Norvège, un projet important est actuellement en cours pour lutter contre les brutalités à l'école. Les fondements théoriques ainsi que les mesures pratiques de ce programme tirent leur origine des travaux du psychologue Dan Olweus (1981). Les programmes visant à empêcher les brutalités à l'école ont été appliqués dans de nombreux établissements norvégiens. Après bilan, il apparaît que ce programme a eu des effets notables sur le nombre d'agressions et sur le comportement violent des élèves. Les mesures prises pour empêcher les brutalités à l'école peuvent également produire des effets à long terme sur la délinquance (Olweus, 1990). Au Danemark, la recherche portant sur le milieu scolaire s'appuie sur des enquêtes de comportement réalisées auprès des jeunes délinquants. Kyvsgaard a réalisé une étude de ce type dans la ville de Glasaxe (banlieue de Copenhague) ainsi que dans diverses municipalités du nord du Jylland, dont les résultats seront publiés très prochainement.

III. MÉDIATION

La recherche sur la prévention de la délinquance en Scandinavie comporte un autre aspect non négligeable : il s'agit de la médiation. Le principe de la médiation, qui est surtout utilisée en Norvège et en Finlande, a été inspiré par les travaux de Nils Christie (1977, 1982). La thèse de ce chercheur est que les délits de moindre gravité peuvent être réglés au niveau de la municipalité, en dehors des circuits traditionnels de la justice, par l'intermédiaire d'un médiateur impartial qui aide les parties à parvenir à un accord. En Norvège, le premier programme de médiation a été mené par Lier en 1981. L'expérience a été jugée très positive et un nouveau projet a vu le jour à Majorstua/Frognetr (1985). Actuellement, un certain nombre de projets de grande envergure sont en cours dans tout le pays.

L'expérience finlandaise en matière de médiation a été décrite dans des termes très élogieux par Ilvarl (1988). Néanmoins, la médiation fait également l'objet de critiques virulentes en Finlande, ce qui aura sans aucun doute pour effet de soumettre très prochainement cette formule à un examen critique.

IV. LE PROBLÈME DES VICTIMES

Le problème des victimes de la délinquance a suscité dans tous les pays scandinaves un intérêt certain, bien que dans des proportions différentes selon les régions. Le pays le plus engagé en la matière est la Finlande. En 1988, le Bureau central des Statistiques finlandais a réalisé une enquête-étude de grande envergure, portant l'appellation UHRI-88 (résultats préliminaires, Bureau central des Statistiques, 1989). Une analyse comparative des résultats de cette étude et de ceux d'enquêtes de victimation effectuées antérieurement a montré que les statistiques officielles fournissaient une image inexacte de la réalité, compte tenu de la tendance croissante des victimes à déposer des plaintes au cours des dernières années.

La Finlande et la Norvège ont toutes deux participé à l'enquête internationale sur les victimes, faisant suite à une recommandation de l'OCDE contenue dans un rapport datant de 1983. Comme le prouve le premier rapport de ce projet, les deux nations scandinaves participant à l'enquête avaient des taux de criminalité relativement faibles. Le Conseil finlandais pour la prévention de la délinquance a souligné que l'intérêt porté aux enquêtes sur les victimes a non seulement permis d'avoir une meilleure connaissance de l'évolution de la délinquance mais a aussi attiré l'attention de la classe politique sur la situation des victimes. D'autres questions telles que le sentiment d'insécurité et la nécessité d'adopter des mesures préventives ont également pu être mises en lumière.

En Suède, l'intérêt pour la situation des victimes a été exprimé à travers le rapport *Brottsofer* (victimes de la délinquance) publié par le Conseil national suédois pour la Prévention de la Délinquance en 1988. Ce rapport, qui faisait suite à une demande de la part du gouvernement, a largement contribué à améliorer la situation des victimes dans le pays.

V. FEMMES-VICTIMES ET FEMMES-DÉLINQUANTES

Dans plusieurs pays nordiques, il existe un intérêt grandissant pour les problèmes des femmes liés à la délinquance et à d'autres formes d'asociabilité. La Norvège est certainement le pays le plus avancé dans ce domaine. A titre d'exemple, nous pouvons citer les travaux de recherche suivants : *Kvinners Skyld* (Culpabilité des femmes), publié sous la direction de Holgård et Snare (1983) ; *Tvang till seksualitet* (Harcèlement sexuel), Sätre, Holtere, Jebsen (1986) ; *Mannsroller og mennes kriminalitet* (Le comportement des hommes et la délinquance masculine), Taksdal, 1990. En ce qui concerne l'intérêt suscité par la question des femmes et de la délinquance dans les pays scandinaves, citons le mémoire *Prostitution i Helsingfors-en studie in kvinnokontrol* (Prostitution à Helsinki, étude sur le contrôle des femmes, Järvinen 1990) et le rapport de la conférence suédoise sur *Kvinnor och Brott* (Les femmes et la délinquance, Wiklund, 1990).

Deux aspects semblent mobiliser l'attention des chercheurs dans ce domaine : tout d'abord le problème des femmes victimes, qui est le plus souvent traité, premièrement en tant que victimes d'agressions physiques, ensuite en tant que victimes d'agressions sexuelles. Toutefois, les chercheurs ont récemment commencé à s'intéresser à la faible proportion de femmes auteurs d'actes délictueux et aux conclusions qui peuvent éventuellement en être tirées pour la prévention de la délinquance.

VI. RECHERCHE SUR LES EFFETS DES SANCTIONS

Les pays nordiques, à l'exception de la Finlande, sont réputés pour leur système répressif relativement libéral. Cela est sans doute dû à des facteurs culturels, historiques et politiques ainsi qu'à d'autres événements de l'histoire de ces pays. Cependant, il convient d'ajouter que les chercheurs ne sont certainement pas étrangers à cette tendance. En Suède, par exemple, les travaux de Börjeson (1966) et Bundeson (1977 et 1989) ont eu une influence considérable sur le manque d'enthousiasme des autorités judiciaires à l'égard des peines d'emprisonnement. Au cours des dernières années, la Suède a commencé à analyser directement les effets des réformes législatives. L'évaluation de la législation relative aux jeunes délinquants et le projet expérimental de travaux d'intérêt communautaire que nous évoquions plus haut en sont des exemples.

Les travaux d'Ahlberg (1985 et 1990) consacrés aux différents aspects de l'incapacité collective ont également eu une influence considérable sur la politique suédoise en matière de délinquance. La première de ces publications envisage les effets de la réforme sur la semi-liberté entrée en application en Suède au milieu des années 1980. Le rapport démontrait que cette réforme avait, dans une certaine mesure, contribué à un accroissement de la délinquance. Le second rapport étudiait les effets de diverses durées de peines d'emprisonnement et faisait apparaître que l'on ne peut obtenir une diminution importante de la délinquance en Suède du fait des possibilités politiques et matérielles d'accroissement de la durée des peines.

En Finlande, le rapport de Lappi-Seppäläs sur le droit pénal a largement influencé les débats concernant la pondération des sanctions. Ce rapport soulignait les inégalités de traitement selon les délits : alors que le vol est sévèrement puni, les actes accompagnés de violence se voient appliquer une sanction relativement clémente.

Au Danemark, Kyvsgaard (1989) s'est penchée sur les conditions de vie des personnes condamnées à des peines d'emprisonnement.

CONCLUSION

Une telle analyse peut être menée de nombreuses façons différentes. Ma sélection des travaux de recherche mentionnés ci-dessus a été naturellement influencée par ma propre approche scientifique de même que par le fait que je travaille pour le Conseil national suédois de Prévention de la Délinquance. Néanmoins, il convient de retenir du présent rapport que de nombreux programmes de recherche de grande envergure sont menés actuellement dans les pays scandinaves, sur les problèmes qui sont l'objet de la Deuxième Conférence internationale sur la Sécurité, les Drogues et la Prévention de la Délinquance en Milieu urbain. Un nombre considérable de ces programmes de recherche est consacré aux questions qui ont une incidence directe sur la politique adoptée en matière de délinquance. Les conseils nationaux de prévention de la délinquance peuvent être considérés comme ayant une influence certaine sur cette tendance à mettre en application les programmes de recherche.

Des criminologues scandinaves, principalement suédois et finnois, entretiennent des relations très étroites avec les autorités législatives et exécutives. C'est pourquoi j'ai écrit, dans le présent rapport, que les travaux de ces criminologues ont des conséquences directes sur les décisions de principe. Toutefois, il faut également garder présent à l'esprit dans ce contexte que l'influence est loin d'être à sens unique. Les autorités gouvernementales ont elles aussi une influence sur les travaux de recherche, à la fois par l'intermédiaire des différents programmes qui sont demandés et des fonds qui sont alloués et indirectement en amenant sur le devant de la scène différents thèmes de nature politique. Ce qui à première vue peut être considéré comme l'influence de la recherche sur la politique peut, lorsque l'on y regarde de plus près, apparaître comme un mécanisme de rétroaction complexe ou même comme l'influence de la politique sur la recherche.

Etant donné que les chercheurs et les gouvernants vivent dans la même société, ils sont également influencés par les mêmes facteurs. Le rôle des moyens de communication de masse ne saurait non plus être sous-estimé dans ce contexte. En ce qui concerne la politique en matière de délinquance, les médias jouent un rôle de tout premier ordre en ce qu'ils attirent l'attention du public sur de nouveaux problèmes. Dans l'ouvrage publié dernièrement *Nordiska kriminologer om 1990-talets kriminalpolitik* (Opinion de criminologues scandinaves sur la politique en matière de délinquance des années 1990, Wiklund, 1990), plusieurs des auteurs insistent sur le rôle prépondérant des médias en la matière. Ce qui est particulièrement préoccupant, c'est l'aptitude des médias à provoquer des décisions de politique hâtives et n'ayant que peu de fondement. En revanche, les médias jouent un rôle positif en ce qu'ils portent sur le devant de la scène de nouvelles questions auxquelles les chercheurs n'avaient pas prêté attention. Des questions telles que les agressions sexuelles sur les enfants, les femmes victimes de la délinquance, etc. ne sont pas devenues des sujets d'actualité du fait des chercheurs ou des gouvernants mais bien grâce aux médias.

Dans des pays aussi peu étendus que les pays scandinaves, les chercheurs se tiennent en permanence informés de l'état actuel des connaissances au niveau international, par l'intermédiaire du Conseil nordique de criminologie. Toutefois, les chercheurs scandinaves ont leurs points de repère dans la littérature spécialisée anglo-saxonne. Les travaux de recherche menés au niveau international peuvent même parfois avoir une influence directe sur les responsables de la politique. La théorie de l'« étiquetage » par exemple a eu, au moment où elle est apparue, un impact considérable sur la façon dont les pays scandinaves envisagent de traiter les jeunes délinquants.

BIBLIOGRAPHIE

ANDERSSON, T., ALEXANDERSSON, L., Samhällstjänst som alternativ till fängelse. Sammanstälining över der första arets försöksverksamhet. Stockholm, Brottsförebyggande rådet, Stencil, 1991.

ASKHEIM, O. P., RØNNING, R., Samordning av tiltak på lokaiplanet for utsatte barne-og-ungdomsgrupper østlandsforskning, Det, 1989.
Kriminalitetsforebyggende råd.

Brottsförebyggan rådet, Brottsoffer Rapport, 1988, 1.

CHRISTIE, N., Conflict as Property, *British Journal of Criminology*, 1977, 17, 1-15.

CHRISTIE, N., Pinans gränser, Stockholm, Almquist & Wikseil, 1982.

KRAMP, P., GABRIELSEN, G., LINDE-JENSEN, E., VIGILD, T., Alkoholvaner bland krimi-

nalforsorgens klientel. Justitledepartementet Kriminalpolitisk forskningsgruppe. Forskningsrappor, 1990, 31.
KRÅD, Førebygging av kriminalitet. Styrking og samordning av tiltak på lokalplanet. Det kriminalitetsforebyggende råd, 1989.
KYVSGAARD, B., Er lediggang roden til alt ondt ? Om forsøg med at forebygge kriminalitet bland børn og unge. Institute of Criminal Science, University of Copenhagen, 1990.
KYVSGAAR, B., SNARE, A., WILHJEIM, P., Forebyggelsens veje og vildveje. Kriminalistisk Instituts Stencilserie, 1990, 58.
LIVARI, J., Sovitaan-projektin kokemuksista. Sovittelun mohdollisuuksista vaihtoehtona rikosoikeusjärhestelmässä. *Socialstyrelsens serie*, 1988, 1.
MARTENS, P. L., Sexualbrott mot barn. Presentation och diskussion av några centrala teman inom forskningsområdet. Stockholm, *Brottsförebyggande rådet rapport*, 1989, 1.
MARTENS, P. L., Polis anmälda sexualbrott mot barn. Presentation av en empirisk undersökning. Stockholm, *Brottsförebyggande rådet PM*, 1990, 3.
MEHLBEY, J., SSP-samarbejdet i kommunerne. En undersøgelse af det tværsektorielle samarbejde omkring forebyggelse af kriminalitet bland børn og unge. Amternes og Kommunernes Forskningsinstitut. København, 1989.
OLWEUS, D., Bullying among school boys, in N. CANTWELL (ed.), *Children and violence*, Stockholm, Akademilitteratur, 1981.
OLWEUS, D., Bully/victim problems among school children : Basic facts and effects of school based intervention programs, in RUBIN, K., PEPLER, D. (eds), *The development and treatment of childhood aggression*, Hillsdale N.J., Erlbaum, 1990.
Projekt konfliktrad, Majorstua/Frogner, Ersmelding, 1985.
RUTTER, M., MAUGHAN, B., MORTIMORE, P., OUSTON, J., SMITH, A., *Fifteen Thousand Hours : Secondary schools and their effects on children. Cambridge, Open Books, 1979.*
SÆTRE, M., HOLTER, H., JEBSEN, E., Tvang til seksualitet. En undersøkelse av seksuelle overgrep mot barn. Oslo : Cappelen Forlag, 1986.
SARNECKI, J., EKSTRÖM, K., GERDMAN, P., JÄRPSTEN, T., SANDSTRÖM, J., ÖHRNEL, K., Unga lagöverträdare. Utvärdering av lagstiftning och försöksverksamheten med åtgärder mot unga lagöverträdare. Brottsförebyggande rådet, 1990.
SARNECKI, J., Delinquent Networks, The national Council for Crime Prevention Sweden, Report, 1986, 1.
SARNECKI, J., *Skolan och brottsligheten, Carlssons, Stockholm, 1987.*
SOLARZ, A., Vem blir drogmissbrukare. Droger, kriminalitet och kontroll. Brottsförebyggande rådet, 1990, 3.
SOU, Påföljd för brott. Om straffskalor, påföljdsval, straffmätning och vilkorlig frigivning m.m. Huvudbetänkande av fängelsestraffkommiteen. Allmänna Förlaget Stockholm, 1986, 15.
SOU, Storstadskriminalitet. Underlagsrapport från Storstadsutredningen Allmänna Förlaget Stockholm, 1989, 110.
Statistikcentralen, Accidens and violence, 1988. Statistikcentralen. Justice, 1989, 19 Helsingfors, 1990.
WIKSTRÖM, P. O. H., Brott och åtgärder mot brott i Stadsmiljön, *Brottsförebyggande rådet*, 1990, 5.

BILAN DES CONNAISSANCES AUX ÉTATS-UNIS

Wesley Skogan*

I. DROGUES

On peut constater quelques améliorations quant au problème de la drogue en Amérique du Nord. Les rapports sur la fréquentation des services hospitaliers d'urgence pour traitement lié à la cocaïne a atteint un sommet en janvier 1989 et a diminué depuis. Des études au niveau national sur les cas de toxicomanie autoreportée révèlent que l'usage des stupéfiants a diminué, notamment depuis 1985 et chez les jeunes de moins de vingt-six ans. Cependant, un fait dérangeant apparaît également, à savoir que les toxicomanes très dépendants se droguent encore plus, et que leur niveau de toxicomanie a augmenté plutôt que diminué. Parallèlement, on note une forte augmentation dans le nombre d'homicides liés à la drogue dans de nombreuses villes. Par ailleurs, alors que la toxicomanie avouée a diminué dans tous les groupes ethniques depuis 1985, cette diminution s'est récemment ralentie chez les Noirs. La fréquence de la toxicomanie est également plus élevée chez les Noirs que chez les Blancs, et c'est peut-être pour cette raison que les interpellations pour usage des stupéfiants se sont concentrées de plus en plus dans les communautés noires. En 1989, les chiffres du FBI indiquent que 41 % des personnes arrêtées pour délit de drogue étaient noires, contre 38 % en 1988.

Les recherches américaines sur la politique à adopter concernant la drogue se sont concentrées sur deux solutions : réduire la demande et réduire l'offre. Les stratégies de réduction de la demande visent à réduire la taille du marché de la drogue en en limitant le désir chez les consommateurs potentiels. Les stratégies de réduction de l'offre, quant à elles, visent à réduire l'approvisionnement disponible, ce qui fait monter les prix et augmente la difficulté pour les utilisateurs potentiels de trouver un point de vente.

1. RÉDUCTION DE LA DEMANDE : PRÉVENTION PRIMAIRE

Les stratégies de réduction de la demande peuvent être commodément divisées en deux autres sous-catégories : a) celles visant la masse

* Professeur à la Northwestern University à Evanston (Etats-Unis).

des non-usagers (« prévention primaire ») et b) celles visant à la réhabilitation des usagers connus.

La majeure partie des recherches relatives à la prévention est centrée sur les programmes présentés dans les écoles. Ces programmes peuvent être divisés en trois types principaux. Les premiers diffusent l'information sur les effets néfastes de la toxicomanie, et font parfois appel à la morale ou à la religion pour réprouver l'usage illicite des stupéfiants. Ces programmes soulignent les dangers tant pour la santé des individus que pour la société. Ils s'appuient sur le postulat suivant : si les gens sont avertis des dangers de la toxicomanie, ils resteront dans la légalité dans leur propre intérêt. Bon nombre de ces programmes ont pour but de susciter les craintes des usagers potentiels en mettant l'accent sur les dangers de la toxicomanie. Certains programmes insistent sur les objections morales à la consommation de stupéfiants, notamment dans les écoles à fondement religieux. Des évaluations font apparaître que ces campagnes d'information peuvent être très efficaces dans la communication d'informations nouvelles et précises. Néanmoins, rien ne prouve qu'elles empêchent ou même réduisent l'usage des stupéfiants. La connaissance n'a aucune répercussion sur les aveux spontanés d'usage de drogue, ni sur les intentions avouées d'éviter la toxicomanie.

Un deuxième groupe de programmes de prévention primaire s'appuie sur l'éducation affective. Ils partent du principe que la toxicomanie est encouragée par une faible estime de soi-même et de faibles capacités personnelles à prendre des décisions. Ces programmes tentent d'enrichir la vie personnelle des participants en les aidant à développer leurs capacités à communiquer, à se comprendre eux-mêmes et à créer des rapports d'amitié stimulants. Ils ont pour ambition d'aider les participants à réfléchir sur leurs propres attitudes et sur leur système de valeurs, et de les encourager à se comporter en fonction de ces normes de conduite personnelle. Bien que ces programmes paraissent intéressants, des évaluations révèlent qu'ils n'influent pas sur la consommation de stupéfiants. Ils peuvent améliorer l'estime de soi, la confiance personnelle et la connaissance des risques liés à la toxicomanie, mais ils ne modifient pas les schémas de comportement « autoreportés ».

Un troisième groupe de programmes se concentre sur un facteur que la recherche affirme être au cœur des délits liés à la drogue : les bandes de jeunes. Ces programmes sur l'influence des pressions sociales apprennent aux participants à évaluer les pressions de leur entourage et des médias qui les incitent à la drogue. Ces programmes insistent sur l'importance de créer des réseaux de liens d'amitié avec des personnes avec lesquelles ils ont des affinités, apprennent à reconnaître les situations où l'on risque de subir des incitations à consommer de la drogue, et à faire face à ces pressions sociales. Ces programmes sont ceux qui ont eu les meilleurs résultats. Des évaluations indiquent qu'ils peuvent réduire le niveau de participation à la consommation de stupéfiants et que ces effets sont durables. Ils se sont avérés efficaces également chez certains groupes de jeunes à haut risque.

2. RÉDUCTION DE LA DEMANDE : RÉHABILITATION

Les programmes dans ce domaine visent à identifier les usagers et à intervenir dans ce schéma de comportement. Ces programmes ont été totalement évalués quant à leur succès dans le traitement de l'héroïnomanie, et un certain nombre d'approches couronnées de succès ont été identifiées. Des programmes de désintoxication permettent de gérer l'état de manque initial des drogués. Leurs effets sont de courte durée s'ils ne sont pas combinés à un autre traitement, mais ils constituent une première étape pour les héroïnomanes. Les programmes d'éducation et les psychothérapies sont plus efficaces s'ils sont combinés à d'autres efforts ; ils sont peu onéreux et faciles à mettre en place, mais leur efficacité en tant que tels n'a pas été évaluée. Dans les programmes de désintoxication à la métadone, cet opiacé est distribué comme substitut de l'héroïne. C'est la méthode utilisée le plus couramment pour traiter les drogués. Les centres résidentiels de thérapie sont des lieux de vie communautaire où les drogués suivent des séances de traitement individuels et en groupe avec pour objectif de parvenir à la maîtrise de soi. Ces centres sont de plus en plus populaires et traitent les cocaïnomanes.

Des combinaisons de ces programmes ont permis de freiner la toxicomanie, de réduire les chances pour les participants de subir une nouvelle arrestation, et d'augmenter leur capacité à trouver et à conserver un emploi. Plus les patients restent impliqués longtemps dans ces programmes et plus ceux-ci sont efficaces, mais ils souffrent en fait d'un fort taux d'abandons. Une rechute ultérieure dans la toxicomanie est chose courante, mais les traitements à la métadone (associé à l'éducation, la psychothérapie et d'autres services sociaux) et les cures en lieu de vie donnent de meilleurs résultats dans le traitement des problèmes liés à la toxicomanie que l'incarcération traditionnelle.

3. RÉDUCTION DE L'OFFRE : STRATÉGIES DE RÉPRESSION

Il existe un certain nombre de stratégies de répression spécifiques qui peuvent avoir un impact sur les marchés de la drogue, mais commençons par les classer en fonction des postulats sous-jacents à l'approche répressive. Un postulat de cette méthode est que la répression peut *augmenter le risque de sanction réel et perçu* associé à l'implication dans les stupéfiants ; un autre que la répression peut *faire monter le prix des stupéfiants et diminuer leur disponibilité*. Enfin, la répression peut contribuer à *briser le cycle de l'encouragement des personnes de la même classe d'âge et ayant un rôle de modèle* pour la toxicomanie qui est un fléau pour trop de communautés.

Le risque réel et perçu associé à la drogue peut être accru par plusieurs tactiques de répression. Une tactique est la *patrouille de police très visible*. En plus des rondes fréquentes motorisées et à pied, la police procède à des opérations de contrôle de grande envergure, à la mise en place de barrages routiers pour le contrôle des voitures, à l'application vigoureuse des arrêtés pour dommages simples à autrui (lois contre le blocage des trottoirs, par exemple), et à des arrestations pour trouble de l'ordre public. Les arrestations très visibles lors de descentes dans des appartements impliqués dans le trafic de stupéfiants ou effectuées par des équipes « de choc » contribuent à faire comprendre que les affaires de drogues sont une entreprise risquée. Les enjeux impliqués peuvent être accompagnés d'un programme de vigoureuse poursuite en justice des personnes arrêtées pour délit lié à la drogue.

La toxicomanie est aussi rendue vraisemblablement plus onéreuse et plus difficile par des programmes de répression qui font monter les prix et diminuent les quantités de drogues illicites disponibles. Cet objectif peut être atteint en partie grâce à une campagne agressive contre les revendeurs dans la rue, mais aussi par des arrestations en flagrant délit par des agents de police en civil, par des « achats contrôlés » par des informateurs, et par des fouilles d'habitations effectuées sur la base de preuves rassemblées à l'occasion de ces opérations. La répression non seulement fait monter le prix des stupéfiants, mais elle augmente aussi vraisemblablement les complications et le temps nécessaire pour trouver des fournisseurs ; cela dissuadera vraisemblablement les utilisateurs occasionnels qui ne sont pas encore profondément enracinés dans le milieu de la drogue. Enfin, la police peut créer des fichiers de renseignements sur les personnes soupçonnées de trafic de drogue, pour identifier leur lieu de domicile, leurs sources d'approvisionnement et leur manière de procéder.

Le cycle d'incitation à la toxicomanie est lié à des normes culturelles et de classes d'âge qui caractérisent une communauté. Des recherches sur la toxicomanie juvénile font comprendre qu'il est important d'intervenir dans les cultures locales qui soutiennent l'utilisation de la drogue. Ces recherches suggèrent plusieurs conclusions. Le déclenchement de la toxicomanie est « contagieux », en ce sens qu'il se répand dans la communauté par l'intermédiaire des contacts sociaux avec les usagers. Les schémas de déclenchement de l'usage des stupéfiants (par exemple, la manière dont les jeunes passent du tabac et de l'alcool à la marijuana et à la cocaïne) dépend de la structure des marchés locaux de la drogue. Les normes et les comportements des autres jeunes sont les meilleurs indicateurs de la nature et de l'étendue de leur propre implication dans la drogue. Les jeunes imitent les comportements qu'ils voient approuver chez les autres, aussi bien chez les jeunes de leur âge que chez les adultes.

Toutes ces constatations laissent entendre qu'une politique de répression agressive peut contribuer à briser le cycle qui se renforce de lui-même et qui fait qu'un rôle apparemment rémunérateur dans le trafic des stupéfiants engendre une augmentation de la toxicomanie. Ces mesures ne seront pas faciles à mettre en œuvre, car le commerce de la drogue peut imprégner toute une communauté. Les hommes adultes aisés peuvent être impliqués dans la drogue. Des mères prêtent leur appartement pour abriter des trafiquants. Les jeunes peuvent gagner de l'argent facilement en prenant les commandes, en assurant la livraison et en conservant la drogue sur eux. Les trafiquants distribuent des vestes et des chaussures de sport aux jeunes enfants, pour cultiver leur popularité et s'assurer de la coopération de tous. Finalement, la menace de représailles dissuade les informateurs potentiels et les témoins, et les gens craignent de coopérer avec les autorités. Il est certain que dans la plupart des efforts pour briser ce cycle qui se renforce de lui-même, la police ne sera pas du tout impliquée ; ces efforts sont plutôt l'affaire des écoles, des familles, des programmes destinés aux jeunes et des cures de traitement, ainsi que des organismes d'assistance sociale.

4. RÉDUCTION DE L'OFFRE : CONCLUSIONS DES RECHERCHES

Les conclusions des recherches sur l'efficacité de ces tactiques de répression sont mitigées. En règle générale, les recherches sur les actions policières « coup de poing » suggèrent qu'elles peuvent dissuader efficacement les comportements visés pendant la période de leur mise en application. Il existe aussi quelques preuves de dissuasion résiduelle qui persiste une fois l'action terminée ou lorsque celle-ci est poursuivie en un autre endroit. Cependant, l'évaluation d'actions « coup de poing » contre la drogue montre qu'elles ont leurs limites. Au départ, les actions anti-drogue augmentent généralement le taux d'arrestations et diminuent le taux de criminalité dans les zones cibles. Néanmoins, il apparaît que l'effet dissuasif initial des actions anti-drogue s'estompe assez rapidement, même pendant que ces actions sont encore en cours. Dans les endroits où la vente dans la rue reste faible, il est difficile de déterminer si cela est dû à une diminution de la toxicomanie ou si la raison en est simplement que les revendeurs et leurs clients potentiels ont réussi à s'adapter aux nouvelles conditions. Par ailleurs, il apparaît que les activités liées à la drogue retournent à la normale une fois terminées les actions spéciales de répression, et la force du marché de la drogue est telle qu'il n'existe pas de dissuasion résiduelle évidente.

Il est également prouvé que les actions anti-drogue peuvent augmenter le nombre de vols. Ceci est l'un des effets prévisibles d'une augmentation réussie des prix sur le marché de la drogue, car une très vaste majorité de ceux arrêtés pour vols dans la rue sont des toxicomanes. Une augmentation des cambriolages et des vols avec effraction a été observée dans plusieurs évaluations des actions anti-drogue, alors que d'autres ont révélé le contraire. De plus, le fait que la police bouleverse les systèmes de distribution établis risque d'être en partie responsable de la vague d'homicides liés à la drogue qui a déferlé sur beaucoup de grandes villes. Certains de ces meurtres parmi les plus visibles sont le reflet des guerres entre revendeurs pour prendre le contrôle des zones de vente les plus lucratives.

Traditionnellement, les services de la police ont hésité entre les campagnes agressives contre les ventes dans la rue et les enquêtes à long terme visant les importateurs et les grossistes. Il apparaît cependant que le marché de la drogue est beaucoup plus hétérogène et décentralisé que ne le supposaient les politiques passées. Le marché n'est pas dominé par des magnats de la drogue dont l'arrestation entraînerait un écroulement général des réseaux de distribution. La plupart des drogues sont fournies par des groupes nombreux, petits et provisoires. Il est très difficile de mener d'onéreuses opérations de surveillance à grande échelle qui seraient nécessaires pour les poursuivre en justice avec succès. De nombreux services de police locale trouvent que leurs tentatives de pénétrer les milieux de la drogue à haut niveau sont coûteuses, demandent beaucoup de temps, et n'aboutissent qu'à un petit nombre d'arrestations.

Cela implique que les opérations de répression doivent se porter sur les *dealers* de rue. La répression à ce niveau peut permettre de nombreuses arrestations. Cependant, les *dealers* de rue sont très nombreux et très mobiles, et facilement remplacés. Il en résulte que les actions anti-drogue dans la rue ne peuvent que déranger momentanément les filières d'approvisionnement locales, peut-être en les déplaçant dans un autre endroit. Certains chercheurs affirment qu'une répression agressive au niveau de la rue fait monter les prix et crée une gêne dans le commerce de la drogue suffisante pour dissuader les usagers occasionnels, et que les opérations de répression de la drogue peuvent avoir un effet de « débordement » qui aide à la réduction des autres délits et désordres de rue. Mark Leinman soutient que le fait de viser les réseaux de drogue peut réduire les autres types de délits, car cela a pour effet secondaire de réduire considérablement la délinquance contre les biens, bien que cela aille à l'encontre de certaines évaluations. Les résultats mitigés des évaluations de campagnes de répression menées jusqu'à présent ne nous permettent pas d'émettre des jugements catégoriques concernant l'une ou l'autre de ces affirmations.

Il est clair également que le fonctionnement du reste du système judiciaire joue un rôle important dans le renforcement ou la limitation de l'impact des opérations spéciales. Dans de nombreuses circonscriptions américaines, les procureurs sont submergés de dossiers, et les prisons sont si pleines que les prévenus pour délit sans violence ne peuvent pas être incarcérés tant que leur cas n'a pas été traité. Ces facteurs limitent également l'efficacité du modèle « arrestation-jugement-condamnation » de dissuasion qui est sous-jacent à la stratégie des opérations « coup de poing » pour contrôler les marchés de la drogue. Les programmes de désintoxication sont au moins aussi surchargés que le système correctionnel, et il est peu vraisemblable que beaucoup d'inculpés interpellés grâce aux opérations de répression suivront ces cures, quels que soient leurs besoins réels. De plus, le problème de la corruption est le fléau de ces tentatives de répression de la drogue. Les opérations en civil mettent les agents de police en contact étroit avec les revendeurs de drogue, avec les dangers de corruption potentielle que cela comporte. Ce marché regorge d'argent, et certains des arguments les plus vigoureux de ceux qui sont en faveur d'une politique de légalisation de la drogue soulignent les effets corrosifs de la corruption sur les systèmes pénal et politique.

Finalement, la répression de la drogue par la police dans les zones défavorisées se déroule dans un environnement émotionnellement chargé et potentiellement explosif. Même si ces opérations sont menées de manière tout à fait légale, les opérations de rue, les fouilles ponctuelles musclées, l'arrêt des voitures, les fouilles d'appartements et autres tactiques de répression impliquent des contacts tendus entre les résidents et la police. Ils ont lieu dans un environnement où les gens croient trop fréquemment qu'ils ne sont pas traités équitablement par la police, et où la police se rend souvent en s'attendant à des difficultés. Dans les années 1970, des tactiques de ce genre ont déclenché des émeutes dans les villes américaines, et en Grande-Bretagne dans les années 1980. Il faut maintenir un équilibre entre le respect apparent des lois que les policiers peuvent espérer imposer dans une communauté et les désordres qu'ils peuvent créer en faisant cela.

II. MOBILISATION DE LA COMMUNAUTÉ

Les années 1980 ont connu un intérêt accru pour le rôle que peuvent jouer les efforts volontaires face aux problèmes de la délinquance. L'approche communautaire de la prévention de la délinquance insiste sur la collaboration entre le système correctionnel et les organisations communautaires. Elle part du principe que la police et les autres éléments du système pénal ne peuvent pas régler à eux seuls la délinquance et la peur. De ce point de vue, les efforts communautaires, volontaires et organisés, visant à contrôler la délinquance et à apaiser le sentiment d'insécurité doivent être menés parallèlement à l'action officielle afin d'assurer la sécurité dans le cadre de contraintes budgétaires et sans sacrifier les libertés civiles.

1. TYPES D'ACTIVITÉS ET D'ORGANISATIONS

Ces efforts d'organisation vont des approches techniques étroites de la prévention à des stratégies de changement social plus vastes pour reconstruire les communautés. Certains efforts impliquent une action collective (activités réalisées par des groupes), alors que d'autres font appel à l'initiative individuelle, celle-ci pouvant également être encouragée et facilitée par des groupes. Certains programmes visent à réduire les occasions de délinquance ; ils encouragent les gens à installer des barreaux aux fenêtres, des alarmes, ainsi que des portes et des verrous plus résistants. Des groupes se proposent également d'accompagner les personnes âgées et de créer et distribuer des bulletins d'information expliquant les mesures que les particuliers peuvent prendre pour se protéger. D'autres programmes se concentrent sur la surveillance collective et le signalement des délits. D'autres groupes tentent de mobiliser les voisins pour surveiller réciproquement leurs habitations ou pour être attentifs aux événements suspects, ou pour alerter la police dès qu'un problème se présente. Des programmes de surveillance complets peuvent également impliquer des patrouilles actives constituées par les habitants eux-mêmes et qui sont reliées par *citizen's band* (CB). Les organisations poussent également à faire réprimer les délinquants grâce à des numéros d'appel spéciaux pour la délinquance qui aident à identifier les fauteurs de troubles et par des programmes d'assistance aux jugements pour essayer de faire en sorte que les délinquants soient condamnés sévèrement par les juges. Enfin, des organisations mettent en place des programmes destinés à s'attaquer aux causes de la délinquance. Ces causes telles qu'elles sont perçues varient d'un endroit à un autre, mais ces programmes impliquent souvent des activités de loisirs pour les jeunes, des efforts pour lutter contre la drogue et contre les bandes, et des campagnes pour améliorer les relations de voisinage et favoriser l'emploi des jeunes.

De nombreux types d'organisations sont impliqués dans ces activités anti-délinquance. En plus des organisations communautaires traditionnelles, elles comprennent des associations de copropriétaires et des sociétés de développement de la collectivité, des groupes de commerçants du quartier, et des organisations « parapluie » qui sont au service d'autres organisations plutôt qu'au service d'individus ou de quartiers. Dans presque tous les cas, ces groupes ont également d'autres activités. Des études sur les communautés montrent que peu de groupes se forment initialement autour de la délinquance, et que ceux qui tentent de se lancer en traitant des problèmes de la délinquance soit ne durent pas longtemps, soit parviennent difficilement à trouver des membres. Par ailleurs, les groupes anti-délinquance qui survivent y parviennent en adoptant d'autres problèmes ou en changeant radicalement de fonction, et la plupart des organisations solides de la communauté ont des programmes complexes et portant sur plusieurs problèmes. Beaucoup de groupes qui prospèrent sont « conservateurs » par nature. Ils se soucient de maintenir les intérêts locaux établis, les coutumes et les valeurs. Ces groupes apparaissent le plus souvent dans des zones stables et aisées. Ils représentent les intérêts de résidents à long terme, les propriétaires de leur habitation, les petits commerces et les institutions locales en préservant le *statu quo*. Les groupes contestataires qui représentent au contraire les quartiers pauvres ont pour objectif de bouleverser la répartition en cours des statuts et de la propriété. Les chefs des groupes contestataires critiquent nécessairement les institutions de la société.

Il apparaît particulièrement évident que les organisations de quartier naissent plus facilement et durent plus longtemps dans les zones plus aisées et qu'il est difficile de gagner et de conserver la participation bénévole des habitants des zones plus pauvres et au taux de criminalité plus élevé. Cela confère au bénévolat un « caractère conservateur ». Il ressort des enquêtes que les résidents des communautés plus aisées, qui sont plus éduqués, sont propriétaires de leur habitation et installés à long terme sont plus au courant des possibilités de faire partie d'organisations anti-délinquance et sont plus enclins à s'y investir quand la possibilité leur en est offerte. Des études sur la répartition géographique des organisations communautaires centrées sur les problèmes de délinquance montrent qu'elles sont moins nombreuses dans les zones défavorisées, avec beaucoup de locataires, une grande mobilité et un fort taux de criminalité. L'ironie, bien sûr, est que les quartiers urbains aisés, où il y a peu de mélanges ethniques, jouissent généralement des taux de criminalité les plus faibles, et la délinquance diminue encore plus substantiellement quand il s'agit de quartiers de banlieue. Ce ne sont pas les quartiers aisés qui souffrent des problèmes de délinquance les plus graves.

On trouve aussi plus souvent les organisations de quartier qui réussissent dans les zones homogènes. Les quartiers où se côtoient différents styles de vie auraient besoin sans doute d'organisations capables d'identifier les intérêts communs des résidents, mais le plus souvent ces organisations n'existent pas. Dans les quartiers ethniquement et culturellement homogènes, les résidents peuvent plus facilement partager une définition commune de leurs problèmes et en trouver les responsables. Ils partagent des expériences et des conditions de vie similaires, et dans l'ensemble une même conception des responsabilités tant publiques que privées. L'expérience montre que, dans les zones homogènes, les résidents contrôlent mieux l'information, sont plus prompts à intervenir quand ils voient des problèmes, ont une meilleure opinion de leurs voisins et se sentent personnellement responsables pour les événements et les conditions de vie dans leur quartier, et que leurs actions de prévention de la délinquance sont plus actives. Dans les zones multiraciales, en revanche, les habitants ont souvent des conceptions conflictuelles concernant les causes de la délinquance et leurs solutions. Là où les quartiers sont divisés par les questions de race ou de classe, l'intérêt pour la déliquance est l'expression de conflits entre groupes.

Face aux problèmes de délinquance, la première revendication des organisations est l'intervention policière. Elles exigent plus d'interventions sous la forme de rondes plus intensives dans les zones à forte délinquance. Elles demandent également des rondes à pied, voire la reconnaissance sous la forme d'un poste nouveau ou réactivé dans les alentours ou un bureau avec pignon sur rue. Les groupes conservateurs créent volontiers des patrouilles civiles et des groupes de surveillance de quartier, installent des panneaux indiquant leur nouvelle vigilance, car ils essaient de promouvoir l'image que leur quartier est un quartier « protégé ». Les membres des groupes « contestataires » craignent souvent la police et détestent la manière dont celle-ci exerce son autorité. Ils sont donc enclins à surveiller les débordements des policiers et à demander des comptes quand le nombre des policiers présents dans les rues augmente. Le problème pour les villes américaines est que les résidents des quartiers pauvres et à minorités avec des problèmes graves de délinquance ont souvent des relations conflictuelles avec la police. Ils ne voient la police que comme un problème supplémentaire ; les policiers sont souvent perçus comme arrogants, brutaux, racistes et corrompus. Les groupes représentant ces quartiers ne se tournent pas automatiquement vers la police pour la légitimité et les conseils. Leurs membres sont généralement concernés par une multitude de problèmes urgents, notamment le chômage, le logement, la santé et la discrimination. Les chercheurs ont cependant remarqué que les groupes s'opposant à la délinquance se créent plus facilement et durent plus longtemps s'ils fonctionnent en coopération avec la police. La police offre une formation, des renseignements, un support technique et des équipements. Elle peut aussi apporter une certaine légitimité apparente aux efforts d'organisations, en fonction du quartier.

2. ÉVALUATIONS DE L'IMPACT

On trouve peu de preuves solides concernant les effets de l'un ou l'autre de ces efforts sur les changements de délinquance de quartier. Des recherches sur le développement des quartiers montrent que les effets positifs de ces programmes s'attaquant aux racines économiques de la délinquance restent à démontrer. Plusieurs synthèses sur la prévention de la délinquance locale ont conclu que le ciblage, la surveillance de quartier *(Neighborhood Watch)* et autres stratégies poursuivies par les organisations locales ont probablement un effet sur la délinquance. Cette conclusion repose sur le seul poids de dizaines d'études (généralement dépourvues d'une zone de contrôle) montrant une diminution officielle du nombre de délits, les témoignages d'activistes, l'enthousiasme de rédacteurs de demandes de subventions, et quelques études statistiques suggérant que la délinquance est plus faible dans les zones organisées, même quand des nombreux facteurs démographiques et économiques sont pris en compte. Cependant, des évaluations plus pointues sur les efforts de collectivités dans la prévention de la délinquance ne corroborent pas cette évaluation optimiste. D'une manière générale, les évaluations qui répondent à des normes élevées n'ont pas réussi à démontrer de manière évidente l'efficacité des programmes communautaires de prévention de la délinquance.

Il existe aussi peu de preuves que les programmes officiels peuvent renforcer les capacités de contrôle social informel des communautés locales. Certains groupes ont essayé de créer et de soutenir des activités susceptibles de renforcer le sentiment des résidents que l'action individuelle et collective peut être efficace, ainsi que d'augmenter leur sentiment de responsabilité personnelle pour ces actions. Ces programmes espéraient stimuler les tentatives de régulation du comportement social en confortant les sentiments de « territorialité » des résidents, leur promptitude à intervenir dans les circonstances suspectes et à faciliter les rapports de bon voisinage, l'interaction sociale et l'aide mutuelle pour renforcer la solidarité et susciter le désir de s'engager vis-à-vis de la communauté. Cependant, le lien entre ces procédés et les niveaux de délinquance et de désordre dans le quartier est très ténu. Ces comportements provoquent des processus sociaux très subtils ; ils exercent un contrôle en répandant des normes de comportement approprié et en enseignant aux nouveaux résidents le comportement à adopter ; leurs sanctions sont les commérages, l'exclusion sociale et, au pire, les menaces embarrassantes. Il apparaît que ces aspects de la vie sociale ont des causes trop lointaines et qu'il est difficile pour les chercheurs de les évaluer pour estimer leur rapport avec la délinquance. Leurs causes sont également trop éloignées de la délinquance pour que l'Etat les soutiennent. Quelles qu'en soient les raisons, les recherches ne suggèrent pas que les théories insistant sur le contrôle social informel orienteront les programmes de prévention de la délinquance dans la bonne direction.

III. CRIME, PEUR ET MÉDIAS

Des analyses systématiques de la délinquance telle qu'elle est présentée dans les journaux et à la télévision laissent entendre que les médias pourraient avoir pour effet d'engendrer des craintes excessives. La délinquance est le plus souvent traitée dans les journaux quand elle concerne des victimes de milieu aisé et de race blanche, et quand elle se présente en des endroits où la délinquance est généralement faible. Les délits pour mobiles bizarres ou pour relations familiales perverses sont également surreprésentés. On note un rapport inverse entre la fréquence réelle des victimations et l'étendue de sa présentation au public, attirant l'attention sur la délinquance avec violence. De plus, nombreux sont les exemples illustrant la manière dont les médias créent des « vagues de délinquance » locales qui sont sans rapport avec les fluctuations réelles des taux de victimation. Par ailleurs, la police est présentée comme plus efficace qu'elle ne l'est en réalité, car les délits qui sont résolus par arrestation (ou par la mort du coupable) ont beaucoup plus de chances d'être relatés.

Il est certain que la version du délit présentée dans les médias (qualifiée de « Réalité TV ») façonne l'impression qu'a le public quant à la réalité de la délinquance. Les grands consommateurs de télévision ont systématiquement une perception erronée de nombreux faits de la vie quotidienne qui sont déformés dans le sens de la « réalité TV », et ils pensent que la police est plus efficace qu'elle ne l'est réellement. Cependant, beaucoup de recherches sur la relation entre la consommation des médias et la peur de la délinquance révèlent que l'impact de la télévision et des journaux sur les conceptions du monde des gens sont complexes.

Il en ressort que les grands consommateurs de médias (à la fois la télévision et les journaux) adoptent plus volontiers la vision générale de la société qui est présentée dans les médias, c'est-à-dire un « monde pourri », mais leurs visions de leur propre communauté et des risques de victimation qu'ils encourent eux-mêmes n'en sont pas affectées. Les médias ont un « impact impersonnel ». Ainsi, par exemple, une exposition lourde à la télévision conduit les gens à croire que les taux de délinquance pour les Etats-Unis dans leur ensemble et dans les autres villes sont élevés et augmentent rapidement. D'un autre côté, l'exposition aux médias n'est pas liée aux opinions relatives à la délinquance dans l'environnement immédiat, et elle n'est pas liée non plus à la perception de leur vulnérabilité face à la délinquance. Elle n'est pas liée non plus aux nombreux comportements qui reflètent la peur, tels que le fait d'éviter certains lieux proches à cause du risque de délinquance. L'implication des médias est liée aux stéréotypes qu'ont les gens concernant les causes de la délinquance et l'identité des délinquants, mais ces facteurs ne sont pas liés à la peur du crime.

En revanche, une chose est sûre : les gens différencient les jugements qu'ils portent sur le monde. Plus ils ont une expérience directe et personnelle d'un sujet et moins ils laissent les médias influer sur leurs opinions. Quand ils ont une connaissance de première main sur un sujet, c'est leur expérience qui prévaut. Les journaux et la télévision affectent les jugements sur les conditions générales et les lieux éloignés. Ces effets impersonnels sont importants, car la plupart des gens n'ont pas d'expérience directe récente de la délinquance. Ils doivent donc se fier aux messages de médias. Cependant, ils ne tirent pas nécessairement de conclusions concernant leur situation personnelle à partir de ces jugements d'ordre général.

Ces conclusions sont renforcées par des exceptions spécifiques. Par exemple, lorsque les faits divers concernent la délinquance totale, les jugements des gens concernant les risques qu'ils encourent eux-mêmes sont affectées. De même, ils sont plus volontiers affectés quand ils entendent parler de victimes qui leur ressemblent quant au sexe, à l'âge et au milieu social. Dans ce cas, les informations provenant des médias ont quelque chose en commun avec leur propre situation, et leurs opinions concernant leurs propres risques de victimation en sont affectées. De plus, il apparaît également que les résidents de zones particulièrement affectées par une forte délinquance sont plus affectés par le message médiatique, peut-être parce que les mauvaises nouvelles à la télévision sont en accord avec leurs propres expériences.

Les médias ont-ils des effets ? Les recherches laissent supposer que l'effet le plus puissant est politique. La couverture des médias a un effet de « programmation » sur le public. L'évaluation de l'importance des différents problèmes, et même de quels problèmes ils ont entendu parler, est fortement affectée par l'importance de leur couverture dans les journaux et à la télévision. Cependant, même dans ce cas, l'effet des médias reste limité ; ce n'est pas ce que les gens pensent des problèmes qui est affecté, mais seulement l'ordre d'importance qu'ils attribuent à ces problèmes.

On remarque que les médias peuvent être utilisés pour stimuler l'engagement dans la prévention de la délinquance, mais aussi que la campagne doit être soigneusement planifiée. Un certain nombre d'études a révélé que les tentatives pour effrayer les gens pour leur faire prendre des mesures de protection de leurs habitations échouent, et que les simples campagnes d'information ne les stimulent pas à s'engager. Pour être couronnées de succès, les campagnes doivent délivrer un message plausible et positif. Elles doivent dire aux gens ce qu'ils doivent faire pour réduire concrètement leur risque de victimation, et quel sera le bénéfice de ces efforts. Ces messages doivent être pratiques et crédibles. De ce point de vue, les conclusions des recherches sur le rôle des médias dans la prévention de la délinquance sont identiques à celles contre le tabagisme et autres comportements liés à la santé, l'utilisation de la ceinture de sécurité et la contraception. Comme la prévention de la délinquance, ces comportements sont plus facilement influencés par les communications sociales provenant d'amis, de la famille et du voisinage, et il faut noter les effets importants de « modèle » quand les gens apprennent que d'autres ont adopté ces précautions.

IV. COMMUNAUTÉS ET RÉCIDIVISME

Les liens entre les délinquants et la communauté jouent un rôle important pour comprendre les mécanismes du récidivisme. Des études sur le récidivisme parmi des individus remis en liberté conditionnelle avant l'expiration de leur peine révèlent que les liens communautaires sont parmi les facteurs les plus importants permettant de prévoir qui est susceptible de commettre de nouveaux délits. Si l'on tient compte du passé des délinquants (qui constitue le facteur le plus important), on se rend compte que les récidivistes ont des situations maritales plus instables, se déplacent beaucoup, ont peu d'amis, ont peu de chances d'adhérer à une association, et ont rompu les liens avec leur famille. Les liens avec la communauté sont aussi en relation avec le processus de la caution, car ils s'avèrent être en rapport étroit avec la bonne volonté des délinquants relâchés de paraître au tribunal. Aux Etats-Unis, les personnes accusées d'un délit peuvent être libérées en attendant le jugement si elles déposent une somme d'argent suffisante ou caution auprès du tribunal. Le montant de la caution est fixé en général sur la base d'un système d'évaluation qui tient compte du passé judiciaire du prévenu. Parmi les facteurs les plus importants (après l'évaluation du passé judiciaire), on trouve aussi les liens familiaux, la stabilité résidentielle et l'emploi. Il en résulte qu'une personne qui a des liens étroits avec la communauté sera autorisée à déposer une caution moins élevée.

A la lumière de ces conclusions, on peut facilement imaginer que le type de communauté dans laquelle le délinquant est relaxé jouera un rôle dans sa réhabilitation. Certains types de communautés renforcent les déviances en facilitant les contacts avec d'autres fauteurs de trouble et l'association à des cultures admettant la drogue. D'autres communautés, au contraire, peuvent accélérer la réinsertion de l'ex-délinquant. Ainsi, par exemple, Stephen Gottfredson et Ralph Taylor ont examiné trois hypothèses à ce sujet. Ils s'attendaient à ce que les quartiers caractérisés par des réseaux sociaux informels plus solides et des liens plus forts entre les résidents de la communauté constituent des lieux d'accueil plus favorables pour les ex-délinquants. (Il faut savoir, par exemple, qu'aux Etats-Unis, une bonne moitié des personnes à la recherche d'un emploi trouvent un poste grâce à leur famille ou à leurs amis.)

Gottfredson et Taylor partaient aussi de l'hypothèse que le récidivisme serait plus faible chez les anciens délinquants dans les communautés où les résidents se sentent responsables des événements locaux, interviennent dans les situations suspectes, et exercent un plus grand contrôle social informel. Finalement, ils pensaient que l'étendue et la nature des services locaux (comme les cliniques), les organisations locales (comme les églises) et les autres institutions communautaires influeraient sur le récidivisme des délinquants libérés.

Bien que toutes ces attentes semblent raisonnables, l'état actuel des recherches ne leur fournit aucun support. Une fois que les facteurs individuels susceptibles d'entraîner une récidive sont sous contrôle, rien ne prouve que la « communauté » joue un rôle dans les probabilités que les anciens délinquants ne récidivent. Gottfredson et Taylor ont en partie raison en concluant que le fait de libérer des individus dans des communautés où il y a déjà une concentration d'anciens délinquants est une mauvaise idée, mais sinon, seul le passé judiciaire de l'individu et ses antécédents personnels semblent faire une différence. Cependant, les recherches concernant les facteurs liés à la communauté dans le contrôle du récidivisme sont encore limitées. Contrairement aux études sur le récidivisme par rapport à l'individu (il en existe des centaines), on a relativement peu d'informations sur ce sujet. La proposition que « la communauté fait une différence » reste attirante, et il conviendrait de l'étudier plus complètement.

SANCTIONS EN MILIEU OUVERT

On s'intéresse aussi beaucoup aux Etats-Unis aux sanctions en milieu ouvert. Les Etats-Unis sont confrontés à une crise : le nombre des détenus dans les prisons fédérales et d'Etat dépasse un million, et ce nombre augmente chaque semaine. Nous ne pouvons pas nous permettre financièrement de maintenir le taux actuel de mises en détention, et ce n'est pas non plus une politique sociale souhaitable. Un certain nombre d'expériences sont actuellement en cours pour évaluer l'efficacité de solutions de remplacement à l'incarcération, la plupart d'entre elles impliquant le maintien des rapports entre les délinquants et la communauté. C'est ce que l'on appelle les « solutions intermédiaires », et l'innovation dans la recherche et la politique dans ce domaine constitue l'une des questions criminologiques les plus importantes du début des années 1990.

L'exemple le plus extrême est la détention à domicile. Partout, les Etats expérimentent des procédures et des systèmes technologiques qui punissent les délinquants en les forçant à rester chez eux. Certains programmes exigent qu'ils ne quittent jamais leur domicile et restent près du dispositif électronique placé dans un téléphone qui détecte leur présence. Davantage de programmes autorisent les délinquants à aller travailler chaque jour, et imposent un couvre-feu à domicile. La plupart des Etats ont maintenant recours aussi à une certaine forme de mise en liberté surveillée avec supervision intensive comme substitut à l'incarcération. Ces programmes impliquent des vérifications fréquentes (parfois quotidiennes) par des agents de surveillance, une assistance obligatoire à des séances de thérapie ou de formation, et à des analyses d'urine continuelles. On note également un regain d'intérêt pour les programmes de traitements résidentiels, notamment concernant les délinquants dont le problème principal est la toxicomanie. Enfin, la condamnation à des programmes de travaux d'intérêt général ou de réparation réduisent au maximum la coupure entre les délinquants et la communauté.

Certains de ces programmes ont été adoptés parce qu'ils ne coûtent pas cher et constituent des substituts appréciables à l'incarcération. Cependant, ils sont également largement approuvés parce qu'ils représentent des formes de condamnation plus humaines et moins sévères qui sont plus appropriées pour de nombreux types d'infractions et de délinquants. Ils sont aussi moins susceptibles de conduire à une coupure définitive entre les délinquants et leur famille, et la plupart sont compatibles avec la conservation ou l'obtention d'un emploi, ou permettent de s'inscrire dans des stages professionnels. Cela est particulièrement important : parmi les facteurs d'insertion sociale, l'emploi est certainement le plus indiqué pour l'intervention gouvernementale. Alors qu'il est officiellement difficile d'encourager les gens à se marier, les emplois et les stages de formation sont clairement les objets de la politique gouvernementale. La Fondation Eisenhower (située à Washington, D.C.) n'est que l'un des groupes privés qui s'intéressent à ce problème. La Fondation Eisenhower soutient les programmes d'organisation des communautés et de développement économique des communautés visant à augmenter le nombre d'emplois pour les résidents pauvres et des centres villes et à amener de nouveaux emplois au sein de la communauté. Des expériences aléatoires ont démontré que les stages de formation de ce type et autres interventions liées à l'emploi peuvent réduire de façon importante les cas de récidivisme, ainsi que les primo-délinquances.

V. PRÉVENTION DE LA DÉLINQUANCE JUVÉNILE

Pour obtenir un impact maximum sur la délinquance, les programmes spéciaux doivent être soigneusement ciblés vers les populations à haut risque. Il existe de bonnes raisons de se concentrer sur les adolescents et les jeunes adultes, car ils sont responsables d'une grande partie des infractions, peut-être d'un tiers au total. Aux Etats-Unis, l'âge type des prévenus va de quinze à vingt et un ans, selon le type d'infraction ; ceux arrêtés pour vol ont le plus souvent seize ans, et pour les infractions graves, le groupe le plus concerné est celui des garçons de dix-huit ans. Même parmi les jeunes, il y a encore de grandes différences quant à l'implication criminelle. Une étude concernant les jeunes nés à Philadelphie en 1945 révèle que seulement 6 % des garçons contribuaient à 52 % des arrestations de ce groupe d'âge. Une étude de suivi auprès des habitants de Philadelphie nés en 1958 révèle que la contribution totale des jeunes délinquants appartenant à la tranche au taux le plus élevé a augmenté depuis. De plus, quand ils se trouvaient en difficulté, les garçons nés en 1958 commettaient des infractions plus violentes, ils utilisaient davantage les armes à feu et étaient plus enclins à blesser ou à tuer leurs victimes.

La meilleure preuve en est que cela est en partie prévisible à un âge très précoce. Si l'on demande aux enfants de sept ou huit ans d'évaluer l'agressivité de leurs compagnons de jeu, les résultats obtenus permettent de prévoir dans une large mesure la délinquance à venir ; la même chose est vraie pour les prédictions obtenues à partir d'évaluations de l'agressivité manifestée pendant le jeu, sur des observations effectuées discrètement par des adultes. Par ailleurs, la délinquance ultérieure est en relation étroite avec les faibles résultats scolaires chez les enfants à peine plus âgés. L'étude effectuée à Londres par David Farrington distingue sept variables qui permettent de prévoir chez un enfant de dix ans les infractions graves qu'il commettra plus tard.

Bon nombre des facteurs annonciateurs d'infractions ultérieures sont liés à la scolarité ou à la famille. Ils comprennent la pauvreté et les mauvais traitements. Les facteurs parentaux sont très importants ; la criminalité ultérieure est liée à la négligence et au manque de surveillance parentale, à une mauvaise alimentation, à la dislocation de la famille et aux désaccords conjugaux, ainsi qu'au fait d'avoir des parents délinquants. Les mauvais résultats et l'indiscipline à l'école sont aussi symptomatiques de difficultés à venir.

Les implications de ces conclusions sur la politique à adopter sont à la fois relativement claires et non testées. Toutes soulignent l'importance de la prévention primaire plutôt que l'intervention ultérieure par le système judiciaire. Une politique visant à garantir aux familles des moyens financiers minimum pourrait éliminer certains facteurs de risque. Il serait particulièrement important de combiner ces mesures avec des programmes d'éducation parentale destinés aux parents démunis face à leurs responsabilités. Une aide apportée par des psychologues aux parents confrontés à des situations de crise avec leurs enfants pourrait jouer un rôle important. De même, des programmes scolaires spéciaux à l'intention des groupes importants de jeunes à haut risque, sans sélectionner ouvertement les « délinquants potentiels » pourraient avoir des effets positifs. Aucune de ces approches n'a été rigoureusement testée quant à son impact sur les infractions ultérieures. Des expériences plus poussées sont nécessaires pour évaluer la faisabilité et l'efficacité d'interventions dans les comportements parentaux notamment. L'intérêt social général de telles mesures semble suffisamment clair, mais les obstacles qu'elles rencontrent aux Etats-Unis sont de toute évidence plutôt d'ordre politique. Des conclusions comme celles-ci sur les conséquences des privations chez les jeunes et la prédictabilité de ces conséquences sont disponibles depuis des années.

BILAN DES CONNAISSANCES AUX PAYS-BAS

Jan VAN DIJK*

Nous allons essayer, dans le présent rapport, de donner une vue d'ensemble des dernières recherches réalisées aux Pays-Bas sur la prévention de la délinquance, ainsi que des politiques développées à cet égard. Un chapitre spécial sera consacré à la politique de notre pays en matière de stupéfiants.

I. TAUX DE CRIMINALITÉ ET DE VICTIMATION

Afin de situer les politiques européennes de prévention de la délinquance dans leur juste contexte, il est essentiel d'examiner en premier lieu les statistiques nationales de la criminalité. Nombreux sont les citoyens d'Europe ou d'autres pays industrialisés qui considèrent la croissance de la délinquance comme un fléau purement national. La réalité est tout autre, comme le montrent les résultats d'une enquête portant sur les infractions enregistrées depuis 1950 dans cinq pays européens (voir schéma 1).

Il va sans dire que les statistiques de police ne reflètent pas l'ampleur réelle de la délinquance, puisqu'un grand nombre d'infractions ne sont jamais enregistrées ni même signalées. La proportion de cette délinquance « invisible » peut varier considérablement d'un pays à l'autre ; c'est pourquoi les seules statistiques officielles ne permettent pas de tirer des conclusions certaines sur l'importance du phénomène dans ces différents pays. La seule méthode pour connaître la situation réelle consiste à mener une enquête de victimation complète et normalisée, auprès d'échantillons de population dans tous les pays d'Europe. Une enquête de ce type a d'ailleurs été entreprise au début de 1989, à l'échelon national dans quinze pays, et à l'échelon local dans deux autres (Varsovie, pour la Pologne, et Surabaya, pour Java) ; les schémas 2 et 3 en présentent les principaux résultats.

* Professeur à l'Université de Leiden (Pays-Bas), directeur de la prévention au ministère de la Justice des Pays-Bas.

SCHÉMA 1. NOMBRE D'INFRACTIONS ENREGISTRÉES POUR 100 000 HABITANTS DANS 5 PAYS D'EUROPE

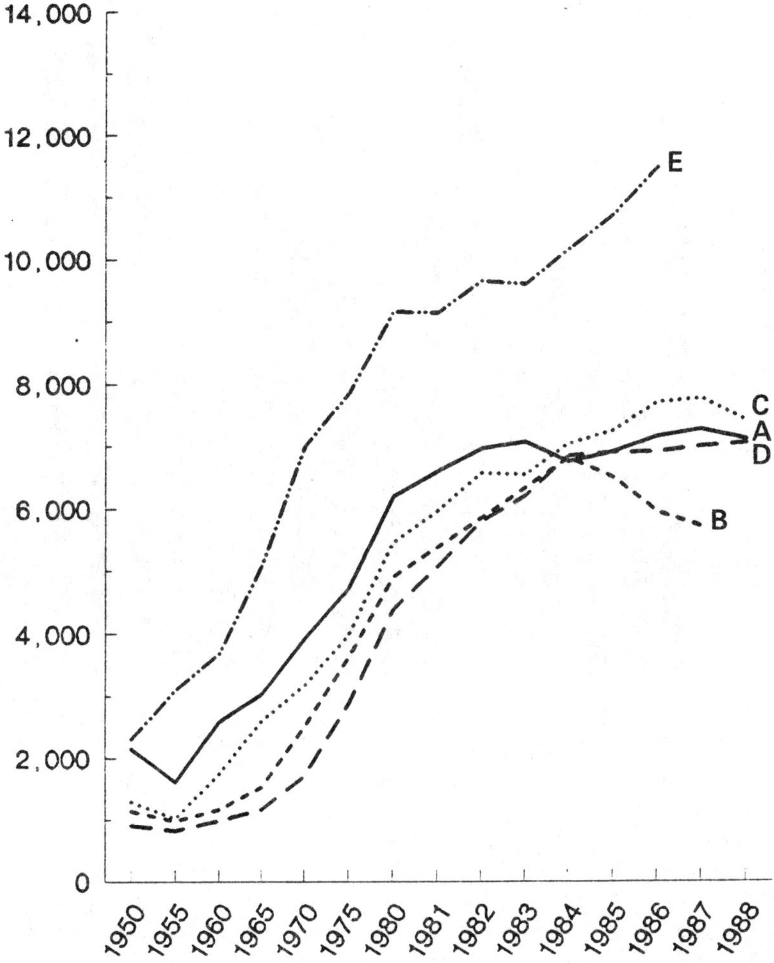

A) RFA
B) France
C) Angleterre et Pays de Galles
D) Pays-Bas
E) Suède

SCHÉMA 2. POURCENTAGE DE LA POPULATION AYANT SUBI AU MOINS UNE VICTIMATION (TOUTES INFRACTIONS CONFONDUES) AU COURS DE 1988, DANS 15 PAYS

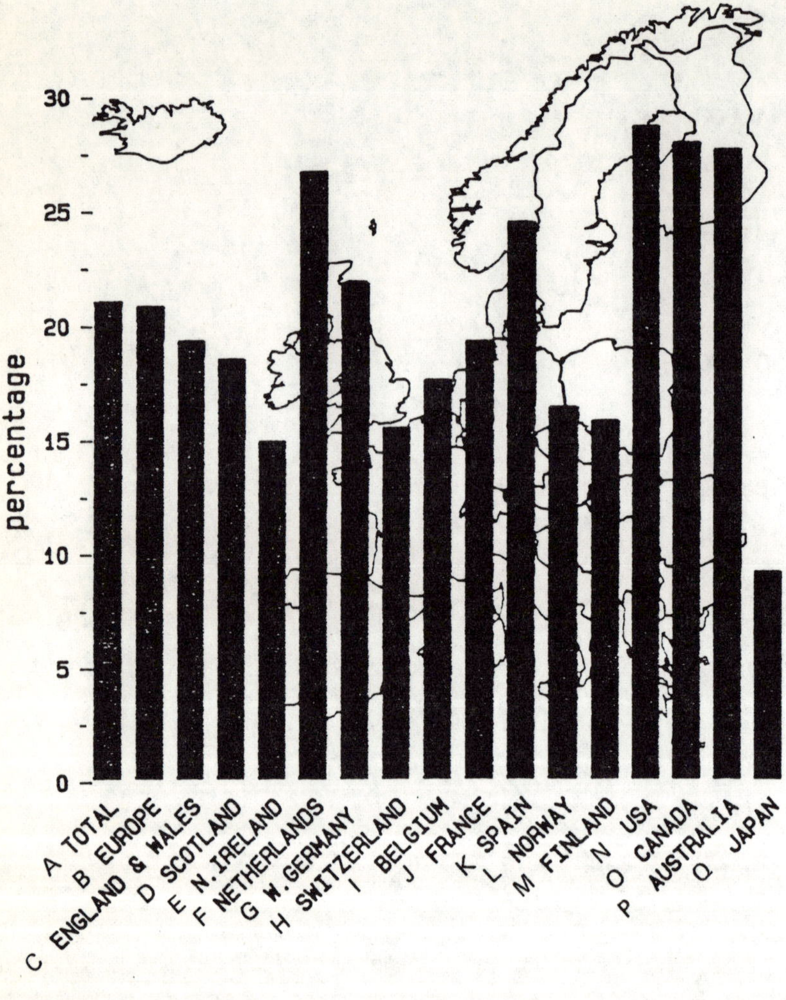

A) Total
B) Europe
C) Angleterre et Pays de Galles
D) Ecosse
E) Irlande du Nord
F) Pays-Bas
G) RFA
H) Suisse
I) Belgique
J) France
K) Espagne
L) Norvège
M) Finlande
N) Etats-Unis
O) Canada
P) Australie
Q) Japon
R) Source : Van Dijk, Mayhew and Killias, 1990.

SCHÉMA 3. TAUX DE VICTIMATION POUR 14 TYPES D'INFRACTIONS, DANS 17 PAYS

A) Vol de voiture
B) Roulottage
C) Dégradation de véhicule
D) Vol de motocyclette (3)
E) Vol de bicyclette
F) Cambriolage avec effraction
G) Tentative de cambriolage
H) Vol (avec agression)
I) Vol d'effets personnels. Vol à la tire
J) Incidents sexuels (4). Agressions sexuelles
K) Menace d'agression. Agression avec usage de force.
L) Toutes infractions (5)

A bis) Total (1)
B bis) Europe (2)
C bis) Angleterre et Pays de Galles
D bis) Ecosse
E bis) Irlande du Nord
F bis) Pays-Bas
G bis) RFA
H bis) Suisse
I bis) Belgique
J bis) France
K bis) Espagne
L bis) Norvège
M bis) Finlande
N bis) Etats-Unis
O bis) Canada
P bis) Australie
Q bis) Varsovie
R bis) Surabaya
S bis) Japon

A ter) (1) Pour le calcul des totaux, on a attribué à chaque pays la même importance statistique, avec un échantillon supposé de 2 000 personnes (hormis le Japon)
B ter) (2) Les totaux pour l'Europe ont été calculés en considérant les résultats de chaque pays par rapport à sa population globale (hormis Varsovie/Surabaya)
C ter) (3) Y compris mobylettes et scooters
D ter) (4) Seules les femmes ont été interrogées pour ce type de victimation
E ter) (5) Pourcentage de victimation par au moins une des infractions citées
F ter) Source : Van Dijk, Mayhew et Killias, *experiences of Crime across the World*, Kluwer, Deventer, 1990.

		A bis	B bis	C bis	D bis	E bis	F bis	G bis	H bis	I bis	J bis	K bis	L bis	M bis	N bis	O bis	P bis	Q bis	R bis	S bis
		Total[1]	Europe[2]	England & Wales	Scotland	Northern Ireland	Netherlands	West Germany	Switzerland	Belgium	France	Spain	Norway	Finland	USA	Canada	Australia	Warsaw	Surabaja	Japan
A	Theft of car	1.2	1.3	1.8	0.8	1.6	0.3	0.4	0.0	0.8	2.3	1.3	1.1	0.4	2.1	0.8	2.3	2.2	0.2	0.2
B	Theft from car	5.3	5.8	5.6	5.3	4.0	5.3	4.7	1.9	2.7	6.0	9.9	2.8	2.7	9.3	7.2	6.9	10.2	4.7	0.7
C	Car vandalism	6.7	7.0	6.8	6.5	4.5	8.2	8.7	4.1	6.6	6.5	6.3	4.6	4.0	8.9	9.8	8.7	7.6	2.7	2.7
D	Theft of motorcycle[3]	0.4	0.4	0.0	0.3	0.2	0.4	0.2	1.2	0.3	0.6	0.8	0.3	0.0	0.2	0.3	0.2	0.0	0.8	0.4
E	Theft of bicycle	2.6	2.2	1.0	1.0	1.6	7.6	3.3	3.2	2.7	1.4	1.0	2.8	3.1	3.1	3.4	1.9	1.0	2.7	3.7
F	Burglary with entry	2.1	1.8	2.1	2.0	1.1	2.4	1.3	1.0	2.3	2.4	1.7	0.8	0.6	3.8	3.0	4.4	2.6	3.8	0.7
G	Attempted burglary	2.0	1.9	1.7	2.1	0.9	2.6	1.8	0.2	2.3	2.3	1.9	0.4	0.4	5.4	2.7	3.8	2.8	1.7	0.2
H	Robbery	0.9	1.0	0.7	0.5	0.5	0.9	0.8	0.5	1.0	0.4	2.8	0.5	0.8	1.9	1.1	0.9	1.2	0.5	0
I	Personal theft	4.0	3.9	3.1	2.6	2.2	4.5	3.9	4.5	4.0	3.6	5.0	3.2	4.3	4.5	5.4	5.0	13.4	5.2	0.2
	- pickpocketing	1.5	1.8	1.5	1.0	0.9	1.9	1.5	1.7	1.6	2.0	2.8	0.5	1.5	1.3	1.3	1.0	13.0	3.3	0
J	Sexual incidents[4]	2.5	1.9	1.2	1.2	1.8	2.6	2.8	1.6	1.3	1.2	2.4	2.1	0.6	4.5	4.0	7.3	3.6	6.3	1.0
	- sexual assault	0.8	0.7	0.1	0.7	0.5	0.5	1.5	0.0	0.6	0.5	0.7	0.6	0.2	2.3	1.7	1.6	2.0	1.7	
K	Assault/threat	2.9	2.5	1.9	1.8	1.8	3.4	3.1	1.2	2.0	2.0	3.0	3.0	2.9	5.4	4.0	5.2	3.0	0.8	0.5
	- with force	1.5	1.2	0.6	1.0	1.1	2.0	1.5	0.9	0.7	1.2	1.2	1.4	2.0	2.3	1.5	3.0	1.4	0.3	0.2
L	All crimes[5]	21.1	20.9	19.4	18.6	15.0	26.8	21.9	15.6	17.7	19.4	24.6	16.5	15.9	28.8	28.1	27.8	34.4	20.0	9.3

A ter 1. Total figure treats each country as of equal statistical importance, with an assumed sample of 2000 (excl. Japan)
B ter 2. European totals have been calculated by weighting individual country results by population size (excl. Warsaw/Surabaja)
C ter 3. 'Motorcycles' include mopeds and scooters
D ter 4. Asked of women only
E ter 5. Percentage of sample victimized by at least one crime of any type
F ter Source: Van Dijk, Mayhew, Killias, Experiences of Crime across the World, Kluwer, Deventer, 1990

L'étude a porté sur quatorze types de victimation. C'est aux Etats-Unis, au Canada et en Australie que le pourcentage de personnes âgées de seize ans et plus ayant été au moins une fois victime, au cours de 1988, de l'une de ces infractions, est le plus élevé (environ 30 %).

En Espagne, aux Pays-Bas et en RFA, le pourcentage de victimation est d'environ 25 %. Dans le cas des Pays-Bas, ce taux est dû en partie au nombre exceptionnellement important de vols de bicyclettes. En Grande-Bretagne, en France et en Belgique, le taux de victimation avoisine les 20 %, et tombe à 15 % environ dans des pays tels que l'Irlande du Nord, la Suisse, la Norvège et la Finlande. Au Japon, il est inférieur à 10 %. Pour la Pologne (Varsovie), le taux de victimation est plus ou moins équivalent à celui des villes d'Europe occidentale, quoique les atteintes aux biens (notamment le vol à la tire) semblent y être plus fréquentes.

Exception faite du Japon, les pays présentant les taux de victimation les plus faibles sont ceux dont le taux d'urbanisation est également assez bas (c'est-à-dire avec une population résidant principalement dans des petits villages et faiblement représentée, en revanche, dans des villes de 100 000 habitants et plus). C'est aux Etats-Unis et en Australie que la délinquance accompagnée de violence est la plus fréquente. En Finlande, aux Pays-Bas, en RFA et au Canada, les taux de victimation avec violence sont relativement élevés ; en Angleterre et au Pays de Galles, ils sont nettement plus faibles que dans les autres pays.

Pour les infractions telles que vol de voiture et cambriolage, le classement des pays selon les taux de victimation ne diffère pas beaucoup de celui effectué sur la base des statistiques de police. Dans le cas des vols, agressions physiques et agressions sexuelles, en revanche, ce classement est très différent. La concordance demeure cependant assez forte si l'on exclut les victimations non signalées à la police. En Angleterre et au Pays de Galles, par exemple, les taux de victimation pour les infractions accompagnées de violence s'avèrent plus bas de ce que l'on pourrait supposer sur la base des statistiques d'Interpol. Cela s'explique par le fait qu'au Royaume-Uni, le pourcentage d'infractions signalées à la police est particulièrement élevé. Les résultats de cette enquête confirment la thèse des criminologues, selon laquelle les statistiques de police ne peuvent être utilisées à des fins comparatives, en raison, précisément, du fait que la proportion d'infractions signalées et enregistrées varie d'un pays à l'autre.

L'examen de ces taux de victimation et de criminalité mène à la conclusion que depuis 1955 et dans toute l'Europe occidentale, la délinquance est montée en flèche. Dans les années 1970, les taux de victimation ont atteint des niveaux tels que le traitement de la délinquance est devenu une priorité dans la politique de la plupart des pays européens.

II. L'ORGANISATION DE LA POLITIQUE SOCIO-PRÉVENTIVE AUX PAYS-BAS

1. L'ÉCHELON NATIONAL

Afin de faciliter la mise en œuvre de la politique de prévention, une Commission interdépartementale pour la Prévention sociale de la Délinquance a été créée en 1985, sous la présidence du directeur général du département de la Police et de l'Immigration du ministère de la Justice. Le rôle de cette commission est de stimuler et de coordonner l'exécution de la politique préventive par les différents ministères concernés.

Pour encourager les autorités publiques à développer localement les politiques socio-préventives, le gouvernement a débloqué un budget de 25 millions de dollars destiné à financer, entre 1986 et 1990, les projets locaux intéressants. C'est la commission qui est chargée de conseiller les ministres de la Justice et de l'Intérieur sur l'attribution de ces subventions. Les critères de sélection constituent d'ailleurs un sujet de discordes continuelles entre la Commission et une autre commission spéciale dépendant de l'Association des municipalités néerlandaises. L'une des conditions préalables à l'attribution d'une subvention est que la municipalité concernée soit disposée à poursuivre le projet à ses propres frais s'il se révèle efficace.

En principe, l'objectif visé est que chaque projet local de prévention de la délinquance soit supervisé par un membre du secrétariat, et que ses résultats fassent l'objet d'une évaluation scientifique (Junger-Tas, 1989). Environ 10 % du budget sont réservés à cette évaluation. Afin d'encourager encore plus la prévention de la délinquance, un magazine sur les initiatives de prévention est publié chaque trimestre, tiré à dix-huit mille exemplaires, il s'intitule SEC et est distribué aux municipalités, aux écoles, aux associations sportives, etc. En outre, ce magazine récompense chaque année la meilleure initiative de prévention, sous la forme d'une subvention supplémentaire (le prix Roethof).

2. L'ÉCHELON LOCAL

Dans une municipalité, c'est le bourgmestre (maire) qui est avant tout responsable de la prévention sociale de la délinquance. De nombreuses municipalités de grandes villes ont créé des commissions de prévention de la délinquance composées des fonctionnaires et des conseillers municipaux les plus qualifiés dans ce domaine (ceux, par exemple, qui sont responsables de la jeunesse ou de l'urbanisme), ainsi que de représentants des forces de l'ordre tels que les policiers chargés de la prévention de la délinquance ; le représentant du ministère public fait également partie de ces commissions.

III. LES DIFFÉRENTS PROJETS

Un très grand nombre de municipalités ont déposé une demande de subvention auprès de la Commission interdépartementale pour des programmes locaux de prévention de la délinquance. La Commission en a sélectionné environ deux cents.

Quatre vingts de ces projets portent plus précisément sur la prévention du vandalisme, et incluent pour la plupart des cours spéciaux destinés aux enfants scolarisés. A cet égard, un programme éducatif standard a d'ailleurs été mis au point par le gouvernement. Les résultats des évaluations révèlent des changements positifs, aussi bien en ce qui concerne les comportements (d'après les données d'auto-confession) que les coûts de réparation des dommages provoqués. Dans certaines villes, des cours de formation sont inclus dans un vaste train de mesures destinées à la lutte contre le vandalisme. Plusieurs villes ont également lancé des opérations visant à prévenir les vols de bicyclettes, avec la mise en place, par exemple, d'abris à vélos surveillés par des ex-chômeurs. On a cependant constaté qu'à court terme, les cyclistes néerlandais n'étaient pas disposés à payer plus qu'un prix symbolique pour ce type de service. Dans d'autres villes encore, des initiatives de prévention du vol à l'étalage ont été menées conjointement par les commerçants, la police et les autorités judiciaires. En règle générale, le taux de participation aux cours de formation pour les propriétaires de petits commerces était assez faible, mais ceux qui les ont suivis ont enregistré par la suite une baisse du nombre de victimations. La Commission a également décidé de subventionner plusieurs programmes de rénovation urbaine orientés vers la prévention de la délinquance. Dans la plupart des cas, ces initiatives combinent une amélioration des conceptions architecturales et un renforcement de la surveillance sociale informelle. Ailleurs, des opérations de surveillance du voisinage sont patronnées en tant que projets indépendants. Une première évaluation portant sur trois villes a montré que les taux de criminalité avaient effectivement baissé après la mise en place d'opérations de surveillance du voisinage.

Dans trois autres villes, la Commission soutient des programmes complets destinés à prévenir l'absentéisme et l'abandon de scolarité dans l'enseignement secondaire. Sont également subventionnés quelques nouveaux projets de « travail de rue » offrant des facilités d'éducation et d'emploi. Beaucoup de ces projets visent aussi à encourager et faciliter le développement des systèmes de travaux d'intérêt communautaire.

Enfin, nous pouvons citer également le soutien financier accordé à la documentation. Le département de la Prévention de la Délinquance se charge de rassembler dans une banque de données informatique centralisée toute la littérature spécialisée, nationale et étrangère ; à ce jour, le nombre d'entrées est supérieur à huit mille. Cet organisme constitue également le point de collecte et de distribution du Réseau international d'information sur la prévention de la délinquance. Cette source de documentation s'enrichit continuellement, et est accessible à toutes les parties intéressées dans le monde entier.

D'autres ministères participent également au financement de programmes préventifs. Le ministère de la Santé, des Affaires sociales et de la Culture, par exemple, ont lancé quelque vingt-cinq projets visant à favoriser l'intégration sociale des groupes à risque. Ces programmes font appel au « travail de rue », et ont pour principal objectif d'offrir des facilités d'éducation et d'emploi. Six autres projets sont destinés aux jeunes appartenant à des minorités ethniques. Une somme de six millions d'ECU est également consacrée chaque année à des projets spéciaux de travail pour les jeunes qui sont chômeurs permanents. Le gouvernement s'est fixé pour objectif d'offrir, dans les années à venir, des emplois ou des formations professionnelles à tous les jeunes entre seize et vingt et un ans.

IV. CINQ EXEMPLES DE LA PRÉVENTION AUX PAYS-BAS

Afin de mieux illustrer ce qui est réalisé dans la pratique pour prévenir la délinquance, nous allons décrire quelques-uns des projets qui se sont révélés efficaces. Ils concernent, respectivement, les transports publics, les écoles, la déjudiciarisation, les cités d'HLM et les commerces.

1. DES AGENTS DE SURVEILLANCE DANS LES TRANSPORTS PUBLICS

Depuis les années 1970, la fraude s'est considérablement aggravée dans les transports publics néerlandais. Le vandalisme et le comportement agressif ont également augmenté de façon spectaculaire. Afin d'enrayer ce phénomène, une nouvelle catégorie d'agents a fait son apparition dans les tramways et le métro : les VIC, ainsi appelés d'après l'acronyme des termes néerlandais pour Sécurité, Information et Surveillance. Dans les autobus, le système d'accès a été modifié de façon que tous les voyageurs soient obligés de passer devant le conducteur pour présenter un ticket. Cette mesure a été instaurée à Amsterdam, à Rotterdam et à La Haye. L'évaluation effectuée à ce sujet montre clairement que depuis la modification du système de montée dans les autobus et l'entrée en service des 1 300 VIC, le pourcentage de *resquilleurs* (voyageurs sans titre de transport valable) dans les trois villes testées a baissé. Le schéma 4 illustre les résultats obtenus à Amsterdam.

SCHÉMA 4

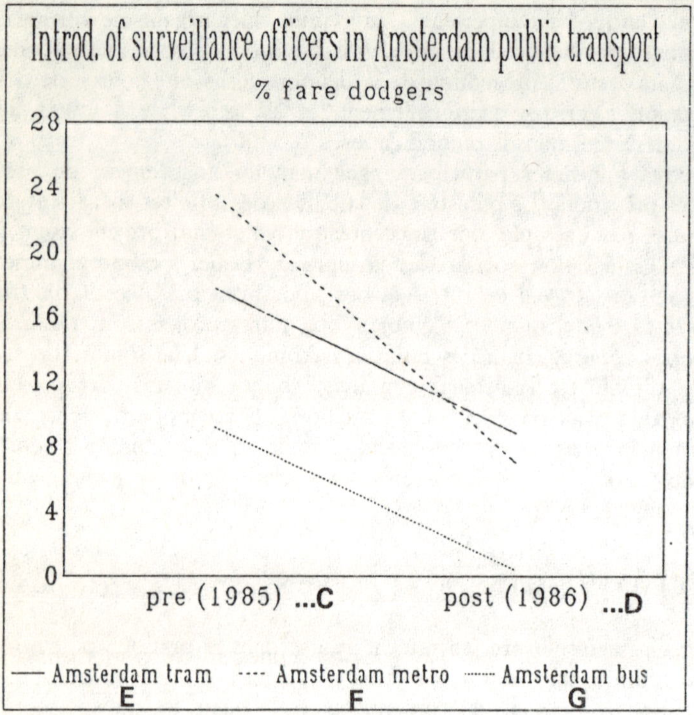

A) entrée en service d'agents de surveillance dans les transports publics d'Amsterdam
B) pourcentage de resquilleurs
C) avant (1985)
D) après (1986)
E) tramway
F) métro
G) autobus

Le nombre d'agressions physiques et morales dans les transports publics a également baissé pendant l'opération. En outre, les experts en matière de dégradations, les voyageurs et le personnel reconnaissent unanimement que l'instauration des VIC a stoppé la progression continue du vandalisme.

Ce projet a également eu une incidence favorable sur le problème du chômage, dans la mesure où le système des VIC a créé quelque mille deux cents nouveaux emplois. La plupart des postes ont été attribués aux groupes défavorisés sur le marché du travail, tels que les jeunes, les femmes, et les minorités ethniques qui ont peu d'instruction.

Contrairement à la règle, les bénéfices et coûts financiers de ce projet ont pu être établis de façon relativement précise. Grâce à la répression de la *resquille*, les ventes de billets supplémentaires devraient rapporter entre cinq et six millions d'ECU. Les revenus dus aux amendes établies par les VIC représentent environ un demi-million d'ECU par an. Quant à la réduction des frais entraînés par le vandalisme, elle est estimée à 7 millions d'ECU. Les économies réalisées sur les allocations chômage, enfin, représentent 9 millions d'ECU par an, même si, naturellement, ce ne sont pas les transports publics qui bénéficient directement de cette somme. Ce bénéfice total d'environ 16 millions d'ECU demeure inférieur au coût de la mise en place des VIC (21 millions d'ECU). Néanmoins, cette différence peut être considérée comme un investissement consacré à des objectifs moins concrets, tels que la réduction de la petite délinquance en général, l'atténuation du sentiment d'insécurité, et la promotion de l'utilisation des transports publics.

Le ministère des Transports a annoncé que la surveillance serait encore renforcée en 1991, par une augmentation massive du nombre de contrôleurs.

2. ÉCOLES : UN PROJET ANTI-ABSENTÉISME

Aborder la prévention de la délinquance juvénile par le biais de l'absentéisme se justifie par deux raisons. D'une part, l'absentéisme est une forme de déviance, et doit donc, en tant que telle, faire l'objet de mesures préventives. D'autre part, repérer les jeunes au comportement absentéiste permet de traiter la pré-délinquance et la délinquance précoce d'une manière indirecte et non traumatisante. Les résultats des recherches effectuées à cet égard sont en effet formels : l'échec scolaire, l'absentéisme et l'abandon de scolarité sont très liés au comportement délinquant (voir par exemple Rutter *et al.*, 1979, Junger-Tas *et al.*, 1985).

On a sélectionné pour ce projet trois collèges d'enseignement professionnel (secondaire premier cycle), car c'est dans ce type d'établissements que les taux d'abandon et d'absentéisme sont en général les plus élevés. La première mesure a consisté à mettre en place un système informatisé de contrôle des présences. Si un élève était absent, ses parents étaient prévenus le jour même. Il s'agissait essentiellement d'une mesure préventive, destinée aux absentéistes occasionnels pour qui le manque de contrôle de la part de l'école ou des parents était une aubaine trop tentante. La deuxième mesure a consisté à nommer un éducateur responsable de suivre les élèves présentant un problème d'absentéisme ou de discipline, ainsi que ceux en passe d'abandonner leur scolarité. Cet éducateur était chargé d'examiner avec les professeurs les cas des jeunes en danger, et de les conseiller – voire de les former – sur la meilleure façon de s'y prendre avec eux. La troisième mesure, enfin, consistait à diriger, sur décision de l'éducateur, les élèves à problèmes vers une classe spéciale, organisée conjointement par un pédagogue spécialisé en cours de rattrapage et un professeur d'enseignement technique. La durée du programme spécial dispensé dans cette classe était limitée à trois mois maximum, afin de faciliter ensuite la réingégration dans le cursus normal. Le schéma ci-dessous illustre l'incidence de cette initiative sur le taux d'absentéisme.

SCHÉMA 5

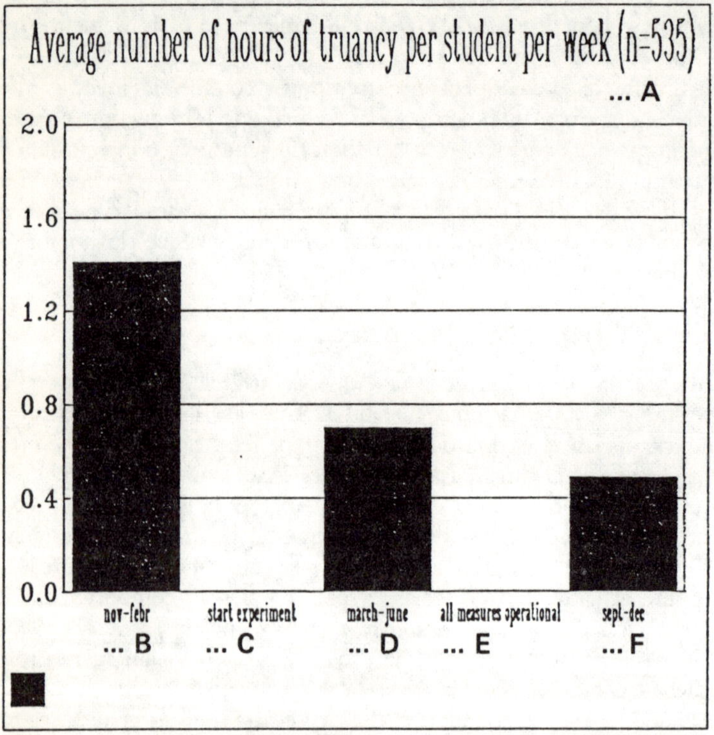

A) Absentéisme : nombre d'heures, en moyenne, par élève et par semaine (n = 535)
B) novembre-février
C) début de l'expérience
D) mars-juin
E) toutes les mesures sont appliquées
F) septembre-décembre

Après la mise en place du système de contrôle des présences, le taux d'absentéisme a considérablement diminué. Limiter les occasions d'absentéisme en renforçant simplement la surveillance et le contrôle des présences s'est donc avéré une mesure efficace. Il est encore tôt pour juger du succès des autres mesures, destinées à renforcer les liens entre l'école et les élèves à problèmes, mais l'on devrait en savoir plus dès que l'évaluation sera achevée. Le ministère de l'Education a fait paraître récemment de nouveaux règlements sur le contrôle de l'absentéisme scolaire. Il a également modifié les règlements sur le contrôle des présences et sur le remplacement des professeurs en congé maladie, afin de prévenir la délinquance durant les heures de cours. Par ailleurs, une aide financière est offerte aux établissements d'enseignement secondaire pour les encourager à prendre des mesures de prévention du vandalisme.

3. DÉJUDICIARISATION : LE PROJET HALT

Le projet HALT est un système de « déjudiciarisation » destiné à éviter les poursuites judiciaires aux jeunes délinquants coupables de délits mineurs (vandalisme, essentiellement). Dans la plupart des cas, la démarche est la suivante : lorsqu'un jeune est arrêté pour dégradation ou destruction volontaire de biens, les services de police le dirigent vers un bureau HALT ; on lui propose alors de nettoyer ou de réparer lui-même, pendant ses heures de loisirs, les dommages qu'il a provoqués. Parfois, cette tâche s'accompagne du versement d'une indemnité. Si le délinquant refuse cette offre, ou s'il ne remplit pas les obligations définies dans le contrat de médiation, l'infraction commise fait l'objet d'un rapport de police officiel qui est ensuite transmis au procureur. L'avantage du système HALT est qu'il permet une procédure officieuse et rapide, qui évite la signalisation du délinquant, tout en maintenant l'indispensable rôle de surveillance exercé par le ministère public. L'une des caractéristiques essentielles de cette démarche est qu'elle repose sur le concept de communauté, et que les jeunes délinquants, par conséquent, ne sont pas exclus de la société. En outre, elle présente un intérêt supplémentaire du point de vue psychologique : la punition infligée est éducative en soi. La responsabilité du délinquant en effet est doublement mise en valeur, d'une part parce qu'il est clairement considéré comme responsable de son acte, et d'autre part, parce qu'il est tenu de respecter un accord mutuel. A l'heure actuelle, une cinquantaine de bureaux HALT fonctionnent déjà, en tant qu'institution locale ou régionale selon les cas. Afin de vérifier que cette formule de déjudiciarisation n'a pas été utilisée abusivement, une enquête a été entreprise pour déterminer exactement quels types de délinquants en avaient bénéficié. Il en ressort qu'il ne s'agissait pas de jeunes gens ordinaires ayant eu la malchance de tomber sur des policiers. D'après les aveux spontanés qui ont été recueillis, ces jeunes étaient bien plus impliqués dans la délinquance que la moyenne des jeunes Néerlandais, avec à leur actif non seulement des actes de vandalisme, mais également des infractions telles que vols à l'étalage, incendies criminels et cambriolages ; autrement dit, un groupe de jeunes dont le comportement requiert manifestement une intervention précise.

Voyons à présent quels sont les résultats du projet HALT :
La comparaison a été effectuée entre un groupe HALT et un groupe de référence, composé de jeunes (garçons et filles) ayant commis le même type d'infraction mais dans une ville dépourvue de système HALT. Il apparaît, d'après les données d'auto-confession recueillies, que dans le groupe HALT, le nombre d'actes commis après l'intervention policière a considérablement baissé par rapport à celui du groupe de référence. Une forte proportion de jeunes ont fait preuve d'un changement positif dans leur comportement à la suite d'une procédure HALT contre 25 % seulement après une procédure de police ordinaire. Dans le groupe de référence, aucun des jeunes n'a renoncé à la délinquance après l'intervention policière. Les facteurs tels que l'âge, la situation scolaire et familiale, la consommation d'alcool et de drogues douces n'influent pas sur la réaction de chacun. On a constaté lors des entretiens que les jeunes étaient très conscients de l'aspect moral de cette procédure, c'est-à-dire du fait qu'ils soient tenus responsables de leurs actes et qu'ils doivent réparer leurs torts envers les victimes et la communauté. Le recours aux formules de « déjudiciarisation » pour les jeunes coupables de vandalisme est de plus en plus courant ; le ministère de la Justice subventionne à présent des projets permanents de ce type dans une soixantaine de municipalités.

4. CITÉS D'HLM : UN PROJET D'AMÉLIORATION DU VOISINAGE

Depuis l'étude effectuée dans les années 1940 par Shaw et Mackay sur la répartition spatiale de la délinquance dans les villes américaines, les quartiers démunis, caractérisés par la désorganisation sociale et une forte criminalité, font l'objet d'une attention particulière, aussi bien de la part des chercheurs que de tous ceux qui interviennent dans la pratique. Les constatations faites au cours d'études récentes telles que celles de Bottoms et Wiles (1986) et de Skogan (1986), sont très semblables à celles que suscite la délinquance liée au logement qui existe aux Pays-Bas. Les logements subventionnés, à loyers peu élevés et souvent répartis dans des tours à multiples étages, sont parfois une source de préoccupations considérables ; délabrement, délinquance, mauvaise qualité des installations et arriérés de loyers ne sont que quelques-uns des problèmes que doivent affronter les gérants et les résidents de ces cités. La méthode, souvent utilisée, du « ciblage renforcé » et de l'aménagement urbain semble avoir des effets limités. C'est pourquoi on a élaboré de nouveaux projets, dans lesquels sont ajoutées des mesures sociales, administratives et de surveillance. Des structures administratives locales et de voisinage ont également été incluses pour assurer l'exécution du projet. Voici, par exemple, les mesures prévues dans un projet réalisé à Delft :

- de nouvelles facilités de loisirs pour les jeunes ont été organisées avec la collaboration d'un animateur spécialisé en « travail de rue » ;
- sept gardiens ont été engagés pour renforcer la surveillance, pour informer, conseiller, voire donner des avertissements, et pour assurer la propreté des locaux ;
- les jardins et allées ont été réaménagés pour faciliter la surveillance ; des dispositions ont été prises pour limiter l'accès aux bâtiments, lesquels ont également fait l'objet de mesures anti-vandalisme ;
- des appartements ont été réaménagés en logements pour célibataires ou couples sans enfants, afin de limiter une densité trop élevée de jeunes dans la cité ;
- enfin, et c'est là un point capital, les résidents ont été consultés avant l'exécution de toute initiative.

Ces mesures se sont révélées très efficaces. Les immeubles ont repris un aspect très acceptable ; les résidents, les autorités municipales et les responsables de gérance collaborent sous la forme d'une structure organisée ; les gardiens réussissent à maintenir l'ordre et la propreté ; toutes les parties concernées sont satisfaites des résultats. En outre, l'évolution de la délinquance est tout à fait en accord avec ce tableau, comme le montrent les statistiques du schéma .

On a néanmoins observé quelques effets secondaires inattendus et négatifs. Les célibataires et les couples sans enfants ne se sont pas bien intégrés à la population existante. La plupart d'entre eux considèrent leur installation comme temporaire et ne s'intéressent guère à la vie du voisinage. En outre, leurs modes de vie quelque peu différents ont suscité des plaintes de la part des autres résidents. Par ailleurs, si les gardiens ont été très bien acceptés, il n'en reste pas moins qu'une partie des résidents ne peut ou ne veut pas contribuer financièrement à leur travail. On a également constaté que les résidents ne faisaient pas plus d'efforts pour maintenir les locaux propres ; ils estiment en effet que c'est la responsabilité du gardien, et non la leur (Hesseling, 1990). Du point de vue préventif, cependant, le projet est une réussite, et le ministère de la Justice a donc décidé d'apporter pendant trois ans une contribution dégressive au financement de cent cinquante postes de gardiens dans des cités d'HLM présentant de sérieux problèmes sociaux.

SCHÉMA 6

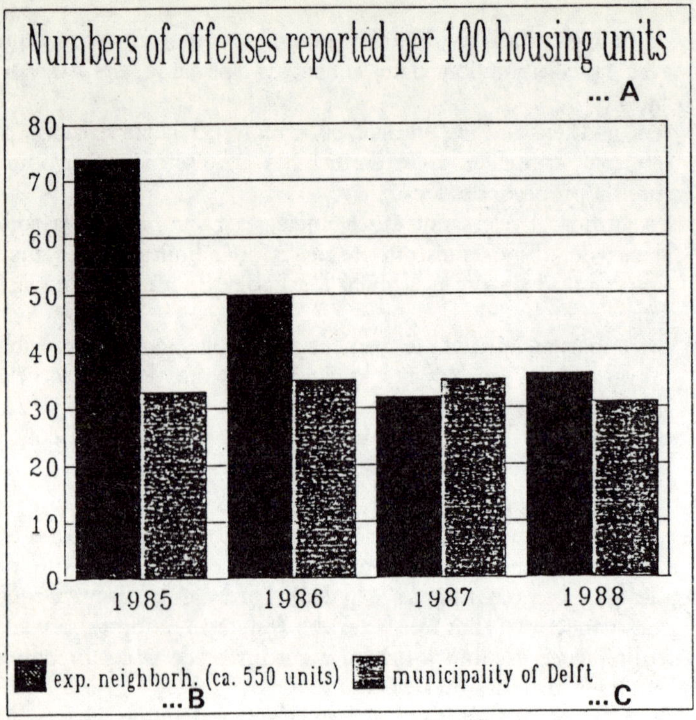

A) nombre d'infractions signalées par groupe de 100 logements
B) quartier testé (env. 550 logements)
C) municipalité de Delft

5. UN PROJET POUR CENTRES COMMERCIAUX A UTRECHT

Un projet très complet de prévention de la délinquance a été mis en œuvre dans la ville d'Utrecht. Il comprend, entre autres, les mesures suivantes :

– assurer une formation en matière de vol à l'étalage pour le personnel des magasins ;
– installer un système d'alarme électronique permettant aux commerçants de se prévenir mutuellement, et de prévenir également les services de sécurité ;
– nommer deux agents de sécurité chargés d'aider et de conseiller aussi bien les commerçants que la clientèle ;
– instaurer des sanctions de « substitution » pour les délinquants coupables de vandalisme, et organiser des sessions judiciaires collectives pour les voleurs à l'étalage ;
– compléter le projet par une campagne publicitaire et médiatique.

SCHÉMA 7

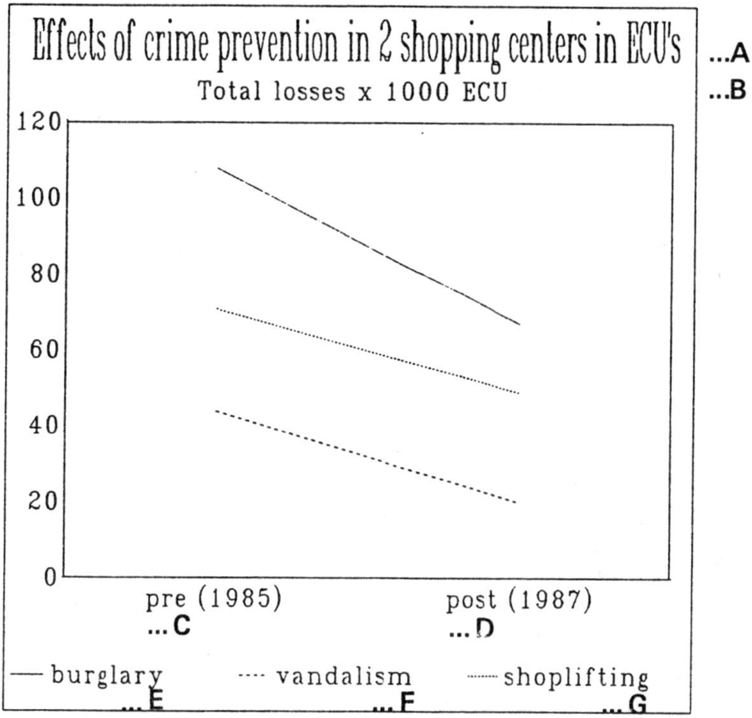

A) résultats de la prévention de la délinquance dans deux centres commerciaux (en ECU)
B) total des dommages × 1 000 ECU
C) avant (1985)
D) après (1987)
E) cambriolages
F) vandalisme
G) vols (à l'étalage)

On constate, d'après ce schéma, que le coût total des dommages subis par les commerçants du fait de la délinquance a considérablement baissé. Des enquêtes réalisées auprès de la clientèle révèlent que les délits dont elle est victime ont également diminué de moitié (Colder, 1988).

Du point de vue économique, le projet semble avoir été profitable aux commerçants. L'économie réalisée grâce à la réduction de la délinquance est en effet supérieure aux dépenses entraînées par la création des deux postes d'agents de sécurité. C'est pourquoi, lorsque la subvention gouvernementale est arrivée à son terme, l'association des commerçants a décidé de poursuivre le projet à ses frais. Des mesures sont également entreprises à l'échelon national pour résoudre le problème de la délinquance dans les lieux de vente.

Le ministère des Affaires économiques, par exemple, a créé un centre national d'information sur la prévention du vol à l'étalage. En attendant une modification de la législation à cet égard, le ministère de la Justice expérimente dans cinq municipalités une initiative de substitution qui offre aux délinquants coupables pour la première fois de vol à l'étalage, la possibilité de payer sur-le-champ une amende et d'éviter ainsi les poursuites judiciaires. L'évaluation de cette initiative montre qu'environ 80 % des délinquants concernés ont accepté la solution offerte. Cette mesure permet de traiter les cas de vol à l'étalage beaucoup plus rapidement et avec une plus grande efficacité que les procédures ordinaires.

6. CONCLUSIONS

Si l'on s'en tient aux statistiques de police, aucune baisse de la criminalité n'a encore été observée à l'échelon national depuis 1984. Le nombre d'infractions enregistrées est demeuré constant. D'après les enquêtes de victimation, cependant, et d'après les enquêtes d'auto-confession réalisées auprès des jeunes, le taux réel de la criminalité a baissé. Ce phénomène s'est accompagné d'une modification dans le comportement des gens, en ce sens qu'ils sont à présent plus disposés à signaler les infractions commises. L'un des principaux facteurs de cette évolution favorable est la stabilisation, voire la diminution, du nombre de toxicomanes (estimés à 15 000 pour l'ensemble du pays). Il n'y a dans les municipalités néerlandaises pratiquement aucun toxicomane âgé de moins de vingt et un ans.

Les rapports d'évaluation actuellement disponibles laissent supposer que les projets préventifs les plus efficaces à court terme sont essentiellement ceux qui font appel à un renforcement de la surveillance officielle. Cela est vrai dans le cas des transports publics, des centres commerciaux et des cités d'HLM. Il semble que la combinaison gagnante consiste à instaurer une surveillance et des règles précises, tout en conférant un aspect « humain » aux forces de police dont le rôle n'est pas seulement de maintenir l'ordre mais aussi celui d'aider la population (Colder, 1988).

Les écoles se prêtent aussi très bien aux projets de prévention de la délinquance. Une importante action préventive peut être menée pendant l'enseignement primaire, en informant les enfants sur le vandalisme. Pendant l'enseignement secondaire, suivre les cas d'absentéisme et organiser des cours spéciaux pour les élèves en passe d'abandonner leur scolarité peut contribuer à en retenir certains sur la pente qui mène à la délinquance.

D'autres projets, en revanche, se sont révélés moins efficaces à court terme, par exemple ceux ayant pour objectif l'insertion ou la réinsertion sociale des jeunes délinquants par le biais de facilités de loisirs, d'éducation et de travail. Le danger permanent dans ce type de projets est que des facilités supplémentaires soient offertes à des groupes de jeunes qui non seulement sont coupables d'infractions graves mais continuent également dans cette voie. Cette règle est cependant infirmée par les résultats positifs obtenus dans le cadre de programmes de travaux d'intérêt communautaires destinés aux délinquants de moins de vingt-cinq ans (Bol 1985, Van der Laan, 1988).

V. LA POLITIQUE EN MATIÈRE DE STUPÉFIANTS

Dans sa politique en matière de stupéfiants, le gouvernement néerlandais s'efforce de suivre une démarche réaliste et pragmatique, plutôt que de dramatiser ou de moraliser sur le problème. Il s'agit essentiellement d'une politique de « normalisation ». Pour ôter à l'usage de stupéfiants son caractère mythique et fascinant, il faut le dépénaliser autant que possible, autrement dit considérer la possession de cannabis comme un simple méfait et non comme une infraction.

L'objectif principal est de préserver la santé et le bien-être social en général, et d'améliorer l'état de santé des toxicomanes. C'est pourquoi le gouvernement considère la toxicomanie avant tout comme une affaire de santé et de bien-être, et non comme un problème concernant essentiellement la police et les juges. En matière de sanctions, une distinction est faite entre les produits dérivés du cannabis, et les drogues plus nocives. Cette distinction se retrouve aussi bien dans les directives suivies par le ministère public que dans la loi sur l'opium, qui est conforme à la Convention unique sur les stupéfiants et à la Convention sur les substances psychotropes. En matière de répression également, on fait une stricte différence entre l'usage et le trafic de stupéfiants, ce dernier faisant l'objet de peines beaucoup plus sévères (jusqu'à seize ans de prison dans le cas de chefs d'accusation multiples). En général, le rôle du personnel judiciaire est essentiellement de combattre le trafic illicite des stupéfiants, aussi bien national qu'international. Il vise également à supprimer la délinquance liée à la toxicomanie. Bien que l'on soit conscient, à cet égard, de la nécessité de ne pas infliger aux drogués des peines susceptibles d'aggraver leur toxicomanie, on les considère néanmoins comme responsables des actes qu'ils ont commis pour satisfaire leur vice.

Les initiatives destinées aux toxicomanes prévoient une assistance « dans la rue » facilement accessible, des services d'assistance dans les hôpitaux et les prisons, des centres d'accueil pour les toxicomanes qui se prostituent, la distribution de métadone (un substitut de l'héroïne prescrit en traitement médical), ainsi que de vastes opérations de remplacement des seringues.

Les résultats de cette politique sont soigneusement contrôlés par les organismes concernés. L'une des conséquences négatives est que dans plusieurs villes des Pays-Bas, le phénomène de la drogue est devenu beaucoup plus public, et par conséquent beaucoup plus visible qu'ailleurs, ce qui aggrave considérablement les inconvénients subis par les résidents des quartiers où se rassemblent les drogués ou les *dealers*.

Sous bien d'autres aspects, cependant, la politique menée s'est révélée relativement efficace. L'usage de cannabis aux Pays-Bas a perdu de son ampleur, pour devenir assez peu répandu à l'heure actuelle ; seuls 2,5 % des jeunes âgés de moins de dix-neuf ans ont déjà consommé du cannabis. Le nombre d'individus qui en consomment quotidiennement ne semble pas dépasser un pour mille. Le nombre d'héroïnomanes, quant à lui, s'est stabilisé entre quinze mille et vingt mille, pour une population totale de 14,7 millions d'habitants. Depuis que les trafiquants de drogue sud-américains ont conquis le marché européen, la consommation de cocaïne a augmenté mais sans atteindre toutefois des proportions dramatiques. Le crack demeure très rare, et l'usage d'amphétamines ou de LSD est pratiquement inexistant aujourd'hui. En 1987, seules soixante-quatre personnes aux Pays-Bas sont décédées pour cause de toxicomanie. Les statistiques plus récentes indiquent une tendance à la baisse. Les cas d'homicides dus à la drogue sont peu nombreux, entre dix et vingt par an maximum. Parmi les résultats positifs, il faut également souligner la faible proportion de personnes atteintes du Sida parmi les toxicomanes néerlandais. Aux Pays-Bas, seuls 8 % des patients traités pour contamination par le VIH sont des toxicomanes, contre 23 % en Europe.

Au cours des années précédentes, la politique en matière de stupéfiants développée aux Pays-Bas n'a pas toujours été vue d'un bon œil par les gouvernements des autres pays. Lors d'un discours prononcé à Amsterdam, cependant, l'ambassadeur des Etats-Unis a fait les remarques suivantes :

« Depuis mon arrivée aux Pays-Bas, je me suis beaucoup intéressé aux politiques adoptées dans ce pays pour essayer de résoudre les problèmes des toxicomanes. Cinq constatations ressortent de l'expérience néerlandaise :

- le nombre de toxicomanes s'est stabilisé ;
- la grande majorité des jeunes n'est pas attirée par les stupéfiants ;
- les toxicomanes qui veulent suivre un traitement peuvent le faire rapidement ;
- la culture « toxicomane » a été extirpée ;
- la contamination par le VIH est remarquablement peu fréquente parmi les toxicomanes et autres groupes à risque. Que cette expé-

rience soit adaptable ou non aux autres pays, je n'en sais rien. Mais je pense qu'il y a ici un certain nombre de réussites qui méritent l'attention de tous ceux, aux Etats-Unis et ailleurs, qui luttent contre cet ennemi commun. »

BIBLIOGRAPHIE

BOL, W., *Community service orders in the Netherlands*, The Hague, Ministry of Justice, Research and Documentation Centre, 1985.

BOTTOMLEY, A. K., Blue-prints for criminal justice : reflections on a policy plan for the Netherlands, *Howard Journal of Criminal Justice*, 1986, 25, 199-215.

BOTTOMS, A. E., WILES, P., Housing tenure and residential community crime careers in Britain *in* REISS, A. J. & TONRY, M., (Eds), *Communities and crime*, Chicago, University of Chicago Press, 1986, 101-163.

BRANTINGHAM, P. L., BRANTINGHAM, P. J., Notes on the geometry of crime *in* BRANTINGHAM, P. J., BRANTIGHAM, P. L. (Eds), *Environmental criminology*, Beverly Hill, Sage, 1981, 27-54.

BUNING, E., Aids-related interventions among drug users in the Netherlands, *International Journal on Drug Policy*, 1990, 1, 10-13.

City of Zoetermeer, Evaluatie vandalism voorlichting op scholen. Zoetermeer, City of Zoetermeer (evaluation of educational projects on vandalism), 1989.

COLDER, J. C., Het winkelcentraprojects : preventie van kleine criminaliteit, Den Haag, Staatsuitgeverij, (The shopping centre project, petty crime preventin, this English summary is available from the Directorate for Crime Prevention), 1988.

CURRIE, E., Two visions of community crime prevention, *in* HOPE, T., SHAW, M., (Eds), *Communities and crime reduction*, London, HMSO, 1988, 280-286.

DE, SAVORNIN, LOHMAN, P. M., *Neighbourhood watch in the Netherlands : the lessons of six projects*, The Hague, Ministry of Justice, Directorate for Crime Prevention, 1988.

DE, SAVORNIN, LOHMAN, P. M. *et al., Bedrijfsleven en criminaliteit, kerngetallen uit de eerste Nederlandse slachtofferenquête onder bedrijven*, 1988, Den Haag, Ministerie van Justitie, Directie Criminaliteitspreventie, (Business and crime ; key findings from the first Dutch victimization survey among businesses, 1988), 1990.

HESSELING, R. B. P., *Evaluatie-onderzoek huismeeters in problematische woningcomplexen*, Den Haag, Ministerie van Justitie, WODC (Evaluation on social caretakers in problematic housing estates), 1991.

HOPE, T., SHAW, M., Community approaches to reducing crime, *in* HOPE, T., SHAW, M. (Eds), *Communities and crime reduction*, London, HMSO, 1988, 1-29.

HORN, J., *The future of crime prevention, inter-agency issues in the Netherlands*, The Hague, Ministry of Justice, Directorate for Crime Prevention, 1990.

JUNGER,-TAS, J., *Strategies against vandalism in the Netherlands*, The Prague, Ministry of Justice, Research and Documentation Centre, 1988.

JUNGER,-TAS, J., *Meta-evaluation of Dutch crime prevention programs*, The Haghe, Ministry of Justice, Research and Documentation Centre, 1989.

JUNGER,-TAS, J. *et al., Jeugddelinquentie II : de invloed van justitieel ingrijpen*, Den Haag, Staatsuitgeverij, 1985.

KEES, P. E., *Stadswachten in Dordrecht, een onderzoek naar de effecten van het project* (City guards in the city of Dordrecht, The effectiveness of the project), 1990.

KOOLEN, L. J. M. *et al., Geschikt of niet geschikt, een evaluatie van de lik-opstuk experimenten*, Den Haag, WODC (Arrangement unsuitable, an evaluation of the tit-for-tat experiments), 1989.

KRUISSINK, M., The Halt program, diversion of juvenile vandals, The Hague, Ministry of Justice, Research and Documentation Centre, *Dutch Penal Law and Policy*, 1990, 1.

KUBE, E., *Systematische Kriminalpraevention, ein strategisches konzept mit praktischen Beispielen*, Wiesbaden, Bundeskriminalamt, 1986.

LEUW, Ed., Drugs and drug policy in the Netherlands, a non-belligerent approach to a limited problem, *in* WILSON, J. Q. & TONRY, M., (Eds), Chicago, University of Chicago Press, *Crime and Justice*, 1990, 14.

MAYHEW, P. M. *et al.*, *Crime as opportunity*, London, HMSO, 1976.

MUTSAERS, M., Criminaliteitspreventie in het onderwijs, Den Haag, WODC, (Crime prevention in the education system, for an English summary of these results, see (JUNGER,-TAS, 1989), 1990.

NEWMAN, O., *Defensible space*, New York, MacMillan, 1972.

RUTTER, M. *et al., Fifteen thousand hours : secondary schools and their effects on children*, London, Open Books, 1979.

SHAPLAND, J., WILES, P. (Eds), *Business and crime, a consultation*, Swindon, Crime Concern, 1989.

SKOGAN, W. G., Fear of crime and neighborhood change, *in* REISS, A. J., TONRY, M. (Eds), *Communities and crime*, Chicago, University of Chicago Press, 1986, 203-231.

VAN, ANDEL, H., Crime prevention that works, the care of public transport in the Netherlands, *British Journal of Criminology*, 1989, 29, 47-56.

VAN DER, LAAN, H., Innovations in the Dutch juvenile justice system : alternative sanctions, *in*, JUNGER,-TAS, J. BLOCK, R. L. (Eds), *Juvenile delinquency in the Netherlands*, Amstelveen, Kugler, 1988, 203-239.

VAN DER, VOORDT, T., *A checklist on crime prevention through environmental design : usefulness and limitations*, Delft, Delft University Press, 1988.

VAN, DIJK, J. J. M., Alternative sanctions : the Dutch experience, *in* REES, H., WILLIAMS, E. H. (Eds), *Punishment, custody and the community : reflections and comments on the green paper*, London, School of Economics and Political Science, 1989, 50-71.

VAN, DIJK, J. J. M., Professionalizing crime, reflections on the impact of new technologies on crime and crime prevention in the year 2000 and beyond, *in* JUNGER,-TAS, J., SAGEL,-GRANDE, I. (Eds), *Criminology in the 21st century, a collection of essays presented to Professor Buikhuisen*, Leuven, Garant, 1991.

VAN, DIJK, J. J. M., MAYHEW, P., KILLIAS, M., *Experiences of crime across the world, key findings of the 1989 international crime survey*, Deventer, Kluwer Law and Taxation, 1990.

WALLER, I., *Current trends in crime prevention in Europe*, implications for Canada, Ottawa, Department of Justice, 1989.

YOUNG, J., Recent developments in criminology, *in* HARALAMBOS, M. (Ed.), *Developments in sociology*, London, Causeway, 1988, 4, 137-167.

Le séminaire du Comité scientifique (Paris, 30-31 mai 1991)

SYNTHÈSE DES DÉBATS*

La deuxième conférence internationale entend définir des axes d'action et de réflexion pour apaiser les violences urbaines. Les réponses à court terme inspirées par l'urgence ne peuvent suffire. Il s'agit d'accompagner sur la durée une mutation en profondeur de la vie en milieu urbain.

Après un rappel de l'état des connaissances établi dans les rapports écrits par chacun des experts, le comité scientifique réuni à Paris les 30 et 31 mai 1991 a passé en revue les thèmes de la conférence :

- les politiques de prévention ;
- les politiques de prévention concernant particulièrement les jeunes ;
- politiques de prévention et toxicomanie ;
- les réponses locales au récidivisme ;
- prévention, insécurité, médias.

La partie de la prévention se jouerait désormais à trois : une dynamique locale placée à l'avant-scène, une responsabilité politique encore mal établie, une capacité d'expertise fortement sollicitée. La définition de chacune de ces composantes et leur assemblage sont complexes et encore incertains. Ils conduisent à réexaminer les liens entre puissances publiques et opérateurs privés, entre différents paliers de gouvernement, entre praticiens et chercheurs.

Deux grandes questions ont dominé les débats du comité : l'avènement du « local » et l'évaluation des politiques de prévention. Transversales aux cinq thèmes, elles seront l'objet des deux premiers titres de la synthèse. Le troisième titre réunira les questions plus spécifiques à chacun des thèmes de la conférence.

* Synthèse établie par Catherine Vourc'h.

I. L'AVÈNEMENT DU « LOCAL »

Le « local » est placé à l'avant-scène de la prévention, y compris de la prévention de la récidive. C'est relativement nouveau dans un domaine qui, touchant à l'ordre public, relevait le plus souvent de l'autorité de l'Etat et reposait sur un professionnalisme des acteurs. On peut y voir le désarroi des Etats, face à des violences qui leur résistent et à une répression qui touche essentiellement les groupes les plus pauvres.

1. LE « LOCAL » COMME ÉCHELLE DE PROBLÉMATISATION DE L'ACTION PUBLIQUE...

La notion de « local » est loin d'être homogène, et le caractère international de la conférence de Paris risque d'ajouter aux quiproquos déjà sensibles dans les travaux du comité scientifique. Elle désigne tantôt un échelon de gouvernement (les municipalités), tantôt une échelle de la vie quotidienne (quartier, voisinage), tantôt une communauté sociale, ethnique ou culturelle, tantôt des organismes ou réseaux d'acteurs locaux.

Pour le moins, le comité invite à se garder de l'*a priori* selon lequel le « local » serait par nature relié à un groupe social constitué.

Une constante cependant : le « local » est évoqué davantage comme une échelle (aux définitions multiples) permettant de problématiser à nouveau l'action publique que comme la miniaturisation d'une action générale ou nationale. Il s'agit d'énoncer des problèmes à résoudre, tels qu'ils se posent dans la vie quotidienne. Autrement dit de retrouver des attentes sociales en matière de sécurité urbaine.

Cette démarche apparaît, au delà des divergences sur les méthodes et des disparités économiques et sociales parfois énormes d'un pays (ou d'un continent) à l'autre, comme un axe fédérateur des échanges internationaux et des relations entre l'action des gestionnaires et la recherche. C'est véritablement, actuellement, le moteur de l'action publique en matière de prévention de la délinquance.

Plusieurs postulats fondent cette démarche, et l'un des axes majeurs de la recherche des prochaines années sera d'en vérifier la consistance :

- premier postulat : c'est localement, avec les gens, qu'on peut décrire les problèmes concrets en deçà des qualifications juridiques en délits et crimes ;
- deuxième postulat : c'est localement qu'on peut redéfinir ce qui est admissible (ou tolérable), et de ce fait reposer la question des normes et dire de combien il faut réduire la violence (physique ou symbolique) ;
- troisième postulat : c'est localement qu'on peut commencer à prévenir efficacement, *avec* les gens et pas seulement pour eux ;

– quatrième postulat : c'est localement qu'on peut évaluer l'impact des programmes sur la société (sur les délinquants ou sur la population).

En résumé, le « local », comme échelle de l'énonciation des problèmes à résoudre, serait un bon opérateur du changement, un bon opérateur de la prévention de la délinquance.

2. ... A CONDITION D'ÊTRE APPAREILLÉ

C'est le second point important évoqué par le comité scientifique : le « local » ne peut être un opérateur du changement (sous réserve d'inventaire) qu'appareillé avec d'autres échelles et d'autres savoirs. De ce fait, il sollicite de manière nouvelle les institutions et la recherche.

La demande sociale n'est ni homogène ni d'emblée explicite. Elle est composée de « voix » multiples, souvent contradictoires, les unes bruyantes, d'autres largement méconnues. En tout état de cause elle se construit dans un va-et-vient entre l'échelon de la vie quotidienne et les gestionnaires de la chose pubique, et entre les acteurs directs (locaux ou non) et l'intelligence des faits et de l'histoire que peut offrir la recherche. Va et vient entre les « raisons » (techniques, sociales, financières...) des uns et des autres où l'on décrit, propose, remet en chantier, tranche, évalue, etc. Faute de ce temps d'élaboration, la scène publique est investie d'énoncés d'emprunt, partiels, vulnérables aux rumeurs et aux peurs.

Il faut doter les opérateurs locaux d'outils d'information, pour mener à bien ce travail sur les sites où ils interviennent :

– information en provenance des institutions. L'un des chantiers des prochaines années est de rendre possible la territorialisation des données institutionnelles qui, actuellement, ne peuvent être rapportées à un territoire précis (et donc à des projets locaux) qu'au prix d'un lourd travail de relecture ;
– information collectée par les opérateurs eux-mêmes. Une méthode actuellement à l'étude : la cartographie informatisée de la délinquance[1] semble prometteuse mais son coût et le niveau élevé de connaissance qu'elle requiert pourraient en limiter l'extension.

L'élaboration de modes de collecte simples et économiques est à l'ordre du jour dans la plupart des pays[2]. Mais ils ne font pas l'unani-

1. Suède, Pays-Bas, Royaume-Uni.

2. Notamment aux Etats-Unis, en Australie et au Royaume-Uni : enquêtes par téléphone (15 % du coût d'une enquête classique) ; utilisation d'informateurs-clés connaissant bien les communautés ou les quartiers (directeur d'école, médecin, gardien d'immeuble...), l'information ainsi collectée étant estimée de qualité égale aux enquêtes classiques ; porte à porte par fonctionnaires de police (stagiaires ou en service) sur un quartier (effets secondaires non négligeables dans la qualité des relations ultérieures entre police et habitants) ; enquêtes locales, régionales et nationales par l'intermédiaire (gratuit) de la presse écrite.

mité du comité : est-il pertinent de dissocier une évaluation qui solliciterait des méthodes complexes et une collecte de données qui se contenterait de méthodes simples à la fiabilité encore incertaine et à l'intérêt limité du fait que, difficiles à associer aux programmes de prévention, elles ne permettent pas d'en mesurer l'impact ?

Un effort de normalisation des modes de collecte est indispensable tout au moins pour les questions-clés. Faute de quoi, et davantage encore dans un contexte de fragmentation des responsabilités, les décideurs s'interdiraient toute évaluation sérieuse des programmes (cf. titre 2). Des gisements d'informations existent[3], mais dispersés, peu accessibles, mal ou pas construits. Or, une source d'informations isolée est muette. C'est la confrontation qui donne le renseignement. D'où l'idée de certains opérateurs de créer des observatoires de la délinquance, avec accès à des informations détenues par des organismes concurrents.

Dans tous les cas, le protocole qui permet d'organiser la collaboration entre la recherche et les praticiens a été rappelé par le comité :

- rendre publics les résultats de la recherche conduite à la demande d'un gouvernement ;
- aborder la demande sociale dans toute sa diversité et sur la durée ;
- intégrer dans l'évaluation des programmes leurs effets secondaires ou pervers, avec lesquels l'action publique développe un jeu permanent de cache-cache ;
- rappeler que le champ du possible découpé par le politique est un découpage parmi d'autres. A la recherche d'éclairer ce qui n'est pas sous les feux des projecteurs politico-administratifs ;
- réserver une place à la recherche de fonds, sur le long terme, permettant de définir de nouvelles hypothèses, d'analyser le substrat idéologique des agences de contrôle ou de prévention, de proposer de nouveaux modes de pensée et d'éprouver les programmes.

3. LES PALIERS DE GOUVERNEMENT, LA QUESTION DE LA RESPONSABILITÉ

Une certaine confusion, ou tout au moins une fragmentation des responsabilités, accompagne l'entrée en scène multiforme du « local » sur la scène de la prévention. Le comité attire l'attention sur trois points.

Premier point : faut-il clarifier les responsabilités ? Une tendance, plutôt pragmatique, consisterait à laisser au second plan la question de l'identité des maîtres d'ouvrage, pourvu qu'ils dotent les opérateurs lo-

3. Il y a sous-utilisation générale des données institutionnelles (policières en particulier) ainsi que des enquêtes (de victimation, de délinquance auto-reportée, sur les attitudes et opinions) et des résultats de recherche. On mesure la richesse de ces stocks lorsqu'on les compare à l'absence de toute donnée dans les pays récemment constitués.

caux des moyens d'information et d'évaluation adéquats, et d'une marge de manœuvre suffisante à la conduite de programmes.

Mais, rappelle le comité, la politique criminelle est un domaine où les rivalités du champ politique régulent en partie les solutions effectives (et pas seulement affichées) apportées aux problèmes des gens. L'absence de conviction du responsable ou de celui qui s'estime ou sera tenu pour responsable en matière de délinquance peut entraver le programme de prévention le mieux étayé. Peut-on réellement se dispenser d'une clarification des responsabilités ? Le comité attire l'attention sur trois éléments qui inclinent à répondre non :

- la pratique de sédimentation successive des structures (on ne supprime que rarement une structure qui ne marche pas, on en crée une autre) qui complique singulièrement l'exercice des responsabilités et leur lisibilité ;
- le rôle devenant dominant des organisations privées de sécurité, polymorphique et en augmentation très sensible, qui reste sous-estimé et sous-étudié. La recherche serait avisée de se pencher davantage sur les formes privées de sécurité et les services privés de sécurité. En particulier sur le rôle des compagnies d'assurance dont les gouvernements surveillent plus les politiques financières que les exigences de sécurité directes présidant aux contrats ou la politique de franchise pourtant déterminantes dans le sentiment d'insécurité et d'exaspération sociale ;
- la très grande réticence des communautés ethniques (dont certaines, rappelle le comité, ont subi une forme de colonisation liminaire et qui connaissent aujourd'hui de graves problèmes de délinquance) à se laisser approcher par des instances de gouvernement. Comment y organiser la prévention ? Peut-on leur reconnaître un rapport spécifique aux normes ?

Deuxième point : qu'en est-il du pari sur les capacités des municipalités à jouer un rôle moteur dans une prévention sociale et peut-être même situationnelle[4]. La recherche est ici sollicitée à un triple titre au moins (vastes chantiers qui ne sont que très partiellement engagés) :

- la collecte des données locales sur les demandes sociales ;
- l'évaluation des programmes ;
- l'analyse des liens entre les politiques locales et l'ensemble des facteurs qui les déterminent, parmi lesquels les niveaux centraux voire européen ou internationaux. Ces niveaux interfèrent via notamment la diplomatie internationale, la codification des déviances, les institutions du système de justice pénale, les politiques criminelles, les financements, les réseaux professionnels (police, médecine, entreprises, syndicats...).

4. Le rapport africain rappelle quoi qu'il en soit l'importance de maintenir une politique nationale claire, assumant ses responsabilités.

Enfin, comment régler le problème de libertés publiques posé dès lors qu'il est question de doter les opérateurs locaux de données fiables, et de les aider à les recueillir pour partie eux-mêmes :

– Qui est responsable de la confidentialité des informations personnelles (discriminatoires) collectées dans le cadre des programmes de prévention ?
– Comment se prémunir contre le risque d'ingérence dans la vie d'un quartier ou d'une communauté (on a parlé de « vie privée d'un quartier ») ?

Que des acteurs des quartiers eux-mêmes soient impliqués dans les programmes dispense-t-il de répondre à cette question ? Et que les législations nationales rendent généralement difficile l'accès à l'information jugée cruciale ne suffit-il pas à apporter une réponse ? Plusieurs points, selon le comité, doivent être précisés :

– Faut-il confier la collecte des informations et leur diffusion à des organismes indépendants habilités ?
– Faut-il prévoir de limiter la diffusion des informations concernant un site (quartier ou communauté) au groupe qui s'occupe de la vie de ce site ? Mais alors comment définir ce groupe ?
– Quelles manipulations des fichiers personnels peut-on autoriser à la police sans porter atteinte aux libertés civiles ?
– Comment traiter le problème particulier des milieux ethniquement hétérogènes : barrières linguistiques, refus de collaborer, caractère discriminatoire (ou non ?) des données ethniques ? Les experts ont fait part sur ce point d'avis nuancés, depuis le refus de tout recueil de données ethniques (recueil qui serait d'ailleurs contraire au droit positif de certains pays) jusqu'au souhait de lever un tabou qui, interdisant de collecter et de diffuser certaines données, laisse le champ libre aux informations partisanes ou partielles.

II. L'ÉVALUATION DES POLITIQUES DE PRÉVENTION

L'évaluation des politiques publiques est à l'ordre du jour dans de nombreux pays. La recherche y est impliquée au premier chef.

1. DE GRAVES LACUNES

Le comité fait état de graves lacunes des politiques évaluatives.

Les maîtres d'ouvrage prévoient rarement une évaluation des programmes.

Les effets des programmes sur les dispositifs (sur les relations par exemple entre municipalité et administrations d'Etat...) sont davantage analysés que leurs effets sur les populations.

On manque de spécialistes qualifiés pour conduire des évaluations. La littérature spécifique sur l'évaluation est mal ou pas connue. Sont conduites trop de recherches d'outils et pas assez de recherches évaluatives.

2. LES CONDITIONS D'UN NIVEAU CORRECT D'ÉVALUATION

Sans sous-estimer, en tout état de cause, la difficulté technique d'évaluer les corrélations entre plusieurs programmes, une politique d'évaluation correcte devrait s'appuyer sur plusieurs outils :

- *l'indication de... l'effectivité du programme*, le manque fréquent de trace écrite ne permettant pas toujours d'établir cette information élémentaire ;
- *les données policières et criminelles mais* sans en faire l'aune centrale ;
- *une normalisation* des modes de collecte d'information[5] ;
- *un travail sur longues séquences* (cinq ou dix ans) avec groupes de contrôle, et pas seulement dans l'enthousiasme des commencements ou l'urgence des politiques ;
- *l'intégration des effets secondaires* des actions, telles les retombées de l'éventuelle dislocation du problème qu'on cherche à résoudre.

3. L'INTERVENTION D'UN ORGANISME EXTÉRIEUR ET INDÉPENDANT

Trois éléments sont à prendre en considération :

- *les évaluations tributaires des logiques institutionnelles* ne suffisent pas. Elles peuvent difficilement être autre chose qu'un contrôle de gestion (d'où l'ambiguïté des indicateurs de produits ou de productivité baptisés indicateurs de résultats) ;
- *l'évaluation extérieure et indépendante est nécessaire*. Mais le caractère de fait autoritaire d'un tel dispositif peut être mal accepté par les structures locales. La contractualisation des politiques de prévention suffit-elle à lever cette difficulté ?
- *peut-on distinguer plusieurs niveaux d'évaluation ?* La question est controversée. Deux clivages ont été évoqués par le comité :
  - un premier clivage correspondrait aux deux grands modèles de prévention. D'une part, le modèle centralisé, piloté par une administration et travaillant avec des définitions claires des criminalités, des outils précis, des politiques définies et dont l'évaluation indépendante serait une composante. D'autre part le modèle local où la « communauté » s'occupe de ses propres problèmes et qui ne nécessiterait pas un dispositif d'évaluation aussi complet... ;

5. Au moins pour les questions clés de manière à pouvoir établir des confrontations entre les différentes sources d'une part, avec les buts de la prévention d'autre part. Cf. titre 1, paragraphe 12.

- un second clivage distinguerait entre une évaluation à visée gestionnaire et une évaluation plus complète à visée scientifique.

III. A PROPOS DES THÈMES DE LA CONFÉRENCE

Sont rassemblés sous ce titre les débats du comité scientifique qui éclairent plus spécifiquement chacun des thèmes de la conférence, étant acquis que l'avènement du « local » (titre 1) et l'évaluation (titre 2) les concernent tous.

1. LES POLITIQUES DE PRÉVENTION (THÈME 1)

Le comité note la difficulté particulière de tout chercheur à aborder un thème aussi imprécis dans son objet et aussi divers dans ses modalités.

D'une typologie des préventions de la délinquance...

Une manière de mettre un peu d'ordre consiste à classer les types tendanciels de prévention de la délinquance :

- deux clivages sont ainsi repérés : un premier clivage entre les préventions davantage dirigées vers l'auteur (à décourager d'agir) et celles davantage dirigées vers la victime (encouragée à mieux protéger sa personne et ses biens), et un second clivage entre une prévention générale qui veut agir sur le contexte socio-économique et une prévention plus spécifique au plus près des problèmes de délinquance ;
- en mariant ces quatre éléments, on distingue deux modèles de prévention : l'une dite situationnelle[6], actuellement tournée plutôt vers la victime et plutôt spécifique, la seconde dite sociale[7], plutôt générale et qui depuis une dizaine d'années se tourne plutôt vers la victime ;
- un troisième modèle se dessine : la prévention d'un excès d'institutions, auquel se rattacheraient les mouvements de déjudiciarisation, de dépénalisation, ou plus généralement de déréglementation, et la désignation de l'intervention des forces de l'ordre dans certaines communautés ou certains quartiers pauvres comme faisant partie des problèmes à résoudre ;
- dépénalisation, ou plus généralement de déréglementation, et la désignation de l'intervention des forces de l'ordre dans certaines communautés ou certains quartiers pauvres comme faisant partie des problèmes à résoudre ;

6. D'inspiration anglo-américaine et que l'on retrouve notamment aux Pays-Bas et dans les pays scandinaves.

7. Illustrée particulièrement par la prévention française de la décennie 1980 et ses imitations dans d'autres pays.

La prévention des années 1960, spécifique et tournée vers les auteurs, connaît donc un retrait relatif au profit des programmes de développement social et économique à assise locale, soutenus le cas échéant par le niveau national ou régional. Ce retrait, dommageable estime le comité mériterait d'être reconsidéré. Les programmes de développement ne l'impliquent pas, au contraire.

... à l'examen des attentes sociales.

Ces classifications, parce qu'elles adoptent un point de vue institutionnel, présentent des inconvénients :

- elles se limitent aux objets classiques des programmes de prévention (vols, cambriolages, violence contre les personnes) et laissent de côté la délinquance occulte ou la délinquance plus proche des pouvoirs économiques et politiques [8] ;
- elles s'attachent essentiellement aux interventions destinées aux personnes qui ont déjà eu maille à partir avec les règles, au détriment d'interventions plus globales ;
- et enfin, point très important, elles ne rendent pas compte des incivilités qui, bien que non nécessairement délictueuses, pèsent sur les peurs et les préoccupations des gens.

Pour s'écarter d'une prévention uniforme et fourre-tout dont les buts finissent par devenir confus et l'évaluation aléatoire, le comité juge capital de revenir à l'examen des attentes sociales. Trois chantiers, en particulier, sont à approfondir en priorité :

- la manière, variable selon les normes locales, les contextes, etc. dont, en deçà ou à côté ces qualifications institutionnelles, sont identifiés et classés les problèmes, défini ce qui doit être prévenu, ressentie la « quantité admissible de violence » au delà de laquelle la police est appelée ;
- cette notion capitale d'incivilité, plus informelle que les classifications pénales et autour de laquelle certains pays commencent à réorganiser la prévention ;
- l'organisation des institutions (forces de l'ordre en particulier) de sorte qu'elles ne gênent pas l'énonciation locale des problèmes à résoudre (cf. titre 1), et qu'une fois identifiés les problèmes, elles agissent en partenaires des opérateurs locaux.

8. Le Comité n'a pas l'intention d'échapper à l'austérité des problèmes « ordinaires » que lui soumet la Conférence de Paris, en s'égarant vers la délinquance par exemple des Etats ou des banques (problèmes eux aussi cruciaux et d'évidence liés à la criminalité au quotidien mais qui n'ont aucune chance de se voir régis prochainement dans une enceinte internationale).

2. LES POLITIQUES DE PRÉVENTION CONCERNANT LES JEUNES (THÈME 2)

Le décalage est ici saisissant entre les programmes des pays les plus industrialisés et certains pays d'Afrique ou d'Amérique latine. Les uns mettent au point des programmes individualisés pour prévenir un absentéisme scolaire marginal alors que d'autres n'ont pas toujours construit les écoles. Les uns centrent leur programme sur la famille alors que d'autres ont affaire à des villes d'enfants solitaires... Pourtant, les problématiques générales se rejoignent.

Ne pas « ghettoïser » la jeunesse au chômage.

S'il y avait une recommandation centrale des experts ce serait celle-ci : ne pas « se mettre à dos » la jeunesse en difficulté, ne pas considérer comme une menace ceux qui sont aussi victimes de leurs actes. Trois points :

– il est possible d'analyser *avec* eux et pas seulement pour eux les situations dans lesquelles ils se sentiraient à l'abri des violences ;
– la plus grande prudence s'impose quant à l'idée que certaines infractions seraient liées à la jeunesse ;
– une importance disproportionnée est accordée à la question des minorités ethniques ainsi qu'à la question des jeunes « persistants » ; avec un risque, concernant ces derniers, d'appeler trop vite « carrière » délinquante ce qui est en fait une « période » délinquante.

Les politiques à l'égard des jeunes connaissent des tensions profondes :

– tension entre la recherche d'un règlement déjudiciarisé et un courant garantiste (qui veut apporter à l'enfant la même garantie formelle qu'aux adultes). Suffit-il, dans cette seconde perspective, de vouloir récupérer pour les jeunes l'idée d'une justice pénale « dernier recours » ?[9] ;
– tension entre un programme de prévention spécifique (dont le travail de rue, robuste et ancien, reste un modèle qui a fait ses preuves), et un programme plus récent de prévention sociale déspécialisée dont le champ est largement éclaté entre l'école, la maison, les loisirs, les transports... ;
– tension entre des programmes (notamment préscolaires, en cours de généralisation dans certains pays) s'appuyant plus fortement sur la famille et l'importance dans les communautés les plus démunies du nombre d'enfants naissant hors famille. Un expert se dit préoccupé par la tendance à intervenir de plus en plus tôt

9. A noter en Espagne le débat qui faisait craindre que la sortie de la tutelle judiciaire des mineurs en danger n'aggrave la répression à l'encontre des jeunes classés délinquants : en réalité les peines ont décru.

auprès des enfants, espérant que la thèse du caractère inné de la délinquance ne sera pas remise au goût du jour.

3. POLITIQUES DE PRÉVENTION ET TOXICOMANIE (THÈME 3)

Le comité a fait part d'une réticence à voir les débats de la conférence entraînés sur un terrain semé d'embûches. A-t-elle à se faire l'écho des attitudes les plus alarmistes sur le problème de la toxicomanie ? Et à se cantonner au problème des drogues illicites sans aborder l'abus de substances dangereuses ?

La toxicomanie est un sujet à forte dimension passionnelle et politique. Il est alimenté de déclarations policières et journalistiques qui tiennent trop souvent lieu d'évaluation. Aussi le comité exprime son scepticisme sur le fondement des politiques de prévention dont, par ailleurs, les intentions restent peu claires.

Des incertitudes demeurent quant à l'incidence du phénomène. Une récente stabilisation globale de la consommation (sans préjuger de l'usage d'autres substances) a été enregistrée, notamment aux Pays-Bas, Etats-Unis, pays scandinaves, quelle que soit la stratégie adoptée. Tout se passe comme si les programmes pris dans leur ensemble avaient un certain impact, bien que l'on ne puisse affirmer qu'aucun d'entre eux pris isolément soit un succès ; dans cette hypothèse, le problème serait moins de chercher l'efficacité de chaque programme que de créer un mouvement de contrôle social sur une durée suffisante. Mais d'autres hypothèses peuvent être avancées : cette stabilisation est simplement mal évaluée, ou encore cette stabilisation a d'autres causes que les programmes de prévention.

Les liens entre délinquance et toxicomanie ont été insuffisamment explorés et le lieu commun « drogue entraîne délinquance » reste à vérifier. Deux éléments, encore imprécis :

- certains pays croient avoir repéré que la délinquance précède plutôt la drogue ; les jeunes délinquants seraient en contact avec la drogue à un moment de leur cursus (rôle de la prison) ;
- si le vol était la seule source de revenu d'un toxicomane, une vie de voleur ne suffirait pas à l'achat des doses.

Les liens entre toxicomanie et immigration restent eux aussi à vérifier, sans oublier que les politiques de prévention de la toxicomanie se concentrent sur des populations vers lesquelles convergent déjà tous les contrôles.

Les programmes de prévention sont aux prises avec des contradictions. Contradictions, potentielles au moins :

- entre une politique de décriminalisation et la tolérance zéro ;
- entre une politique de tolérance zéro et la prévention du Sida ;

– entre une politique répressive et la gestion d'une surpopulation carcérale ;
– entre libéralisation du régime pénitentiaire et le contrôle de l'entrée de la drogue en prison [10].

Le champ de recherche sur les toxicomanies doit s'élargir, estime le comité, aux éléments qui commandent le choix des réponses institutionnelles, et se demander :

– pourquoi la drogue reste un problème prioritaire alors qu'une très petite minorité des classes d'âge concernées est touchée ? Un examen des modes de désignation des « substances dangereuses » serait utile, de même qu'un examen du contexte politico-administratif dans lequel les messages sur la drogue sont diffusés par les institutions [11] ;
– pourquoi le maintien des politiques répressives ? Trois pistes de recherche sont à développer : un examen de la division du travail qui lie la carrière de certains professionnels à leur production pénale ; un examen des moyens dont disposent les décideurs (l'outil majeur des maires aux USA est la police qui représente 50 % du budget de la ville, l'autre moitié étant consacrée à 90 % aux prestations techniques) ; un examen de l'incidence diplomatique internationale ;
– quelle organisation du trafic ? Dans les pays producteurs, la question de la consommation cède le pas au problème de la corruption, de la guerre économique, de l'organisation du marché du travail [12].

Le comité juge également nécessaire de s'intéresser à la signification de l'abus de substances (y compris celles prescrites par les médecins) :

– qui abuse de substances, et pourquoi ? (il faut ici travailler sur des groupes sociaux entiers) ;
– mais aussi : qui arrête d'en abuser, et pourquoi ?
– qu'en est-il des toxicomanes non déviants ?

10. En Espagne où les prisons sont relativement ouvertes, 60 à 70 % des détenus sont toxicomanes.

11. Cf. Belgique : début des années 1970, déclarations alarmistes de la police à l'origine d'une législation répressive (77) – 1978, scandale lié au trafic et impliquant la gendarmerie : plus aucune police ne fait de la drogue une priorité – 1989-1990, nouveau discours alarmiste mais axé, cette fois, sur le lien entre l'augmentation de l'usage de drogue et un accroissement de la délinquance et entre drogue et immigration : depuis, une surveillance quasi militaire de ces populations.

12. Qu'offrir aux jeunes latino-américains qui gagnent leur vie (mal) comme salariés du trafic (d'autres seraient ailleurs chauffeurs de taxi) ?

4. RÉPONSES LOCALES A LA RÉCIDIVE (THÈME 4)

L'intitulé de ce thème présente des ambiguïtés. Le comité l'interprète de la manière suivante : comment l'échelon local du gouvernement ou comment la communauté (ce qui est différent) peuvent compléter ou remplacer le système pénal dans la prévention de la récidive ? Dans de nombreux pays, cette perspective équivaut, on l'a dit, à une rupture de la tradition qui confiait à l'Etat la gestion des criminalités (cf. titre 1).

Les « réponses locales » recouvrent des programmes très divers. Les experts, dans leurs rapports écrits, citent des initiatives allant dans le sens d'une déjudiciarisation, des modalités d'exécution (de peines ou de mesures provisoires) autres que la détention[13], ainsi que des interventions des collectivités locales au sein de la détention (au niveau des instances de gestion ou par l'action de leurs services sociaux). On peut s'interroger en effet sur l'efficacité de réponses à la récidive qui ne commencerait qu'à la porte des prisons, ou établirait les prisons loin des villes...

L'efficacité de ces programmes n'est pas encore connue. Même si l'on peut dire (sans préjuger de leurs effets) que certaines mesures semblent bien fonctionner, le peu de recherches disponibles fait état de peu de certitudes, de résultats chaotiques et largement superficiels. Mettant souvent en œuvre plusieurs mesures concomitantes, ces programmes posent un problème de mise en œuvre des recherches.

Au même titre que la recherche sur le traitement, la recherche sur la récidive mériterait d'être reprise dans les dix prochaines années. Verra-t-on confirmé le fait que les mesures adoptées (prison ou autre) n'ont aucune incidence sur la récidive ? La question ne pourrait-elle être, plus que celle d'un choix plus ouvert de mesures, de convaincre les instances politiques de redéfinir les critères pour décider des sanctions (cf. titre 1).

5. PRÉVENTION, INSÉCURITÉ, MÉDIAS (THÈME 5)

Ce sujet est immense. Le comité propose quelques points de repère.

La population méconnaît les données de la criminalité. Globalement elle surestime la part de la criminalité violente. Les seules choses qu'il soit permis d'affirmer sont les suivantes :

- le sentiment d'insécurité a deux facettes : la peur et la préoccupation, plus idéologique ;

13. Le comité suggère l'abandon des termes « substitut » ou « alternative » à la prison qui marquent un « second choix » et maintiennent la prison comme une aune. Il suggère aussi de se méfier des expressions telles peines communautaires qui ont une forte connotation d'exclusion.

– il n'y a pas superposition du sentiment d'insécurité et de l'expérience directe du crime ou du risque (une politique doit donc disposer d'une connaissance et d'une évaluation à la fois du sentiment d'insécurité et de l'expérience directe) ;
– les messages médiatiques ne déterminent pas les comportements et attitudes des populations autant que l'expérience proche du crime ou du risque ;
– il existe un goût pour les faits divers qui sont une forme de communication sociale de notre époque, un peu comme au XIXe siècle le roman populaire.

Le rôle des médias est controversé. Ils sont désignés à la fois comme :
– un vecteur de dramatisation qui, de ce fait, limite la marge de manœuvre du législateur[14] ; ou, dans certaines crises, comme un acteur direct (enjeu, otage, témoin, etc.) venant compliquer le dénouement ;
– un rival lorsque le coût des campagnes semble disproportionné par rapport aux ressources disponibles pour les programmes de prévention eux-mêmes ;
– un acteur d'ingénierie sociale à bon escient (campagne contre le tabagisme, scolarisation, ceinture de sécurité...) qui informe sur les risques et sur les mesures à prendre.

Les relations entre le système de justice criminelle et les médias sont-elles en train d'évoluer ?
– les institutions restent malhabiles mais font un effort pour informer la presse plus régulièrement, via ses correspondants spécialisés, sur les questions de sécurité urbaine ;
– il est dit que la « presse mûrit », que la discussion sur les problèmes de criminalité est désormais possible, que la couverture de récentes violences urbaines montre une volonté d'informer plus en profondeur ;
– les responsables semblent de plus en plus conscients qu'une campagne d'information qui laisserait de côté la police risque d'en voir ruiner les effets par des messages policiers plus alarmistes.

La recherche doit développer ses travaux sur le sentiment d'insécurité :
– une meilleure standardisation des questionnaires est, encore une fois, nécessaire pour obtenir des résultats cumulatifs ;
– les indicateurs de délinquance ne peuvent suffire dans la mesure où le sentiment d'insécurité déborde la criminalité. La connais-

14. Une expérience contrôlée intéressante menée au Canada : un groupe sélectionné devait « juger » un délinquant en disposant des seules données de la presse. La peine fut plus élevée que celle prononcée par le tribunal. Ce même groupe, après communication des mêmes informations que celles dont disposait le tribunal, a donné une peine moins sévère.

sance des attitudes, des attentes, des dimensions de la peur constitue un domaine en soi ;

– les enquêtes de victimation sont à prendre en compte comme instrument de mesure moins de la délinquance que d'une demande sociale. Mais sans oublier que les attentes des populations les plus marginalisées de la société risquent de rester méconnues.

TABLE DES MATIÈRES

Achevé d'imprimer
sur les presses de
l'Imprimerie Graphique de l'Ouest
Le Poiré-sur-Vie (Vendée)
No d'imprimeur : 9017
Dépôt légal : novembre 1991